Außenwirtschaftsrecht

Außenwirtschafts-recht

Textsammlung mit Einführung für exportierende Unternehmen, Behörden und Berater

Zusammengestellt und mit einer
Einführung versehen von **Olaf Simonsen**

Begründet durch
Dr. Elmar Matthias Hucko

10. vollständig überarbeitete Auflage

Außenwirtschaftliche Praxis
AW-Prax
SCHRIFTENREIHE

Bundesanzeiger Verlag

Bibliografische Information der Deutschen Nationalbibliothek
Die Deutsche Nationalbibliothek verzeichnet diese Publikation in der Deutschen Nationalbibliografie; detaillierte bibliografische Daten sind im Internet über http://dnb.d-nb.de abrufbar.

Bundesanzeiger Verlagsges. mbH
Amsterdamer Straße 192
50735 Köln
Tel.: +49 (0) 2 21/97 66 8-20 0
Fax: +49 (0) 2 21/97 66 8-27 8
E-Mail: vertrieb@bundesanzeiger.de
Internet: www.bundesanzeiger-verlag.de

Kostenlose Bestellhotline:
Tel.: +49 (0) 8 00-12 34 33 9

Weitere Informationen finden Sie auch im Themenportal unter www.aw-portal.de

ISBN: 978-3-89817-855-6

Herstellung: Günter Fabritius

Satz: starke+partner, Willich

Druck: Medienhaus Plump GmbH, Rheinbreitbach

Außenlektorat: Cecilia Szabó

Vorwort

Seit sich mit Beginn der Neuzeit Territorialstaaten bildeten mit dem Anliegen, den Außenwirtschaftsverkehr zu kontrollieren, gibt es Außenwirtschaftsrecht. Da sich die Zwecke, die dabei verfolgt werden, ständig ändern, sind bis heute nirgends so viele Änderungen zu verzeichnen wie im Außenwirtschaftsrecht. Im Krieg wurden Zwecke des Krieges verfolgt, so ließ Kaiser Wilhelm II. 1914 durch eine Verordnung die Ein- und Ausfuhr von Tauben verbieten! Nach dem Zweiten Weltkrieg war es der Kalte Krieg, der das Außenwirtschaftsrecht bestimmte. Heute dient das Außenwirtschaftsrecht zu einem wesentlichen Teil der Bekämpfung des Terrorismus und der Verhinderung von Kriegen und Verbreitung von Massenvernichtungswaffen.

Über eine Materie, die so wichtig und schnelllebig ist, muss sich der Praktiker rasch und leicht informieren können, er braucht also Fachliteratur. Die von mir bearbeitete Textsammlung mit Einführung zum Außerwirtschaftsrecht und Kriegswaffenkontrollrecht erfuhr zahlreiche Auflagen. Offenbar gefiel sie den Praktikern. Sie fasst die wichtigsten Vorschriften zusammen und stellt sie kurz vor. Ein Vorzug dieser Schrift ist auch ihr handlicher Umfang, sie passt in eine dünne Mappe. Es wäre schade gewesen, wenn diese nützliche Handreichung mit meinem Ruhestand nicht mehr fortgeführt worden wäre.

Ich freue mich, dass Olaf Simonsen es jetzt übernommen hat, das Werk fortzuführen. Ich bin mit ihm seit vielen Jahren eng vertraut. Dienstlich trafen wir immer wieder im Bundesministerium für Wirtschaft und Technologie zusammen, wenn es um die Abstimmung im Kampf gegen illegale Ausfuhren ging, er als Vertreter des Bundesamtes für Wirtschaft- und Ausfuhrkontrolle, ich für das Bundesministerium der Justiz. Auch haben wir auf Seminaren des Bundesanzeiger Verlages als Referenten gemeinsam Ausfuhrverantwortliche und andere Interessierte schlauer gemacht. Olaf Simonsen ist ein profunder Kenner der Materie. Bei ihm ist „mein Kind" in guten Händen.

Ich bin sicher, dass Olaf Simonsens neue Auflage vielen Praktikern hilfreich sein wird.

Bonn, im Januar 2010

Dr. Elmar Hucko

Ministerialdirektor a.D.

Der Autor

Olaf Simonsen,

„profunder Kenner und aktiver Mitgestalter des europäischen wie nationalen Exportkontrollrechts“[1], verfügt über eine zwanzigjährige Erfahrung auf diesem Gebiet. Er war in verschiedenen leitenden Funktionen, zuletzt als Vizepräsident des Bundesamtes für Wirtschaft und Ausfuhrkontrolle, tätig.

Von Hause aus Jurist, wurde er 1989 mit dieser Aufgabe betraut, als die Neuordnung der Exportkontrolle durch das Bekanntwerden verschiedener Skandalfälle auf der Tagesordnung stand. Diese Neuordnung war u.a. mit der erstmaligen Einführung der Instrumente: „catch-all“ – Vorschrift, der Etablierung eines „Ausfuhrverantwortlichen“ im Unternehmen auf Geschäftsführungsebene sowie „Allgemeiner Genehmigungen“ verbunden.

Deshalb stand zu dieser Zeit auch die Information der Wirtschaft durch Lehrveranstaltungen sowie durch Herausgabe des Handbuches der deutschen Exportkontrolle – HADDEX – im Vordergrund. Die gesamte Exportkontrolle war auf eine neue Basis gestellt worden.

Weitere Meilensteine waren die Ansätze zur Harmonisierung der Exportkontrollvorschriften auf europäischer Ebene, die in der ersten Dual-use-Verordnung 1995 ihren konkreten Ausdruck fanden. In den Jahren 2000 und 2009 konnten weitere zuvor rein nationale Regelungen auf die supranationale Ebene transferiert werden mit der Folge einer verbesserten Wettbewerbsgleichheit der deutschen Industrie.

Simonsen initiierte und koordinierte auch Aktivitäten im internationalen Bereich und setzte sich dafür ein, Staaten beim Aufbau oder Fortentwicklung ihres Exportkontrollsystems zu unterstützen.

Er ist Mitherausgeber des Kommentars für das gesamte Außenwirtschaftsrecht (AWR-Kommentar), Autor zahlreicher Aufsätze und Mitglied des Herausgeberbeirates der „Außenwirtschaftlichen Praxis“.

1 Alexander von Portatius in AW-Prax , März-Ausgabe 2010, S. 110 f.

Inhaltsübersicht

Abkürzungsverzeichnis

Abkürzung	Bezeichnung
AG	Australische Gruppe
AWG	Außenwirtschaftsgesetz
AWV	Außenwirtschaftsverordnung
BRD	Bundesrepublik Deutschland
COCOM	Coordinating Committee for East-West-Trade-Policy
CWÜAG	Ausführungsgesetz zum Chemiewaffenübereinkommen
BAFA	Bundesamt für Wirtschaft und Ausfuhrkontrolle
BWÜ	Übereinkommen über das Verbot biologischer Waffen
CTC	Counter Terrorism Committee
CWÜ	Übereinkommen über das Verbot chemischer Waffen
EG	Europäische Gemeinschaft
EGV	Vertrag zur Gründung der Europäischen Gemeinschaft
EU	Europäische Union
EUGH	Europäischer Gerichtshof
EWG	Europäische Wirtschaftsgemeinschaft
GATT	Zoll- und Handelsabkommen
HADDEX	Handbuch der deutschen Exportkontrolle
IAEO	Internationale Atomenergieorganisation
KWKG	Kriegswaffenkontrollgesetz
MTCR	Missile Technology Control Regime
NSG	Nuclear Suppliers Group
NVV	Nuklearer Nichtverbreitungsvertrag
OPCW	Organisation for the Prohibition of Chemical Weapons
OSZE	Organisation für Sicherheit und Zusammenarbeit in Europa
OVZW	Organisation für das Verbot chemischer Waffen
VO	Verordnung
VN	Vereinte Nationen
WA	Wassenaar Arrangement on Export Control of Conventional Arms and Dual-use Goods and Technologies

A. Einführung

I. Grundsätze, Entwicklungen und Linien

Der Außenwirtschaftsverkehr ist grundsätzlich frei und dennoch gibt es so viele Vorschriften wie in kaum einem anderen Rechtsgebiet. Verbote, Genehmigungspflichten, Unterrichtungspflichten und Informationspflichten sind zu beachten, eine komplexe und dynamische Materie.

Der Grundsatz der Freiheit des Außenwirtschaftsverkehrs ist auf der europäischen Ebene in Artikel 1 der Verordnung (EWG) 2603/69, auf nationaler Ebene in § 1 des Außenwirtschaftsgesetzes enthalten. Diese Freiheiten unterliegen aber Beschränkungen. Im Kern geht es dabei immer um Beschränkungen im Sinne des Gemeinwohls.

Schon im Zeitalter der Aufklärung wurde dieser Rechtsgedanke entwickelt:

> „Einzelne Rechte und Vorteile der Mitglieder des Staates müssen den Rechten und Pflichten zur Beförderung des gemeinschaftlichen Wohls, wenn zwischen beiden ein wirklicher Widerspruch (Kollision) eintritt, nachstehn.“ [1]

Sieht man sich unter diesem Aspekt die Beschränkungsgründe des § 7 Außenwirtschaftsgesetz an, so sind die a) wesentlichen Sicherheitsinteressen b) die öffentliche Sicherheit oder Ordnung und c) die auswärtigen Beziehungen der Bundesrepublik Deutschland evidenter maßen Gründe des Gemeinwohls. Dies gilt auch für die weiteren Beschränkungsgründe, eine Störung des friedlichen Zusammenlebens der Völker zu verhüten sowie die öffentliche Sicherheit und Ordnung zu gewährleisten.

Analoges gilt für Artikel 12 der Dual-use-VO 428/2009. Zwar enthält der offene und nicht abschließende Katalog „sachdienlicher Erwägungen“ keine eigenständigen Beschränkungsgründe. Durch diese Vorschrift werden aber internationale Verpflichtungen beispielsweise aus den internationalen Verträgen, den Nichtverbreitungsregimen, Sanktionsregelungen der OSZE oder des VN-Sicherheitsrates in das EU-Recht transformiert. Die dort normierten weitgehend sicherheitspolitischen Maßnahmen sind gleichfalls Gründe des Gemeinwohls. Für die Überlegungen der nationalen Außen- und Sicherheitspolitik, auf die in dieser Bestimmung ausdrücklich verwiesen wird, ist dies selbsterklärend.

Konsequenterweise sieht die Rechtsprechung in der Verweigerung einer Genehmigung auch keinen entschädigungspflichtigen Tatbestand, vielmehr die Konkretisierung der Sozialpflichtigkeit des Eigentums.

1. Außenwirtschaftsrecht als dokumentierte Geschichtsschreibung

Die Vorschriften spiegeln jeweils die politische Großwetterlage wieder. So wurde gegenüber den ehemaligen Ostblockstaaten seit 1950 mit Entstehung des COCOM [2] eine sogenannte „Containment“-Politik betrieben, d.h., der Gegner in dem herrschenden Kalten

---

1 § 74 des Allgemeinen Landrechts für die Preußischen Staaten (1794).
2 Coordinating Committee for Multilateral Export Control; ursprünglich eindeutiger benannt als Coordinating Committee for East-West Trade Policy.

Krieg sollte nicht mit Gütern beliefert werden, die dieser in einem heißen Krieg gegen die eigenen Truppen einsetzen könnte. Durch den Grundsatz der „einstimmigen Entscheidung" der COCOM-Mitgliedstaaten war auch eine einheitliche politische Linie dieser Staaten sichergestellt.

Das Außenwirtschaftsgesetz und die Außenwirtschaftsverordnung (1961) entsprachen der damaligen Ausrichtung im Kalten Krieg. Die Restriktionen richteten sich gegen den „Ostblock", die damaligen Länder der Länderliste C. Die Länder der Länderliste A/B, zu denen beispielsweise auch der Iran, der Irak und Libyen gehörten, wurden dem westlichen Lager zugerechnet und waren deshalb faktisch nicht betroffen. Erst später wurde offenbar, dass auch von einigen dieser Länder konkrete Gefahren ausgingen. In vielen Ländern wurde aufgerüstet. Es war das Zeitalter der Dekolonisation. Neue unabhängige Staaten entstanden. Die Erde wurde neu vermessen.

Es fanden viele Stellvertreterkriege statt. Zwar sind diese Stellvertreterkriege seit dem Ende der Sowjetunion Geschichte. Die Welt kommt dennoch nicht zur Ruhe. Eine wirkliche Friedensdividende ist nicht entstanden. Der Abrüstungssektor als Zwillingsbruder des Exportkontrollrechts hat bis dato keine durchschlagenden Erfolge erreichen können.[1]

Dennoch handelt es sich beispielsweise bei dem Vertrag über die Nichtverbreitung von Atomwaffen (NVV), dem Chemiewaffenübereinkommen (CWÜ), dem Biologiewaffenübereinkommen (BWÜ) sowie den völkerrechtlich nicht bindenden „Nichtverbreitungsregime" (Gentlemen Agreements) um wichtige Meilensteine, um die Welt sicherer zu gestalten.

Dabei waren die „Nichtverbreitungsregime" jeweils Reaktionen auf erkannte Bedrohungslagen oder konkrete Ereignisse. Die „Nuclear Suppliers Group" (NSG) entstand nach den indischen Nukleartests im Mai 1974; die Australische Gruppe (AG) nach dem irakischen Einsatz von Giftgas im ersten Golfkrieg 1984, das Missile Technology Control Regime (MTCR) , um die Verbreitung von Kernwaffen mit Hilfe von Trägersystemen zu verhindern (1987), und das Wassenaar Arrangement on Export Control of Conventional Arms and Dual-use Goods and Technologies (WA) (1996) als Nachfolgeregime des COCOM, welches sich nach dem Zusammenbruch der Sowjetunion aufgelöst hatte (1994).

Ergebnisse der Abstimmungen in den Nichtverbreitungsregimen sind insbesondere die Güterlisten.

2. Die Neuordnung des Außenwirtschaftsrechts

Die Ausfuhrskandale um den Einsatz von Giftgas im Irak (1984) und der Lieferung einer Fabrik zur Herstellung von Giftgas nach Libyen (Rabta 1985), die erst Anfang der neunziger Jahre bekannt geworden waren, sowie die nach dem ersten Golf-Krieg aufgedeckten illegalen Lieferungen in den Irak wurden zum Anlass, die Exportkontrolle in Deutschland auf völlig neue Beine zu stellen.

Die Strafvorschriften wurden verschärft, die Behörden personell aufgestockt und mit erweiterten Befugnissen ausgestattet. Die Geschäftsleitungen der Exportfirmen wurden durch die Schaffung des „Ausfuhrverantwortlichen" in die Pflicht genommen („Export-

1 Das Exportkontrollrecht versucht präventiv Gefahren zu verhindern, während der Abrüstungssektor retrospektiv entstandene Gefahren minimieren oder beseitigen will.

kontrolle ist Chefsache"). Erstmals wurde eine auf die kritische Verwendung abstellende „catch-all Vorschrift" (1991: § 5 c AWV) eingeführt, weil durch die erwähnten Skandale deutlich geworden war, dass auch einfache und mittlere und damit nicht „gelistete" Technik ausreicht, um Massenvernichtungswaffen herstellen zu können. Der damalige § 5 c AWV enthielt noch über 50 Länder. Mit diesem Ansatz sollte sichergestellt werden, dass eine kritische militärische Verwendung nicht gelisteter Waren verhindert werden konnte.

1995 entstand die erste Dual-use-Verordnung und damit wurden die wichtigsten Vorschriften auf diesem Sektor supranational. Das war gleichzeitig ein wichtiger Harmonisierungsschritt in der Europäischen Union. Im Jahre 2000 wurde diese Verordnung novelliert.

2001 trat dann eine auch die Exportkontrollwelt fundamental verändernde Zäsur ein: die Ereignisse des 11. Septembers 2001.

Der 11. September 2001 löste alte Gewissheiten auf. Die Liberalisierung des Handelsverkehrs hatte nicht mehr die allererste Priorität. Die Sicherheit stand auf einmal an erster Stelle. Die damalige amerikanische Bush-Regierung rief zum „Krieg gegen den Terror" auf. Erstmals trat der VN-Sicherheitsrat mit den Resolutionen 1373/2001 im Bereich des Terrorismus und 1540/2004 im Bereich der Exportkontrolle als Gesetzgeber auf.

Mit den Resolutionen 1368/2001 vom 12.9.2001 und 1373 vom 28.9.2001 wurden terroristische Akte ausdrücklich als Bedrohungen der internationalen Sicherheit nach Kapitel VII der VN-Charta deklariert. Die Resolution 1373/2001 verpflichtete alle Mitgliedstaaten auf einen umfassenden Maßnahmenkatalog zur Terrorismusbekämpfung.

Die VN-Resolution 1540 vom 20.4.2004 erklärte dann auch die Proliferation von nuklearen, chemischen- und biologischen Waffen, einschließlich ihrer Trägersysteme als abstrakte Gefahr für den Weltfrieden und der internationalen Sicherheit nach Art. 39 der VN-Charta und erließ hierzu generell abstrakte Regeln. In dieser Resolution werden alle Mitglieder der VN aufgefordert, die Proliferation derartiger Waffen durch nichtstaatliche Akteure zu kriminalisieren. Sie enthält Verpflichtungen, nationale Gesetzgebungen sowie effektive Kontrollen einzuführen. Die Resolution untersagt allen Ländern jegliche Unterstützung für den Versuch nichtstaatlicher Akteure, entsprechende Waffen und Trägersysteme „zu entwickeln, zu erwerben, herzustellen, zu besitzen, zu transportieren, weiterzugeben oder einzusetzen". Sie verpflichtet generell durch innerstaatliche Gesetze, Vorschriften und Kontrollen die Weiterverbreitung zu verhindern. Über die Maßnahmen zur Umsetzung dieser Resolution müssen die Staaten Bericht erstatten. Sofern sie zur Durchführung der Bestimmungen Hilfe bzw. Unterstützung brauchen, sind andere Staaten gehalten, diese Hilfe zu gewähren.

Anlass für diese Resolution waren die Erkenntnisse über das Netzwerk des pakistanischen Staatsbürgers Abdul Qader Khan, der im Rahmen seiner Ausbildung in Europa Blaupausen zur Herstellung von Gasultrazentrifugen, die zur Herstellung von kernwaffenfähigem Material für den Bau von Atombomben benötigt werden, entwendete. Mit diesem „Know-how" trieb er nicht nur ein Atomprogramm in Pakistan voran, sondern verkaufte später auch auf dieser Basis hergestellte Teile an andere Staaten. Das Problem der horizontalen Proliferation wurde überdeutlich.

Aber auch die nationale Gesetzgebung reagiert anlassbezogen. So wurde nach der Übernahme des U-Boot-Bauers HDW durch einen amerikanischen Finanzinvestor § 7 AWG ergänzt und eine Meldepflicht in der Außenwirtschaftsverordnung eingeführt (2004), die ermöglichen soll, durch angemessene staatliche Interventionen die Kernfähigkeiten der deutschen wehrtechnischen Industrie zu erhalten.

Dieser Ansatz wurde dann auf den Erwerb gebietsansässiger Unternehmen ohne jede Branchenbegrenzung ausgeweitet (2009). Jeder Erwerb kann beschränkt werden, wenn das Funktionieren des Staates und seiner Einrichtungen betroffen ist. Diese Regelungen fußten auf der Befürchtung, dass Staats- oder Hedgefonds unerwünschten Einfluss auf gebietsansässige Unternehmen von strategischer Bedeutung wie z.B. auf den Gebieten der Telekommunikation oder Energieversorgung gewinnen könnten. Auch hier geht es um einen erweiterten Sicherheitsbegriff („wesentliche Sicherheitsinteressen").

Außenwirtschaftsrecht ist deshalb dokumentierte Geschichtsschreibung. Es lassen sich nicht nur viele Ereignisse über die normierten Regelungen nachweisen, sondern auch die institutionellen Entwicklungen supranationaler Einrichtungen oder Institutionen nachvollziehen. Selbst Veränderungen des Nationalstaates sind ablesbar. Dies gilt auch für die Entwicklung der Europäischen Gemeinschaft und auf der Völkerrechtsebene, wie insbesondere das erstmalige Auftreten der UN als Gesetzgeber zur Regelung der Proliferation von Massenvernichtungswaffen und der Terrorismusgefahr deutlich werden lässt.

3. Außenwirtschaftsrecht wird durch viele Akteure determiniert

Wegen des Charakters der Regelungen als Reaktionen auf erkannte oder drohende Gefahren ist es wenig überraschend, dass die Änderungen mit einer hohen Frequenz aufeinander folgen.

Illustrieren lässt sich dies an der Regelungsdichte im Jahre 2009. Die novellierte Dual-use-Verordnung 428/2009 trat mit zahlreichen wichtigen Änderungen in Kraft. Das Außenwirtschaftsgesetz wurde seit 1961 zum dreizehnten Mal geändert und eine Neufassung veröffentlicht. Die Außenwirtschaftsverordnung verzeichnete die vierundachtzigste bis neunundachtzigste Änderungsverordnung. Die Ausfuhrliste wurde zum einhundertachten Mal geändert.

Hinzu kamen etwa vierzig Embargo- und über zwanzig Terrorismusregelungen mit sehr vielen Einzelbestimmungen und hunderten von Namen angeblicher Terroristen bzw. entsprechender Organisationen. Dazu additiv die jeweils notwendig werdenden nationalen Strafbewehrungen.

Das Außenwirtschaftsrecht ist deshalb ein äußerst dynamisches Rechtsgebiet. Ständig neue Maßnahmeregelungen bedingen einen hohen Pflegeaufwand.

Diese Dynamik hat auch deshalb an Geschwindigkeit zugenommen, weil nicht nur der nationale Gesetz- und Verordnungsgeber aktiv ist, sondern in einem Mehrebenenmodell sowohl die völkerrechtliche Ebene als auch die europäische Ebene tätig ist.

Die europäischen Verordnungen sind unmittelbar geltendes Recht. Dem nationalen Gesetz- und Verordnungsgeber bleiben oft nur ergänzende oder additive Regelungen; zum Teil geht es nur noch um die Strafrechtsbewehrung europäischer Regelungen.

4. Definition des Außenwirtschaftsrechts

§ 1 des Außenwirtschaftsgesetzes definiert den Außenwirtschaftsverkehr als Waren-, Dienstleistungs-, Kapital- und sonstigen Warenverkehr mit fremden Wirtschaftsgebieten sowie als Verkehr mit Auslandswerten und Gold zwischen Gebietsansässigen.

Bei der Interpretation dieser Vorschrift aus dem Jahre 1961 wird die Beeinflussung durch die internationalen Regelungswerke auf transnationaler Ebene überdeutlich.

Zum Teil sind die Kompetenzen auf die EU übergegangen, zum Teil sind die Steuerungsfähigkeiten auf nationaler Ebene nicht mehr vorhanden und schließlich beeinflussen die internationalen Regelungswerke auch die Interpretation der Vorschriften. Teilweise wird deshalb nur noch von einer nationalen Residualkompetenz gesprochen.

In zwei grundsätzlichen Urteilen des Europäischen Gerichtshofes vom 17.10.1995[1] war festgehalten worden, dass die Ausfuhrkontrollen für Dual-use-Waren in die ausschließliche Zuständigkeit der Gemeinschaft fallen.

Weder die besondere Natur der Waren noch die Tatsache, dass Kontrollmaßnahmen aus außen- und sicherheitspolitischen Erwägungen vorgenommen werden, schränkten den Geltungsbereich des Artikels 113 (nunmehr Artikel 133 EG) ein. Artikel 133 EG schließe allerdings nationale Maßnahmen der Ausfuhrkontrollen nicht aus, sofern sich diese innerhalb des Rahmens der Verordnung (EWG) Nr. 2603/69 hielten oder aber auf der Basis einer Delegation der Befugnis durch die Gemeinschaft.

Deshalb sah die Kommission der Europäischen Gemeinschaften ihre Aufgabe zwischen dem Grundsatz der Zuständigkeit der Gemeinschaft und dem legitimen Interesse der Mitgliedstaaten weiterhin selber über Angelegenheiten zu bestimmen, die ihre nationale Sicherheit betreffen, sorgfältig gegeneinander abzuwägen. Alle sicherheitsrelevanten Angelegenheiten, insbesondere die Erteilung von Ausfuhrgenehmigungen für sicherheitsempfindliche Bestimmungsziele, verbleiben deshalb nach der Dual-use-VO in den Händen der kompetenten nationalen Behörden.

Deshalb unterschätzt die „Residualkompetenztheorie" die Bedeutung dieser nationalen Entscheidungsprärogative.[2] Nach wie vor werden die sicherheitspolitisch motivierten Entscheidungen in nationaler Kompetenz getroffen. Die Regelungen sind europäisch, die Entscheidungen national. Die Regelungen sind rechtlich harmonisiert worden, die Entscheidungen aber nicht. Sie werden auch deshalb unterschiedlich ausfallen, weil sowohl Sicherheitspolitik, Gefahrenperzeption als auch Informationslage der einzelnen Mitgliedsstaaten unterschiedlich sind.[3]

Durch die „Finanz- oder Bankenkrise" (2008/2009) wurde das ursprünglich sehr bedeutsame Regelungsziel, Erhaltung des außenwirtschaftlichen Gleichgewichts durch Abwehr schädigender Ereignisse aus dem Ausland, wieder aktuell. Die Finanztransaktionen von Staatsfonds, Hedgefonds oder Investmentbanken sollten Kernfähigkeiten der Wirtschaft und Sicherheitsinteressen des Staates nicht gefährden.

Insgesamt wurde das Außenwirtschaftsrecht aber immer mehr von sicherheits- und außenpolitischen Motiven beherrscht. Die Gefahrenabwehr wurde zum Hauptmotiv.

---

1 Rs. C 70/94 Werner, Slg. 1995 I-3189 (3223, Rn. 12) und Rs. C 83/94 Leifer, Slg. 1995 I-3231 (3244 Rn. 12 f.).

2 Vgl. Simonsen, Entscheidungsprärogative der Genehmigungsbehörde in Ehlers/Wolffgang/Lechleitner (Hrsg.) Risikomanagement im Exportkontrollrecht.

3 Die „no undercut"-Regelungen in den Regimen, wonach eine Ablehnungsentscheidung eines Staates nicht unterlaufen werden darf, haben lediglich Konsultationspflichten zur Folge und ändern diesen Sachverhalt nicht.

So wurde nach dem Zusammenbruch der Sowjetunion und der Beendung des „Kalten Krieges" die Sicherheitspolitik neu definiert und ein erweiterter Sicherheitsbegriff geprägt. Die künftigen Bedrohungen wurden nicht mehr ausschließlich auf der militärischen Ebene gesehen, vielmehr u.a. im Dual-use-Bereich der Proliferation von Massenvernichtungswaffen und deren Trägertechnologien und dem internationalen Terrorismus.

Die territoriale Ebene veränderte sich durch den Anschluss der neuen Bundesländer und insbesondere durch die Ausdehnung des europäischen Binnenmarktes auf ehemalige Ostblockstaaten entscheidend. Viele Geschäfte waren auf einmal keine Ausfuhr mehr.

5. Vom klassischen Staat zur Global Governance

Das Außenwirtschaftsgesetz entstand 1961 und damit in den Hochzeiten des Kalten Krieges. In der Kubakrise 1962 stand die Welt nah am nuklearen Abgrund.[1] Die Bundesrepublik war ein klassischer Staat mit der Trias Staatsgebiet, Staatsvolk und Staatsgewalt, welches das Monopol physischer Gewaltsamkeit für sich beanspruchen kann (Max Weber).[2] Alle Regelungen des Außenwirtschaftsrechts waren national. Auch völkerrechtliche Vorgaben fanden sich in nationalen Vorschriften wie Embargoregelungen wieder.

Mit der Übertragung von Hoheitsrechten auf die Europäische Union (Artikel 23 und 24 Grundgesetz) hat der Nationalstaat viele Kompetenzen abgegeben. Dies betraf den ganzen Handelsverkehr und damit auch das Außenwirtschaftsrecht.

Das Europäische Außenwirtschaftsrecht wurde dann mit der ersten Dual-use-Verordnung 3389/94 konkretisiert und 2000 mit der VO 1334/2000 fortgeschrieben. Sie liegt nunmehr in der aktuellen Fassung 428/2009 vor und regelt fast den gesamten Dual-use-Verkehr; die nationalen Regeln müssen sich in den normierten Öffnungsklauseln bewegen. Es handelt sich insoweit um „Residualkompetenzen".

Schließlich besteht breite politische Übereinstimmung, dass viele Probleme wie Klima, Terrorismus und Proliferation von Massenvernichtungswaffen nur noch im Weltmaßstab gelöst werden können. Dafür genügt auch der europäische Rahmen nicht mehr, vielmehr ist die Völkerrechtsebene gefordert.

Um ein Mehr an Transparenz und Akzeptanz im transnationalen Rahmen zu erreichen, traten im Zeitalter der Globalisierung außerhalb des institutionellen Rahmens der Vereinten Nationen auf Betreiben ihres früheren Generalsekretärs Kofi Anan nichthierarchische, kooperative Steuerungsmechanismen hinzu.

Diese neuen Steuerungsmechanismen zeichnen sich durch Einbindung zivilgesellschaftlicher Akteure wie Nichtregierungsorganisationen (NGO's) aus. Dieser Mechanismus, der unter dem Stichwort „Global Governance" diskutiert wird, versucht mit „weichen" Steuerungsmechanismen den Boden für tragfähige Lösungen vorzubereiten. Bekanntlich gilt im Völkerrecht grundsätzlich das Konsensprinzip, d.h., jeder Staat muss einer beabsichtigten Lösung zustimmen. Die VN hat diese Öffnung zur Zivilgesellschaft konsequent bei wichtigen Themen wie z.B. in Klimakonferenzen vorangetrieben. Durch die Nichtregierungsorganisationen sollte auch der Druck auf die Ländervertreter, einer tragfähigen Lösung im Kompromisswege zuzustimmen, erhöht werden. Im Bereich der Proliferation

1 Robert McNamara, zu dieser Zeit US-Verteidigungsminister.

2 Zwar wurde die volle nationale Souveränität erst durch den 2+4-Vertrag (Vertrag über die abschließende Regelung in Bezug auf Deutschland) im Rahmen der Wiedervereinigung erreicht; politisch war die Bundesrepublik aber längst souverän; vgl. BGBl. II (1990), S. 1317, Artikel 2 und BGBl. II (1991), S. 587.

wurde dieser Ansatz erstmals mit der VN-Resolution 1540/2004 praktiziert. Die Nichtregierungsorganisationen wurden sehr weitgehend an der Beschlussfassung beteiligt. Allerdings ist das Ergebnis wenig ermutigend. Es handelt sich eher um politische Soll- bzw. Wunschvorstellungen, „angemessene und effektive Lösungen sind zu erreichen", als um umsetzbare und kontrollierbare Zielvorgaben.

Von der Wirkung her handelt es sich bei der Resolution 1540/2004 um ein Instrumentarium zum Aufbau politischen Druckes, um ggf. Maßnahmen nach VII der UN-Charta vorbereiten zu können. Das Souveränitätsprinzip der Staaten sollte für diese Zwecke aufgehoben sowie Informations- und Beistandspflichten eingeführt werden, die bei Bedarf aktiviert werden können.

Der Konflikt liegt wesentlich tiefer. Die Teilnehmer an den Beratungen zur Verabschiedung der Resolution 1540/2004 betonten, dass sie wegen des nicht mit der VN-Charta übereinstimmenden Eingriffs in die Souveränität der Staaten und des damit verbundenen Widerstands von Staaten keine präziseren Regelungen treffen konnten. Inwieweit diese Erweiterung der Kompetenzen des VN-Sicherheitsrates eine Neuinterpretation der VN-Charta erforderlich macht, ist nach wie vor sehr umstritten.

II. Das Konzept der Textsammlung

Diese gebundene Textsammlung hat bescheidene Ziele. Sie will nicht die gesamte aktuelle Rechtslage abbilden, sondern lediglich die Kernbestimmungen des Außenwirtschaftsrechts im Ausfuhrbereich als jederzeit greifbares und leicht transportierbares Hilfsmittel (Vademekum) zur Verfügung stellen.

Für die sich ständig ändernden Embargobestimmungen, Terroristenlisten und weiteren Vorschriften gibt es mit HADDEX eine hervorragende, durch den Schnelldienst tagesaktuell gehaltene Arbeitsgrundlage.

Die hier gesammelten Kernbestimmungen sollen insbesondere für Besprechungen die notwendigen normativen und methodischen Grundlagen liefern.

Das Buch greift auf die von Elmar Hucko eingeführte und bewährte Form der „Textsammlung mit Einführung" zurück. Die neue Gliederung ist notwendige Folge der geänderten Rechtslage.

Insbesondere die völkerrechtlichen Vorgaben haben eine ganz andere Bedeutung erlangt. Dies ist sowohl bei den Terroristenlisten als auch den neuen Bestimmungen in der Dual-use-VO 428/2009 in den Bestimmungen zu Transit- und Vermittlungsgeschäften evident. Diese beziehen sich ausdrücklich auf den in der UN-Resolution 1540/2004 enthaltenen Auftrag. Deshalb ist ein Kapitel „Völkerrechtliche Vorgaben" hinzugekommen. Aber auch auf dem Rüstungssektor ist die rein nationale Ebene verlassen worden. Hier gibt es Entwicklungen im supranationalen Bereich. Deshalb wurden das Kapitel „Europäische Bestimmungen um den Gemeinsamen Standpunkt 2008/944 für die Ausfuhr von Rüstungsgütern" sowie die EG-Richtlinie 2009/43 zur innergemeinschaftlichen Verbringung von Verteidigungsgütern erweitert.

III. Völkerrechtliche Vorgaben

1. Geschichtliche Entwicklung

Die völkerrechtliche Zulässigkeit von Handelsbeschränkungen folgt aus Artikel XXI GATT, der WTO-Vertragsparteien dazu ermächtigt, Maßnahmen zu ergreifen, die ihrer Auffassung nach zum Schutz ihrer wesentlichen Sicherheitsinteressen notwendig sind. Dabei werden ausdrücklich spaltbare Stoffe und Rohstoffe, aus denen sie erzeugt werden, der Handel mit Waffen-, Munition und Kriegsmaterial sowie bei dem zur Versorgung von Streitkräften dienenden Handel mit anderen Waren und Materialien sowie in Kriegszeiten oder bei sonstigen ernsten Krisen in den internationalen Beziehungen erwähnt.[1]

Die Handlungsfähigkeit der Vereinten Nationen hängt von der Einigkeit und Handlungsbereitschaft der ständigen Mitglieder des Sicherheitsrates ab.

Zwangsmaßnahmen nach Kapitel VII der VN-Charta wurden deshalb in Zeiten des Kalten Krieges nur in zwei Fällen eingesetzt, und zwar gegen Südrhodesien im Jahre 1966 und 1977 gegen Südafrika, weil sich die Großmächte USA und Sowjetunion in anderen Fällen durch Einlegung von Vetos gegenseitig blockierten.

Erst seit dem Zusammenbruch der Sowjetunion und dem Ende der bipolaren Welt wurde diese Blockade gelockert und die Zahl der Embargos nahm sehr stark zu. Sanktionen gegen Afghanistan, Birma/Myanmar, Äthiopien, Angola, Eritrea, Haiti, Iran, Irak, das ehemalige Jugoslawien, Liberia, Nordkorea, Sierra Leone, Simbabwe, Somalia und Sudan bilden eine bereits lange, nicht abschließende und immer weiter anwachsende Liste.

Diese nichtmilitärischen Sanktionen wurden immer mehr zu gezielten Nadelstichen (smart sanctions) gegen die verantwortlichen Adressaten umgestaltet, um möglichst negative Auswirkungen auf die Bevölkerung und damit eine Solidarisierung mit diktatorischen Regimen zu vermeiden.

Durch die Zäsur des 11. September trat der UN-Sicherheitsrat sowohl im Bereich der Proliferation von Massenvernichtungswaffen als auch im Bereich der Bekämpfung des transnationalen Terrorismus erstmals als Gesetzgeber auf.

Mit der Resolution 1373/2001 vom 28.9.2001 erklärte der Sicherheitsrat terroristische Akte ausdrücklich als Bedrohung der internationalen Sicherheit gemäß Kapitel VII der VN-Charta. Er verpflichtete alle Mitgliedsstaaten rechtlich-verbindlich auf einen umfassenden Maßnahmenkatalog zur Bekämpfung des Terrorismus. So sollten u.a. Grenzkontrollen verstärkt, finanzielle Unterstützung ausgetrocknet und keinem Terroristen Unterschlupfmöglichkeiten gewährt werden.

Der gleichzeitig eingesetzte Anti-Terrorismusausschuss (CTC Counter Terrorism Committee), der sich aus allen 15 Sicherheitsratsmitgliedern zusammensetzt, nimmt die Länderberichte entgegen und wertet sie aus. Der durch die VN-Resolution 1267/1999 eingesetzte Sanktionsausschuss[2] stellt Terroristenlisten zusammen, die auf europäischer Ebene letztlich in der VO 881/2002 rechtsverbindlich veröffentlicht werden.

Der damalige US-Präsident Bush hatte sowohl bei der VN-Generalversammlung im September 2003 als auch im Februar 2004 den VN-Sicherheitsrat aufgefordert, eine neue

1 Lux in Dorsch, Zollrecht, Bd. 3, C 5, Einführung, Rz. 11.
2 "The Al-Quaida and Taliban Sanction Committee", VN-Resolution 1390/2002

Anti-Proliferationsresolution zu verabschieden mit dem Ziel, sowohl die Proliferation von Waffenvernichtungswaffen strafrechtlich zu sanktionieren, als auch Werkzeuge zu entwickeln, um Terroristen im Rahmen einer größeren Kooperation bekämpfen zu können.[1]

Die VN-Resolution 1540 wird deshalb als außergewöhnliche multilaterale Antwort gegenüber einer außergewöhnlichen Sicherheitsbedrohung verstanden. Zusammen mit der Resolution 1373/2001, die sich vor allem mit der Finanzierung des Terrorismus beschäftigt, stellt diese Resolution die Antwort auf die zwei höchsten Sicherheitsherausforderungen unserer Zeit dar, der Proliferation von Massenvernichtungswaffen und dem Terrorismus. Die VN-Resolution 1540 habe vor allem die Bedeutung, verschiedene Lücken und Leerstellen im internationalen System zur Kontrolle der Proliferation von Massenvernichtungswaffen zu schließen, und zwar:

- die Einbeziehung der nichtstaatlichen Akteure;
- bei den biologischen Reagenzien und Waffen fehle eine Überwachungsorganisation vergleichbar der IAEO bei Kernwaffen und OPCW bei chemischen Waffen;
- die Resolution 1540 sei die einzige Maßnahme, die ausdrücklich die Bedenken hinsichtlich der Verwendung von Trägersystemen mit denen der nuklearchemischen und biologischen Waffen verbinde;
- die Resolution verlange Maßnahmen, die weit über die drei völkerrechtlichen Verträge hinausgingen;
- die Resolution verlange ausdrücklich Strafbestimmungen.

In der Zwischenzeit wurde diese Resolution zweimal verlängert. Die Resolution 1540/2004 hat nunmehr Gültigkeit bis 2011.

2. VN-Resolution 1540/2004

Bei der Resolution 1540/2004 handelt es sich analog der Resolution 1373/2001 um eine für alle Staaten geltende, generell abstrakte Norm zur Regelung der Proliferation von Massenvernichtungswaffen. Sie schreibt sämtlichen Staaten vor, alles Erforderliche zu tun, um diesem Problem zu begegnen. Sie bezieht sich ausdrücklich nur auf nichtstaatliche Akteure, verpflichtet alle Staaten auf diesem Sektor auf die bestehenden, bindenden und gesetzlichen Verpflichtungen bzw. Vereinbarungen, auch wenn sie derartigen Regimen nicht angehören. Der Sicherheitsrat qualifiziert die Proliferation von Massenvernichtungswaffen abstrakt als Bedrohung des Weltfriedens und der internationalen Sicherheit.

Der Sicherheitsrat orientiert sich damit an der Resolution 1373/2001, in der erstmals der Terrorismus als solcher als Bedrohung des Weltfriedens und der internationalen Sicherheit im Sinne des Artikels 39 der VN-Charta deklariert worden ist. Darüber hinaus werden den bisher vereinbarten völkerrechtlichen Verträgen sowie Übereinkommen, auf die in der Resolution 1540 verwiesen wird, im Wege eines unilateralen Beschlusses eine allgemeine Rechtsverbindlichkeit nach Artikel 25 VN-Charta verliehen. 1540 verleiht auch dem „soft law" (Gentlemen Agreements) allgemeine Rechtsverbindlichkeit. Dies hat auch Auswirkungen auf die Konkretisierung der entsprechenden Maßnahmen. Dementsprechend

1 Vgl. Olivia Bosch/Peter van Hamm, Global Non-Proliferation and Counter-Terrorism, The Impact of UNSCR 1540/2004, S. 5.

begnügt sich der Konkretisierungsgrad der Verpflichtungen in vielen Fällen auf die Worte „angemessen" (appropriate) und „effektiv" (effective).

Dabei folgt die UN-Resolution 1540/2004 in Struktur und Funktion der Resolution 1373/2001. Beide erweitern die bisherige Rolle des Sicherheitsrates als exekutives Organ, welches beim Bruch von internationalem Recht auf Ad-hoc-Situationen reagierte und auf dieser „Case-by-case-Basis" Maßnahmen von zeitlich begrenzter Dauer gegen ausdrücklich genannte Verursacher oder Bedroher durchführte und damit als „Weltpolizist" wirkte, auf die eines Gesetzgebers.

Diese Resolutionen, die für alle Mitgliedstaaten gelten und sich nicht auf einen konkreten Vorfall beziehen, sind deshalb wegen ihres generell abstrakten Charakters als echte legislative Akte des Sicherheitsrates zu werten. Die Verbindlichkeit dieser Regelungen wird durch den Bezug auf Kapitel VII der Charta der Vereinten Nationen manifestiert. Dieser Verweis sowie die Formulierung „all states shall" lassen keinen Raum für Zweifel an der Rechtsverbindlichkeit der beschlossenen Regelwerke.[1]

IV. Europäische Regelungen

Auf der europäischen Ebene werden die völkerrechtlichen Vorgaben insbesondere im Embargo- und Terrorismusbereich umgesetzt und darüber hinaus noch zusätzliche Regelungen auf eigener Rechtsgrundlage hinzugefügt.

Die systematisch und wirtschaftlich wichtigste Regelung ist allerdings die Verordnung 428/2009 über eine Gemeinschaftsreglung für die Kontrolle der Ausfuhr, der Verbringung, der Vermittlung und der Durchfuhr von Gütern mit doppeltem Verwendungszweck.

1. Terrorismus

Bei der Bekämpfung des Terrorismus werden mit der Verordnung 881/2002 über die Anwendung bestimmter spezifischer restriktiver Maßnahmen gegen bestimmte Personen und Organisationen, die mit Osama bin Laden, dem Al-Qaida-Netzwerk und den Taliban in Verbindung stehen, die Resolutionen des VN-Sicherheitsrates 1267/1999; 1333/2000 und 1390/2002 umgesetzt. Zweck dieser Verordnung ist es, die Gelder und wirtschaftlichen Ressourcen von Personen, Organisationen, Einrichtungen und Vereinigungen einzufrieren, die in der Al-Qaida- und Taliban-Liste der VN aufgeführt werden.

Darüber hinaus hat die Europäische Union mit der Verordnung 2580/2009 über spezifische, gegen bestimmte Personen und Organisationen gerichtete restriktive Maßnahmen zur Bekämpfung des Terrorismus zusätzliche Regeln und Listen aufgestellt.

Diese Listen werden ständig aktualisiert. Dieses umfassende Verbot ist überall zu beachten.

1 Vgl. Juriy Daniel Aston, Die Bekämpfung abstrakter Gefahren für den Weltfrieden durch legislative Maßnahmen des Sicherheitsrates; Resolution 1373/2001 im Kontext, ZaöRV 62 (2006), S. 257, S. 264.

2. Embargoregelungen

Eine vergleichbare Systematik existiert auch im Bereich der Länderembargos.

Auch in diesem Bereich werden die Resolutionen des VN-Sicherheitsrates oder der OSZE rechtlich verbindlich umgesetzt und darüber hinaus in einigen Fällen noch eigene oder zusätzliche Regelungen hinzugefügt.

So wurde die VN-Resolution 1737/2006 vom 23.12.2006 gegen den Iran letztlich in der Verordnung (EG) 423/2007 vom 19.4.2007 umgesetzt. Allerdings begnügte sich die Europäische Union nicht mit einer Eins-zu-eins-Umsetzung, vielmehr sprach sie darüber hinaus ein umfassendes Waffenembargo aus, traf schärfere Sanktionen für Dual-use-Güter und veröffentlichte eine zusätzliche Liste von Personen, Organisationen und Einrichtungen, die mit restriktiven Maßnahmen überzogen werden.

Auch diese Regelungen sind ständigen Änderungen unterworfen.

3. Dual-use-Exportkontrollen

Das EU-Ausfuhrkontrollsystem wird durch die Verordnung 428/2009 geregelt. Die Liste der kontrollierten Güter mit doppeltem Verwendungszweck, die sowohl für zivile als auch militärische Ziele genutzt werden können, ist in Anhang I festgelegt. Dieser Anhang spiegelt das Ergebnis der Nichtverbreitungsregime Wassenaar Arrangement, Australische Gruppe, Trägertechnologieregime MTCR und NSG (Nuclear Supplier Group).

Auch nicht gelistete Güter unterliegen bei einer kritischen Verwendung der Kontrolle. Geregelt wurden auf Grund der völkerrechtlichen Vorgaben der VN-Resolution 1540/2004 nunmehr auch die Durchfuhr und die Vermittlungstätigkeiten neben den bereits seit 1995 erfassten Bereichen Ausfuhr und Verbringung.

Bei der Novellierung der Dual-use-VO im Jahre 2000 stand für die Kommission der Europäischen Gemeinschaften noch der Aspekt der Liberalisierung und der Wettbewerbsgleichheit im Vordergrund. Sie bezeichnete deshalb die Einführung einer Allgemeinen Genehmigung der Gemeinschaft als Herzstück ihres Vorschlages.

Mit dieser (fälschlich) Allgemeine Genehmigung genannten Regelung in der Verordnung konnte die Kommission zwei Ziele erreichen: zum einen eine inhaltliche Konvergenz und damit Wettbewerbsgleichheit für ein beträchtliches Handelsvolumen (nach Schätzung der Kommission etwa 70 % der Ausfuhren aus der Gemeinschaft) und eine entscheidende Verfahrensvereinfachung.

Bei der erneuten Novellierung standen jedoch nach den Ereignissen des 11. Septembers 2001 die Sicherheitsaspekte im Vordergrund.

Im Ergebnis sind in der VO 428/2009 vor allem die Verpflichtungen aus der VN-Resolution 1540/2004 in Bezug auf die Vermittlungstätigkeiten und die Durchfuhr umgesetzt worden.

Die sonstigen Änderungen bleiben im bestehenden System und können als moderate Weiterentwicklungen betrachtet werden.

Sie bestehen in der Klarstellung und Aktualisierung der Kontrollen bei der nichtgegenständlichen Weitergabe von Technologie einschließlich der Bereitstellung von technischer Unterstützung, der Harmonisierung der Inanspruchnahme von Allgemeingenehmigungen, die Verpflichtung zur Einführung von Globalgenehmigungen, deren Inhaber auch über ein unternehmensinternes Prüfprogramm verfügen müssen, Verbesserungen beim Informationsaustausch sowie die erstmalige Einführung von Zeitfenstern bei der Antragsbearbeitung.

Die ursprünglich von der Kommission avisierten grundlegenden Änderungen wie die Einführung eines Ausschussverfahrens, die Mandatierung der Kommission mit Vertragsverhandlungen gegenüber Drittländern sowie die Ersetzung einer vorherigen Genehmigung bei Verbringungen durch ein Ankündigungsverfahren konnte die Kommission nicht durchsetzen.

Während das Scheitern einer Neuregelung im innergemeinschaftlichen Verfahren im Wesentlichen auf Praktikabilitätsargumente der Mitgliedsstaaten zurückzuführen war, resultieren die Streitpunkte bei der Stärkung der Kommission aus dem Spannungsverhältnis der verschieden Politikbereiche, die bei der Dual-use-Verordnung aufeinandertreffen, der Handelspolitik gem. Artikel 133 EGV und der Außen- und Sicherheitspolitik.[1]

In ihrer Mitteilung hatte die Kommission ihr Dilemma treffend beschrieben. Die Europäische Kommission ist Mitglied der Australischen Gruppe und Beobachter in der Gruppe der Nuklearen Lieferländer, dagegen hat sie keinerlei Status im Trägertechnologie-Kontrollregime und in der Wassenaar-Gruppe, obwohl sie seit der Verabschiedung des Aktionsplans von Thessaloniki neben dem Generalsekretariat des Rates als Mitglied der Delegation der EU-Ratspräsidentschaft an den Sitzungen teilnehmen kann. Gerade die Gefahr des Einsatzes von Massenvernichtungswaffen durch Terroristen erfordere eine stärkere Präsenz der EU in internationalen Ausfuhrkontrollregimen. Auch beklagte sie in ihrer Mitteilung[2], die Durchführung der Verordnung sei von den Verwaltungen der Mitgliedstaaten abhängig, denen ein relativ weiter Ermessenspielraum bleibe.

Es bleibt der Grundkonflikt dieser Dual-use-Verordnung. Die Kommission hat zwar das Initiativrecht und die ausschließliche Zuständigkeit für Ausfuhrkontrollen im Dual-use-Bereich (Handelspolitik Artikel 133 EG). Die Inhalte kommen aber aus den Regimen und dort haben die Mitgliedstaaten das Sagen (Sicherheitspolitik). Zusammen mit dem Ermessensspielraum der Mitgliedstaaten bei der Umsetzung der Verordnung ergibt sich daraus das nie gelöste Spannungsverhältnis.

Inwieweit sich Entwicklungen nach Inkrafttreten (1.12.2009) des Vertrages von Lissabon ergeben, bleibt abzuwarten. Das Bundesverfassungsgericht hat in seiner Entscheidung zu diesem Vertrag[3] u.a. ausgeführt, Deutschland trage eine besondere Integrationsverantwortung im Rahmen der Mitwirkung, die innerstaatlich den Anforderungen des Artikels 23 Grundgesetz genügen muss. So müsse souveränen Staaten ein ausreichender Raum zur politischen Gestaltung bleiben.

4. Entwicklungen auf dem Rüstungssektor

Nach Artikel 26 der Verordnung 428/2009 berührt diese Norm nicht die Anwendung von Artikel 296 des Vertrages zur Gründung der Europäischen Gemeinschaft. Damit wird die-

1 Diese Rechtslage hat sich durch den Vertrag von Lissabon nicht wesentlich geändert, vgl. Schlussakte zum Vertrag von Lissabon, Erklärungen Nr. 13 und 14 zur Gemeinsamen Außen-und Sicherheitspolitik.
2 KOM (2006) 829 endgültig, S. 6.
3 Urteil des Bundesverfassungsgerichts vom 30.06.09 – 2 BvE 2/08, Absatz 386: der besondere Charakter der Sicherheits- und Verteidigungspolitik (sc: der) Mitgliedsstaaten bleibt unberührt.

ser Grundvorbehalt in diesen „Römischen Verträgen" nochmals bekräftigt. Der Handel mit Waffen, Munition und Kriegsmaterial liegt in der Kompetenz des jeweiligen Mitgliedstaates zur Wahrung seiner Sicherheitsinteressen.

Auch auf dem Rüstungssektor, der von einigen Mitgliedsstaaten als unantastbarer Kern der eigenen Sicherheitspolitik betrachtet wird, zeigt sich jedoch Bewegung.

Die institutionellen Grenzen werden weicher. Am Anfang dieser Entwicklung stand der vom Rat 1998 verabschiedete „Verhaltenskodex der Europäischen Union für Waffenausfuhren". Dann wurde dieser Kodex in die rechtlich verbindliche Form eines „Gemeinsamen Standpunktes" (2008/944/GASP) umgesetzt und neuerdings ist die Richtlinie 2009/43 am 30.6.2009 in Kraft getreten. Diese Richtlinie muss aber noch in nationales Recht umgesetzt werden.

Nach dieser Richtlinie sind Verbringungen zwischen Mitgliedstaaten zwar nach wie vor genehmigungspflichtig. Der Rüstungstransfer soll aber durch nationale Allgemeingenehmigungen vor allem für zertifizierte Unternehmen und Streitkräfte erleichtert werden. Auch die Fallgruppen Messen und Vorführungen sowie Reparatur und Wartungsfälle sollen auf diese Weise liberalisiert werden.

V. Nationale Bestimmungen

Das Außenwirtschaftsgesetz (AWG) vom 28.4.1961 regelt nach der Definition in § 1 den Waren-, Dienstleistungs-, Kapital- und sonstigen Warenverkehr mit fremden Wirtschaftsgebieten sowie den Verkehr mit Auslandswerten und Gold zwischen Gebietsansässigen.

In § 1 AWG findet sich auch der Grundsatz der Freiheit des Außenwirtschaftsverkehrs. Einschränkungen müssen sich aus dem AWG selbst oder aus auf seiner Grundlage erlassenen Rechtsverordnungen ergeben.

Das Außenwirtschaftsgesetz hat die sog. Devisenbewirtschaftungsgesetze der ehemaligen alliierten Besatzungsmächte ersetzt. An Stelle des grundsätzlichen Verbotes jedes Geschäfts mit Ausländern und mit Devisenwerten ist die grundsätzliche Freiheit des Außenwirtschaftsverkehrs mit dem Vorbehalt von Beschränkungsmöglichkeiten getreten.[1]

Die dieses Gesetz tragenden Motive ergeben sich in aller Deutlichkeit aus der amtlichen Begründung dieses Gesetzes:

> „Der Grundsatz des Verbotes mit Erlaubnisvorbehalt, der die Devisenwirtschaftsgesetze und damit zugleich alle auf ihr beruhenden Vorschriften kennzeichnet, ist wirtschaftspolitisch nicht mehr tragbar. Die marktwirtschaftliche Orientierung der Wirtschaftspolitik in der Bundesrepublik verlangt es auch auf dem Gebiet der Außenwirtschaft, dass Eingriffe in die Entscheidungsfreiheit des Einzelnen nur dann vorgenommen werden, wenn dies aus zwingenden Gründen geboten ist. Für die Ordnung der außenwirtschaftlichen Beziehungen kann deshalb nicht das Verbotsprinzip mit der Möglichkeit der Erlaubniserteilung bestehen bleiben; an seiner Stelle muss vielmehr der Grundsatz der Freiheit mit dem Vorbehalt von Beschränkungen, sofern und soweit solche notwendig werden sollten, Gesetzesrecht werden.

1 BT-Drucks. 1285 – 3. Wahlperiode zu § 7 AWG.

> Der neue Ausgangspunkt des Außenwirtschaftsgesetzes hat erhebliche Bedeutung. Nach den Devisenbewirtschaftungsgesetzen gilt immer noch trotz der vielfältigen Auflockerungen, dass alle Geschäfte mit dem Ausland unzulässig, unwirksam und strafbar sind, wenn sie nicht ausdrücklich in allgemeiner Form oder durch einzelnen Verwaltungsakt genehmigt worden sind. Nach dem Außenwirtschaftsgesetz soll dagegen der Grundsatz gelten, dass alle Geschäfte mit dem Ausland zulässig sind, falls sie nicht ausdrücklich Beschränkungen unterworfen sind."

Das AWG selbst enthält im Exportkontrollrecht keine unmittelbar wirkenden Beschränkungen, vielmehr die Ermächtigungsgrundlagen von diesen wird in der Außenwirtschaftsverordnung (teilweise) Gebrauch gemacht. In der AWV sind die für die Anwender relevanten Bestimmungen zur Ausfuhr, Verbringung, zu Handels- und Vermittlungstätigkeiten, zum Erwerb von Unternehmen und zur technischen Unterstützung enthalten.

Allerdings sind in der Zwischenzeit viele Kompetenzen auf die Europäische Union übergegangen. Der Pflichtenkatalog wird deshalb nur noch durch Addition der supranationalen und nationalen Bestimmungen vollständig erfasst.

Beschränkungsmöglichkeiten hat der Gesetzgeber in § 7 AWG definiert. Zunächst waren die Ermächtigungen auf die drei Gründe Sicherheit der Bundesrepublik Deutschland, Verhütung einer Störung des friedlichen Zusammenlebens der Völker und Verhütung einer Störung der auswärtigen Beziehungen beschränkt. Später wurden diese Ermächtigungsgründe ausgeweitet. Die wesentlichen Änderungen können wie folgt beschrieben werden:

Durch das Fünfte Gesetz zur Änderung des Außenwirtschaftsgesetzes vom 20.7.1990 wurde die Ermächtigungsnorm auf Deutsche in fremden Wirtschaftsgebieten erweitert.

Das Elfte Gesetz zur Änderung des Außenwirtschaftsgesetzes[1] erweiterte die in § 7 enthaltene gesetzliche Ermächtigung zur Beschränkung von Rechtsgeschäften und Handlungen. Insbesondere wurde der Begriff „Sicherheit" durch „wesentliche Sicherheitsinteressen" ersetzt und der Absatz 2 Nr. 5 neu eingefügt.

Diese Ermächtigungsgrundlage wurde durch Einführung einer Meldepflicht für den Erwerb von Anteilen bestimmter sicherheitsrelevanter deutscher Unternehmen durch Gebietsfremde ausgefüllt. Es handelt sich um eine sehr moderate Lösung, die von der neuen Ermächtigungsgrundlage nur in begrenztem Umfang Gebrauch macht.

Anlass dieser gesetzlichen Regelung war der Fall der Howaldtswerke-Deutsche Werft AG (HDW), in Kiel. Ein amerikanischer Finanzinvestor hatte 2002 dieses Unternehmen übernommen. HDW ist bekanntlich in der Herstellung konventioneller U-Boote weltweit führend. Die Politik wurde durch diesen Fall aufgeschreckt, weil zu befürchten stand, dass ein Ausverkauf der wichtigsten Technologien zu befürchten sei. Ein vergleichbarer Fall war auch der Verkauf des deutschen Triebwerkherstellers MTU Aero Engines an einen anderen amerikanischen Finanzinvestor. Auch hier ging es um Spitzentechnologie und Kernkompetenzen der deutschen Industrie.

Der Sinn und Zweck der 11. AWG-Novelle bestand darin, Sicherheitsvorsorge zu betreiben und die Kernfähigkeiten der deutschen wehrtechnischen Industrie zu erhalten. Die Funktionsfähigkeit des Wirtschaftsraumes im Rüstungs- und Kryptobereich soll bewahrt bleiben.

---

1 Vom 23.7.2004, BGBl. I Nr. 39, S. 1859.

Ein weiterer Schritt, auf Rechtsgeschäfte über den Erwerb gebietsansässiger Unternehmen Einfluss nehmen zu können, erfolgte durch die 13. AWG-Novelle (2009). Dabei wurde die Ermächtigungsnorm des § 7 AWG um den Absatz 1 Nummer 4 erweitert sowie § 7 Abs. 2 Nr. 6 AWG neu eingefügt.

Von dieser Ermächtigungsgrundlage wurde mit der Verabschiedung des § 53 AWV Gebrauch gemacht.

Nach § 7 Absatz 1 AWG Nummer 4 können Rechtsgeschäfte und Handlungen im Außenwirtschaftsverkehr beschränkt werden, wenn die öffentliche Ordnung oder Sicherheit gefährdet ist. Hierbei handelt es sich um Begriffe, die dem Gemeinschaftsrecht entlehnt sind. Sie setzen voraus, dass eine tatsächliche und hinreichende Gefährdung vorliegt, die ein Grundinteresse der Gesellschaft berührt. Das Funktionieren des Staates und seiner Einrichtungen muss betroffen sein.

§ 7 Absatz 2 Nummer 6 AWG konkretisiert dies auf Rechtsgeschäfte über den Erwerb gebietsansässiger Unternehmen und bestätigt die Rechtslage, wie sie sich durch die Rechtsprechung des EUGH zu den Artikeln 46 und 58 EGV entwickelt hat.

§ 53 AWV, mit dem von der gesetzlichen Ermächtigung nur teilweise Gebrauch gemacht worden ist, hat daher das Ziel, die Sicherung der Existenz der Bundesrepublik Deutschland gegenüber inneren und äußeren Einwirkungen zu gewährleisten. So soll die Versorgung der Bundesrepublik Deutschland im Krisenfall sichergestellt werden. In erster Linie geht es deshalb um Unternehmen, die Dienstleistungen von strategischer Bedeutung erbringen wie z.B. der Telekommunikation oder der Energieversorgung.

Die Regelungen fußen auf der Befürchtung, dass Staats- oder Hedgefonds unerwünschten strategischen Einfluss auf gebietsansässige Unternehmen gewinnen könnten. Daher wurde ein Instrumentarium eingeführt, um problematische Investitionen prüfen und ggf. intervenieren zu können.

Dabei sollen die Eingriffe nach der Vorstellung des Gesetzgebers auf wenige Einzelfälle beschränkt bleiben. In der Gesetzesbegründung wurde deshalb betont, dass die Kapitalverkehrs- und Niederlassungsfreiheit keineswegs in Frage gestellt werden solle. Ein offenes Investitionsregime gehöre zu den Grundpfeilern unserer wirtschaftlichen Entwicklung. Ein klarer und offener Rechtsrahmen für ausländische Investitionen und Beteiligungen sei eine zentrale Voraussetzung für die stetige Integration der deutschen Wirtschaft in die weltwirtschaftliche Arbeitsteilung. Auch der Bundesrat hob in seiner Stellungnahme zum Gesetzesentwurf der Bundesregierung hervor, ausländische Investitionen in der Bundesrepublik Deutschland seien erwünscht und willkommen.

Auf einer Einzelfallbasis kann das Bundesministerium für Wirtschaft und Technologie (BMWi) nach § 53 AWV den Erwerb von Unternehmen gänzlich untersagen oder bestimmte Anordnungen treffen, wenn und soweit dies unerlässlich ist, um die öffentliche Ordnung oder Sicherheit der Bundesrepublik Deutschland zu gewährleisten.

Zwar sind die Kontrollmechanismen der §§ 53 und 52 AWV vergleichbar und artverwandt, doch wurde durch § 53 AWV erstmalig ein Tatbestand geschaffen, der für Unternehmen unabhängig von ihrer Branchenzugehörigkeit gilt.

Diese neuen Ermächtigungsgrundlagen wurden deshalb breiter dargestellt, weil damit deutlich geworden ist, dass die Zeit der Deregulierungen ihren Höhepunkt überschritten hat und der Staat wieder Instrumente zur Verfügung haben will, die wesentliche Sicherheitsinteressen schützen oder unerwünschte Investitionen in strategisch wichtigen Bereichen verhindern können.

1. Die Außenwirtschaftsverordnung

Die Außenwirtschaftsverordnung war 1961 zusammen mit dem Außenwirtschaftsgesetz in Kraft getreten. 1986 wurde sie neu gefasst. Sie ist in dieser Fassung am 1. Januar 1987 in Kraft getreten und hat bis Anfang 2010 bereits neunundachtzig Änderungen erfahren.

Die für die Wirtschaftbeteiligten relevanten nationalen Regelungen finden sich im Wesentlichen in der Außenwirtschaftverordnung. Diese Regelungen stützen sich auf die Ermächtigungen des Außenwirtschaftsgesetzes oder auf Öffnungsklauseln im Europäischen Recht, insbesondere in der Dual-use-VO 428/2009.

Dies betrifft beispielsweise die Ausfuhr und Verbringung von Gütern zum Schutz der Sicherheit, des Völkerfriedens und der auswärtigen Beziehungen und zur Erfüllung von zwischenstaatlichen Vereinbarungen.

Während die Regelungen für Rüstungsgüter gemäß Teil I A der Ausfuhrliste in nationaler Zuständigkeit verbleiben, sind die Regelungen für Dual-use-Güter weitgehend durch die Dual-use-VO 428/2009 europäisiert worden. Zusätzliche nationale Regelungen müssen sich deshalb auf eine Öffnungsklausel in dieser Verordnung, Artikel 11 der Ausfuhr-Verordnung 2603/69 oder auf Artikel 30 EGV zum Schutz der öffentlichen Sicherheit und Ordnung stützen können.

Die wichtigste Öffnungsklausel ist in Artikel 8 der Dual-use-Verordnung enthalten. Danach kann ein Mitgliedsstaat die Ausfuhr von Gütern mit doppeltem Verwendungszweck, die nicht in Anhang I aufgeführt (gelistet) sind, aus Gründen der öffentlichen Sicherheit oder aus Menschenrechtserwägungen untersagen oder hierfür eine Genehmigungspflicht vorschreiben.

Weitere Öffnungsklauseln finden sich u.a. in Artikel 4, in Artikel 5 (Vermittlungstätigkeiten) und 6 (Durchfuhr). Auch bei Artikel 22 (Verbringung) findet sich diese Systematik. Nicht in allen Fällen wurde von diesen Ermächtigungen Gebrauch gemacht.

Schließlich sind die Sicherheitsvorbehalte des EG-Vertrages, insbesondere Artikel 30 EG, weiterhin anwendbar. Dieses ergibt sich insbesondere aus Artikel 4 Abs. 8, der auf Artikel 11 der Verordnung (EWG Nr. 2603/69) verweist sowie aus dem Erwägungsgrund 12 der Verordnung, wonach die Mitgliedstaaten bis zu einer weitergehenden Harmonisierung das Recht gem. Artikel 30 des Vertrages behalten, innerhalb der Europäischen Gemeinschaft zum Schutze der öffentlichen Ordnung und öffentlichen Sicherheit Dual-use-Güter Kontrollen zu unterziehen. Nach der Rechtsprechung des EuGH wird unter dem Begriff der öffentlichen Sicherheit sowohl die innere als auch die äußere Sicherheit der Mitgliedstaaten subsumiert.[1] Dabei wird unter äußerer Sicherheit nicht nur die nationale Sicherheit verstanden, sondern die Sicherheit der internationalen Gemeinschaft insgesamt und deren verschiedener Teile.[2]

Es ist unstrittig, dass Artikel 30 EG nur unter engen Voraussetzungen in Frage kommt, insbesondere wenn reale Gefahren für die innere Sicherheit oder Umgehungsgeschäfte

1 EuGH Urteil vom 14.10.1991, Rs. C 367/89, Slg. 1991, I-4621 (Richardt), Rn. 22; bei der Auslegung dieser Begriffe steht den Mitgliedstaaten ein weiter Ermessensspielraum zu.
2 EuGH Urteil vom 19.10.1995, Rs. C 83/94, Slg. 1995, I-2331 (Leifer), Rn. 27.

drohen, die nicht anders verhindert werden können. Praktisch wird diese Fragestellung im deutschen Recht jedoch nicht, da auf der Grundlage des § 2 Abs. 2 AWG nicht durch Verordnung oder Gesetz geregelte Fallgruppen im Wege des Einzeleingriffes unterbunden werden können.[1]

Keine Kompetenz hat die EU nach einem Rechtsgutachten des Europäischen Gerichtshofes, wenn ein Technologietransfer mit einem Grenzübertritt einer Person verbunden ist. In Artikel 7 der Dual-use-VO 428/2009 ist dies auch ausdrücklich festgehalten worden. „Die Verordnung gilt nicht für die Erbringung von Dienstleistungen oder die Weitergabe von Technologie, wenn diese Erbringung oder Weitergabe mit einem Grenzübertritt von Personen verbunden ist." Deshalb sind diese Vorschriften zur Technischen Unterstützung in den §§ 45 f AWV rein national. Es gibt keine korrespondierenden Vorschriften auf EU-Ebene.

Bei allen anderen Regelungen der Ausfuhr, Verbringung, Vermittlungsgeschäfte sowie der Durchfuhr gibt es unmittelbar geltende Regelungen in der Verordnung 428/2009 sowie auf Grund der jeweiligen Öffnungsklauseln noch zusätzliche nationale Regeln. Dabei machen nicht alle Mitgliedstaaten von diesen Ermächtigungen Gebrauch. Viele Länder selektieren stark. Dies gilt auch für die BRD.

2. Die Ausfuhrliste

Der Inhalt des Anhangs I wird durch die Listen der internationalen Kontrollregime geprägt. Die international vereinbarten Güterlisten werden rechtsverbindlich im Anhang I der Dual-use-VO umgesetzt. Die Frage, ob ein Gut gelistet ist oder nicht, ist von entscheidender Bedeutung für das ganze weitere Prüfverfahren. Gelistete Güter sind im Bereich der Ausfuhr und Verbringung immer genehmigungspflichtig. Nicht gelistete Güter werden erst durch eine „konstitutive Unterrichtung" der Genehmigungsbehörde einer Genehmigungspflicht unterworfen.

Bei Vermittlungsgeschäften und der Technischen Unterstützung sind immer mehr „Mischfälle" geschaffen worden, d.h., auch gelistete Güter werden erst nach einer konstitutiven Unterrichtung genehmigungspflichtig.

Im Sinne der Dual-use-VO bedeutet Listung: Das Gut fällt unter den Anhang I. Damit sind nationale Listungen nach Teil B der Ausfuhrliste oder die 900er-Positionen des Teils C der Ausfuhrliste <u>nicht</u> gelistete Güter. Nur deshalb greift die Öffnungsklausel nach Artikel 8 der Dual-use-VO 428/2009 und damit sind die Bestimmungen des § 5 Absätze 2 und 3 AWV zulässig.

Die Nummerierung dieses Anhangs beginnt mit 0A001 und endet bei 9E102.

Die Nummern setzen sich aus **Kategorie, Gattung** und **Kennung** zusammen.

Die **Kategorie** orientiert sich an den Industriebranchen. Die Art der Kategorie wird durch die erste Zahl der Güternummer bestimmt:

Kategorie 0 = Kerntechnische Materialien, Anlagen und Ausrüstung

1 Die durch die Gefahren des Terrorismus neu ausgelösten Problemfelder befinden sich weitgehend außerhalb des Zollgebietes der EU, wenn z.B. ein sich im internationalen Gewässer befindliches Schiff umgeleitet oder aufgebracht werden soll, weil die Lieferung kritischer Güter für sensitive Länder verhindert werden soll. International diskutiert wird dies unter Rubrum: „Proliferation Security Initiative-PSI". PSI ist durch die VN-Resolution 1540/2004 Pflichtaufgabe für jeden Staat geworden.

Kategorie 1 = Werkstoffe, Chemikalien, Mikroorganismen und Toxine

Kategorie 2 = Werkstoffbearbeitung

Kategorie 3 = Allgemeine Elektronik

Kategorie 4 = Rechner

Kategorie 5 = Telekommunikation (Teil 1) und Informationssicherheit (Teil 2)

Kategorie 6 = Sensoren und Laser

Kategorie 7 = Luftfahrtelektronik und Navigation

Kategorie 8 = Meeres- und Schiffstechnik

Kategorie 9 = Antriebssysteme, Raumfahrzeuge und zugehörige Ausrüstung

Die **Gattung** orientiert sich an dem Liefer- und Leistungsspektrum einer Industriebranche. Sie wird durch den Buchstaben der Güternummer gekennzeichnet:

Gattung A = Systeme, Ausrüstung und Bestandteile

Gattung B = Prüf-, Test- und Herstellungseinrichtungen

Gattung C = Werkstoffe und Materialien

Gattung D = Datenverarbeitungsprogramme (Software)

Gattung E = Technologie

Die **Kennung** besteht aus den letzten drei Zahlen der Güternummer. Die erste Zahl gibt darüber Auskunft, aus welchem Grund die Güter gelistet sind, d.h. auf welches Regime die Listung zurückgeht.

Kennungen 001–099 = Wassenaar-Arrangement

Kennungen 101–199 = MTCR – Trägertechnologie

Kennungen 201–299 = NSG – Nukleartechnologie

Kennungen 301–399 = Australische Gruppe

Kennungen 401–499 = Chemiewaffenübereinkommen

Bei der Interpretation des Anhangs I kommt den „Vorbemerkungen" eine besondere Bedeutung zu. Dies gilt insbesondere bei der Bestandteilsregelung und der Auslegung des unbestimmten Rechtsbegriffs „besonders konstruiert".

Die Positionen des Anhangs I oder der Ausfuhrliste sind gerichtlich voll überprüfbar. Sie waren auch schon mehrfach Gegenstand von Gerichtsentscheidungen wie z.B. zu Entnahmehaken für Gasultrazentrifugen, die Bausatztheorie bei unvollständigen Waffen, deren Teile aber leicht beschaffbar oder herrichtbar sind oder die Auslegung des Begriffs „Kernbrennstoff". Eine Entscheidungsprärogative[1] der Genehmigungsbehörde besteht bei der Auslegung des Güterbegriffs nicht. Auch bei nicht gelisteten Gütern kann voll überprüft werden, ob sie für die kritische Verwendung überhaupt geeignet sind.

Der im Amtsblatt der EG veröffentlichte Anhang I wird von der Bundesregierung in die deutsche Ausfuhrliste als Teil I Abschnitt C inkorporiert. Ziel ist es, den deutschen Ausführern mit der Ausfuhrliste einen in sich geschlossenen, integrierten Text zur Verfügung zu stellen[2], der im Bundesanzeiger veröffentlicht wird.

1 Vgl. Simonsen, Entscheidungsprärogative der Genehmigungsbehörde in Ehlers/Wolffgang/Lechleitner (Hrsg.) Risikomanagement im Exportkontrollrecht.

2 Hahn, AW-Prax 1995, 7.

Dieser Service für die Wirtschaft ist aus tatsächlichen und rechtlichen Gründen nicht unproblematisch. Maßgeblich für die Genehmigungspflicht nach Artikel 3 Dual-use-VO ist allein der Anhang I. Wird der Anhang I geändert, muss diese Änderung auch in der Ausfuhrliste vorgenommen werden. Dies kann unter Umständen mehrere Wochen in Anspruch nehmen. Für den Ausführer bedeutet dies, dass er bei Änderung des Anhangs I für eine gewisse Zeit neben der Ausfuhrliste auch den Anhang I beachten muss. Der Vorteil der integrierten Textfassung wird hierdurch beeinträchtigt. Es besteht zudem die Gefahr, dass der Ausführer, der sich allein auf die Ausfuhrliste verlässt, sich eines Verstoßes gegen das Außenwirtschaftsgesetz schuldig machen kann.

Weniger problematisch ist die Wiederholung einer bereits unmittelbar geltenden Rechtsnorm des Gemeinschaftsrechts (Artikel 249 EG) durch einen mitgliedstaatlichen Rechtsetzungsakt. Diese Vorgehensweise ist nur dann nicht gemeinschaftskonform, wenn durch das nationale Recht das Gemeinschaftsrecht verdeckt wird. Diese Gefahr besteht aber nicht. Teil I Abschnitt C der Ausfuhrliste stellt in der Überschrift „Gemeinsame Liste der Europäischen Union für Güter mit doppeltem Verwendungszweck" klar, dass europäisches Recht wiederholt wird. Zudem wird der Rechtsadressat in der Vorbemerkung darauf aufmerksam gemacht.

3. Das Kriegswaffenkontrollgesetz

Das Kriegswaffenkontrollgesetz, welches gleichfalls 1961 in Kraft trat, ist das Ausführungsgesetz zu Artikel 26 Grundgesetz. Nach Absatz 2 dieses Artikels dürfen zur Kriegsführung bestimmte Waffen nur mit Genehmigung der Bundesregierung hergestellt, befördert und in Verkehr gebracht werden.

Artikel 26 Absatz 1 erklärt Handlungen, die geeignet sind und in der Absicht vorgenommen werden, das friedliche Zusammenleben der Völker zu stören, insbesondere die Führung eines Angriffskrieges vorzubereiten, als verfassungswidrig.

Das Kriegswaffenkontrollgesetz regelt die Herstellung, Beförderung und das Inverkehrbringen von Kriegswaffen. Dabei wird auch das grenzüberschreitende Befördern und Inverkehrbringen erfasst. Deshalb finden bei einem Export oder einer Verbringung sowohl die Ausfuhrregeln nach dem KWKG als auch die Ausfuhr-/Verbringungsregelungen nach dem AWG/AWV Anwendung.

Durch das Gesetz zur Verbesserung der Überwachung des Außenwirtschaftsverkehrs und zum Verbot von Atomwaffen, biologischen und chemischen Waffen vom 5.11.1990 wurden Lücken geschlossen, die in Strafverfahren deutlich geworden waren. So wurde die Herstellung von ABC-Waffen im Inland schlicht verboten (§§ 17, 18 KWKG); die Strafvorschriften erfassen nunmehr alle Personen, die an der Herstellung mitwirken, nicht mehr nur den Fabrikanten selbst, sondern auch die Angestellten. Sogar das leichtfertige Fördern einer derartigen Waffenproduktion wurde unter Strafe gestellt. Dieses Fördern kann bereits in der Lieferung einer Klimaanlage für eine Giftgasfabrik liegen. Auch wurde die Geltung der Strafvorschriften auf Taten Deutscher im Ausland erstreckt.

Die Kriegswaffenliste als Anlage zum KWKG enthält eine abschließende Liste aller Kriegswaffen. Diese sind auch in die Ausfuhrliste Teil I A als Anlage zur AWV integriert worden, um eine praktische Konkordanz herzustellen.

Während die Genehmigungspflicht nach der AWV an den grenzüberschreitenden Transfer in ein anderes Wirtschaftsgebiet anknüpft (§ 5 Abs. 1 AWV), setzt die gleichgerichtete Ausfuhrgenehmigungspflicht des KWKG schon vorher ein, nämlich bereits bei dem zugehörigen inländischen Transport.

4. Das Chemiewaffenübereinkommen

Das Chemiewaffenübereinkommen (CWÜ) vom 13.1.1993 trat am 29.4.1997 in Kraft. Es verbietet die Entwicklung, Herstellung, Besitz, Weitergabe und den Einsatz chemischer Waffen. Chemiewaffen-Bestände sind durch die Vertragsparteien zu deklarieren und unter internationaler Aufsicht zu vernichten.

Dem CWÜ sind bis dato 188 und damit fast alle Staaten beigetreten. Nach Angaben des Auswärtigen Amtes umfasst das CWÜ etwa 98 % der Weltbevölkerung und Erdoberfläche (Landmasse) sowie etwa 98 % der chemischen Industrie:

> „Das CWÜ hat singuläre abrüstungspolitische Bedeutung: Als erster und einziger multilateraler Abrüstungsvertrag verpflichtet es die Vertragspartner, innerhalb festgelegter Fristen – spätestens bis 2012 – eine komplette Kategorie von Massenvernichtungswaffen unter internationaler Aufsicht zu vernichten. Damit geht das CWÜ über die Ächtung einer Kategorie von Massenvernichtungswaffen, wie sie beispielsweise im BWÜ verankert ist, noch hinaus."

Die Einhaltung des CWÜ wird durch die internationale Organisation für das Verbot Chemischer Waffen (OVCW) mit Sitz in Den Haag, Niederlande, überwacht.

Kernaufgabe der OVCW ist es, durch systematische Verifikation die fristgerechte Vernichtung chemischer Waffen und deren Produktionskapazitäten sowie die Nicht-Verbreitung dieser Waffen zu überwachen. Durch Routineinspektionen in der vom CWÜ betroffenen chemischen Industrie soll gewährleistet werden, dass deren Aktivitäten nur Zwecken dienen, die nicht verboten sind. Arbeitsschwerpunkt der OVCW im Jahr 2009 war, die Vernichtung der Chemiewaffen zu verifizieren. Knapp 80 % der Verifikationsressourcen wurden hierfür verwendet. Die übrige Verifikation betraf die vom CWÜ betroffene Industrie. Zudem soll die Organisation im Fall eines Angriffes mit chemischen Waffen die Schutz- und Hilfsmaßnahmen koordinieren und leisten. Außerdem fördert sie die internationale Zusammenarbeit für friedliche Zwecke auf dem Gebiet der Chemie.

In Deutschland wurde das Abkommen durch das Ausführungsgesetz zum Chemiewaffenübereinkommen (CWÜAG) 1994 umgesetzt.

Das Gesetz ermächtigt die Bundesregierung, durch Rechtsverordnung jedweden Umgang mit diesen mißbrauchbaren Chemikalien zu regeln und Meldepflichten einzuführen. Das Gesetz enthält Normen über die internationalen Inspektionen, die Meldepflichten der Unternehmen sowie die ergänzenden Straf- und Bußgeldvorschriften. Die Verordnung macht von dieser Ermächtigung Gebrauch und konkretisiert die verbindlichen Regelungen.

Die wichtigsten Regelungen waren bereits im Kriegswaffenkontrollgesetz geltendes Recht. Neu geregelt wurden Meldepflichten, das Recht zu Inspektionen; außerdem wurde der Erfassungsbereich wesentlich erweitert, weil besonderer Wert auf die Erfassung chemischer Vorprodukte gelegt worden ist. Es gilt auch nicht die Zivilklausel der Kriegswaffenliste, vielmehr kann auch der zivile Umgang mit Chemikalien beschränkt werden.

5. Straf- und Bußgeldvorschriften

Wie die umfangreichen Kataloge in den §§ 70 AWV, 33 und 34 AWG bei Verstößen gegen Beschränkungen bei Warenausfuhr, Handels- und Vermittlungsgeschäften aufgrund des § 7 AWG und des § 5 AWG sowie gegen Beschränkungen aufgrund der Dual-use-VO 428/2009, den vielen Embargoregelungen gegenüber Ländern, bei der Terrorismusbekämpfung und schließlich bei Verstößen gegen Verfahrens- und Meldevorschriften aufgrund der §§ 26, 26 a AWV beweisen, handelt es sich um einen äußerst umfangreichen Sanktionskatalog mit hohen Strafandrohungen.

Selbst Ordnungswidrigkeiten können mit bis zu 500.000 Euro geahndet werden.

Illegale Exporte oder Verbringungen besonders sensitiver Güter (Katalog in § 34 Absatz 1 AWG) können mit einer Freiheitsstrafe bis zu fünf Jahren bestraft werden.

Zuwiderhandlungen können gemäß § 34 Absatz 2 als Straftaten „herauf" gestuft werden, wenn sie geeignet sind, die äußere Sicherheit der BRD, das friedliche Zusammenleben der Völker oder die auswärtigen Beziehungen erheblich zu gefährden.

Auch das Fördern dieser Ausfuhren oder Verbringungen durch Zurverfügungstellung der Güter kann in gleicher Weise bestraft werden.

Der Verstoß gegen Embargos kann nach § 34 Absatz 4 mit einer Freiheitsstrafe von sechs Monaten bis zu fünf Jahren bestraft werden.

Für die Generalprävention wurde in der Tat viel aufgeboten.

Nicht unterschätzt werden dürfen außerdem die strafrechtlichen Nebenfolgen wie die Abschöpfung des Gewinns nach dem Bruttoprinzip, die verwaltungsrechtlichen Nebenfolgen wie der Entzug der Zuverlässigkeit des Unternehmens und damit der Verlust der Exportfähigkeit sowie die faktische Nebenfolge der Rufschädigung durch entsprechende Presseberichte.

VI. Der Pflichtenkatalog für die Unternehmen

Aus der Dynamik dieses Rechtsgebietes folgt zunächst die Informationspflicht. Der in diesem Bereich Handelnde muss „willens und in der Lage sein", mit den einschlägigen Vorschriften umgehen zu können. Dies haben die „Grundsätze der Bundesregierung zur Prüfung der Zuverlässigkeit von Exporteuren von Kriegswaffen und rüstungsrelevanten Gütern" auf den Punkt gebracht.

Diese Pflicht, sich aus allgemein zugänglichen Quellen informieren zu müssen, wird auch von der Rechtsprechung immer wieder betont. Unkenntnis schützt bekanntlich nicht vor Strafe.

Immer dann, wenn ein Unternehmen gelistete Güter, seien es Rüstungsgüter oder Dual-use-Güter, exportiert, ist ein „Ausfuhrverantwortlicher" auf Führungsebene zu bestellen. Die Umsetzung des Prinzips „Exportkontrolle ist Chefsache" war Konsequenz aus den in Strafverfahren gemachten Erfahrungen. Der in den Exportkontrollvorschriften immanent vorhandene Zielkonflikt zwischen Umsatz/Gewinn für das Unternehmen und Einhaltung der Vorschriften sollte den Entscheidern und damit wirklichen Verantwortlichen zugewiesen werden. Nur diese können das Unternehmen richtig aufstellen. Die Arbeitsebene ist selten in der Lage, sich hierarchischem Druck zu widersetzen. Mit diesen Grundsätzen sollte auch eine Stärkung der Arbeitsebene erreicht werden.

Von vielen Unternehmern wird die potentielle Rufschädigung insbesondere durch Medien strategisch viel höher bewertet als die Gefahr von strafrechtlichen oder verwaltungsrechtlichen Sanktionen. Wirkliche oder vermeintliche Exportskandale sind ein beliebtes Pressethema. Die Berichte über „Händler des Todes" finden eine breite Öffentlichkeit. Dies gilt auch für einschlägige Strafprozesse.

Je nach Größe des Unternehmens bedingen diese Pflichten und Gefahren die Einrichtung einer Stabsstelle oder zumindest die Benennung eines Ausfuhrbeauftragten, die Festlegung der Unternehmenspolitik, die Schaffung einer adäquaten Organisation, die Durchführung umfangreicher Analysen, die Festlegung von Berichts- und Informationspflichten und schließlich adäquate Schulungen der Mitarbeiter.

Kleine oder Einzel-Unternehmen, bei denen die Funktionen des Ausfuhrverantwortlichen und des Ausfuhrbeauftragten in Personalunion wahrgenommen werden müssen, werden die Beratungskapazität Anderer, seien es Fachverbände, Industrie und Handelskammern oder Behörden, in Anspruch nehmen müssen. Um eine Grundschulung werden aber auch diese nicht herumkommen. Zumindest das Problem muss erkannt werden können nach dem Prinzip „Gefahr erkannt, Gefahr gebannt". In Zweifelsfällen bleiben immer noch der „Absicherungsantrag" oder die entsprechende Anfrage.

1. Die zu beachtenden Regelungen

Systematisch kann bei den Regelungen zwischen Verboten, Genehmigungspflichten und Unterrichtungs- und Mitteilungspflichten unterschieden werden.

Dabei sind interessante Entwicklungslinien festzustellen.

Bis zur Einführung der ersten Catch-all-Klausel, dem § 5 c AWV im Jahre 1991, galt eine ganz einfache Systematik: Genehmigungspflichtig war nur, was in der Liste stand. Sie galt auch nur für Waren, also alles, was man greifen und vom Zoll kontrolliert werden konnte.

Dieses schlichte Modell musste der Wirklichkeit angepasst werden, als offenbar wurde, dass Waffen oder gar Massenvernichtungswaffen auch mit nicht gelisteten Waren hergestellt werden konnten. Auch wurde offensichtlich, dass es viel gefährlicher ist, Technologie und Software quasi nebenbei z.B. durch einen „mouse-click" zu exportieren, weil man damit den Empfänger in die Lage versetzt, die gewünschten kritischen Waren selbst herstellen zu können. Dies führte dann zum Güterbegriff, der bekanntlich Waren, Software und Technologie einschließlich Fertigungsunterlagen umfasst, und damit zu einer wesentlich weiteren Erfassung als bei dem früheren reinen Warenbegriff. Auch der Ausfuhrbegriff wurde erweitert. So gilt bereits das Bereitstellen von Software und Technologie in elektronischer Form als Ausfuhr.

Diese zunächst nationalen Alleingänge wurden 1995, 2000 und 2009 durch die Dual-use-Verordnung weitgehend vergemeinschaftet und damit wettbewerbsneutral harmonisiert.

Dabei wurden für nicht gelistete Güter auch methodisch völlig neue Wege beschritten. Die Genehmigungspflicht wird nicht qua Gesetzesanwendung festgestellt vielmehr qua „konstitutiver Unterrichtung" durch die Behörde. Dem Unternehmen obliegt in diesem Verfahren die Pflicht, bei „positiver Kenntnis" des kritischen Verwendungszweckes die zuständige Behörde zu unterrichten. Diese stellt die Genehmigungspflicht im Einzelfall durch eine „konstitutive Unterrichtung" fest. Diese Feststellung kann die Behörde auf Grund eigener Erkenntnisse oder nach einer Unterrichtung durch das Unternehmen treffen. Die Behörde kann „konstitutiv unterrichten" und ablehnen, kann aber auch zu einer anderen Einschätzung der Gefahrenlage kommen und z.B. die Ausfuhr durch Erteilung eines „Nullbescheides" zulassen.

Dieser Mechanismus hat zur Folge, dass das Unternehmen die Behörde deshalb lediglich über einen Sachverhalt unterrichtet, selbst wenn diese Unterrichtung aus Praktikabilitätsgründen auf einem Antragsformular erfolgt. Terminologisch unglücklich ist, dass die einschlägigen Bestimmungen den Begriff „unterrichten" sowohl für die Handlung des Unternehmens als auch der Behörde benutzen, obwohl es sich um zwei völlig unterschiedliche Tatbestände handelt.

Diese Systematik, die ursprünglich nur für die Ausfuhr nichtgelisteter Güter, also für §§ 5 c und d AWVV sowie Artikel 4 Dual-use-VO angewendet worden ist, findet sich nunmehr auch bei Handels- und Vermittlungsgeschäften und der technischen Unterstützung.

Dabei hat die EU mit Artikel 5 Absatz 1 VO 428/2009 erstmals einen Mischfall geschaffen. Es geht bei diesen Vermittlungsgeschäften um gelistete Güter kombiniert mit dem Mechanismus „konstitutive Unterrichtung". Dies gilt teilweise auch für nationale Vorschriften. Die §§ 41, 41 a, 42 AWV bei den Handels- und Vermittlungsgeschäften sowie die §§ 45, 45 a und 45 b AWV sind prominente Beispiele.

2. Beachtung von Verboten

Verbote müssen immer vor die Klammer gezogen werden, demnach an erster Stelle geprüft werden. Wenn bereits ein Verbot greift, hat sich die Genehmigungsfrage erledigt.

Die Verordnung (EG) 2271/96 normiert ein Ausfuhrverbot für Ausrüstungen, die zur Vollstreckung der Todesstrafe oder für Zwecke der Folter bestimmt sind.

§§ 17/18 Kriegswaffenkontrollgesetz verbietet alle Aktivitäten im Zusammenhang mit ABC-Waffen, auch die Förderung derartiger Aktivitäten.

§ 18 a KWKG weitet diesen Ansatz auf Antipersonenminen aus.

§ 4 a AWV verbietet die Abgabe von Boykotterklärungen.

Diese überschaubaren Regeln werden aber an Zahl, Umfang und Änderungshäufigkeit durch die verschiedenen Embargos gegenüber Ländern, Unternehmen, Personen oder Privatpersonen bei weitem überboten.

Die §§ 69 a ff AWV enthalten Länderembargos. Diese Vorschriften setzen regelmäßig Gemeinsame Standpunkte der EU im Rahmen der Gemeinsamen Außen-und Sicherheitspolitik (GASP) um.

Embargos sind politisch motivierte Maßnahmen, die die Adressaten zu einer Änderung ihres Verhaltens zwingen sollen. Umfang, Art und Ausmaß der Maßnahmen variieren deshalb in großem Umfang. Da die Einkommensquellen oder Finanzierungsquellen ausgetrocknet oder in sonstiger Weise Druck ausgeübt werden soll, sind häufig harmlose Güter, die überhaupt keinen kritischen Verwendungszweck ausweisen, betroffen. Auch Flug- und Reiseverbote beispielsweise gegenüber Diktatoren und unerwünschten Politikern und deren „Gefolge" werden ausgesprochen.

Während bei den meisten Embargos noch ein Länderbezug besteht, ist dies bei den sogenannten Terroristenlisten nicht mehr der Fall. Gegen diese Listen müssen alle Geschäfte, ob im In- oder Ausland, geprüft werden, weil diesen Personen keinerlei wirtschaftliche Zuwendungen zukommen dürfen.

Rechtsgrundlage sind die Verordnungen (EG) 881/2002 sowie die 2580/2001 in der jeweils gültigen Fassung.

Praktisch relevant sind ebenfalls die Länder, die mit einem Waffenembargo belegt worden sind, weil auf diese in verschiedenen Vorschriften verwiesen wird, wenn es um die Definition einer kritischen Verwendung im Rüstungsbereich geht. Artikel 4 Absatz 2 der Dual-use-VO 428/2009 stellt den Prototyp dar, aber auch andere Vorschriften wie § 41 a AWV und § 45 a AWV haben diese Technik der dynamischen Verweisung übernommen:

Waffenembargoländer im Sinne des Artikels 4 Absatz 2 Dual-use-VO 428/2009 sind:

Armenien, Aserbaidschan, Birma/Myanmar, Elfenbeinküste, Irak, Iran, Demokratische Republik Kongo (Zaire), Demokratische Volksrepublik Korea (Nordkorea), Libanon, Liberia, Sierra Leone, Simbabwe, Somalia, Sudan und Usbekistan.

3. Pflicht zur Stellung eines Antrages

Anträge auf Erteilung von Ausfuhr und Verbringungs-Genehmigungen sind immer bei gelisteten Gütern zu stellen.

Dieses Schema findet sich auf europäischer Ebene bei Art. 3 Dual-use-VO:

> (1) Die Ausfuhr der in Anhang I aufgeführten Güter mit doppeltem Verwendungszweck ist genehmigungspflichtig.

Ausnahme: Es liegen bereits Allgemeine Genehmigungen vor.

> **Art. 22 Abs.1 Dual-use-VO:**
>
> (1) Die innergemeinschaftliche Verbringung der in Anhang IV aufgeführten Güter mit doppeltem Verwendungszweck ist genehmigungspflichtig.[1]

Auf nationaler Ebene findet sich diese Pflicht bei folgenden Normen:

- § 5 Absatz 1 AWV Ausfuhr von Gütern Teil I A der Ausfuhrliste
- § 5 Absatz 2 AWV Ausfuhr von Gütern Teil I B der Ausfuhrliste
  Sowie Teil I C Kennungen 901-999
- § 7 Abs. 1 AWV Verbringung von Gütern Teil I A der Ausfuhrliste
  § 7 Abs. 2 AWV Verbringung von Gütern Teil I B und C der Ausfuhrliste

Dieser Grundsatz gilt bei Handels- und Vermittlungsgeschäften lediglich für Rüstungsgüter nach Teil I A der Ausfuhrliste.

- § 40 AWV Handels- und Vermittlungsgeschäfte von Gütern Teil I A der Ausfuhrliste, die sich in einem Drittland befinden

1 Nebenpflicht nach Abs.10 auf Genehmigungspflicht bei evtl. späterem Export hinweisen.

4. Unterrichtungspflichten des Unternehmens

a) Pflicht bei Ausfuhr- und Verbringungsfällen bei nicht-gelisteten Gütern mit kritischer Verwendung

Bei positiver Kenntnis des Unternehmens über eine definierte kritische Verwendung der Güter hat der Ausführer die Behörde zu unterrichten. Diese entscheidet über die Genehmigungspflicht.

Der Gesetzestext drückt dies wie folgt aus:

> **Artikel 4 Absätze 4 Dual-use-VO**
>
> (4) Ist einem Ausführer bekannt, dass Güter mit doppeltem Verwendungszweck, die er ausführen möchte und die nicht in Anhang I aufgeführt sind, ganz oder teilweise für eine der Verwendungen im Sinne der Absätze 1, 2 und 3 bestimmt sind, so hat er die in Absatz 1 genannten Behörden davon zu unterrichten; diese entscheiden, ob die Ausfuhr dieser Güter genehmigungspflichtig sein soll.

Der **Zweck in Artikel 4 Abs. 1 Dual-use-VO** stellt auf Massenvernichtungswaffen ab. Diese Norm gilt weltweit. Der Erfassungsbereich ist wie folgt definiert:

> „...diese Güter ganz oder teilweise bestimmt sind oder bestimmt sein können zur Verwendung im Zusammenhang mit der Entwicklung, der Herstellung, der Handhabung, dem Betrieb, der Wartung, der Lagerung, der Ortung, der Identifizierung oder der Verbreitung von chemischen, biologischen oder Kernwaffen oder sonstigen Kernsprengkörpern oder zur Entwicklung, Herstellung, Wartung oder Lagerung von Flugkörpern für derartige Waffen."

Der **Zweck in Absatz 2 Dual-use-VO** stellt auf Rüstungsgüter ab. Diese Norm gilt nur für Embargoländer:

> „...wenn gegen das Käuferland oder das Bestimmungsland ein Waffenembargo aufgrund eines vom Rat festgelegten Gemeinsamen Standpunkts oder einer vom Rat verabschiedeten Gemeinsamen Aktion oder einer Entscheidung der Organisation für Sicherheit und Zusammenarbeit in Europa (OSZE) oder ein Waffenembargo aufgrund einer verbindlichen Resolution des VN-Sicherheitsrates verhängt wurde und wenn der Ausführer von den in Absatz 1 genannten Behörden davon unterrichtet worden ist, dass diese Güter ganz oder teilweise für eine militärische Endverwendung bestimmt sind oder bestimmt sein können. Als „militärische Endverwendung" im Sinne dieses Absatzes gilt
>
> – der Einbau in militärische Güter, die in der Militärliste der Mitgliedstaaten aufgeführt sind;
>
> – die Verwendung von Herstellungs-, Test- oder Analyseausrüstung sowie Bestandteilen hierfür für die Entwicklung, die Herstellung oder die Wartung von militärischen Gütern, die in der oben genannten Liste aufgeführt sind;
>
> – die Verwendung von unfertigen Erzeugnissen in einer Anlage für die Herstellung von militärischen Gütern, die in der oben genannten Liste aufgeführt sind."

Der **Zweck in Absatz 3 Dual-use-VO** stellt auf frühere illegale Ausfuhren ab, die nicht perpetuiert werden sollen (keine weiteren Lieferungen).

(3) Die Ausfuhr von Gütern mit doppeltem Verwendungszweck, die nicht in Anhang I aufgeführt sind, ist auch genehmigungspflichtig, wenn der Ausführer von den in Absatz 1 genannten Behörden davon unterrichtet worden ist, dass diese Güter ganz oder teilweise für die Verwendung als Bestandteile von militärischen Gütern bestimmt sind oder bestimmt sein können, die in der nationalen Militärliste aufgeführt sind und aus dem Hoheitsgebiet dieses Mitgliedstaats ohne Genehmigung oder unter Verstoß gegen eine aufgrund innerstaatlicher Rechtsvorschriften dieses Mitgliedstaats erteilte Genehmigung ausgeführt wurden.

Auf nationaler Ebene findet sich dieser Mechanismus bei allen Catch-all-Vorschriften:

§§ 5 c AWV erweitert Artikel 4 Abs. 2 Dual-use-VO um die Länder der Länderliste K. Der Gesetzestext drückt dies wie folgt aus:

(2) Ist einem Ausführer bekannt, dass Güter, die er ausführen möchte und die nicht in der Ausfuhrliste (Anlage AL) genannt sind, für eine militärische Endverwendung im Sinne von Absatz 1[1] bestimmt sind und das Käufer- oder Bestimmungsland ein Land der Länderliste K ist, so hat er das Bundesausfuhramt zu unterrichten; dieses entscheidet, ob die Ausfuhr genehmigungspflichtig ist. Die Güter dürfen erst ausgeführt werden, wenn das Bundesausfuhramt die Ausfuhr genehmigt oder entschieden hat, dass es einer Genehmigung nicht bedarf.

§ 5 d AWV

Diese Vorschrift stellt auf zivile nukleare Anlagen ab:

(2) Ist einem Ausführer bekannt, dass Güter, die er ausführen möchte und die nicht in der Ausfuhrliste (Anlage AL) genannt sind, für einen in Absatz 1 genannten Zweck bestimmt sind und das Käufer- oder Bestimmungsland Algerien, Indien, Irak, Iran, Israel, Jordanien, Libyen, Nordkorea, Pakistan oder Syrien ist, so hat er das Bundesausfuhramt zu unterrichten; dieses entscheidet, ob die Ausfuhr genehmigungspflichtig ist. Die Güter dürfen erst ausgeführt werden, wenn das Bundesausfuhramt die Ausfuhr genehmigt oder entschieden hat, dass es einer Genehmigung nicht bedarf.

Der Zweck in Absatz 1 dieser Vorschrift ist wie folgt definiert:

(1) Die Ausfuhr von Gütern, die nicht in der Ausfuhrliste (Anlage AL) genannt sind, bedarf der Genehmigung, wenn der Ausführer vom Bundesausfuhramt unterrichtet worden ist, dass diese Güter ganz oder teilweise für die Errichtung, den Betrieb oder zum Einbau in eine Anlage für kerntechnische Zwecke im Sinne der Kategorie 0 des Teils I Abschnitt C der Ausfuhrliste (Anlage AL) bestimmt sind oder bestimmt sein können und das Käufer- oder Bestimmungsland Algerien, Indien, Irak, Iran, Israel, Jordanien, Libyen, Nordkorea, Pakistan oder Syrien ist.

b) Verbringung

§7 Absätze 3-4 AWV

§ 7 Absatz 3 AWV bezieht sich auf Artikel 4 Absatz 2 Dual-use-VO und auf § 5c AWV.

(3) Ist einem Verbringer bekannt, dass Güter im Sinne des Satzes 1, die er verbringen möchte und deren endgültiges Bestimmungsziel außerhalb der Europäischen Union liegt, für eine militärische Endverwendung bestimmt sind und das Käufer- oder

1 Entspricht Artikel 4 Absatz 2 der Dual-use-VO 428/2009

Bestimmungsland ein Land der Länderliste K oder ein Embargoland im Sinne von Artikel 4 Abs. 2 der Verordnung (EG) Nr. 428/2009 ist, so hat er das Bundesausfuhramt zu unterrichten; dieses entscheidet, ob die Verbringung genehmigungspflichtig ist. Die Güter dürfen erst verbracht werden, wenn das Bundesausfuhramt die Verbringung genehmigt oder entschieden hat, dass es einer Genehmigung nicht bedarf.

§ 7 Absatz 4 AWV bezieht sich auf § 5 d AWV.

(4) Ist einem Verbringer bekannt, dass Güter im Sinne des Satzes 1, die er verbringen möchte und deren endgültiges Bestimmungsziel außerhalb der Europäischen Union liegt, für einen in Satz 1 genannten Zweck bestimmt sind und das Käufer- oder Bestimmungsland Algerien, Indien, Irak, Iran, Israel, Jordanien, Libyen, Nordkorea, Pakistan oder Syrien ist, so hat er das Bundesausfuhramt zu unterrichten; dieses entscheidet, ob die Verbringung genehmigungspflichtig ist. Die Güter dürfen erst verbracht werden, wenn das Bundesausfuhramt die Verbringung genehmigt oder entschieden hat, dass es einer Genehmigung nicht bedarf.

5. Mischfälle: Gelistete Güter und „konstitutive Unterrichtung"

a) Vermittlungstätigkeiten, Handels- und Vermittlungsgeschäfte

Artikel 5 Dual-use-VO 428/2009, §§ 41, 41 a, 42 AWV erfassen gelistete Güter und verbinden diese mit dem Mechanismus der „konstitutiven Unterrichtung".

Sowohl die europäische Vorschrift über Vermittlungstätigkeiten nach Artikel 5 der Dual-use-VO 428/2009 als auch die ergänzenden nationalen Vorschriften arbeiten mit der bereits dargestellten Technik der „konstitutiven Unterrichtung". Lediglich die erfassten Güter sowie die Bezüge unterscheiden sich.

Artikel 5 Dual-use-VO 428/2009 erfasst gelistete Güter nach Anhang I, die für einen Verwendungszweck nach Artikel 4 Absatz 1 bestimmt sind. § 41 AWV bezieht sich ebenfalls auf diesen Verwendungszweck, stellt aber auf die Güter der Ausfuhrliste Abschnitt C Kennungen 901-999 ab.

§ 41 a AWV erfasst Güter des Anhangs IV der Dual-use-VO, aber für eine militärische Verwendung in Waffenembargoländer (Artikel 4 Absatz 2 Dual-use-VO) und § 42 AWV stellt auf die gleiche militärische Verwendung ab, aber diesmal auf Kriegswaffen.

b) Technische Unterstützung

§§ 45, 45a, 45 b und 3, 45 c AWV erfassen sowohl gelistete als auch nicht gelistete Güter und verbinden diese mit dem Mechanismus der „konstitutiven Unterrichtung".

Auch bei der technischen Unterstützung wird die Technik der „konstitutiven Unterrichtung" eingesetzt. Lediglich die erfassten Güter sowie die „Zwecke" unterscheiden sich.

§ 45 AWV bezieht sich auf Tätigkeiten im Ausland und Zwecke des Artikels 4 Absatz 1 der Dual-use-VO (Absatz 3 Nr. 3 enthält auch gelistete Güter). § 45 a AWV bezieht sich auf Waffen-Embargoländer oder Länder der Länderliste K und eine militärische Endverwendung nach Artikel 4 der Dual-use-VO (Absatz 3 Nr. 2 enthält auch gelistete Güter).

§ 45 b Absatz 1 AWV bezieht sich auf Tätigkeiten im Inland und Gebietsfremde, die nicht in der EU oder einem Land nach Anhang II Teil 3 Dual-use-VO ansässig sind sowie auf einen Zweck nach Artikel 4 Absatz 1 der Dual-use-VO. § 45 b Absatz 2 AWV stellt auf militärische Endverwendung ab. Der Gebietsfremde muss aus Ländern kommen, gegen die ein Waffenembargo besteht oder ein Land der Länderliste K darstellt. § 45 b Absatz 4 Nr. 2 bezieht sich auch auf gelistete Güter.

§ 45 c AWV stellt auf die kerntechnische Verwendung und die in § 5 d AWV genannten 10 Länder ab.

Die Vorschriften zur Technischen Unterstützung (Definition in § 4 c AWV) enthalten noch viele Ausnahmen, beispielsweise in § 45 e AWV z.B. die erstmalige Herstellung der Betriebsbereitschaft von Gütern, deren Ausfuhr genehmigt wurde, aber auch die Erweiterung des Erfassungsbereiches auf nicht gebietsansässige Deutsche.

Gerade bei der Fallgruppe „positive Kenntnis" muss das Unternehmen die Behörde unterrichten, es kann aber nicht mehr autonom entscheiden, ob die Vorschrift für diesen Fall zutrifft; vielmehr muss es die konstitutive Entscheidung der Behörde abwarten.

6. Meldepflichten bei Erwerb eines Unternehmens durch Gebietsfremde oder gebietsfremden Anteilseigner

Seit 2004 gibt es eine Meldepflicht bei dem drohenden Erwerb eines für die Funktionsfähigkeit des Wirtschaftsraums im Rüstungs- und Kryptobereich wichtigen Unternehmens.

> **§ 52 AWV Erwerb durch Gebiets- oder Gemeinschaftsfremde**
>
> (1) Der Erwerb eines gebietsansässigen Unternehmens oder einer unmittelbaren oder mittelbaren Beteiligung an einem solchen Unternehmen, das
>
> Güter im Sinne von Teil B der Anlage zu § 1 Abs. 1 des Gesetzes über die Kontrolle von Kriegswaffen (Kriegswaffenliste) herstellt oder entwickelt oder
>
> besonders konstruierte Motoren oder Getriebe zum Antrieb von Kampfpanzern oder anderen gepanzerten militärischen Kettenfahrzeugen herstellt oder entwickelt oder
>
> Kryptosysteme herstellt, die für eine Übertragung staatlicher Verschlusssachen von dem Bundesamt für Sicherheit in der Informationstechnik mit Zustimmung des Unternehmens zugelassen sind,
>
> durch einen Gebietsfremden oder ein gebietsansässiges Unternehmen, an dem ein Gebietsfremder mindestens 25 Prozent der Stimmrechte hält, ist vom Erwerber dem Bundesministerium für Wirtschaft und Arbeit[1] zu melden.

VII. Eingriffsmöglichkeiten des Staates

Ohne eine auslösende Handlung eines Unternehmens stehen dem Staat verschiedene Eingriffsmöglichkeiten zur Verfügung. Dies betrifft zunächst die Fälle, die mit dem Mechanismus der „konstitutiven Unterrichtung" versehen worden sind. Dabei kann der Staat ohne

1 Jetzt: Bundesministerium für Wirtschaft und Technologie.

Unterrichtung durch ein Unternehmen auch aus eigener Kenntnis tätig werden. Darüber hinaus bestehen noch folgende Möglichkeiten:

Artikel 6 Absatz 1 Dual-use-VO Möglichkeit eines Durchfuhrverbots

Die Durchfuhr nichtgemeinschaftlicher Güter mit doppeltem Verwendungszweck, die in Anhang I aufgeführt sind, kann von den zuständigen Behörden des Mitgliedstaats, durch den die Güter durchgeführt werden, verboten werden, wenn die Güter ganz oder teilweise für einen der in Artikel 4 Absatz 1 genannten Verwendungszwecke bestimmt sind oder bestimmt sein können.

§ 38 Durchfuhr

(3) Bevor das Bundesamt für Wirtschaft und Ausfuhrkontrolle (BAFA) nach Artikel 6 Abs. 1 der Verordnung (EG) Nr. 428/2009 über ein Durchfuhrverbot von nichtgemeinschaftlichen Gütern entscheidet, die in Anhang I dieser Verordnung in der jeweils geltenden Fassung aufgeführt sind, kann es im Einzelfall eine Genehmigungspflicht anordnen, wenn die Güter ganz oder teilweise für einen der Verwendungszwecke des Artikels 4 Abs. 1 der Verordnung (EG) Nr. 428/2009 bestimmt sind oder bestimmt sein können.

§ 53 AWV Erwerb durch Gebiets- oder Gemeinschaftsfremde

(1) Das Bundesministerium für Wirtschaft und Technologie kann den Erwerb eines gebietsansässigen Unternehmens oder einer unmittelbaren oder mittelbaren Beteiligung an einem solchen Unternehmen durch einen Gemeinschaftsfremden innerhalb von drei Monaten seit dem Abschluss des schuldrechtlichen Vertrages über den Erwerb der Stimmrechte darauf prüfen, ob der Erwerb die öffentliche Ordnung oder Sicherheit der Bundesrepublik Deutschland gefährdet;

§ 2 Abs. 2 AWG Eingriffsermächtigung

Das Bundesministerium für Wirtschaft und Technologie kann im Einvernehmen mit dem Auswärtigen Amt und dem Bundesministerium der Finanzen die notwendigen Beschränkungen von Rechtsgeschäften oder Handlungen im Außenwirtschaftsverkehr anordnen, um eine im einzelnen Falle bestehende Gefahr für die in § 7 Abs. 1 genannten Rechtsgüter abzuwenden.

Die Kenntnis dieser Befugnisse des Staates ist hilfreich, weil die Eingriffe wiederum das Unternehmen betreffen können. In diesen Fällen treffen den Adressaten auch Mitwirkungspflichten.

VIII. Schlussbemerkungen

Sowohl die Unbestimmtheit vieler Vorschriften im Exportkontrollbereich als auch die „Entscheidungsprärogative" der Genehmigungsbehörde sind von den Unternehmen nur mit hohem Abstimmungsaufwand zu bewältigen, um nicht in die Gefahr strafrechtlicher Ermittlungen zu geraten. Aber auch die Strafrechtler haben große Probleme mit der Unbestimmtheit der Normen. Im Bereich der Terroristenlisten wird dies durch die erforderlichen Transkriptionen beispielsweise aus der arabischen Sprache noch auf die Spitze getrieben.

Für die Ablösung des langjährigen Exportweltmeisters Bundesrepublik Deutschland durch China im Jahre 2009 sind aber weder diese Vorschriften noch die Genehmigungspolitik ursächlich.

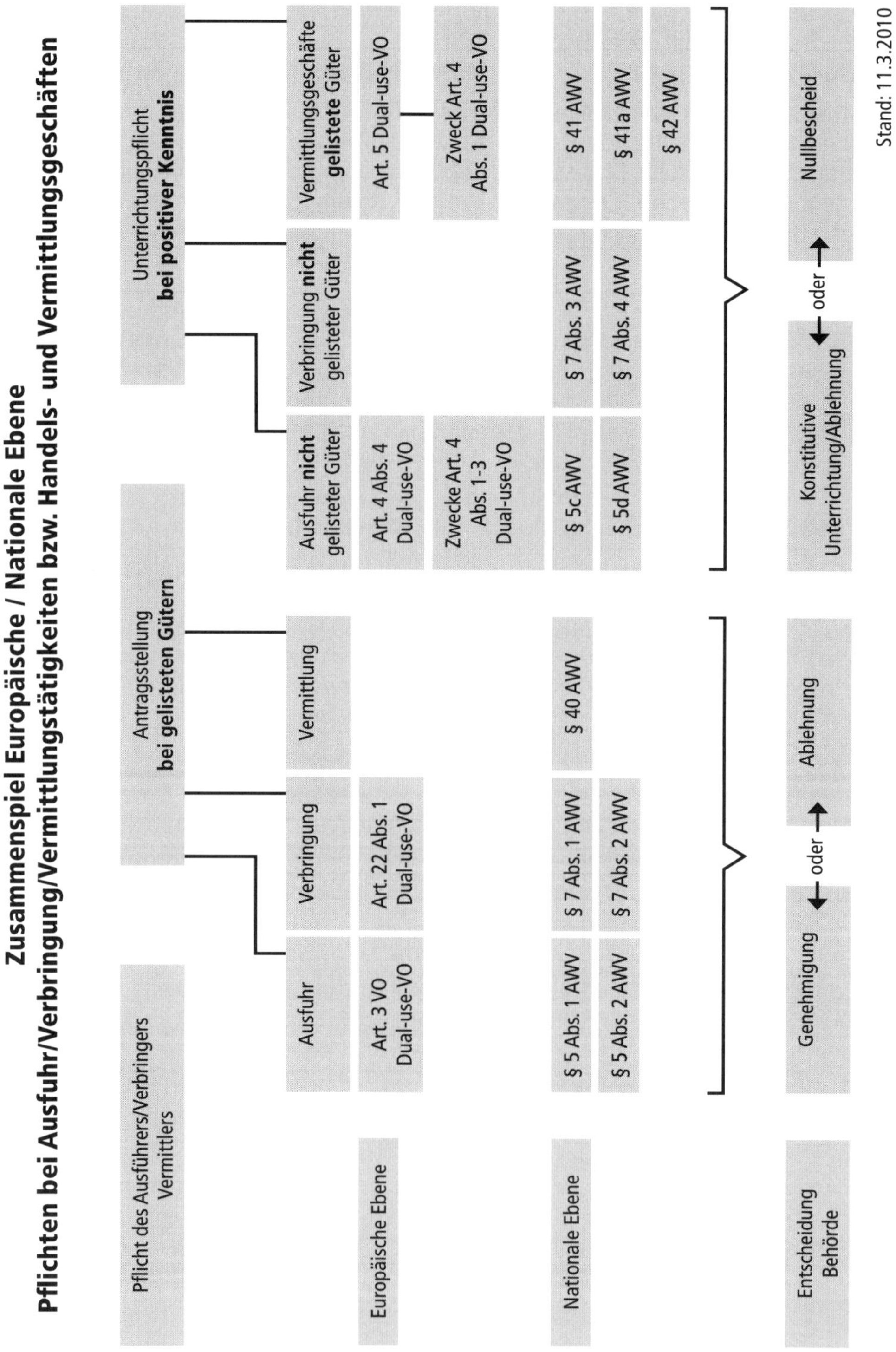
Zusammenspiel Europäische / Nationale Ebene
Pflichten bei Ausfuhr/Verbringung/Vermittlungstätigkeiten bzw. Handels- und Vermittlungsgeschäften
Pflicht des Ausführers/Verbringers Vermittlers
Antragsstellung bei gelisteten Gütern
Unterrichtungspflicht bei positiver Kenntnis
Ausfuhr
Verbringung
Vermittlung
Ausfuhr nicht gelisteter Güter
Verbringung nicht gelisteter Güter
Vermittlungsgeschäfte gelistete Güter
Europäische Ebene
Art. 3 VO Dual-use-VO
Art. 22 Abs. 1 Dual-use-VO
Art. 4 Abs. 4 Dual-use-VO
Art. 5 Dual-use-VO
Zwecke Art. 4 Abs. 1-3 Dual-use-VO
Zweck Art. 4 Abs. 1 Dual-use-VO
Nationale Ebene
§ 5 Abs. 1 AWV
§ 5 Abs. 2 AWV
§ 7 Abs. 1 AWV
§ 7 Abs. 2 AWV
§ 40 AWV
§ 5c AWV
§ 5d AWV
§ 7 Abs. 3 AWV
§ 7 Abs. 4 AWV
§ 41 AWV
§ 41a AWV
§ 42 AWV
Entscheidung Behörde
Genehmigung
oder
Ablehnung
Konstitutive Unterrichtung/Ablehnung
oder
Nullbescheid
Stand: 11.3.2010

B. Textsammlung

I. Völkerrechtliche Vorgaben

Der Sicherheitsrat der Vereinten Nationen als Gesetzgeber

Generell abstrakte Normen

VN Resolution 1540/2004	**VN Resolution 1373/2001**
Zur Regelung der Proliferation von Massenvernichtungswaffen	Zur Regelung der Terrorismusgefahr

Stand: 11.3.2010

1. VN-Resolution 1540 (2004) angenommen durch den Sicherheitsrat der Vereinten Nationen in seiner 4956. Sitzung des Sicherheitsrats am 28. April 2004 zur Regelung der Proliferation von Massenvernichtungswaffen

Der Sicherheitsrat, bekräftigend, dass die Verbreitung nuklearer, chemischer und biologischer Waffen und ihrer Trägersysteme[1] eine Bedrohung des Weltfriedens und der internationalen Sicherheit darstellt, in diesem Zusammenhang in Bekräftigung der Erklärung seines Präsidenten (S/23500), die auf der am 31. Januar 1992 auf der Ebene der Staats- und Regierungschefs abgehaltenen Ratssitzung verabschiedet wurde und in der es unter anderem heißt, dass alle Mitgliedstaaten ihre Verpflichtungen in Bezug auf Rüstungskontrolle und Abrüstung erfüllen und jede Verbreitung aller Arten von Massenvernichtungswaffen verhüten müssen, sowie unter Hinweis darauf, dass in der Erklärung die Notwendigkeit unterstrichen wurde, dass alle Mitgliedstaaten etwaige Probleme in diesem Zusammenhang, welche die Erhaltung der regionalen und weltweiten Stabilität bedrohen oder stören, auf friedlichem Wege im Einklang mit der Charta regeln, in Bekräftigung seiner Entschlossenheit, im Einklang mit den ihm nach der Charta der Vereinten Nationen obliegenden Hauptverantwortlichkeiten geeignete und wirksame Maßnahmen zur Abwehr jeder Bedrohung des Weltfriedens und der internationalen Sicherheit zu ergreifen, die durch die Verbreitung nuklearer, chemischer und biologischer Waffen und ihrer Trägersysteme verursacht wird, sowie in Bekräftigung seiner Unterstützung für die multilateralen Verträge, die die Beseitigung oder die Verhütung der Verbreitung nuklearer, chemischer oder biologischer Waffen zum Ziel haben, und erklärend, wie wichtig es ist, dass alle Vertragsstaaten dieser Verträge sie uneingeschränkt durchführen, um so die internationale Stabilität zu fördern, in diesem Zusammenhang unter Begrüßung der Maßnahmen der multilateralen Abmachungen, die zur Nichtverbreitung beitragen, erklärend, dass die Verhütung der Verbreitung nuklearer, chemischer und biologischer Waffen nicht die internationale Zusammenarbeit im Hinblick auf Materialien, Ausrüstung und Technologien für friedliche Zwecke behindern darf, dass jedoch die Ziele der friedlichen Nutzung nicht als Deckmantel für die Verbreitung dieser Waffen dienen dürfen, ernsthaft besorgt über die Bedrohung durch den Terrorismus und die Gefahr, dass nichtstaatliche Akteure* wie diejenigen, die in der vom Ausschuss des Sicherheitsrats nach Resolution 1267 (1999) erstellten und geführten Liste der Vereinten Nationen genannt werden, und diejenigen, auf die die Resolution 1373 (2001) Anwendung findet, nukleare, chemische und biologische Waffen und ihre Trägersysteme erwerben, entwickeln, mit ihnen handeln oder sie einsetzen könnten, ernsthaft besorgt über die Bedrohung durch den unerlaubten Handel mit nuklearen, chemischen oder biologischen Waffen und ihren Trägersystemen und damit verwandtem Material*, der die Frage der Verbreitung derartiger Waffen um eine neue Dimension erweitert und ebenso eine Bedrohung des Weltfriedens und der internationalen Sicherheit darstellt, in der

1 Begriffsbestimmungen nur für die Zwecke dieser Resolution: Trägersysteme: Flugkörper, Raketen und andere unbemannte Systeme, die als Einsatzmittel für nukleare, chemische oder biologische Waffen dienen können und die speziell für diesen Verwendungszweck entwickelt wurden.
Nichtstaatlicher Akteur: Person oder Organisation, die bei der Durchführung von Aktivitäten, die unter den Anwendungsbereich dieser Resolution fallen, nicht unter der rechtmäßigen Autorität eines Staates handelt.
Verwandtes Material: Material, Ausrüstung und Technologien, die von den einschlägigen multilateralen Verträgen und Abmachungen erfasst sind oder auf nationalen Kontrolllisten stehen und die für die Konstruktion, Entwicklung, Herstellung oder Nutzung von nuklearen, chemischen und biologischen Waffen und ihren Trägersystemen verwendet werden könnten.

Erkenntnis, dass es einer stärkeren Koordinierung der Anstrengungen auf nationaler, subregionaler, regionaler und internationaler Ebene bedarf, damit dieser ernsten Herausforderung und Gefahr für die internationale Sicherheit weltweit wirksamer entgegengetreten werden kann, sowie in der Erkenntnis, dass die meisten Staaten im Rahmen von Verträgen, deren Vertragspartei sie sind, verbindliche rechtliche Verpflichtungen eingegangen sind oder sonstige Zusagen gegeben haben, um die Verbreitung nuklearer, chemischer oder biologischer Waffen zu verhüten, und dass sie wirksame Maßnahmen ergriffen haben, um über sicherheitsempfindliches Material Buch zu führen, es zu sichern und physisch zu schützen, beispielsweise die Maßnahmen, die im Übereinkommen über den physischen Schutz von Kernmaterial verlangt werden, sowie diejenigen, die die Internationale Atomenergie-Organisation in ihrem Verhaltenskodex für die Sicherheit und Sicherung radioaktiver Strahlenquellen empfiehlt, ferner in der Erkenntnis, dass alle Staaten dringend weitere wirksame Maßnahmen ergreifen müssen, um die Verbreitung nuklearer, chemischer oder biologischer Waffen und ihrer Trägersysteme zu verhüten, allen Mitgliedstaaten nahe legend, die Abrüstungsverträge und -übereinkünfte, deren Vertragspartei sie sind, uneingeschränkt durchzuführen, in Bekräftigung der Notwendigkeit, durch terroristische Handlungen verursachte Bedrohungen des Weltfriedens und der internationalen Sicherheit mit allen Mitteln, im Einklang mit der Charta der Vereinten Nationen, zu bekämpfen, entschlossen, in Zukunft eine wirksame Antwort auf die globalen Bedrohungen auf dem Gebiet der Nichtverbreitung zu erleichtern, tätig werdend nach Kapitel VII der Charta der Vereinten Nationen,

1. beschließt, dass alle Staaten die Gewährung jeder Form von Unterstützung für nichtstaatliche Akteure unterlassen werden, die versuchen, nukleare, chemische oder biologische Waffen und ihre Trägersysteme zu entwickeln, zu erwerben, herzustellen, zu besitzen, zu transportieren, weiterzugeben oder einzusetzen;
2. beschließt außerdem, dass alle Staaten nach Maßgabe ihrer innerstaatlichen Verfahren geeignete wirksame Rechtsvorschriften erlassen und anwenden werden, die es jedem nichtstaatlichen Akteur untersagen, nukleare, chemische oder biologische Waffen und ihre Trägersysteme herzustellen, zu erwerben, zu besitzen, zu entwickeln, zu transportieren, weiterzugeben oder einzusetzen, insbesondere für terroristische Zwecke, und den Versuch verbieten, eine dieser Aktivitäten zu begehen, sich als Mittäter oder Gehilfe daran zu beteiligen, sie zu unterstützen oder sie zu finanzieren;
3. beschließt ferner, dass alle Staaten wirksame Maßnahmen ergreifen und durchsetzen werden, um innerstaatliche Kontrollen zur Verhütung der Verbreitung von nuklearen, chemischen oder biologischen Waffen und ihren Trägersystemen einzurichten, einschließlich angemessener Kontrollen über verwandtes Material, und dass sie zu diesem Zweck
   a) geeignete und wirksame Maßnahmen ausarbeiten und aufrechterhalten werden, um über die Herstellung, die Verwendung, die Lagerung und den Transport solcher Gegenstände Buch zu führen und ihre Sicherheit zu gewährleisten;
   b) geeignete und wirksame Maßnahmen zum physischen Schutz ausarbeiten und aufrechterhalten werden;
   c) geeignete und wirksame Grenzkontrollen und Strafverfolgungsmaßnahmen ausarbeiten und aufrechterhalten werden, um den unerlaubten Handel und

Vermittlungsgeschäfte mit diesen Gegenständen im Einklang mit ihren nationalen rechtlichen Befugnissen und Rechtsvorschriften sowie dem Völkerrecht aufzudecken, abzuschrecken, zu verhüten und zu bekämpfen, erforderlichenfalls auch durch internationale Zusammenarbeit;

d) geeignete und wirksame einzelstaatliche Export- und Umschlagskontrollen für diese Gegenstände einrichten, ausarbeiten, überprüfen und aufrechterhalten werden, einschließlich geeigneter Gesetze und sonstiger Vorschriften zur Kontrolle der Ausfuhr, Durchfuhr, des Umschlags und der Wiederausfuhr sowie Kontrollen der Bereitstellung von Geldern und Dienstleistungen im Zusammenhang mit diesen Ausfuhren und Umschlagstätigkeiten, wie Finanzierung und Transportleistungen, die zur Verbreitung beitragen würden,

sowie Endverwenderkontrollen einrichten und angemessene straf- oder zivilrechtliche Sanktionen für Verstöße gegen derartige Ausfuhrkontrollgesetze und -vorschriften festlegen und anwenden;

4. beschließt, im Einklang mit Regel 28 seiner vorläufigen Geschäftsordnung für einen Zeitraum von nicht mehr als zwei Jahren einen aus allen Ratsmitgliedern bestehenden Ausschuss des Sicherheitsrats einzusetzen, der gegebenenfalls unter Heranziehung anderer Fachkenntnisse dem Sicherheitsrat zur Prüfung durch den Rat über die Durchführung dieser Resolution Bericht erstatten wird, und fordert zu diesem Zweck die Staaten auf, dem Ausschuss spätestens sechs Monate nach der Verabschiedung dieser Resolution einen ersten Bericht über die Maßnahmen vorzulegen, die sie zur Durchführung dieser Resolution ergriffen haben beziehungsweise zu ergreifen beabsichtigen;

5. beschließt, dass die in dieser Resolution festgelegten Verpflichtungen nicht so auszulegen sind, als stünden sie im Widerspruch zu den Rechten und Pflichten der Vertragsstaaten des Vertrages über die Nichtverbreitung von Kernwaffen, des Chemiewaffenübereinkommens und des Übereinkommens über biologische Waffen und Toxinwaffen oder als änderten sie diese, oder als änderten sie die Verantwortlichkeiten der Internationalen Atomenergie-Organisation oder der Organisation für das Verbot chemischer Waffen;

6. erkennt an, wie nützlich für die Durchführung dieser Resolution wirksame nationale Kontrolllisten sind, und fordert alle Mitgliedstaaten auf, erforderlichenfalls so bald wie möglich solche Listen zu erstellen;

7. ist sich dessen bewusst, dass manche Staaten bei der Durchführung der Bestimmungen dieser Resolution in ihrem Hoheitsgebiet möglicherweise Hilfe benötigen werden, und bittet die Staaten, die dazu in der Lage sind, den Staaten, die nicht über die erforderlichen rechtlichen und regulatorischen Infrastrukturen, Umsetzungserfahrung und/oder Ressourcen zur Durchführung der genannten Bestimmungen verfügen, auf deren konkretes Ersuchen gegebenenfalls Hilfe anzubieten;

8. fordert alle Staaten auf,

   a) die allgemeine Annahme und uneingeschränkte Durchführung sowie erforderlichenfalls die Stärkung der multilateralen Verträge zu fördern, deren Vertragspartei sie sind und die zum Ziel haben, die Verbreitung nuklearer, biologischer oder chemischer Waffen zu verhüten;

b) soweit noch nicht geschehen, innerstaatliche Regeln und Vorschriften zu erlassen, um die Einhaltung ihrer Verpflichtungen aus den wichtigsten multilateralen Nichtverbreitungsverträgen zu gewährleisten;

c) ihr Bekenntnis zur multilateralen Zusammenarbeit zu erneuern und umzusetzen, insbesondere im Rahmen der Internationalen Atomenergie-Organisation, der Organisation für das Verbot chemischer Waffen und des Übereinkommens über biologische Waffen und Toxinwaffen, die wichtige Mittel zur Verfolgung und Verwirklichung ihrer gemeinsamen Ziele auf dem Gebiet der Nichtverbreitung und zur Förderung der internationalen Zusammenarbeit für friedliche Zwecke sind;

d) geeignete Möglichkeiten zur Zusammenarbeit mit der Industrie und der Öffentlichkeit und zu ihrer Information über die Verpflichtungen zu entwickeln, die ihnen nach den entsprechenden Rechtsvorschriften obliegen;

9. fordert alle Staaten auf, den Dialog und die Zusammenarbeit auf dem Gebiet der Nichtverbreitung zu fördern, um der Bedrohung zu begegnen, die von der Verbreitung nuklearer, chemischer oder biologischer Waffen und ihrer Trägersysteme ausgeht;

10. fordert alle Staaten auf, zur weiteren Bekämpfung dieser Bedrohung im Einklang mit ihren nationalen rechtlichen Befugnissen und Rechtsvorschriften und in Übereinstimmung mit dem Völkerrecht gemeinschaftliche Maßnahmen zu ergreifen, um den unerlaubten Handel mit nuklearen, chemischen oder biologischen Waffen, ihren Trägersystemen und verwandtem Material zu verhüten;

11. bekundet seine Absicht, die Durchführung dieser Resolution genau zu verfolgen und auf geeigneter Ebene weitere Beschlüsse zu fassen, die gegebenenfalls zu diesem Zweck erforderlich sind;

12. beschließt, mit der Angelegenheit befasst zu bleiben.

2. VN-Resolution 1373 (2001) angenommen durch den Sicherheitsrat der Vereinten Nationen in seiner 4385. Sitzung am 28. September 2001 zur Regelung der Terrorismusgefahr

Der Sicherheitsrat,

in Bekräftigung seiner Resolutionen 1269 (1999) vom 19. Oktober 1999 und 1368 (2001) vom 12. September 2001,

sowie in Bekräftigung seiner unmissverständlichen Verurteilung der Terroranschläge, die am 11. September 2001 in New York, Washington und Pennsylvania stattgefunden haben,

und *mit dem Ausdruck* seiner Entschlossenheit, alle derartigen Handlungen zu verhüten, *ferner in Bekräftigung* dessen, dass diese Handlungen, wie jede Handlung des internationalen Terrorismus, eine Bedrohung des Weltfriedens und der internationalen Sicherheit darstellen,

in Bekräftigung des naturgegebenen Rechts zur individuellen oder kollektiven Selbstverteidigung, das in der Charta der Vereinten Nationen anerkannt und in der Resolution 1368 (2001) bekräftigt wird,

in Bekräftigung der Notwendigkeit, durch terroristische Handlungen verursachte Bedrohungen des Weltfriedens und der internationalen Sicherheit mit allen Mitteln, im Einklang mit der Charta der Vereinten Nationen, zu bekämpfen,

zutiefst besorgt über die in verschiedenen Weltregionen zu verzeichnende Zunahme terroristischer Handlungen, die durch Intoleranz oder Extremismus motiviert sind,

mit der Aufforderung an die Staaten, dringend zusammenzuarbeiten, um terroristische Handlungen namentlich durch verstärkte Zusammenarbeit und durch die volle Durchführung der einschlägigen internationalen Übereinkünfte betreffend den Terrorismus zu verhüten und zu bekämpfen,

in der Erkenntnis, dass die Staaten die internationale Zusammenarbeit durch zusätzliche Maßnahmen ergänzen müssen, um die Finanzierung und Vorbereitung terroristischer Handlungen in ihrem Hoheitsgebiet mit allen rechtlich zulässigen Mitteln zu verhüten und zu bekämpfen,

in Bekräftigung des von der Generalversammlung in ihrer Erklärung vom Oktober 1970 (Resolution 2625 (XXV)) aufgestellten und vom Sicherheitsrat in seiner Resolution 1189 (1998) vom 13. August 1998 bekräftigten Grundsatzes, dass jeder Staat verpflichtet ist, die Organisierung, Anstiftung oder Unterstützung terroristischer Handlungen in einem anderen Staat oder die Teilnahme daran oder die Duldung organisierter Aktivitäten in seinem eigenen Hoheitsgebiet, die auf die Begehung solcher Handlungen gerichtet sind, zu unterlassen,

tätig werdend nach Kapitel VII der Charta der Vereinten Nationen,

1. *beschließt*, dass alle Staaten
   a) die Finanzierung terroristischer Handlungen verhüten und bekämpfen werden;
   b) die vorsätzliche Bereitstellung oder Sammlung von Geldern, gleichviel durch welche Mittel und ob mittelbar oder unmittelbar, durch ihre Staatsangehörigen oder in ihrem Hoheitsgebiet mit der Absicht oder in Kenntnis dessen, dass diese Gelder zur Ausführung terroristischer Handlungen verwendet werden, unter Strafe stellen werden;
   c) unverzüglich Gelder und sonstige finanzielle Vermögenswerte oder wirtschaftliche Ressourcen von Personen, die terroristische Handlungen begehen, zu begehen versuchen oder sich an deren Begehung beteiligen oder diese erleichtern, sowie von Institutionen, die unmittelbar oder mittelbar im Eigentum oder unter der Kontrolle dieser Personen stehen, und von Personen und Institutionen, die im Namen oder auf Anweisung dieser Personen und Institutionen handeln, einfrieren werden, einschließlich der Gelder, die aus Vermögen stammen oder hervorgehen, das unmittelbar oder mittelbar im Eigentum oder unter der Kontrolle dieser Personen und mit ihnen verbundener Personen und Institutionen steht;
   d) ihren Staatsangehörigen oder allen Personen und Institutionen in ihrem Hoheitsgebiet untersagen werden, Gelder, finanzielle Vermögenswerte oder wirtschaftliche Ressourcen oder Finanz- oder damit zusammenhängende Dienstleistungen unmittelbar oder mittelbar zum Nutzen von Personen zur Verfügung zu stellen, die terroristische Handlungen begehen, zu begehen versuchen, erleichtern oder sich daran beteiligen, oder zum Nutzen von Institutionen, die unmittelbar oder mittelbar im Eigentum oder unter der Kontrolle dieser Personen stehen oder zum Nutzen von Personen und Institutionen, die im Namen oder auf Anweisung dieser Personen handeln;
2. *beschließt außerdem*, dass alle Staaten
   a) es unterlassen werden, Institutionen oder Personen, die an terroristischen Handlungen beteiligt sind, in irgendeiner Form aktiv oder passiv zu unterstützen, indem sie namentlich die Anwerbung von Mitgliedern terroristischer Gruppen unterbinden und die Belieferung von Terroristen mit Waffen beendigen;
   b) die erforderlichen Maßnahmen ergreifen werden, um die Begehung terroristischer Handlungen zu verhüten, namentlich durch die frühzeitige Warnung anderer Staaten im Wege des Informationsaustauschs;
   c) denjenigen, die terroristische Handlungen finanzieren, planen, unterstützen oder begehen oder die den Tätern Unterschlupf gewähren, einen sicheren Zufluchtsort verweigern werden;
   d) diejenigen, die terroristische Handlungen finanzieren, planen, erleichtern oder begehen, daran hindern werden, ihr Hoheitsgebiet für diese Zwecke gegen andere Staaten oder deren Angehörige zu nutzen;

e) sicherstellen werden, dass alle Personen, die an der Finanzierung, Planung, Vorbereitung oder Begehung terroristischer Handlungen oder an deren Unterstützung mitwirken, vor Gericht gestellt werden, dass diese terroristischen Handlungen zusätzlich zu allen sonstigen Gegenmaßnahmen als schwere Straftaten nach ihrem innerstaatlichen Recht umschrieben werden und dass die Strafe der Schwere dieser terroristischen Handlungen gebührend Rechnung trägt;

f) einander größtmögliche Hilfe bei strafrechtlichen Ermittlungen oder Strafverfahren im Zusammenhang mit der Finanzierung oder Unterstützung terroristischer Handlungen gewähren werden, einschließlich Hilfe bei der Beschaffung des für die Verfahren notwendigen Beweismaterials, das sich in ihrem Besitz befindet;
g) die Bewegung von Terroristen oder terroristischen Gruppen verhindern werden, indem sie wirksame Grenzkontrollen durchführen und die Ausgabe von Identitätsdokumenten und Reiseausweisen kontrollieren und Maßnahmen zur Verhütung der Nachahmung, Fälschung oder des betrügerischen Gebrauchs von Identitätsdokumenten und Reiseausweisen ergreifen;

3. *fordert* alle Staaten *auf*,

a) Wege zur Intensivierung und Beschleunigung des Austauschs operationaler Informationen zu finden, insbesondere im Bezug auf Handlungen oder Bewegungen von Terroristen oder Terroristennetzen, auf gefälschte oder verfälschte Reiseausweise, den Handel mit Waffen, Sprengstoffen oder sicherheitsempfindlichem Material, die Nutzung von Kommunikationstechnologien durch terroristische Gruppen und die Gefahr, die von Massenvernichtungswaffen im Besitz terroristischer Gruppen ausgeht;

b) im Einklang mit dem Völkerrecht und dem jeweiligen innerstaatlichen Recht Informationen auszutauschen und in Verwaltungs- und Justizfragen zusammenzuarbeiten, um die Begehung terroristischer Handlungen zu verhüten;

c) insbesondere im Rahmen bilateraler und multilateraler Regelungen und Vereinbarungen zusammenzuarbeiten, um Terroranschläge zu verhüten und zu bekämpfen und Maßnahmen gegen die Täter zu ergreifen;

d) so bald wie möglich Vertragsparteien der einschlägigen internationalen Übereinkünfte und Protokolle betreffend den Terrorismus zu werden, namentlich des Internationalen Übereinkommens zur Bekämpfung der Finanzierung des Terrorismus vom 9. Dezember 1999;

e) ihre Zusammenarbeit zu verstärken und die einschlägigen internationalen Übereinkünfte und Protokolle betreffend den Terrorismus sowie die Resolutionen des Sicherheitsrats 1269 (1999) und 1368 (2001) vollinhaltlich durchzuführen;

f) bevor sie einer Person Flüchtlingsstatus gewähren, im Einklang mit den entsprechenden Bestimmungen des innerstaatlichen Rechts und des Völkerrechts, einschließlich der internationalen Menschenrechtsnormen, geeignete Maßnahmen zu ergreifen, um sich zu vergewissern, dass der Asylsuchende keine terroristischen Handlungen geplant oder erleichtert oder sich daran beteiligt hat;

g) in Übereinstimmung mit dem Völkerrecht sicherzustellen, dass diejenigen, die terroristische Handlungen begehen, organisieren oder erleichtern, den Flüchtlingsstatus nicht missbrauchen und dass angebliche politische Beweggründe nicht als Grund anerkannt werden, Anträge auf die Auslieferung mutmaßlicher Terroristen abzuweisen;

4. nimmt mit Besorgnis Kenntnis von der engen Verbindung zwischen dem internationalen Terrorismus und der grenzüberschreitenden organisierten Kriminalität, unerlaubten Drogen, der Geldwäsche, dem unerlaubten Waffenhandel und der unerlaubten Verbringung nuklearer, chemischer, biologischer und anderer potenziell tödlicher Materialien und betont in diesem Zusammenhang, dass die Anstrengungen auf einzelstaatlicher, subregionaler, regionaler und internationaler Ebene besser koordiniert werden müssen, um die weltweite Reaktion auf diese ernste Herausforderung und Bedrohung der internationalen Sicherheit zu verstärken;

5. erklärt, dass die Handlungen, Methoden und Praktiken des Terrorismus im Widerspruch zu den Zielen und Grundsätzen der Vereinten Nationen stehen und dass die wissentliche Finanzierung und Planung terroristischer Handlungen sowie die Anstiftung dazu ebenfalls im Widerspruch zu den Zielen und Grundsätzen der Vereinten Nationen stehen;

6. beschließt, im Einklang mit Regel 28 seiner vorläufigen Geschäftsordnung einen aus allen Ratsmitgliedern bestehenden Ausschuss des Sicherheitsrats einzusetzen, der die Durchführung dieser Resolution unter Heranziehung geeigneten Sachverstands überwachen wird, und fordert alle Staaten auf, dem Ausschuss spätestens 90 Tage nach Verabschiedung dieser Resolution und anschließend nach einem von dem Ausschuss vorzuschlagenden Zeitplan über die Schritte Bericht zu erstatten, die sie zur Durchführung dieser Resolution ergriffen haben;

7. weist den Ausschuss an, seine Aufgaben festzulegen, binnen 30 Tagen nach Verabschiedung dieser Resolution ein Arbeitsprogramm vorzulegen und im Benehmen mit dem Generalsekretär zu erwägen, welche Unterstützung er benötigt;

8. bekundet seine Entschlossenheit, im Einklang mit seinen Verantwortlichkeiten nach der Charta alle notwendigen Schritte zu unternehmen, um die vollinhaltliche Durchführung dieser Resolution sicherzustellen;

9. beschließt, mit dieser Angelegenheit befasst zu bleiben.

II. Europäische Bestimmungen

Entwicklung des räumlichen Geltungsbereiches der Dual-use-Verordnungen (EG) Nr. 3381/94; Nr. 1334/2000 und Nr. 428/2009

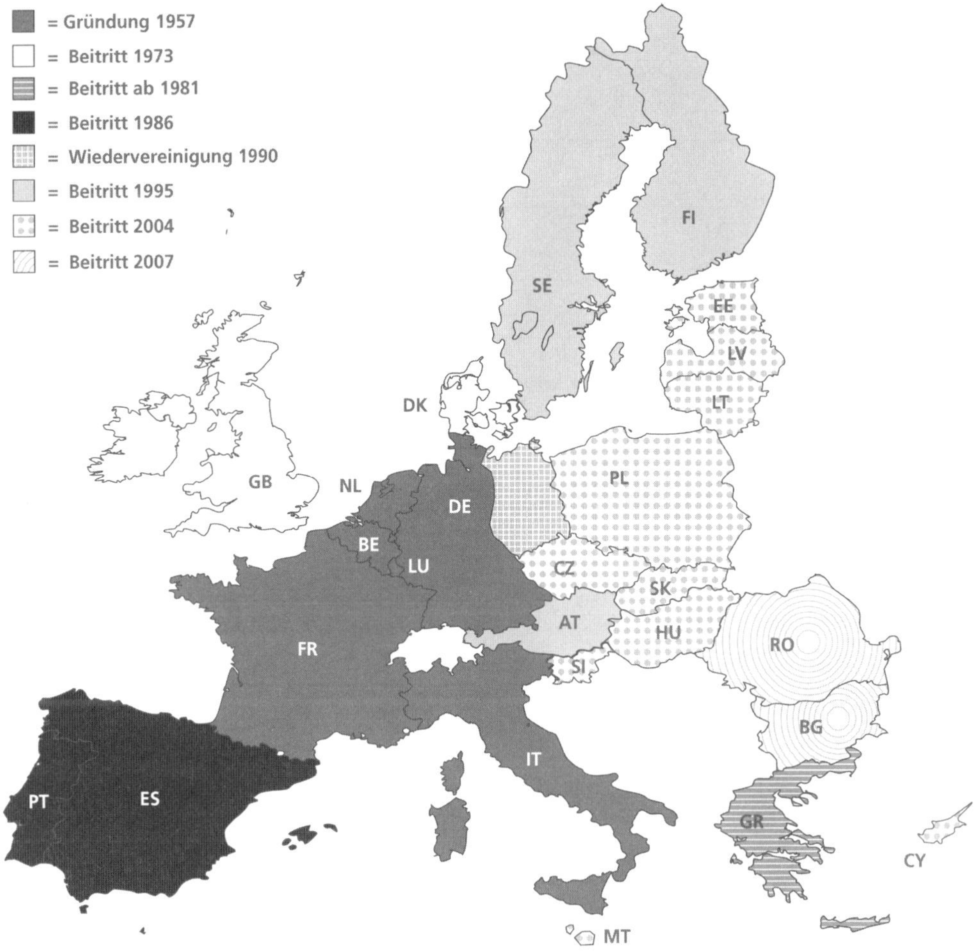

Liberalisierung des Handels durch Erweiterung des Binnenmarktes

1. Verordnung (EG) Nr. 428/2009 des Rates vom 5. Mai 2009 über eine Gemeinschaftsregelung für die Kontrolle der Ausfuhr, der Verbringung, der Vermittlung und der Durchfuhr von Gütern mit doppeltem Verwendungszweck (Neufassung)

DER RAT DER EUROPÄISCHEN UNION –

gestützt auf den Vertrag zur Gründung der Europäischen Gemeinschaft, insbesondere auf Artikel 133,

auf Vorschlag der Kommission,

in Erwägung nachstehender Gründe:

(1) Die Verordnung (EG) Nr. 1334/2000 des Rates vom 22. Juni 2000 über eine Gemeinschaftsregelung für die Kontrolle der Ausfuhr von Gütern und Technologien mit doppeltem Verwendungszweck[1] wurde mehrfach erheblich geändert. Da weitere Änderungen vorgenommen werden, sollte die Verordnung im Interesse der Klarheit neu gefasst werden.

(2) Güter mit doppeltem Verwendungszweck (einschließlich Software und Technologie) sollten bei ihrer Ausfuhr aus der Europäischen Gemeinschaft wirksam kontrolliert werden.

(3) Ein wirksames gemeinsames Ausfuhrkontrollsystem für Güter mit doppeltem Verwendungszweck ist erforderlich, um sicherzustellen, dass die internationalen Verpflichtungen und Verantwortlichkeiten der Mitgliedstaaten, insbesondere hinsichtlich der Nichtverbreitung, und die der Europäischen Union (EU) eingehalten werden.

(4) Das Bestehen eines gemeinsamen Kontrollsystems und harmonisierter Konzepte für die Durchführung und Überwachung in allen Mitgliedstaaten ist eine Voraussetzung für den freien Verkehr von Gütern mit doppeltem Verwendungszweck innerhalb der Gemeinschaft.

(5) Für Entscheidungen über Einzelgenehmigungen, Globalgenehmigungen oder nationale Allgemeingenehmigungen für die Ausfuhr, über Genehmigungen für Vermittlungstätigkeiten, über die Durchfuhr nichtgemeinschaftlicher Güter mit doppeltem Verwendungszweck oder über Genehmigungen für die Verbringung der in Anhang IV aufgeführten Güter mit doppeltem Verwendungszweck innerhalb der Gemeinschaft sind die nationalen Behörden zuständig. Einzelstaatliche Vorschriften und Beschlüsse, die Ausfuhren von Gütern mit doppeltem Verwendungszweck betreffen, müssen im Rahmen der gemeinsamen Handelspolitik, insbesondere der Verordnung (EWG) Nr. 2603/69 des Rates vom 20. Dezember 1969 zur Festlegung einer gemeinsamen Ausfuhrregelung[2], erlassen werden.

(6) Entscheidungen zur Aktualisierung der gemeinsamen Liste von Gütern mit doppeltem Verwendungszweck, die der Ausfuhrkontrolle unterliegen, müssen im Einklang mit den Auflagen und Verpflichtungen stehen, die Mitgliedstaaten als Mitglieder der jeweiligen internationalen Nichtverbreitungsregime und Ausfuhrkontrollvereinbarungen oder durch die Ratifizierung einschlägiger internationaler Verträge übernommen haben.

---

1 ABl. L 159 vom 30.6.2000, S. 1.
2 ABl. L 324 vom 27.12.1969, S. 25.

(7) Gemeinsame Listen von Gütern mit doppeltem Verwendungszweck, von Bestimmungszielen und Leitlinien sind wesentliche Bestandteile einer wirksamen Ausfuhrkontrollregelung.

(8) Die Übertragung von Software und Technologie mittels elektronischer Medien, Telefax und Telefon nach Bestimmungszielen außerhalb der Gemeinschaft sollte ebenfalls kontrolliert werden.

(9) Der Wiederausfuhr und der Endverwendung muss besondere Aufmerksamkeit geschenkt werden.

(10) Am 22. September 1998 haben Vertreter der Mitgliedstaaten und der Europäischen Kommission Zusatzprotokolle zu den jeweiligen Übereinkünften über Sicherungsmaßnahmen zwischen den Mitgliedstaaten, der Europäischen Atomgemeinschaft und der Internationalen Atomenergie-Organisation unterzeichnet, in denen die Mitgliedstaaten unter anderem verpflichtet werden, Informationen in Bezug auf genau festgelegte Ausrüstung und nichtnukleares Material bereitzustellen.

(11) Die Gemeinschaft hat mit der Verordnung (EWG) Nr. 2913/92 des Rates vom 12. Oktober 1992 zur Festlegung des Zollkodex der Gemeinschaften[1] (im Folgenden als „Zollkodex der Gemeinschaften" bezeichnet) und der Verordnung (EWG) Nr. 2454/93 der Kommission[2] zur Durchführung der Verordnung (EWG) Nr. 2913/92 ein Regelwerk mit Zollvorschriften angenommen, die unter anderem Bestimmungen über die Ausfuhr und Wiederausfuhr von Waren enthalten. Durch die vorliegende Verordnung werden Befugnisse im Rahmen und nach Maßgabe des Zollkodex der Gemeinschaften und seiner Durchführungsbestimmungen in keiner Weise eingeschränkt.

(12) Gemäß Artikel 30 des Vertrags behalten die Mitgliedstaaten bis zu einer weitergehenden Harmonisierung innerhalb der durch diesen Artikel gesetzten Grenzen das Recht, die Verbringung von bestimmten Gütern mit doppeltem Verwendungszweck innerhalb der Gemeinschaft zum Schutz der öffentlichen Ordnung und der öffentlichen Sicherheit Kontrollen zu unterziehen. Diese Kontrollen sollten, soweit sie mit der Wirksamkeit der Kontrollen von Ausfuhren aus der Gemeinschaft im Zusammenhang stehen, vom Rat regelmäßig überprüft werden.

(13) Um sicherzustellen, dass diese Verordnung ordnungsgemäß angewandt wird, sollte jeder Mitgliedstaat Maßnahmen treffen, um den zuständigen Behörden die erforderlichen Befugnisse einzuräumen.

(14) Die Staats- und Regierungschefs der EU haben im Juni 2003 einen Aktionsplan zur Nichtverbreitung von Massenvernichtungswaffen (Aktionsplan von Thessaloniki) verabschiedet. Dieser Aktionsplan wurde durch die Strategie der EU gegen die Verbreitung von Massenvernichtungswaffen ergänzt, die der Europäische Rat am 12. Dezember 2003 angenommen hat (MVW-Strategie der EU). Nach Kapitel III dieser Strategie muss die Europäische Union alle verfügbaren Instrumente einsetzen, um Waffenverbreitungsprogramme, die weltweit Besorgnis erregen, zu verhindern bzw. zu stoppen und wenn möglich rückgängig zu machen. In Nummer 30 Buchstabe A Unternummer 4 des genannten Kapitels wird ausdrücklich die Verschärfung der Ausfuhrkontrollpolitik und -praxis angesprochen.

1 ABl. L 302 vom 19.10.1992, S. 1.
2 ABl. L 253 vom 11.10.1993, S. 1.

(15) In der Resolution 1540 vom 28. April 2004 hat der Sicherheitsrat der Vereinten Nationen beschlossen, dass alle Staaten wirksame Maßnahmen ergreifen und durchsetzen werden, um innerstaatliche Kontrollen zur Verhütung der Verbreitung von nuklearen, chemischen oder biologischen Waffen und ihren Trägersystemen einzurichten, einschließlich angemessener Kontrollen über verwandtes Material, und dass sie zu diesem Zweck unter anderem Kontrollen der Durchfuhr und von Vermittlungsgeschäften einrichten. Verwandtes Material umfasst Material, Ausrüstung und Technologien, die von den einschlägigen multilateralen Verträgen und Abmachungen erfasst sind oder auf nationalen Kontrolllisten stehen und die für die Konstruktion, Entwicklung, Herstellung oder Nutzung von nuklearen, chemischen und biologischen Waffen und ihren Trägersystemen verwendet werden können.

(16) Diese Verordnung gilt auch für Güter, die durch das Gebiet der Gemeinschaft lediglich durchgeführt werden, also Güter, die nicht einer anderen zollrechtlich zulässigen Behandlung oder Verwendung als dem externen Versandverfahren zugeführt werden oder die lediglich in eine Freizone oder ein Freilager verbracht werden, wo sie nicht in bewilligten Bestandsaufzeichnungen erfasst werden müssen. Daher sollte die Möglichkeit geschaffen werden, dass die Behörden der Mitgliedstaaten die Durchfuhr nichtgemeinschaftlicher Güter mit doppeltem Verwendungszweck im Einzelfall verbieten können, wenn aufgrund nachrichtendienstlicher Erkenntnisse oder von Erkenntnissen aus anderen Quellen der begründete Verdacht besteht, dass die Güter ganz oder teilweise für die Verbreitung von Massenvernichtungswaffen oder ihren Trägersystemen bestimmt sind oder bestimmt sein können.

(17) Auch für die Erbringung von Vermittlungstätigkeiten sollten Kontrollen eingeführt werden, wenn der Vermittler von den zuständigen nationalen Behörden darüber informiert wurde oder davon Kenntnis hat, dass die Vermittlung zur Herstellung oder Bereitstellung von Massenvernichtungswaffen in einem Drittland führen können.

(18) Eine EU-weit einheitliche und kohärente Durchführung der Kontrollen ist wünschenswert, um die europäische und internationale Sicherheit zu verbessern und gleiche Wettbewerbsbedingungen für EU-Ausführer zu schaffen. Daher ist es in Einklang mit den Empfehlungen des Aktionsplans von Thessaloniki und den Forderungen der MVW-Strategie der EU angezeigt, den Umfang der Konsultation zwischen Mitgliedstaaten vor Erteilung einer Ausfuhrgenehmigung auszuweiten. Einer der Vorteile dieses Ansatzes bestünde beispielsweise in der Gewissheit, dass die wesentlichen Sicherheitsinteressen eines Mitgliedstaats nicht durch Ausfuhren aus einem anderen Mitgliedstaat bedroht würden. Einheitlichere Bedingungen für die Durchführung nationaler Kontrollen bei Gütern mit doppeltem Verwendungszweck, die nicht in dieser Verordnung aufgeführt sind, und eine Harmonisierung der Bedingungen für die Verwendung der verschiedenen Arten von Genehmigungen, die nach dieser Verordnung erteilt werden können, würden zu einer einheitlicheren und kohärenteren Durchführung der Kontrollen führen. Eine bessere Definition der nichtgegenständlichen Weitergabe von Technologie, die sich auch auf Fälle erstrecken würde, in denen Technologie, die der Kontrolle unterliegt, Personen außerhalb der EU zugänglich gemacht wird, würde die Bemühungen um mehr Sicherheit unterstützen. Gleiches gilt für die weitere Angleichung der Modalitäten für den Austausch sensibler Informationen unter Mitgliedstaaten an die Regelungen internationaler Ausfuhrkontrollregime, insbesondere indem vorgesehen wird, dass ein sicheres elektronisches System für den Austausch von Informationen zwischen Mitgliedstaaten eingerichtet werden kann.

(19) Jeder Mitgliedstaat sollte wirksame, verhältnismäßige und abschreckende Sanktionen festlegen, die bei Verstößen gegen die Bestimmungen dieser Verordnung zu verhängen sind –

HAT FOLGENDE VERORDNUNG ERLASSEN:

KAPITEL I
Gegenstand und Begriffsbestimmungen

Artikel 1

Mit dieser Verordnung wird eine Gemeinschaftsregelung für die Kontrolle der Ausfuhr, der Verbringung, der Vermittlung und der Durchfuhr von Gütern mit doppeltem Verwendungszweck festgelegt.

Artikel 2

Im Sinne dieser Verordnung bezeichnet der Begriff

1. „Güter mit doppeltem Verwendungszweck" Güter, einschließlich Datenverarbeitungsprogramme und Technologie, die sowohl für zivile als auch für militärische Zwecke verwendet werden können; darin eingeschlossen sind alle Waren, die sowohl für nichtexplosive Zwecke als auch für jedwede Form der Unterstützung bei der Herstellung von Kernwaffen oder sonstigen Kernsprengkörpern verwendet werden können;
2. „Ausfuhr"
   i. ein Ausfuhrverfahren im Sinne des Artikels 161 Der Verordnung (EWG) Nr. 2913/92 (Zollkodex der Gemeinschaften),
   ii. eine Wiederausfuhr im Sinne des Artikels 182 des Zollkodex der Gemeinschaften, jedoch nicht wenn Güter durchgeführt werden, und
   iii. die Übertragung von Software oder Technologie mittels elektronischer Medien wie Telefax, Telefon, elektronischer Post oder sonstiger elektronischer Träger nach einem Bestimmungsziel außerhalb der Europäischen Gemeinschaft; dies beinhaltet auch das Bereitstellen solcher Software oder Technologie in elektronischer Form für juristische oder natürliche Personen oder Personenvereinigungen außerhalb der Gemeinschaft. Als Ausfuhr gilt auch die mündliche Weitergabe von Technologie, wenn die Technologie am Telefon beschrieben wird;
3. „Ausführer" jede natürliche oder juristische Person oder Personenvereinigung,
   i. für die eine Ausfuhranmeldung abgegeben wird, d. h. die Person, die zum Zeitpunkt der Entgegennahme der Anmeldung Vertragspartner des Empfängers im Drittland ist und über die Versendung der Güter aus dem Zollgebiet der Gemeinschaft bestimmt. Wurde kein Ausfuhrvertrag geschlossen oder handelt der Vertragspartner nicht für sich selbst, so gilt als Ausführer, wer die Versendung der Güter aus dem Zollgebiet der Gemeinschaft tatsächlich bestimmt;
   ii. die entscheidet, Software oder Technologie mittels elektronischer -Medien wie Telefax, Telefon, elektronischer Post oder sonstiger -elektronischer Träger nach einem Bestimmungsziel außerhalb der -Gemeinschaft zu übertragen oder für ein solches Bestimmungsziel -bereitzustellen.

Stehen nach dem Ausfuhrvertrag die Verfügungsrechte über die Güter mit doppeltem Verwendungszweck einer außerhalb der Gemeinschaft niedergelassenen Person zu, so gilt als Ausführer die in der Gemeinschaft niedergelassene Vertragspartei.

4. „Ausfuhranmeldung" die Rechtshandlung, durch die eine Person in der vorgeschriebenen Form und Weise den Willen bekundet, Güter mit doppeltem Verwendungszweck zu einem Ausfuhrverfahren anzumelden;

5. „Vermittlungstätigkeiten"

   – die Aushandlung oder das Herbeiführen von Transaktionen zum Kauf, zum Verkauf oder zur Lieferung von Gütern mit doppeltem Verwendungszweck von einem Drittland in ein anderes Drittland, oder

   – den Verkauf oder Kauf von Gütern mit doppeltem Verwendungszweck, die sich in Drittländern befinden, zwecks Verbringung in ein anderes Drittland.

   Für die Zwecke dieser Verordnung ist die ausschließliche Erbringung von Hilfsleistungen von dieser Definition ausgenommen. Als Hilfsleistungen gelten Beförderung, Finanzdienstleistungen, Versicherung oder Rückversicherung oder allgemeine Werbung oder Verkaufsförderung;

6. „Vermittler" eine natürliche oder juristische Person oder Personenvereinigung, die in einem Mitgliedstaat der Gemeinschaft ansässig oder niedergelassen ist und von der Gemeinschaft aus Leistungen im Sinne der Nummer 5 bezüglich des Gebiets eines Drittlandes durchführt;

7. „Durchfuhr" die Beförderung nichtgemeinschaftlicher Güter mit doppeltem Verwendungszweck in und durch das Zollgebiet der Gemeinschaft zu einem Bestimmungsziel außerhalb der Gemeinschaft;

8. „Einzelausfuhrgenehmigung" die einem bestimmten Ausführer erteilte Ausfuhrgenehmigung für die Lieferung eines oder mehrerer Güter mit doppeltem Verwendungszweck an einen Endverwender oder Empfänger in einem Drittland;

9. „allgemeine Ausfuhrgenehmigung der Gemeinschaft" die Genehmigung für Ausfuhren in bestimmte Bestimmungsländer, die allen Ausführern erteilt wird, sofern sie die in Anhang II genannten Voraussetzungen für die Inanspruchnahme dieser Genehmigung erfüllen;

10. „Globalausfuhrgenehmigung" die einem bestimmten Ausführer erteilte Ausfuhrgenehmigung für eine Art oder Kategorie von Gütern mit doppeltem Verwendungszweck, die für die Ausfuhr zu einem oder mehreren genau bestimmten Endverwendern und/oder in ein oder mehrere genau festgelegte Drittländer gültig sein kann;

11. „nationale allgemeine Ausfuhrgenehmigung" eine Ausfuhrgenehmigung, die gemäß Artikel 9 Absatz 2 erteilt wird und in den einzelstaatlichen Rechtsvorschriften in Einklang mit Artikel 9 und Anhang IIIc festgelegt ist;

12. „Zollgebiet der Europäischen Union" das Gebiet im Sinne des Artikels 3 des Zollkodex der Gemeinschaften;

13. „nichtgemeinschaftliche Güter mit doppeltem Verwendungszweck" Güter, die den Status von Nichtgemeinschaftswaren im Sinne des Artikels 4 Nummer 8 des Zollkodex der Gemeinschaften haben.

KAPITEL II
Anwendungsbereich

Artikel 3

(1) Die Ausfuhr der in Anhang I aufgeführten Güter mit doppeltem Verwendungszweck ist genehmigungspflichtig.

(2) Gemäß Artikel 4 oder Artikel 8 kann auch für die Ausfuhr von bestimmten, nicht in Anhang I aufgeführten Gütern mit doppeltem Verwendungszweck nach allen oder bestimmten Bestimmungszielen eine Genehmigung vorgeschrieben werden.

Artikel 4

(1) Die Ausfuhr von Gütern mit doppeltem Verwendungszweck, die nicht in Anhang I aufgeführt sind, ist genehmigungspflichtig, wenn der Ausführer von den zuständigen Behörden des Mitgliedstaats, in dem er niedergelassen ist, davon unterrichtet worden ist, dass diese Güter ganz oder teilweise bestimmt sind oder bestimmt sein können zur Verwendung im Zusammenhang mit der Entwicklung, der Herstellung, der Handhabung, dem Betrieb, der Wartung, der Lagerung, der Ortung, der Identifizierung oder der Verbreitung von chemischen, biologischen oder Kernwaffen oder sonstigen Kernsprengkörpern oder zur Entwicklung, Herstellung, Wartung oder Lagerung von Flugkörpern für derartige Waffen.

(2) Die Ausfuhr von Gütern mit doppeltem Verwendungszweck, die nicht in Anhang I aufgeführt sind, ist auch genehmigungspflichtig, wenn gegen das Käuferland oder das Bestimmungsland ein Waffenembargo aufgrund eines vom Rat festgelegten Gemeinsamen Standpunkts oder einer vom Rat verabschiedeten Gemeinsamen Aktion oder einer Entscheidung der Organisation für Sicherheit und Zusammenarbeit in Europa (OSZE) oder ein Waffenembargo aufgrund einer verbindlichen Resolution des VN--Sicherheitsrates verhängt wurde und wenn der Ausführer von den in Absatz 1 genannten Behörden davon unterrichtet worden ist, dass diese Güter ganz oder teilweise für eine militärische Endverwendung bestimmt sind oder bestimmt sein können. Als „militärische Endverwendung" im Sinne dieses Absatzes gilt

a) der Einbau in militärische Güter, die in der Militärliste der Mitgliedstaaten aufgeführt sind;

b) die Verwendung von Herstellungs-, Test- oder Analyseausrüstung sowie Bestandteilen hierfür für die Entwicklung, die Herstellung oder die Wartung von militärischen Gütern, die in der oben genannten Liste aufgeführt sind;

c) die Verwendung von unfertigen Erzeugnissen in einer Anlage für die Herstellung von militärischen Gütern, die in der oben genannten Liste aufgeführt sind.

(3) Die Ausfuhr von Gütern mit doppeltem Verwendungszweck, die nicht in Anhang I aufgeführt sind, ist auch genehmigungspflichtig, wenn der Ausführer von den in Absatz 1 genannten Behörden davon unterrichtet worden ist, dass diese Güter ganz oder teilweise für die Verwendung als Bestandteile von militärischen Gütern bestimmt sind oder bestimmt sein können, die in der nationalen Militärliste aufgeführt sind und aus dem Hoheitsgebiet dieses Mitgliedstaats ohne Genehmigung oder unter Verstoß gegen eine aufgrund innerstaatlicher Rechtsvorschriften dieses Mitgliedstaats erteilte Genehmigung ausgeführt wurden.

(4) Ist einem Ausführer bekannt, dass Güter mit doppeltem Verwendungszweck, die er ausführen möchte und die nicht in Anhang I aufgeführt sind, ganz oder teilweise für eine der Verwendungen im Sinne der Absätze 1, 2 und 3 bestimmt sind, so hat er die in Absatz 1 genannten Behörden davon zu unterrichten; diese entscheiden, ob die Ausfuhr dieser Güter genehmigungspflichtig sein soll.

(5) Ein Mitgliedstaat kann einzelstaatliche Rechtsvorschriften erlassen oder beibehalten, in denen für die Ausfuhr von Gütern mit doppeltem Verwendungszweck, die nicht in Anhang I aufgeführt sind, eine Genehmigungspflicht vorgeschrieben wird, wenn der Ausführer Grund zu der Annahme hat, dass diese Güter ganz oder teilweise für einen der in Absatz 1 genannten Verwendungszwecke bestimmt sind oder bestimmt sein können.

(6) Ein Mitgliedstaat, der gemäß den Absätzen 1 bis 5 für die Ausfuhr eines Gutes mit doppeltem Verwendungszweck, das nicht in Anhang I aufgeführt ist, eine Genehmigungspflicht vorschreibt, teilt dies, soweit angebracht, den anderen Mitgliedstaaten und der Kommission mit. Die anderen Mitgliedstaaten berücksichtigen diese Information gebührend und unterrichten ihre Zollbehörden und anderen zuständigen nationalen Behörden.

(7) Artikel 13 Absätze 1, 2 und 5 bis 7 gelten für Fälle im Zusammenhang mit Gütern mit doppeltem Verwendungszweck, die nicht in Anhang I aufgeführt sind.

(8) Diese Verordnung lässt das Recht der Mitgliedstaaten unberührt, einzelstaatliche Maßnahmen gemäß Artikel 11 der Verordnung (EWG) Nr. 2603/69 zu ergreifen.

Artikel 5

(1) Für Vermittlungstätigkeiten in Bezug auf Güter mit doppeltem Verwendungszweck, die in Anhang I aufgeführt sind, ist eine Genehmigung erforderlich, wenn der Vermittler von den zuständigen Behörden des Mitgliedstaats, in dem er ansässig oder niedergelassen ist, darüber unterrichtet wurde, dass die betreffenden Güter ganz oder teilweise für einen der in Artikel 4 Absatz 1 genannten Verwendungszwecke bestimmt sind oder bestimmt sein können. Ist einem Vermittler bekannt, dass die in Anhang I aufgeführten Güter mit doppeltem Verwendungszweck, für die er Vermittlungstätigkeiten anbietet, ganz oder teilweise für einen der in Artikel 4 Absatz 1 genannten Verwendungszwecke bestimmt sind, so hat er die zuständigen Behörden davon zu unterrichten; diese entscheiden, ob die Erbringung dieser Vermittlungstätigkeiten genehmigungspflichtig sein soll.

(2) Ein Mitgliedstaat kann den Anwendungsbereich des Absatzes 1 auch auf nicht gelistete Güter mit doppeltem Verwendungszweck für Verwendungen im Sinne des Artikels 4 Absatz 1 und auf Güter mit doppeltem Verwendungszweck für militärische Endverwendungen und Bestimmungsziele gemäß Artikel 4 Absatz 2 ausweiten.

(3) Ein Mitgliedstaat kann einzelstaatliche Rechtsvorschriften erlassen oder beibehalten, in denen für Vermittlungstätigkeiten in Bezug auf Güter mit doppeltem Verwendungszweck eine Genehmigungspflicht vorgeschrieben wird, wenn der Vermittler Grund zu der Annahme hat, dass diese Güter für einen der in Artikel 4 Absatz 1 genannten Verwendungszwecke bestimmt sind oder bestimmt sein können.

(4) Artikel 8 Absätze 2, 3 und 4 gilt für die in den Absätzen 2 und 3 des vorliegenden Artikels genannten einzelstaatlichen Maßnahmen.

Artikel 6

(1) Die Durchfuhr nichtgemeinschaftlicher Güter mit doppeltem Verwendungszweck, die in Anhang I aufgeführt sind, kann von den zuständigen Behörden des Mitgliedstaats, durch den die Güter durchgeführt werden, verboten werden, wenn die Güter ganz oder teilweise für einen der in Artikel 4 Absatz 1 genannten Verwendungszwecke bestimmt sind oder bestimmt sein können. Bei der Entscheidung über ein solches Verbot tragen die Mitgliedstaaten ihren Verpflichtungen und Bindungen Rechnung, die sie als Parteien internationaler Verträge oder als Mitglieder internationaler Nichtverbreitungsregime eingegangen sind.

(2) Ein Mitgliedstaat kann vorsehen, dass, bevor eine Entscheidung über ein Durchfuhrverbot getroffen wird, seine zuständigen Behörden in Einzelfällen eine Genehmigungspflicht für die betreffende Durchfuhr von Gütern mit doppeltem Verwendungszweck, die in Anhang I aufgeführt sind, auferlegen können, wenn die Güter ganz oder teilweise für einen der in Artikel 4 Absatz 1 genannten Verwendungszwecke bestimmt sind oder bestimmt sein können.

(3) Ein Mitgliedstaat kann den Anwendungsbereich des Absatzes 1 auch auf nicht gelistete Güter mit doppeltem Verwendungszweck für Verwendungen im Sinne des Artikels 4 Absatz 1 sowie auf Güter mit doppeltem Verwendungszweck für militärische Endverwendungen und Bestimmungsziele gemäß Artikel 4 Absatz 2 ausweiten.

(4) Artikel 8 Absätze 2, 3 und 4 gilt für die in den Absätzen 2 und 3 des vorliegenden Artikels genannten einzelstaatlichen Maßnahmen.

Artikel 7

Diese Verordnung gilt nicht für die Erbringung von Dienstleistungen oder die Weitergabe von Technologie, wenn diese Erbringung oder Weitergabe mit einem Grenzübertritt von Personen verbunden ist.

Artikel 8

(1) Ein Mitgliedstaat kann die Ausfuhr von Gütern mit doppeltem Verwendungszweck, die nicht in Anhang I aufgeführt sind, aus Gründen der öffentlichen Sicherheit oder aus Menschenrechtserwägungen untersagen oder hierfür eine Genehmigungspflicht vorschreiben.

(2) Die Mitgliedstaaten unterrichten die Kommission unverzüglich nach deren Erlass über die gemäß Absatz 1 erlassenen Maßnahmen und geben dabei die genauen Gründe für diese Maßnahmen an.

(3) Die Mitgliedstaaten unterrichten ferner die Kommission unverzüglich über alle Änderungen der gemäß Absatz 1 erlassenen Maßnahmen.

(4) Die Kommission veröffentlicht die ihr gemäß den Absätzen 2 und 3 mitgeteilten Maßnahmen im *Amtsblatt der Europäischen Union*, Reihe C.

KAPITEL III
Ausfuhrgenehmigung und Genehmigung von Vermittlungstätigkeiten

Artikel 9

(1) Mit dieser Verordnung wird für bestimmte Ausfuhren eine Allgemeine Ausfuhrgenehmigung der Gemeinschaft gemäß Anhang II geschaffen.

(2) Für alle anderen nach dieser Verordnung genehmigungspflichtigen Ausfuhren wird die Genehmigung von den zuständigen Behörden des Mitgliedstaats erteilt, in dem der Ausführer niedergelassen ist. Vorbehaltlich der Einschränkungen des Absatzes 4 kann diese Genehmigung in Form einer Einzelgenehmigung, einer Globalgenehmigung oder einer Allgemeingenehmigung erteilt werden.

Alle Genehmigungen sind in der gesamten Gemeinschaft gültig.

Die Ausführer übermitteln den zuständigen Behörden alle erforderlichen Angaben zu ihrem Antrag auf Erteilung einer Einzel- oder Globalausfuhrgenehmigung, damit die zuständigen einzelstaatlichen Behörden in vollem Umfang insbesondere über den Endverwender, das Bestimmungsland und die Endverwendung der ausgeführten Güter unterrichtet sind. Die Genehmigung kann gegebenenfalls von der Vorlage einer Endverbleibserklärung abhängig gemacht werden.

(3) Die Mitgliedstaaten bearbeiten Anträge auf Einzel- oder Globalgenehmigungen innerhalb einer Frist, die sich nach den einzelstaatlichen Rechtsvorschriften oder Gepflogenheiten richtet.

(4) Nationale allgemeine Ausfuhrgenehmigungen

a) gelten nicht für Güter, die in Anhang II Teil 2 aufgeführt sind;

b) werden entsprechend den einzelstaatlichen Rechtsvorschriften oder Gepflogenheiten bestimmt. Sie können von allen Ausführern genutzt werden, die in dem Mitgliedstaat ansässig oder niedergelassen sind, der die Genehmigungen erteilt, wenn sie alle Anforderungen dieser Verordnung und der ergänzenden einzelstaatlichen Rechtsvorschriften erfüllen. Sie werden gemäß den Angaben in Anhang IIIc ausgestellt. Sie werden in Einklang mit den einzelstaatlichen Rechtsvorschriften oder Gepflogenheiten ausgestellt.

   Die Mitgliedstaaten unterrichten die Kommission unverzüglich über alle erteilten oder geänderten nationalen allgemeinen Ausfuhrgenehmigungen. Die Kommission veröffentlicht diese Mitteilungen im *Amtsblatt der Europäischen Union,* Reihe C.

c) dürfen nicht verwendet werden, wenn der Ausführer von seinen Behörden davon unterrichtet worden ist, dass die betreffenden Güter ganz oder teilweise für einen der in Artikel 4 Absätze 1 und 3 oder in Artikel 4 Absatz 2 genannten Verwendungszwecke oder in einem Land, gegen das ein Waffenembargo aufgrund eines vom Rat festgelegten Gemeinsamen Standpunkts oder einer vom Rat verabschiedeten Gemeinsamen Aktion oder einer Entscheidung der OSZE oder ein Waffenembargo aufgrund einer verbindlichen Resolution des VN-Sicherheitsrates verhängt wurde, für Verwendungen im Sinne des Artikels 4 Absatz 2 bestimmt sind oder bestimmt sein können, oder wenn dem Ausführer bekannt ist, dass die Güter für die oben genannten Verwendungszwecke bestimmt sind.

(5) Die Mitgliedstaaten müssen einzelstaatliche Rechtsvorschriften erlassen oder beibehalten, wonach einem bestimmten Ausführer eine Globalausfuhrgenehmigung erteilt werden kann.

(6) Die Mitgliedstaaten übermitteln der Kommission eine Liste der Behörden, die befugt sind,

a) Ausfuhrgenehmigungen für Güter mit doppeltem Verwendungszweck zu erteilen;

b) die Durchfuhr nichtgemeinschaftlicher Güter mit doppeltem Verwendungszweck im Rahmen dieser Verordnung zu verbieten.

Die Kommission veröffentlicht die Liste dieser Behörden im *Amtsblatt der Europäischen Union,* Reihe C.

Artikel 10

(1) Genehmigungen für Vermittlungstätigkeiten im Rahmen dieser Verordnung werden von den zuständigen Behörden des Mitgliedstaats erteilt, in dem der Vermittler ansässig oder niedergelassen ist. Diese Genehmigungen werden für eine vorgegebene Menge bestimmter Güter, die zwischen zwei oder mehr Drittländern verbracht werden, erteilt. Der Standort, an dem sich die Güter im Ursprungsdrittland befinden, der Endverwender und der genaue Standort des Endverwenders müssen unzweideutig angegeben werden. Die Genehmigungen sind in der gesamten Gemeinschaft gültig.

(2) Die Vermittler übermitteln den zuständigen Behörden alle erforderlichen Angaben zu ihrem Antrag auf Erteilung einer Genehmigung für Vermittlungstätigkeiten nach dieser Verordnung; dazu zählen insbesondere Angaben zum Standort, an dem sich die Güter im Ursprungsdrittland befinden, eine genaue Beschreibung der Güter, die betreffende Menge, die an der Transaktion beteiligten Parteien, das Bestimmungsdrittland, der Endverwender in diesem Land und sein genauer Standort.

(3) Die Mitgliedstaaten bearbeiten Anträge auf Genehmigungen für Vermittlungstätigkeiten innerhalb einer Frist, die sich nach den einzelstaatlichen Rechtsvorschriften oder Gepflogenheiten richtet.

(4) Die Mitgliedstaaten übermitteln der Kommission eine Liste der Behörden, die für die Erteilung von Genehmigungen für Vermittlungstätigkeiten im Rahmen dieser Verordnung zuständig sind. Die Kommission veröffentlicht die Liste dieser Behörden im *Amtsblatt der Europäischen Union,* Reihe C.

Artikel 11

(1) Wenn sich die Güter mit doppeltem Verwendungszweck, für die eine Einzelausfuhrgenehmigung beantragt wird, für ein in Anhang II nicht aufgeführtes Bestimmungsziel oder – im Fall der im Anhang IV aufgeführten Güter mit doppeltem Verwendungszweck – für alle Bestimmungsziele in einem oder mehreren anderen Mitgliedstaaten als dem oder denjenigen, in dem bzw. denen der Antrag gestellt wurde, befinden oder befinden werden, ist dies in dem Antrag anzugeben. Die zuständigen Behörden des Mitgliedstaats, in dem die Genehmigung beantragt wurde, konsultieren unverzüglich die zuständigen Behörden des betreffenden Mitgliedstaats bzw. der betreffenden Mitgliedstaaten unter Übermittlung der sachdienlichen Angaben. Der konsultierte Mitgliedstaat bzw. die konsultierten Mitgliedstaaten teilen innerhalb von zehn Arbeitstagen etwaige Einwände

gegen die Erteilung einer solchen Genehmigung mit, die den Mitgliedstaat, in dem der Antrag gestellt worden ist, binden.

Wenn innerhalb von zehn Arbeitstagen keine Einwände eingehen, so wird davon ausgegangen, dass der bzw. die konsultierten Mitgliedstaaten keine Einwände haben.

In Ausnahmefällen kann jeder konsultierte Mitgliedstaat die Verlängerung der Zehntagesfrist beantragen. Die Verlängerung darf jedoch 30 Arbeitstage nicht überschreiten.

(2) Wenn eine Ausfuhr den wesentlichen Sicherheitsinteressen eines Mitgliedstaats schaden könnte, kann dieser einen anderen Mitgliedstaat ersuchen, keine Ausfuhrgenehmigung zu erteilen oder, wenn eine derartige Genehmigung bereits erteilt worden ist, um deren Ungültigkeitserklärung, Aussetzung, Abänderung, Rücknahme oder Widerruf ersuchen. Der Mitgliedstaat, an den ein solches Ersuchen gerichtet wird, nimmt mit dem - ersuchenden Mitgliedstaat unverzüglich unverbindliche Konsultationen auf, die innerhalb von zehn Arbeitstagen abgeschlossen sein müssen. -Entschließt sich der ersuchte Mitgliedstaat, die Genehmigung zu erteilen, ist dies der Kommission und den anderen Mitgliedstaaten über das in Artikel 13 Absatz 6 genannte elektronische System mitzuteilen.

Artikel 12

(1) Bei der Entscheidung, ob eine Einzel- oder Globalausfuhrgenehmigung oder eine Genehmigung für die Erbringung von Vermittlungstätigkeiten gemäß dieser Verordnung erteilt wird, berücksichtigen die Mitgliedstaaten alle sachdienlichen Erwägungen, und zwar unter anderem folgende Punkte:

a) die Verpflichtungen und Bindungen, die jeder Mitgliedstaat als Mitglied der jeweiligen internationalen Nichtverbreitungsregime und Ausfuhrkontrollvereinbarungen oder durch die Ratifizierung einschlägiger internationaler Verträge übernommen hat;

b) ihre Verpflichtungen im Rahmen von Sanktionen, die aufgrund eines vom Rat festgelegten Gemeinsamen Standpunkts oder einer vom Rat verabschiedeten Gemeinsamen Aktion oder aufgrund einer Entscheidung der OSZE oder aufgrund einer verbindlichen Resolution des VN-Sicherheitsrats verhängt wurden;

c) Überlegungen der nationalen Außen- und Sicherheitspolitik, einschließlich der Aspekte, die vom Gemeinsamen Standpunkt 2008/944/GASP des Rates vom 8. Dezember 2008 betreffend gemeinsame Regeln für die Kontrolle der Ausfuhr von Militärtechnologie und Militärgütern[1] erfasst werden;

d) Überlegungen über die beabsichtigte Endverwendung und die Gefahr einer Umlenkung.

(2) Neben den in Absatz 1 genannten Kriterien berücksichtigen die Mitgliedstaaten bei der Bewertung eines Antrags auf eine Globalgenehmigung auch, ob der Ausführer angemessene und verhältnismäßige Mittel und Verfahren anwendet, um die Einhaltung der Bestimmungen und Ziele dieser Verordnung und der Genehmigungsauflagen zu gewährleisten.

1 ABl. L 335 vom 13.12.2008, S. 99.

Artikel 13

(1) Die zuständigen Behörden der Mitgliedstaaten können in Übereinstimmung mit dieser Verordnung die Erteilung einer Ausfuhrgenehmigung verweigern und eine von ihnen bereits erteilte Ausfuhrgenehmigung für ungültig erklären, aussetzen, abändern, zurücknehmen oder widerrufen. Im Fall der Verweigerung, der Ungültigkeitserklärung, der Aussetzung, der wesentlichen Einschränkung, der Rücknahme oder des Widerrufs einer Ausfuhrgenehmigung oder der Entscheidung, die geplante Ausfuhr nicht zu genehmigen, unterrichten sie die zuständigen Behörden der anderen Mitgliedstaaten und die Kommission entsprechend und geben die sachdienlichen Informationen an sie weiter. Haben die zuständigen Behörden eines Mitgliedstaats eine Ausfuhrgenehmigung ausgesetzt, so wird die abschließende Bewertung den Mitgliedstaten und der Kommission am Ende der Aussetzungsfrist mitgeteilt.

(2) Die zuständigen Behörden der Mitgliedstaaten überprüfen verweigerte Genehmigungen, die gemäß Absatz 1 mitgeteilt wurden, binnen drei Jahren nach Mitteilung und widerrufen, ändern oder bestätigen sie. Die zuständigen Behörden der Mitgliedstaaten teilen die Ergebnisse der Überprüfung den zuständigen Behörden der anderen Mitgliedstaaten und der Kommission so rasch wie möglich mit. Wird eine Ablehnung nicht widerrufen, behält sie ihre Gültigkeit.

(3) Die zuständigen Behörden der Mitgliedstaaten unterrichten die Mitgliedstaaten und die Kommission unverzüglich über von ihnen verhängte Verbote der Durchfuhr von in Anhang I aufgeführten Gütern mit doppeltem Verwendungszweck nach Artikel 6. Diese Mitteilungen enthalten alle einschlägigen Informationen, einschließlich der Einstufung der Güter, ihrer technischen Parameter, des Bestimmungslandes und des Endverwenders.

(4) Die Absätze 1 und 2 gelten auch für Genehmigungen von Vermittlungstätigkeiten.

(5) Bevor die zuständigen Behörden eines Mitgliedstaats gemäß dieser Verordnung eine Ausfuhrgenehmigung oder eine Genehmigung zur Erbringung von Vermittlungstätigkeiten erteilen oder über eine Durchfuhr befinden, prüfen sie alle nach der vorliegenden Verordnung erlassenen geltenden Ablehnungen oder Verbote der Durchfuhr von in Anhang I aufgeführten Gütern mit doppeltem Verwendungszweck, um sich zu vergewissern, ob eine Genehmigung oder eine Durchfuhr von den zuständigen Behörden eines oder mehrerer anderer Mitgliedstaaten für einen im Wesentlichen identischen Vorgang (d. h. für ein Gut mit im Wesentlichen denselben Parametern oder technischen Eigenschaften für denselben Endverwender oder Empfänger) verweigert wurde. Außerdem konsultieren sie zunächst die zuständigen Behörden des Mitgliedstaats bzw. der Mitgliedstaaten, die die betreffende(n) Ablehnung(en) oder Durchfuhrverbote gemäß den Absätzen 1 und 3 erlassen haben. Beschließen die zuständigen Behörden des Mitgliedstaat s nach diesen Konsultationen, eine Genehmigung zu erteilen oder die Durchfuhr zu gestatten, so unterrichten sie die zuständigen Behörden der anderen Mitgliedstaaten und die Kommission und machen dabei alle einschlägigen Angaben zur Begründung der Entscheidung.

(6) Alle nach diesem Artikel erforderlichen Mitteilungen erfolgen über -sichere elektronische Mittel; dazu kann auch ein sicheres System zählen, das nach Artikel 19 Absatz 4 eingerichtet werden kann.

(7) Die gemeinsame Nutzung aller Informationen nach diesem Artikel erfolgt in Einklang mit den Vorschriften des Artikels 19 Absätze 3, 4 und 6 über die Vertraulichkeit dieser Informationen.

Artikel 14

(1) Für die – schriftliche oder elektronische – Ausstellung aller Einzel- und Globalgenehmigungen für die Ausfuhr sowie aller Genehmigungen von Vermittlungstätigkeiten ist ein Formblatt zu verwenden, das mindestens alle Angaben nach den Mustern in den Anhängen IIIa und IIIb in der dort vorgegebenen Reihenfolge enthält.

(2) Auf Antrag des Ausführers werden Globalgenehmigungen für die Ausfuhr, die mengenmäßige Beschränkungen enthalten, aufgeteilt.

KAPITEL IV
Aktualisierung der Liste von Gütern mit doppeltem Verwendungszweck

Artikel 15

(1) Die Liste von Gütern mit doppeltem Verwendungszweck in Anhang I wird im Einklang mit den einschlägigen Verpflichtungen und Bindungen und deren Änderungen aktualisiert, die die Mitgliedstaaten als Mitglieder der internationalen Nichtverbreitungsregime und Ausfuhrkontrollvereinbarungen oder durch die Ratifizierung einschlägiger internationaler Verträge eingegangen sind.

(2) Anhang IV, bei dem es sich um eine Teilmenge von Anhang I handelt, wird unter Berücksichtigung des Artikels 30 des Vertrags zur Gründung der Europäischen Gemeinschaft, insbesondere der Interessen der Mitgliedstaaten in Bezug auf die öffentliche Ordnung und Sicherheit, aktualisiert.

KAPITEL V
Zollverfahren

Artikel 16

(1) Bei der Erledigung der Zollformalitäten für die Ausfuhr von Gütern mit doppeltem Verwendungszweck bei der für die Bearbeitung der Ausfuhranmeldung zuständigen Zollstelle erbringt der Ausführer den Nachweis, dass die Ausfuhr ordnungsgemäß genehmigt worden ist.

(2) Von dem Ausführer kann eine Übersetzung aller Belege in eine Amtssprache des Mitgliedstaats verlangt werden, in dem die Ausfuhranmeldung vorgelegt wird.

(3) Ein Mitgliedstaat kann außerdem unbeschadet der Befugnisse, die ihm in Rahmen und nach Maßgabe des Zollkodex der Gemeinschaften übertragen wurden, während eines Zeitraums, der die in Absatz 4 genannten Zeiträume nicht überschreitet, das Verfahren zur Ausfuhr aus seinem Hoheitsgebiet aussetzen oder erforderlichenfalls auf andere Weise verhindern, dass in Anhang I aufgeführte Güter mit doppeltem Verwendungszweck, für die eine gültige Ausfuhrgenehmigung vorliegt, die Gemeinschaft von seinem Hoheitsgebiet aus verlassen, wenn er Grund zu der Annahme hat, dass

a) bei Erteilung der Genehmigung sachdienliche Informationen nicht berücksichtigt wurden oder

b) die Lage sich seit Erteilung der Genehmigung wesentlich verändert hat.

(4) In dem in Absatz 3 genannten Fall sind die zuständigen Behörden des Mitgliedstaats, der die Ausfuhrgenehmigung erteilt hat, unverzüglich zu konsultieren, damit sie Maßnah-

men gemäß Artikel 13 Absatz 1 treffen können. Wenn diese zuständigen Behörden beschließen, die Genehmigung aufrechtzuerhalten, ergeht ihre Antwort innerhalb von zehn Arbeitstagen, wobei diese Frist auf ihren Antrag hin unter außergewöhnlichen Umständen auf 30 Arbeitstage verlängert werden kann. Wird die Genehmigung aufrechterhalten oder ist innerhalb von zehn bzw. 30 Arbeitstagen keine Antwort eingegangen, so werden die Güter mit doppeltem Verwendungszweck unverzüglich freigegeben. Der Mitgliedstaat, der die Genehmigung erteilt hat, unterrichtet die anderen Mitgliedstaaten und die Kommission.

Artikel 17

(1) Die Mitgliedstaten können vorsehen, dass die Zollformalitäten für die Ausfuhr von Gütern mit doppeltem Verwendungszweck nur bei dazu ermächtigen Zollstellen erledigt werden können.

(2) Nehmen die Mitgliedstaaten die in Absatz 1 gebotene Möglichkeit in Anspruch, so teilen sie der Kommission mit, welche Zollstellen von ihnen ordnungsgemäß ermächtigt worden sind. Die Kommission veröffentlicht diese Angaben im *Amtsblatt der Europäischen Union, Reihe C*

Artikel 18

Die Bestimmungen des Artikels 843 und der Artikel 912a bis 912g der Verordnung (EWG) Nr. 2454/93 gelten für Beschränkungen der Ausfuhr, der Wiederausfuhr und des Verlassens des Zollgebiets von Gütern mit doppeltem Verwendungszweck, deren Ausfuhr nach dieser Verordnung genehmigungspflichtig ist.

KAPITEL VI
Zusammenarbeit der Verwaltungen

Artikel 19

(1) Die Mitgliedstaaten treffen in Zusammenarbeit mit der Kommission alle zweckdienlichen Maßnahmen für eine direkte Zusammenarbeit und einen Informationsaustausch zwischen den zuständigen Behörden, um auf diese Weise insbesondere die Gefahr auszuschließen, dass eine etwaige unterschiedliche Anwendung der Ausfuhrkontrollen für Güter mit doppeltem Verwendungszweck zu Handelsverlagerungen und so zu Schwierigkeiten für einen oder mehrere Mitgliedstaaten führen kann.

(2) Die Mitgliedstaaten treffen alle zweckdienlichen Maßnahmen für eine direkte Zusammenarbeit und einen Informationsaustausch zwischen den zuständigen Behörden, um die Wirksamkeit der gemeinschaftlichen Ausfuhrkontrollregelung zu verbessern. Zu diesen Informationen kann Folgendes zählen:

a) Angaben zu Ausführern, die aufgrund nationaler Sanktionen nicht mehr berechtigt sind, nationale allgemeine Ausfuhrgenehmigungen oder allgemeine Ausfuhrgenehmigungen der Gemeinschaft in Anspruch zu nehmen;

b) Angaben zu Endverwendern, bei denen Sicherheitsbedenken bestehen, Angaben zu Akteuren, die an verdächtigen Beschaffungsvorgängen beteiligt sind, und, soweit vorhanden, Angaben zu Beförderungswegen.

(3) Unbeschadet des Artikels 23 findet die Verordnung (EG) Nr. 515/97 des Rates vom 13. März 1997 über die gegenseitige Amtshilfe zwischen Verwaltungsbehörden der Mitgliedstaaten und die Zusammenarbeit dieser Behörden mit der Kommission im Hinblick auf die ordnungsgemäße Anwendung der Zoll- und der Agrarregelung[1] entsprechende Anwendung, insbesondere was die Vertraulichkeit der Angaben betrifft.

(4) Die Kommission kann im Benehmen mit der nach Artikel 23 eingesetzten Koordinierungsgruppe „Güter mit doppeltem Verwendungszweck" ein -sicheres, verschlüsseltes System für den Austausch von Informationen zwischen den Mitgliedstaaten und gegebenenfalls der Kommission einrichten.

(5) Es liegt in der Verantwortung der Mitgliedstaaten, Ausführern und Vermittlern, die in ihrem Hoheitsgebiet ansässig oder niedergelassen sind, Leitlinien an die Hand zu geben. Die Kommission und der Rat können ebenfalls Leitlinien und/oder Empfehlungen in Bezug auf bewährte Verfahren für die in dieser Verordnung behandelten Aspekte zur Verfügung stellen.

(6) Die Verarbeitung personenbezogener Daten erfolgt in Einklang mit der Richtlinie 95/46/EG des Europäischen Parlaments und des Rates vom 24. Oktober 1995 zum Schutz natürlicher Personen bei der Verarbeitung personenbezogener Daten und zum freien Datenverkehr[2] und der Verordnung (EG) Nr. 45/2001 des Europäischen Parlaments und des Rates vom 18. Dezember 2000 zum Schutz natürlicher Personen bei der Verarbeitung personenbezogener Daten durch die Organe und Einrichtungen der Gemeinschaft und zum freien Datenverkehr[3].

KAPITEL VII
Kontrollmaßnahmen

Artikel 20

(1) Die Ausführer von Gütern mit doppeltem Verwendungszweck führen entsprechend den geltenden einzelstaatlichen Rechtsvorschriften oder Gepflogenheiten des betreffenden Mitgliedstaats ausführliche Register oder Aufzeichnungen über ihre Ausfuhren. Diese Register oder Aufzeichnungen müssen insbesondere Geschäftspapiere wie Rechnungen, Ladungsverzeichnisse, Beförderungs- oder sonstige Versandpapiere enthalten, anhand deren Folgendes festgestellt werden kann:

a) die Bezeichnung der Güter mit doppeltem Verwendungszweck,

b) die Menge dieser Güter,

c) Name und Anschrift des Ausführers und des Empfängers,

d) soweit bekannt, die Endverwendung und der Endverwender der Güter mit doppeltem Verwendungszweck.

(2) In Einklang mit den geltenden einzelstaatlichen Rechtsvorschriften oder Gepflogenheiten des betreffenden Mitgliedstaats führen die Vermittler Register oder Aufzeichnungen über Vermittlungstätigkeiten, die in den Geltungsbereich des Artikels 5 fallen, damit sie auf Verlangen Nachweise zur Beschreibung der Güter mit doppeltem Verwendungszweck, die Gegenstand der Vermittlungstätigkeiten waren, zum Zeitraum, in dem Ver-

1 ABl. L 82 vom 22.3.1997, S. 1.
2 ABl. L 281 vom 23.11.1995, S. 31.
3 ABl. L 8 vom 12.1.2001, S. 1.

mittlungstätigkeiten für diese Güter erbracht wurden, zu ihren Bestimmungszielen und zu den Ländern, auf die sich die Vermittlungstätigkeiten erstreckt haben, vorlegen können.

(3) Die Register oder Aufzeichnungen und die Papiere nach den Absätzen 1 und 2 sind nach Ende des Kalenderjahres, in dem die Ausfuhr erfolgt ist oder die Vermittlungstätigkeiten erbracht wurden, mindestens drei Jahre lang aufzubewahren. Sie sind auf Verlangen den zuständigen Behörden des Mitgliedstaats, in dem der Ausführer niedergelassen ist bzw. in dem der Vermittler ansässig oder niedergelassen ist, vorzulegen.

Artikel 21

Um die ordnungsgemäße Anwendung dieser Verordnung sicherzustellen, trifft jeder Mitgliedstaat die erforderlichen Maßnahmen, damit seine zuständige Behörden

a) Auskünfte über jede Bestellung oder jedes Geschäft im Zusammenhang mit Gütern mit doppeltem Verwendungszweck einholen können und

b) die einwandfreie Durchführung der Ausfuhrkontrollmaßnahmen überprüfen können, wobei dies insbesondere die Befugnis umfassen kann, sich Zugang zu den Geschäftsräumen von an Ausfuhrgeschäften beteiligten Personen oder von Vermittlern, die unter den in Artikel 5 beschriebenen Umständen an der Erbringung von Vermittlungstätigkeiten beteiligt sind, zu verschaffen.

KAPITEL VIII
Sonstige Bestimmungen

Artikel 22

(1) Die innergemeinschaftliche Verbringung der in Anhang IV aufgeführten Güter mit doppeltem Verwendungszweck ist genehmigungspflichtig. Für die in Anhang IV Teil 2 aufgeführten Güter darf keine Allgemeingenehmigung erteilt werden.

(2) Ein Mitgliedstaat kann für die Verbringung von anderen Gütern mit doppeltem Verwendungszweck aus seinem Hoheitsgebiet in einen anderen Mitgliedstaat in den Fällen eine Genehmigungspflicht vorschreiben, in denen zum Zeitpunkt der Verbringung

- dem Verbringer bekannt ist, dass das endgültige Bestimmungsziel der betreffenden Güter außerhalb der Gemeinschaft liegt;
- die Ausfuhr dieser Güter nach diesem endgültigen Bestimmungsziel einer Genehmigungspflicht gemäß Artikel 3, 4 oder 8 in dem Mitgliedstaat, aus dem die Güter verbracht werden sollen, unterliegt und für eine derartige Ausfuhr unmittelbar von seinem Hoheitsgebiet aus keine Allgemeingenehmigung oder Globalgenehmigung vorliegt;
- die Güter in dem Mitgliedstaat, in den sie verbracht werden sollen, keiner Verarbeitung oder Bearbeitung im Sinne des Artikels 24 des Zollkodex der Gemeinschaften unterzogen werden sollen.

(3) Der Antrag auf Genehmigung der Verbringung ist in dem Mitgliedstaat zu stellen, aus dem die Güter mit doppeltem Verwendungszweck verbracht werden sollen.

(4) In den Fällen, in denen die nachfolgende Ausfuhr der Güter mit doppeltem Verwendungszweck im Rahmen der Konsultationsverfahren gemäß Artikel 11 von dem Mitgliedstaat, aus dem die Güter verbracht werden sollen, bereits befürwortet wurde, wird die

Genehmigung für die Verbringung dem Verbringer unverzüglich ausgestellt, es sei denn, die Umstände haben sich wesentlich geändert.

(5) Ein Mitgliedstaat, der Rechtsvorschriften erlässt, in denen eine derartige Genehmigungspflicht vorgeschrieben wird, unterrichtet die Kommission und die anderen Mitgliedstaaten über die von ihm getroffenen Maßnahmen. Die Kommission veröffentlicht diese Angaben im *Amtsblatt der Europäischen Union*, Reihe C.

(6) Die Maßnahmen gemäß den Absätzen 1 und 2 dürfen keine Durchführung von Kontrollen an den Binnengrenzen der Gemeinschaft beinhalten, sondern lediglich Kontrollen, die als Teil der üblichen Kontrollverfahren in nichtdiskriminierender Weise im gesamten Gebiet der Gemeinschaft durchgeführt werden.

(7) Die Durchführung der Maßnahmen gemäß den Absätzen 1 und 2 darf auf keinen Fall dazu führen, dass die Verbringung von einem Mitgliedstaat in einen anderen Mitgliedstaat strengeren Bedingungen unterliegt als die Ausfuhren der gleichen Güter nach Drittländern.

(8) Die Papiere und Aufzeichnungen zur innergemeinschaftlichen Verbringung der in Anhang I aufgeführten Güter mit doppeltem Verwendungszweck sind nach Ende des Kalenderjahres, in dem die Verbringung stattgefunden hat, mindestens drei Jahre lang aufzubewahren und den zuständigen Behörden des Mitgliedstaats, aus dem diese Güter verbracht wurden, auf Verlangen vorzulegen.

(9) Ein Mitgliedstaat kann in seinen innerstaatlichen Rechtsvorschriften vorschreiben, dass bei einer aus diesem Mitgliedstaat erfolgenden innergemeinschaftlichen Verbringung von Gütern, die in Anhang I Kategorie 5 Teil 2, nicht aber in Anhang IV aufgeführt sind, den zuständigen Behörden dieses Mitgliedstaats zusätzliche Angaben zu diesen Gütern vorzulegen sind.

(10) In den einschlägigen Geschäftspapieren in Bezug auf die innergemeinschaftliche Verbringung der in Anhang I aufgeführten Güter mit doppeltem Verwendungszweck ist ausdrücklich zu vermerken, dass diese Güter bei der Ausfuhr aus der Gemeinschaft einer Kontrolle unterliegen. Zu diesen einschlägigen Geschäftspapieren zählen insbesondere Kaufverträge, Auftragsbestätigungen, Rechnungen oder Versandanzeigen.

Artikel 23

(1) Es wird eine Koordinierungsgruppe „Güter mit doppeltem Verwendungszweck" eingesetzt, in der der Vertreter der Kommission den Vorsitz führt. Jeder Mitgliedstaat entsendet einen Vertreter in diese Gruppe.

Sie prüft alle Fragen im Zusammenhang mit der Anwendung dieser Verordnung, die entweder vom Vorsitzenden oder von einem Vertreter eines Mitgliedstaats vorgelegt werden.

(2) Der Vorsitzende der Koordinierungsgruppe „Güter mit doppeltem Verwendungszweck" oder die Koordinierungsgruppe konsultiert Ausführer, Vermittler und sonstige Interessenträger, die von dieser Verordnung betroffen sind, wann immer dies für erforderlich gehalten wird.

Artikel 24

Jeder Mitgliedstaat trifft geeignete Maßnahmen, um die ordnungsgemäße Durchführung aller Bestimmungen dieser Verordnung sicherzustellen. Er legt insbesondere Sanktionen fest, die bei einem Verstoß gegen diese Verordnung und ihre Durchführungsvorschriften zu verhängen sind. Die Sanktionen müssen wirksam, verhältnismäßig und abschreckend sein.

Artikel 25

Jeder Mitgliedstaat unterrichtet die Kommission über die Rechtsund Verwaltungsvorschriften, die er zur Durchführung dieser Verordnung erlässt, einschließlich der Maßnahmen gemäß Artikel 24. Die Kommission übermittelt diese Angaben den übrigen Mitgliedstaaten.

Die Kommission überprüft alle drei Jahre die Durchführung dieser Verordnung und legt dem Europäischen Parlament und dem Rat einen Bericht über ihre Anwendung vor; dieser Bericht kann Vorschläge zur Änderung der Verordnung enthalten. Die Mitgliedstaaten übermitteln der Kommission alle sachdienlichen Angaben zur Ausarbeitung dieses Berichts.

Artikel 26

Diese Verordnung berührt nicht

- die Anwendung von Artikel 296 des Vertrags zur Gründung der Europäischen Gemeinschaft,
- die Anwendung des Vertrags zur Gründung der Europäischen Atomgemeinschaft.

Artikel 27

Die Verordnung (EG) Nr. 1334/2000 wird mit Wirkung vom 27. August 2009 aufgehoben.

Für Anträge auf Erteilung einer Ausfuhrgenehmigung, die vor dem 27. August 2009 gestellt wurden, gelten jedoch weiterhin die einschlägigen Bestimmungen der Verordnung (EG) Nr. 1334/2000.

Verweisungen auf die aufgehobene Verordnung gelten als Verweisungen auf die vorliegende Verordnung und sind nach Maßgabe der Entsprechungstabelle in Anhang VI zu lesen.

Artikel 28

Diese Verordnung tritt am 90. Tag nach ihrer Veröffentlichung im *Amtsblatt der Europäischen Union* in Kraft.

Diese Verordnung ist in allen ihren Teilen verbindlich und gilt unmittelbar in jedem Mitgliedstaat.

Geschehen zu Brüssel am 5. Mai 2009.

Im Namen des Rates
Der Präsident
M. KALOUSEK

2. Verordnung (EG) Nr. 2580/2001 des Rates vom 27. Dezember 2001 über spezifische, gegen bestimmte Personen und Organisationen gerichtete restriktive Maßnahmen zur Bekämpfung des Terrorismus[1]

DER RAT DER EUROPÄISCHEN UNION –

gestützt auf den Vertrag zur Gründung der Europäischen Gemeinschaft, insbesondere auf die Artikel 60, 301 und 308,

gestützt auf den vom Rat am 27. Dezember 2001 angenommenen Gemeinsamen Standpunkt 2001/931/GASP über die Anwendung besonderer Maßnahmen zur Bekämpfung des Terrorismus[2] ,

auf Vorschlag der Kommission,

nach Stellungnahme des Europäischen Parlaments[3] ,

in Erwägung nachstehender Gründe:

(1) Der Europäische Rat hat auf seiner außerordentlichen Tagung am 21. September 2001 erklärt, dass der Terrorismus eine wirkliche Herausforderung für die Welt und für Europa darstellt und dass die Bekämpfung des Terrorismus eines der vorrangigen Ziele der Europäischen Union sein wird.

(2) Der Europäische Rat hat ferner erklärt, dass die Verhinderung der Finanzierung des Terrorismus ein entscheidender Aspekt im Kampf gegen den Terrorismus ist, und den Rat ersucht, die erforderlichen Maßnahmen zur Bekämpfung aller Formen der Finanzierung terroristischer Aktivitäten zu treffen.

(3) Der Sicherheitsrat der Vereinten Nationen hat am 28. September 2001 in seiner Resolution 1373 (2001) beschlossen, dass alle Staaten Gelder und sonstige finanzielle Vermögenswerte oder wirtschaftliche Ressourcen von Personen einfrieren sollten, die terroristische Handlungen begehen, zu begehen versuchen oder sich an deren Begehung beteiligen oder diese erleichtern.

(4) Ferner hat der Sicherheitsrat beschlossen, dass Maßnahmen getroffen werden sollen, um zu untersagen, dass Gelder und sonstige finanzielle Vermögenswerte oder wirtschaftliche Ressourcen zum Nutzen dieser Personen zur Verfügung gestellt werden und Finanzdienstleistungen oder damit zusammenhängende Dienstleistungen zum Nutzen dieser Personen erbracht werden.

(5) Es ist erforderlich, dass die Gemeinschaft tätig wird, um die GASP-Aspekte des Gemeinsamen Standpunkts 2001/931/GASP umzusetzen.

(6) Diese Verordnung ist eine auf Gemeinschaftsebene erforderliche Maßnahme, die die Verwaltungs- und Gerichtsverfahren gegen terroristische Organisationen in der Europäischen Union und in Drittländern ergänzt.

(7) Als Gebiet der Gemeinschaft gilt für die Zwecke dieser Verordnung die Gesamtheit des Staatsgebiets der Mitgliedstaaten, auf die der Vertrag nach Maßgabe des Vertrags Anwendung findet.

---

1 Anm. der Red.: [ABl. (EG) 2001, Nr. L 344/70 vom 28. 12. 2001].
2 Siehe Seite 93 dieses Amtsblatts.
3 Stellungnahme vom 13. Dezember 2001 (noch nicht im Amtsblatt veröffentlicht).

(8) Im Hinblick auf den Schutz der Interessen der Gemeinschaft können bestimmte Ausnahmen gewährt werden.

(9) Der Rat sollte hinsichtlich des Verfahrens zur Erstellung und Änderung der Liste nach Artikel 2 Absatz 3 dieser Verordnung die entsprechenden Durchführungsbefugnisse in Anbetracht der besonderen Mittel, die seinen Mitgliedern zu diesem Zweck zur Verfügung stehen, selbst ausüben.

(10) Die Umgehung dieser Verordnung sollte durch ein angemessenes Informationsverfahren und gegebenenfalls durch geeignete Abhilfemaßnahmen einschließlich weiterer Rechtsvorschriften der Gemeinschaft verhindert werden.

(11) Die zuständigen Behörden der Mitgliedstaaten sind gegebenenfalls zu ermächtigen, die Einhaltung dieser Verordnung zu gewährleisten.

(12) Die Mitgliedstaaten sollten Bestimmungen über Sanktionen für Verstöße gegen die Bestimmungen dieser Verordnung erlassen und ihre Anwendung gewährleisten. Diese Sanktionen müssen wirksam, verhältnismäßig und abschreckend sein.

(13) Die Kommission und die Mitgliedstaaten sollten einander über die im Rahmen dieser Verordnung getroffenen Maßnahmen unterrichten und andere ihnen vorliegende sachdienliche Informationen im Zusammenhang mit dieser Verordnung austauschen.

(14) Die Liste nach Artikel 2 Absatz 3 dieser Verordnung kann sowohl Personen und Körperschaften umfassen, die mit Drittstaaten in Verbindung oder in Bezug zu Drittstaaten stehen, als auch solche, die in anderer Weise im Mittelpunkt der GASP-Aspekte des Gemeinsamen Standpunkts 2001/931/GASP stehen. Im Vertrag sind für den Erlass der diesbezüglichen Bestimmungen in dieser Verordnung nur die Befugnisse des Artikels 308 vorgesehen.

(15) Die Europäische Gemeinschaft hat bereits die UNSC-Resolutionen 1267 (1999) und 1333 (2000) umgesetzt, indem sie die Verordnung (EG) Nr. 467/20 01[1] über das Einfrieren von Vermögenswerten bestimmter Personen und Vereinigungen erlassen hat; diese Personen und Vereinigungen fallen daher nicht unter die vorliegende Verordnung –

HAT FOLGENDE VERORDNUNG ERLASSEN:

Artikel 1

Für die Zwecke dieser Verordnung gelten folgende Begriffsbestimmungen:

1. „Gelder, andere finanzielle Vermögenswerte und wirtschaftliche Ressourcen" sind Vermögenswerte jeder Art, unabhängig davon, ob sie materiell oder immateriell und beweglich oder unbeweglich sind und wie sie erworben wurden, sowie Rechtsdokumente und Urkunden in jeder Form, auch in elektronischer oder digitaler Form, zum Nachweis des Eigentums oder der Beteiligung an diesen Vermögenswerten, unter anderem Bankkredite, Reiseschecks, Bankschecks, Zahlungsanweisungen, Anteile, Wertpapiere, Obligationen, Wechsel und Akkreditive.

2. „Einfrieren von Geldern, anderen finanziellen Vermögenswerten und wirtschaftlichen Ressourcen" ist die Verhinderung jeglicher Form von Bewegungen, Transfers, Veränderungen, Verwendung von Geldmitteln und Handel mit ihnen, die deren Volumen, Beträge, Belegenheit, Eigentum, Besitz, Eigenschaften oder Zweckbestim-

1 ABl. L 67 vom 9. 3. 2001, S. 1.

mung verändern oder andere Veränderungen bewirken, mit denen eine Nutzung der Mittel einschließlich der Vermögensverwaltung ermöglicht wird.

3. „Finanzdienstleistungen“ sind alle Dienstleistungen finanzieller Art, einschließlich aller Versicherungsdienstleistungen und versicherungsbezogenen Dienstleistungen und aller Bank- und sonstigen Finanzdienstleistungen (ausgenommen Versicherungsdienstleistungen):

Versicherungsdienstleistungen und versicherungsbezogene Dienstleistungen

i. Direktversicherung (einschließlich Mitversicherung):
   a) Lebensversicherung,
   b) Sachversicherung;

ii. Rückversicherung und Folgerückversicherung;

iii. Versicherungsvermittlung wie Leistungen von Versicherungsmaklern und -agenturen;

iv. Versicherungsbezogene Hilfsdienstleistungen wie Beratung, Versicherungsmathematik, Risikobewertung und Schadensregulierung.

Bank- und sonstige Finanzdienstleistungen (ausgenommen Versicherungsdienstleistungen)

v. Annahme von Spar- und sonstigen rückzahlbaren Einlagen;

vi. Ausreichung von Krediten jeder Art, einschließlich Verbraucherkredit, Hypothekenkredit, Factoring und Finanzierung von Handelsgeschäften;

vii. Finanzleasing;

viii. sämtliche Zahlungs- und Überweisungsdienstleistungen einschließlich Kredit- und Scheckkarten, Reiseschecks und Bankwechsel;

ix. Bürgschaften und Verpflichtungen;

x. Geschäfte für eigene und für Kundenrechnung an Börsen, im Schalterverkehr oder in sonstiger Form mit Folgendem:
   a) Geldmarkttitel (einschließlich Schecks, Wechsel, Einlagenzertifikate),
   b) Devisen,
   c) derivative Instrumente, darunter Futures und Optionen,
   d) Wechselkurs- und Zinstitel einschließlich Swaps, Kurssicherungsvereinbarungen,
   e) begehbare Wertpapiere,
   f) sonstige begehbare Titel und Finanzanlagen einschließlich ungeprägtes Gold;

xi. Beteiligung an Emissionen von Wertpapieren jeder Art einschließlich Übernahme und Platzierung von Emissionen als (öffentlicher oder privater) Finanzmakler sowie Erbringung von Dienstleistungen im Zusammenhang mit derartigen Emissionen;

xii. Geldmaklergeschäfte;

xiii. Vermögensverwaltung wie Kassenhaltung und Bestandsverwaltung, alle Formen von kollektivem Anlagemanagement, Pensionsfondsverwaltung, Depotverwahrung, Auftrags- und treuhänderische Verwaltung;

xiv. Saldenausgleichs- und Verrechnungsdienstleistungen im Zusammenhang mit Finanzanlagen einschließlich Wertpapieren, derivativen Instrumenten und sonstigen begehbaren Instrumenten;

xv. Bereitstellung und Übermittlung von Finanzinformationen, Verarbeitung von Finanzdaten und dazugehörender Datenträger von Erbringern anderer Finanzdienstleistungen;

xvi. Beratungs-, Vermittlungs- und sonstige Zusatzfinanzdienstleistungen in Bezug auf sämtliche unter den Ziffern v) bis xv) aufgeführte Tätigkeiten einschließlich Kreditauskunft und Bonitätsprüfung, Anlage- und Vermögensbestandsanalyse und -beratung, Beratung über Akquisition, Unternehmensumstrukturierung und -strategien.

4. Für die Zwecke dieser Verordnung gilt die in Artikel 1 Absatz 3 des Gemeinsamen Standpunkts 2001/931/GASP enthaltene Bestimmung des Begriffs „terroristische Handlung".

5. „Eigentum an einer juristischen Person, Vereinigung oder Körperschaft" ist der Besitz von mindestens 50 % der Eigentumsrechte oder eine Mehrheitsbeteiligung an der juristischen Person, Vereinigung oder Körperschaft.

6. „Kontrolle über eine juristische Person, Vereinigung oder Körperschaft" ist

a) das Recht, die Mehrheit der Mitglieder des Verwaltungs-, Leitungs- oder Aufsichtsorgans der juristischen Person, Vereinigung oder Körperschaft zu bestellen oder abzurufen;

b) die Tatsache, allein durch die Ausübung seiner Stimmrechte die Mehrheit der Mitglieder des Verwaltungs-, Leitungs- oder Aufsichtsorgans der juristischen Person, Vereinigung oder Körperschaft für das laufende oder das vorhergehende Geschäftsjahr bestellt zu haben;

c) die alleinige Verfügung über die Mehrheit der Stimmrechte der Anteilseigner bzw. Mitglieder der juristischen Person, Vereinigung oder Körperschaft aufgrund einer Vereinbarung mit anderen Anteilseignern bzw. Mitgliedern derselben;

d) das Recht, auf die juristische Person, Vereinigung oder Körperschaft einen beherrschenden Einfluss aufgrund eines mit dieser juristischen Person, Vereinigung oder Körperschaft geschlossenen Vertrages oder aufgrund einer in ihrer Gründungsurkunde oder Satzung niedergelegten Bestimmung auszuüben, sofern das Recht, dem die juristische Person, Vereinigung oder Körperschaft unterliegt, es zulässt, dass, diese solchen Verträgen oder Bestimmungen unterworfen wird;

e) die Befugnis, von dem Recht zur Ausübung eines beherrschenden Einflusses im Sinne des Buchstaben d) Gebrauch zu machen, ohne dieses Recht selbst innezuhaben;

f) das Recht, alle oder einen Teil der Vermögenswerte der juristischen Person, Vereinigung oder Körperschaft zu verwenden;

g) die Führung der Geschäfte der juristischen Person, Vereinigung oder Körperschaft auf einer einheitlichen Grundlage mit Erstellung eines konsolidierten Abschlusses;

h) die gesamtschuldnerische Erfüllung der finanziellen Verbindlichkeiten der juristischen Person, Vereinigung oder Körperschaft oder das Bürgen für sie.

Artikel 2

(1) Sofern nicht eine Ausnahme nach Artikel 5 oder 6 vorliegt,

a) werden alle Gelder, andere finanzielle Vermögenswerte und wirtschaftliche Ressourcen, die einer in der Liste nach Artikel 2 Absatz 3 aufgeführten natürlichen oder juristischen Person, Vereinigung oder Körperschaft gehören oder in deren Eigentum stehen oder von ihr verwahrt werden, eingefroren;

b) werden weder direkt noch indirekt Gelder, andere finanzielle Vermögenswerte und wirtschaftliche Ressourcen für eine in der Liste nach Artikel 2 Absatz 3 aufgeführte natürliche oder juristische Person, Vereinigung oder Körperschaft oder zu ihren Gunsten bereitgestellt.

(2) Sofern nicht eine Ausnahme nach Artikel 5 oder 6 vorliegt, ist die Erbringung von Finanzdienstleistungen für eine in der Liste nach Artikel 2 Absatz 3 aufgeführte natürliche oder juristische Person, Vereinigung oder Körperschaft oder zu ihren Gunsten untersagt.

(3) Der Rat erstellt, überprüft und ändert einstimmig und im Einklang mit Artikel 1 Absätze 4, 5 und 6 des Gemeinsamen Standpunkts 2001/931/GASP die Liste der dieser Verordnung unterfallenden Personen, Vereinigungen oder Körperschaften. In dieser Liste sind aufgeführt:

i. natürliche Personen, die eine terroristische Handlung begehen oder zu begehen versuchen oder sich an deren Begehung beteiligen oder diese erleichtern;

ii. juristische Personen, Vereinigungen oder Körperschaften, die eine terroristische Handlung begehen oder zu begehen versuchen oder sich an deren Begehung beteiligen oder diese erleichtern;

iii. juristische Personen, Vereinigungen oder Körperschaften, die im Eigentum oder unter der Kontrolle einer oder mehrerer der unter Ziffer i) oder ii) genannten natürlichen oder juristischen Personen, Vereinigungen oder Körperschaften stehen, oder

iv. natürliche oder juristische Personen, Vereinigungen oder Körperschaften, die im Namen oder auf Anweisung einer oder mehrerer der unter Ziffer i) oder ii) genannten natürlichen oder juristischen Personen, Vereinigungen oder Körperschaften handeln.

Artikel 3

(1) Die wissentliche und beabsichtigte Beteiligung an Maßnahmen, deren Ziel oder Folge direkt oder indirekt die Umgehung des Artikels 2 ist, ist untersagt.

(2) Informationen darüber, dass die Bestimmungen dieser Verordnung umgangen werden oder wurden, sind den im Anhang aufgeführten zuständigen Behörden der Mitgliedstaaten und der Kommission zu übermitteln.

Artikel 4

(1) Unbeschadet der geltenden Vorschriften über die Anzeigepflicht, die Vertraulichkeit und das Berufsgeheimnis sowie des Artikels 284 des Vertrags

- übermitteln Banken, sonstige Finanzinstitute, Versicherungsgesellschaften und sonstige Einrichtungen und Personen Angaben, die die Anwendung dieser Verordnung erleichtern, z. B. über die nach Artikel 2 eingefrorenen Konten und Beträge und die nach den Artikeln 5 und 6 getätigten Geschäfte, unverzüglich
  - den im Anhang aufgeführten zuständigen Behörden der Mitgliedstaaten, in denen sie ihren Sitz bzw. Wohnsitz haben, und
  - über diese zuständigen Behörden der Kommission;
- arbeiten Banken, sonstige Finanzinstitute, Versicherungsgesellschaften und sonstige Einrichtungen und Personen mit den im Anhang aufgeführten zuständigen Behörden bei der Überprüfung dieser Angaben zusammen.

(2) Die aufgrund dieses Artikels bereitgestellten oder eingegangenen Angaben dürfen nur für die Zwecke verwendet werden, zu denen sie bereitgestellt wurden bzw. eingegangen sind.

(3) Angaben, die direkt bei der Kommission eingehen, werden den zuständigen Behörden der betreffenden Mitgliedstaaten und dem Rat zur Verfügung gestellt.

Artikel 5

(1) Artikel 2 Absatz 1 Buchstabe b) gilt nicht für die Gutschrift fälliger Zinsen auf den eingefrorenen Konten. Diese Zinsen werden ebenfalls eingefroren.

(2) Die im Anhang aufgeführten zuständigen Behörden der Mitgliedstaaten können unter Bedingungen, die sie zur Verhinderung der Finanzierung terroristischer Handlungen für zweckdienlich erachten, spezifische Genehmigungen erteilen für

1. die Verwendung eingefrorener Gelder innerhalb der Gemeinschaft zur Deckung der Grundbedürfnisse einer in der Liste nach Artikel 2 Absatz 3 aufgeführten natürlichen Person oder ihrer Familienmitglieder, insbesondere Zahlungen für Lebensmittel, Arzneimittel, die Miete oder Hypothek für die Familienwohnung und Gebühren und Honorare für ärztliche Behandlungen der Familienmitglieder;
2. Zahlungen von eingefrorenen Konten für folgende Zwecke:
   a) Zahlung innerhalb der Gemeinschaft von Steuern, Pflichtversicherungsprämien und Gebühren für öffentliche Versorgungsleistungen wie Gas, Wasser, Strom und Telekommunikation und
   b) Zahlung von Kontoführungsgebühren an ein Finanzinstitut in der Gemeinschaft;
3. Zahlungen an eine in der Liste nach Aritkel 2 Absatz 3 aufgeführte Person, Körperschaft oder Gruppierung aufgrund von Verträgen, Vereinbarungen oder Verpflichtungen, die vor Inkrafttreten dieser Verordnung geschlossen bzw. eingegangen wurden, sofern diese Zahlungen auf ein eingefrorenes Konto in der Gemeinschaft geleistet werden.

(3) Genehmigungsanträge werden bei der zuständigen Behörde des Mitgliedstaats gestellt, in dessen Hoheitsgebiet die Gelder, sonstigen Vermögenswerte oder wirtschaftlichen Ressourcen eingefroren sind.

Artikel 6

(1) Unbeschadet der Bestimmungen des Artikels 2 und zum Schutz der Interessen der Gemeinschaft, die auch die Interessen der Bürger und Gebietsansässigen umfassen, können die zuständigen Behörden eines Mitgliedstaats spezifische Genehmigungen erteilen für

- die Freigabe eingefrorener Gelder, sonstiger Vermögenswerte oder wirtschaftlicher Ressourcen,
- die Beteiligung von Geldern, sonstigen Vermögenswerten oder wirtschaftlichen Ressourcen für eine in der Liste nach Artikel 2 Absatz 3 aufgeführte Person, Körperschaft oder Gruppierung oder
- die Erbringung von Finanzdienstleistungen für eine solche Person, Körperschaft oder Gruppierung,

  nachdem gemäß Absatz 2 Konsultationen mit anderen Mitgliedstaaten, dem Rat und der Kommission stattgefunden haben.

(2) Eine zuständige Behörde, bei der ein Genehmigungsantrag nach Absatz 1 gestellt worden ist, informiert die im Anhang aufgeführten zuständigen Behörden der anderen Mitgliedstaaten, den Rat und die Kommission über die Gründe, aus denen sie entweder den Antrag zurückzuweisen oder eine spezifische Genehmigung zu erteilen gedenkt, sowie über die Bedingungen, die ihres Erachtens erfüllt sein müssen, um die Finanzierung terroristischer Handlungen zu verhindern.

Die zuständige Behörde, die eine spezifische Genehmigung zu erteilen beabsichtigt, trägt Bemerkungen, die andere Mitgliedstaaten, der Rat und die Kommission innerhalb von zwei Wochen vortragen, gebührend Rechnung.

Artikel 7

Die Kommission ist befugt, den Anhang auf der Grundlage der von den Mitgliedstaaten übermittelten Informationen zu ändern.

Artikel 8

Die Mitgliedstaaten, der Rat und die Kommission unterrichten einander über die nach dieser Verordnung getroffenen Maßnahmen und tauschen die ihnen vorliegenden sachdienlichen Informationen im Zusammenhang mit dieser Verordnung aus, insbesondere Informationen, die sie nach den Artikeln 3 und 4 erhalten haben, und Informationen über Verstöße, Vollzugsprobleme und Urteile der einzelstaatlichen Gerichte.

Artikel 9

Jeder Mitgliedstaat legt die Sanktionen fest, die bei Verstößen gegen die Bestimmungen dieser Verordnung zu verhängen sind. Diese Sanktionen müssen wirksam, verhältnismäßig und abschreckend sein.

Artikel 10

Diese Verordnung gilt

1. im Gebiet der Gemeinschaft einschließlich ihres Luftraums,
2. an Bord der Flugzeuge und Schiffe, die der Hoheitsgewalt der Mitgliedstaaten unterstehen,
3. für sich anderswo aufhaltende Personen, die die Staatsangehörigkeit eines Mitgliedstaates besitzen,
4. für nach dem Recht eines Mitgliedstaats gegründete oder eingetragene juristische Personen, Vereinigungen oder Körperschaften,
5. für juristische Personen, Vereinigungen oder Körperschaften, die in der Gemeinschaft tätig sind.

Artikel 11

(1) Diese Verordnung tritt am Tag ihrer Veröffentlichung im Amtsblatt der Europäischen Gemeinschaften in Kraft.

(2) Die Kommission legt innerhalb eines Jahres nach dem Inkrafttreten dieser Verordnung einen Bericht über die Auswirkungen dieser Verordnung und gegebenenfalls Vorschläge für ihre Änderung vor.

Diese Verordnung ist in allen ihren Teilen verbindlich und gilt unmittelbar in jedem Mitgliedstaat.

Geschehen zu Brüssel am 27. Dezember 2001.

Im Namen des Rates
Der Präsident
L. Michel

Anhang

Liste der zuständigen Behörden nach den Artikeln 3, 4 und 5

BELGIEN

Ministère des finances
Trèsorerie
avenue des Arts 30
B-1040 Bruxelles
Fax (32-2) 2 33 75 18

DÄNEMARK

Erhvervsfremmestyrelsen
Dahlerups Pakhus
Langelinie Alle 17
DK-2100 København Ø
Tel. (45) 35 46 60 00
Fax (45) 35 46 60 01

DEUTSCHLAND

- *betreffend das Einfrieren von Geldern:*
  Deutsche Bundesbank
  Wilhelm Eppsteinstr. 14
  D-60431 Frankfurt/Main
  Tel. (49-69) 95 66
- *betreffend Versicherungen:*
  Bundesaufsichtsamt für das Versicherungswesen (BAV)
  Graurheindorfer Str. 108
  D-53117 Bonn
  Tel. (49-228) 42 28

GRIECHENLAND

Ministry of National Economy
General Directorate of Economic Policy
5 Nikis str.
GR-105 63 Athens
Tel. (30-1) 3 33 27 81-2
Fax (30-1) 3 33 27 93

SPANIEN

Dirección General de Comercio e Inversiones
Subdirección General de Inversiones Exteriores
Ministerio de Economía
Paseo de la Castellana, 162
E-28046 Madrid

Tel. (34) 9 13 49 39 83
Fax (34) 9 13 49 35 62

Dirección General del Tesoro y Política Financiera
Subdirección General de Inspección y Control de Movimientos de Capitales
Ministerio de Economía
Paseo del Prado, 6
E-28 014 Madrid
Tel. (34) 9 12 09 95 11
Fax (34) 9 12 09 96 56

FRANKREICH

Ministère de l'économie, des finances et de l'industrie
Direction du Trésor
Service des affaires européennes et internationales
Sous-direction E
139, rue du Bercy
F-75 572 Paris Cedex 12
Tel. (33-1) 44 87 17 17
Fax (33-1) 53 18 36 15

IRLAND

Central Bank of Ireland
Financial Markets Department
PO Box 559
Dame Street
Dublin 2
Tel. (3 53-1) 6 71 66 66

Department of Foreign Affairs
Bilateral Economic Relations Division
76 –78 Harcourt Street
Dublin 2
Tel. (3 53-1) 4 08 24 92

ITALIEN

Ministero dell'Economia e delle Finanze

...

LUXEMBURG

Ministère des affaires étrangères, du commerce extérieur, de la coopération, de l'action humanitaire et de la défense Direction des relations économiques internationales
BP 1602
L-1016 Luxembourg
Tel. (3 52) 4 78-1 oder 4 78-23 50
Fax (3 52) 22 20 48

Ministère des Finances
3, rue de la Congrégation
L-1352 Luxembourg
Tel. (3 52) 4 78-27 12
Fax (3 52) 47 52 41

NIEDERLANDE

Ministerie van Financiën
Directie Wetgeving, Juridische en Bestuurlijke Zaken
Postbus 20 201
2500 EE Den Haag
Nederland
Tel. (31-70) 3 42 82 27
Fax (31-70) 3 42 79 05

ÖSTERREICH

- *Artikel 3*
  Bundesministerium für Inneres – Bundeskriminalamt
  A-1090 Wien
  Josef-Holaubek-Platz 1
  Tel. (4 31) 3 13 45-0
  Fax (4 31) 3 13 45 – 8 52 90
- *Artikel 4*
  Oestereichische Nationalbank
  A-1090 Wien
  Otto-Wagner-Platz 3
  Tel. (4 31) 4 04 20-0
  Fax (4 31) 4 04 20-73 99
- Bundesministerium für Inneres – Bundeskriminalamt
  A-1090 Wien
  Josef-Holaubek-Platz 1
  Tel. (4 31) 3 13 45-0
  Fax (4 31) 3 13 45-8 52 90
- *Artikel 5*
  Oestereichische Nationalbank
  A-1090 Wien
  Otto-Wagner-Platz 3
  Tel. (4 31) 4 04 20-0
  Fax (4 31) 4 04 20-73 99

PORTUGAL

Ministério das Finanças
Direcção Geral dos Assuntos Europeus e Relações Internacionais
Avenida Infante D. Henrique, n.° 1, C 2.°
P-1100 Lisboa

Tel. (3 51-1) 8 82 32 40/47
Fax (3 51-1) 8 82 32 49

Ministério dos Negócios Estrangeiros
Direcção Geral dos Assuntos Multilaterias/Direcção
dos Serviços das Organizações Políticas Internacionais
Largo do Rilvas
P-1350-179 Lisboa
Tel. (3 51 21) 3 94 60 72
Fax (3 51 21) 3 94 60 73

FINNLAND

Ulkoasiainministeriö/Utrikesministeriet
PL 176
SF-00 161 Helsinki
Tel. (3 58-9) 13 41 51
Fax (3 58-9) 13 41 57 07 und (3 58-9) 62 98 40

SCHWEDEN

- *Artikel 3*
  Rikspolisstyrelsen (RPS)
  Bos 12256
  102 26 Stockholm
  Tel. (46-8) 4 01 90 00
  Fax (46-8) 4 01 99 00
- *Articles 4 und 6*
  Finansinspektionen
  Box 7831
  S-103 98 Stockholm
  Tel. (46-8) 7 87 80 00
  Fax (46-8) 24 13 35
- *Article 5*
  Riksförsäkringsverket (RFV)
  S-103 51 Stockholm
  Tel. (46-8) 7 86 90 00
  Fax (46-8) 4 11 27 89

VEREINIGTES KÖNIGREICH

HM Treasury
International Financial Services Team
19 Allington Towers
London SW1E 5EB
United Kingdom
Tel. (44-2 07) 2 70 55 50
Fax (44-2 07) 2 70 43 65

Bank of England
Financial Sanctions Unit

Threadneedle Street
London EC2R 8AH
United Kingdom
Tel. (44-2 07) 6 01 46 07
Fax (44-2 07) 6 01 43 09

EUROPÄISCHE GEMEINSCHAFT

Commission of the European Communities
Directorate-General for External Relations
Directorate CFSP
Unit A.2/Mr A. de Vries
Rue de la Loi/Wetstraat 200
B-1049 Bruxelles/Brussel
Tel. (32-2) 2 95 68 80
Fax (32-2) 2 96 75 63
E-Mail: anthonius.de-vries@cec.eu.int

3. Verordnung (EG) Nr. 881/2002 des Rates vom 27. Mai 2002 über die Anwendung bestimmter spezifischer restriktiver Maßnahmen gegen bestimmte Personen und Organisationen, die mit Osama bin Laden, dem Al-Qaida-Netzwerk und den Taliban in Verbindung stehen, und zur Aufhebung der Verordnung (EG) Nr. 467/2001 des Rates über das Verbot der Ausfuhr bestimmter Waren und Dienstleistungen nach Afghanistan, über die Ausweitung des Flugverbots und des Einfrierens von Geldern und anderen Finanzmitteln betreffend die Taliban von Afghanistan

DER RAT DER EUROPÄISCHEN UNION –

gestützt auf den Vertrag zur Gründung der Europäischen Gemeinschaft, insbesondere auf die Artikel 60, 301 und 308,

gestützt auf den Gemeinsamen Standpunkt 2002/402/GASP zu den restriktiven Maßnahmen gegen Osama bin Laden, Mitglieder der Organisation Al-Qaida und die Taliban sowie andere Einzelpersonen, Gruppen, Unternehmen und Organisationen, die mit ihnen in Verbindung stehen, mit dem die Gemeinsamen Standpunkte 96/746/GASP, 1999/727/GASP, 2001/154/GASP und 2001/771/GASP[1] aufgehoben wurden,

auf Vorschlag der Kommission[2],

nach Stellungnahme des Europäischen Parlaments[3],

in Erwägung nachstehender Gründe:

(1) Am 16. Januar 2002 nahm der Sicherheitsrat der Vereinten Nationen die Resolution 1390 (2002) an, in der er feststellte, dass die Taliban auf die in mehreren vorausgegangenen Resolutionen gestellten Forderungen nicht reagiert hatten, und die Taliban dafür verurteilte, dass sie die Nutzung Afghanistans als Basis für die Ausbildung von Terroristen und terroristische Aktivitäten zugelassen haben, und in der er ferner das Al-Qaida-Netzwerk und andere mit ihm in Verbindung stehende terroristische Gruppen für ihre terroristischen Handlungen und die Zerstörung von Sachwerten verurteilte.

(2) Der Sicherheitsrat beschloss unter anderem, dass das nach seinen Resolutionen 1267 (1999) und 1333 (2000) verhängte Flugverbot und einige der Afghanistan auferlegten Ausfuhrbeschränkungen aufgehoben und der Anwendungsbereich des Einfrierens von Geldern und das Verbot der Bereitstellung von Mitteln, die nach diesen Resolutionen auferlegt worden waren, angepasst werden sollen. Ferner beschloss der Sicherheitsrat, dass die Bereitstellung von bestimmten Dienstleistungen im Zusammenhang mit militärischen Aktivitäten für die Taliban und die Al-Qaida-Organisation verboten werden soll. Diese Maßnahmen werden vom Sicherheitsrat gemäß Absatz 3 der Resolution 1390 (2002) 12

1 Siehe Seite 4 dieses Amtsblattes.
2 Vorschlag vom 6. März 2002 (noch nicht im Amtsblatt veröffentlicht).
3 Stellungnahme vom 11. April 2002 (noch nicht im Amtsblatt veröffentlicht).

Monate nach deren Annahme überprüft; nach Ablauf dieser Frist entscheidet der Sicherheitsrat, ob die Maßnahmen unverändert weiter angewandt werden oder ob sie verbessert werden müssen.

(3) In diesem Zusammenhang erinnerte der Sicherheitsrat an die Verpflichtung, seine Resolution 1373 (2001) gegenüber allen Mitgliedern der Taliban und der Al-Qaida-Organisation, jedoch auch ihren Verbündeten, die an der Finanzierung, Planung, Erleichterung, Vorbereitung und Durchführung terroristischer Handlungen beteiligt waren, uneingeschränkt umzusetzen.

(4) Diese Maßnahmen fallen in den Geltungsbereich des Vertrags, und daher ist insbesondere zur Vermeidung von Wettbewerbsverzerrungen ein Rechtsakt der Gemeinschaft erforderlich, um die einschlägigen Beschlüsse des Sicherheitsrates umzusetzen, soweit sie das Gebiet der Gemeinschaft betreffen. Für die Zwecke dieser Verordnung gilt als Gebiet der Gemeinschaft die Gesamtheit der Hoheitsgebiete der Mitgliedstaaten, auf die der Vertrag nach Maßgabe seiner Bestimmungen Anwendung findet.

(5) Um innerhalb der Gemeinschaft ein Höchstmaß an Rechtssicherheit zu erreichen, müssen die Namen und übrigen sachdienlichen Angaben zu den von den VN-Behörden benannten natürlichen und juristischen Personen, Gruppen oder Organisationen, deren Gelder eingefroren werden sollen, öffentlich bekannt gemacht und ein Verfahren zur Änderung der betreffenden Liste innerhalb der Gemeinschaft festgelegt werden.

(6) Die zuständigen Behörden der Mitgliedstaaten sind gegebenenfalls zu ermächtigen, die Einhaltung dieser Verordnung zu gewährleisten.

(7) In der Resolution 1267 (1999) des Sicherheitsrates der Vereinten Nationen ist festgelegt, dass der zuständige VN-Sanktionsausschuss in bestimmten Fällen aus humanitären Erwägungen Ausnahmen von einem Einfrieren der Gelder zulassen kann. Daher müssen Vorschriften erlassen werden, um die Anwendung solcher Ausnahmen innerhalb der Gemeinschaft zu ermöglichen.

(8) Aus Gründen der Zweckmäßigkeit sollte die Kommission ermächtigt werden, die Anhänge dieser Verordnung auf der Grundlage einschlägiger Mitteilungen und Informationen seitens des Sicherheitsrates der Vereinten Nationen, des VN-Sanktionsausschusses und der Mitgliedstaaten gegebenenfalls zu ändern.

(9) Die Kommission und die Mitgliedstaaten sollten einander über die im Rahmen dieser Verordnung ergriffenen Maßnahmen unterrichten und andere sachdienliche Informationen austauschen, die ihnen im Zusammenhang mit dieser Verordnung vorliegen; sie sollten mit dem zuständigen VN-Sanktionsausschuss zusammenarbeiten, was insbesondere die Übermittlung von Informationen an den Ausschuss einschließt.

(10) Die Mitgliedstaaten sollten Vorschriften über Sanktionen für Verstöße gegen die Bestimmungen dieser Verordnung erlassen und ihre Anwendung gewährleisten. Diese Sanktionen müssen wirksam, verhältnismäßig und abschreckend sein.

(11) Da das Einfrieren der Gelder angepasst werden muss, muss gewährleistet werden, dass Sanktionen für Verstöße gegen diese Verordnung mit deren Inkrafttreten auferlegt werden können.

(12) Angesichts der mit der Resolution 1390 (2002) auferlegten Maßnahmen sind die in der Gemeinschaft festgelegten Maßnahmen durch die Aufhebung der Verordnung (EG) Nr. 467/2001 des Rates[1] und den Erlass einer neuen Verordnung anzupassen –

HAT FOLGENDE VERORDNUNG ERLASSEN:

Artikel 1

Für die Zwecke dieser Verordnung bezeichnet der Ausdruck:

1. „Gelder" finanzielle Vermögenswerte oder wirtschaftliche Vorteile jeder Art einschließlich von – aber nicht beschränkt auf – Bargeld, Schecks, Geldforderungen, Wechsel, Geldanweisungen oder andere Zahlungsmittel, Guthaben bei Finanzinstituten oder anderen Einrichtungen, Guthaben auf Konten, Schulden und Schuldverschreibungen, öffentlich und privat gehandelte Wertpapiere und Schuldtitel einschließlich Aktien und Anteilen, Wertpapierzertifikate, Obligationen, Schuldscheine, Optionsscheine, Pfandbriefe, Derivate; Zinserträge, Dividenden oder andere Einkünfte oder Wertzuwächse aus Vermögenswerten; Kredite, Rechte auf Verrechnung, Bürgschaften, Vertragserfüllungsgarantien oder andere finanzielle Zusagen; Akkreditive, Konnossemente, Sicherungsübereignungen, Dokumente zur Verbriefung von Anteilen an Fondsvermögen oder anderen Finanzressourcen und jedes andere Finanzierungsinstrument für Ausfuhren;
2. „wirtschaftliche Ressourcen" Vermögenswerte jeder Art, unabhängig davon, ob sie materiell oder immateriell und beweglich oder unbeweglich sind, die keine Gelder sind, aber für den Erwerb von Geldern, Waren oder Dienstleistungen verwendet werden können;
3. „Einfrieren von Geldern" die Verhinderung jeglicher Form von Bewegungen, Transfers, Veränderungen, Verwendung von Geldmitteln und Handel mit ihnen, die deren Volumen, Beträge, Belegenheit, Eigentum, Besitz, Eigenschaften, Zweckbestimmung verändern oder andere Veränderungen bewirken, mit denen eine Verwendung der Gelder einschließlich der Vermögensverwaltung ermöglicht wird;
4. „Einfrieren von wirtschaftlichen Ressourcen" die Verhinderung ihrer Verwendung für jeden Erwerb von Geldern, Waren oder Dienstleistungen, einschließlich von – aber nicht beschränkt auf – den Verkauf, das Vermieten oder das Verpfänden dieser Ressourcen.

Artikel 2

(1) Alle Gelder und wirtschaftlichen Ressourcen, die einer vom Sanktionsausschuss benannten und in Anhang I aufgeführten natürlichen oder juristischen Person, Gruppe oder Organisation gehören oder in deren Eigentum stehen oder von ihr verwahrt werden, werden eingefroren.

(2) Den vom Sanktionsausschuss benannten und in Anhang I aufgeführten natürlichen oder juristischen Personen, Gruppen oder Organisationen dürfen Gelder weder direkt noch indirekt zur Verfügung gestellt werden oder zugute kommen.

(3) Den vom Sanktionsausschuss benannten und in Anhang I aufgeführten natürlichen oder juristischen Personen, Gruppen oder Organisationen dürfen weder direkt noch indirekt wirtschaftliche Ressourcen zur Verfügung gestellt werden oder zugute kommen, wodurch diese Personen, Gruppen oder Organisationen Gelder, Waren oder Dienstleistungen erwerben könnten.

1 ABl. L67 vom 9.3.2001, S. 1.

Artikel 3

Unbeschadet der Befugnisse der Mitgliedstaaten zur Ausübung ihrer Hoheitsgewalt ist die Lieferung, der Verkauf und die Weitergabe, auf unmittelbarem oder mittelbarem Weg, von technischer Beratung, Hilfe oder Ausbildung im Zusammenhang mit militärischen Tätigkeiten, insbesondere Ausbildung und Hilfe im Zusammenhang mit der Herstellung und Instandhaltung und Verwendung von Waffen und anderem damit verbundenem Material jeder Art an alle vom Sanktionsausschuss benannten und in Anhang I aufgeführten natürlichen und juristischen Personen, Gruppen und Organisationen verboten.

Artikel 4

(1) Die wissentliche und beabsichtigte Beteiligung an Tätigkeiten, deren Ziel oder Folge direkt oder indirekt die Umgehung des Artikels 2 oder die Förderung der in Artikel 3 genannten Transaktionen ist, ist untersagt.

(2) Informationen darüber, dass die Bestimmungen dieser Verordnung umgangen werden oder wurden, sind den zuständigen Behörden der Mitgliedstaaten und – direkt oder über diese zuständigen Behörden – der Kommission zu übermitteln.

Artikel 5

(1) Unbeschadet der für die Berichterstattung, die Vertraulichkeit und das Berufsgeheimnis geltenden Bestimmungen und des Artikels 284 des Vertrags sind natürliche und juristische Personen, Organisationen und Einrichtungen verpflichtet,

a) den in Anhang II aufgeführten zuständigen Behörden der Mitgliedstaaten, in denen sie ihren Sitz oder eine Niederlassung haben, sowie – direkt oder über diese zuständigen Behörden – der Kommission unverzüglich alle Informationen zu übermitteln, die die Einhaltung dieser Verordnung erleichtern würden, z. B. über gemäß Artikel 2 eingefrorene Konten und Guthaben.

   Insbesondere sind die verfügbaren Informatioen im Zusammenhang mit Geldern, anderen finanziellen Vermögenswerten und wirtschaftlichen Ressourcen, die während der sechs Monate vor Inkrafttreten dieser Verordnung im Eigentum oder unter der Kontrolle einer der vom Sanktionsausschuss benannten und in Anhang I genannten Person standen, zu übermitteln;

b) mit den in Anhang II aufgeführten zuständigen Behörden bei der Überprüfung dieser Informationen zusammenzuarbeiten.

(2) Die entsprechend diesem Artikel übermittelten oder erhaltenen Informationen dürfen nur für die Zwecke verwendet werden, für die sie übermittelt oder entgegengenommen wurden.

(3) Zusätzliche Informationen, die der Kommission direkt zugehen, werden den zuständigen Behörden der betroffenen Mitgliedstaaten zugänglich gemacht.

Artikel 6

Weder die natürlichen oder juristischen Personen, Gruppen oder Organisationen, die Gelder, andere finanzielle Vermögenswerte und wirtschaftliche Ressourcen in dem Glauben einfrieren, dass derartige Handlungen mit dieser Verordnung im Einklang stehen, noch deren Direktoren oder Beschäftigte können auf irgendeine Weise hierfür haftbar gemacht werden, sofern das Einfrieren nicht erwiesenermaßen auf Nachlässigkeit zurückzuführen ist.

Artikel 7

(1) Die Kommission wird ermächtigt,

- Anhang I auf der Grundlage der Entscheidungen des Sicherheitsrates der Vereinten Nationen oder des Sanktionsausschusses zu ändern oder zu ergänzen, und
- Anhang II auf der Grundlage der von den Mitgliedstaaten übermittelten Informationen zu ändern.

(2) Unbeschadet der Rechte und Pflichten der Mitgliedstaaten nach der Charta der Vereinten Nationen wird die Kommission ermächtigt, die für die wirksame Durchführung dieser Verordnung erforderlichen Kontakte zum Sanktionsausschuss zu unterhalten.

Artikel 8

Die Kommission und die Mitgliedstaaten unterrichten einander unverzüglich über die im Rahmen dieser Verordnung ergriffenen Maßnahmen und tauschen die ihnen im Zusammenhang mit dieser Verordnung vorliegenden sachdienlichen Informationen, insbesondere gemäß Artikel 5 eingegangene Informationen und Informationen über Verstöße gegen diese Verordnung, Probleme bei ihrer Durchsetzung und Urteile nationaler Gerichte, aus.

Artikel 9

Diese Verordnung gilt ungeachtet etwaiger Rechte und Pflichten, die sich aus vor ihrem Inkrafttreten unterzeichneten internationalen Übereinkünften, geschlossenen Verträgen oder erteilten Lizenzen oder Genehmigungen ergeben.

Artikel 10

(1) Jeder Mitgliedstaat legt die Sanktionen fest, die bei Verstößen gegen die Bestimmungen dieser Verordnung zu verhängen sind. Diese Sanktionen müssen wirksam, verhältnismäßig und abschreckend sein.

(2) Bis zur Annahme gegebenenfalls erforderlicher Rechtsvorschriften werden im Falle von Verstößen gegen diese Verordnung Sanktionen verhängt, wie sie von den Mitgliedstaaten im Einklang mit Artikel 13 der Verordnung (EG) Nr. 467/2001 festgelegt wurden.

(3) Jeder Mitgliedstaat ist dafür verantwortlich, gegen alle natürlichen oder juristischen Personen, Gruppen oder Organisationen vorzugehen, die seiner Rechtshoheit unterliegen und die gegen die in dieser Verordnung erlassenen Verbote verstoßen haben.

Artikel 11

Diese Verordnung gilt

- im Gebiet der Gemeinschaft, einschließlich ihres Luftraums,
- an Bord jedes Luft- und Wasserfahrzeugs, das der Rechtshoheit eines Mitgliedstaats unterliegt,
- für jede anderswo befindliche Person, die die Staatsangehörigkeit eines Mitgliedstaats besitzt, sowie

- für jede nach dem Recht eines Mitgliedstaats gegründete juristische Person, Gruppe oder Organisation und
- für jede juristische Person, Gruppe oder Organisation, die in der Gemeinschaft tätig ist.

Artikel 12

Die Verordnung (EG) Nr. 467/2001 wird aufgehoben.

Artikel 13

Diese Verordnung tritt am Tag nach ihrer Veröffentlichung im Amtsblatt der Europäischen Gemeinschaften in Kraft.

Diese Verordnung ist in allen ihren Teilen verbindlich und gilt unmittelbar in jedem Mitgliedstaat.

Geschehen zu Brüssel am 27. Mai 2002.

Im Namen des Rates
Der Präsident
M. ARIAS CAÑETE

Anhang I

Liste der Personen, Gruppen und Organisationen nach Artikel 2

Juristische Personen, Gruppen und Organisationen

Aaran Money Wire Service, Inc., 1806, Riverside Avenue, zweiter Stock, Minneapolis, Minnesota, USA.

Abu Sayyaf Gruppe (auch bekannt als Al Harakat Al Islamiyya).

Afghan Support Committee (ASC), auch bekannt als Lajnat Ul Masa Eidatul Afghania, Jamiat Ayat-Ur-Rhas Al Islamia, Jamiat Ihya Ul Turath Al Islamia und Ahya Ul Turas; Büros: Hauptsitz – G. T. Road (wahrscheinlich Grand Trunk Road), nahe Pushtoon Garhi Pabbi, Peshawar, Pakistan; Cheprahar Hadda, Mia Omar Sabaqah School, Jalabad, Afghanistan.

Al Baraka Exchange L. L. C., PO Box 3313, Deira, Dubai, Vereinigte Arabische Emirate; PO Box 20 066, Dubai, Vereinigte Arabische Emirate.

Al Qaida/Islamic Army (auch bekannt als „The Base", Al Qaeda, Islamic Salvation Foundation, The Group for the Preservation of the Holy Sites, The Islamic Army for the Liberation of Holy Places, The World Islamic Front for Jihad Against Jews and Crusaders, Osama bin Laden-Netzwerk, Osama bin Laden-Organisation).

Al Rashid Trust (auch bekannt als Al-Rasheed Trust):

- Kitas Ghar, Nazimabad 4, Dahgel-Iftah, Karachi, Pakistan;
- Jamia Maajid, Sulalman Park, Melgium Pura, Lahore, Pakistan;
- Büro Dha'rbi M'unin, gegenüber der Khyber Bank, Abbottabad Road, Mansehra, Pakistan;
- Büro Dhar'bi M'unin ZR Brothers, Katcherry Road, Chowk Yadgaar, Peshawar, Pakistan;
- Büro Dha'rbi-M'unin, Büro Nr. 3 Moti Plaza, nahe Liaquat Bagh, Muree Road, Rawalpindi, Pakistan;
- Büro Dha'rbi-M'unin, oberster Stock, Dr. Dawa Khan, Chirurg einer Zahnklinik, Main Baxae, Mingora, Swat, Pakistan;
- Operationen in Afghanistan: Herat, Jalalabad, Kabul, Kandahar, Mazar Sherif;
- Weitere Operationen in Kosovo, Tschetschenien.

Al Taqwa Trade, Property and Industry Company Limited (früher bekannt als Al Taqwa Trade, Property and Industry) (früher bekannt als Al Taqwa Trade, Property and Industry Establishment) (früher bekannt als Himmat Establishment), c/o Asat Trust Reg., Altenbach 8, FL-9490 Vaduz, Liechtenstein.

Al-Barakaat Bank, Mogadischu, Somalia.

Al-Barakaat Wiring Service, 2940, Pillsbury Avenue, Suite 4, Minneapolis, Minnesota 55408, USA.

Al-Barakaat, Mogadischu, Somalia; Dubai, Vereinigte Arabische Emirate.

Al-Barakat Bank of Somalia (BSS) (auch bekannt als Barakat Bank of Somalia), Mogadischu, Somalia; Bossasso, Somalia.

Al-Barakat Finance Group, Dubai, Vereinigte Arabische Emirate; Mogadischu, Somalia.

Al-Barakat Financial Holding Co., Dubai, Vereinigte Arabische Emirate; Mogadischu, Somalia.

Al-Barakat Global Telecommunications (auch bekannt als Barakaat Globetelcompany), PO Box 3313, Dubai, Vereinigte Arabische Emirate; Mogadischu, Somalia; Hargeysa, Somalia.

Al-Barakat Group of Companies Somalia Limited (auch bekannt als Al-Barakat Financial Company), PO Box 3313, Dubai, Vereinigte Arabische Emirate; Mogadischu, Somalia.

Al-Barakat International (auch bekannt als Baraco Co.), PO Box 2923, Dubai, Vereinigte Arabische Emirate.

Al-Barakat Investments, PO Box 3313, Deira, Dubai, Vereinigte Arabische Emirate.

Al-Hamati Sweets Bakeries, Al-Mukallah, Hadhramawt Governorate, Jemen.

Al-Itihaad Al-Islamiya (AIAI).

Al-Jihad/Egyptian Islamic Jihad (auch bekannt als Egyptian Al-Jihad, Egyptian Islamic Jihad, Jihad Group, New Jihad).

Al-Nur Honey Press Shops (auch bekannt als Al-Nur Honey Center), Sanaa, Jemen.

Al-Shifa Honey Press For Industry And Commerce, PO Box 8089, Al-Hasabah, Sanaa, Jemen; beim Schrein neben der Tankstelle, Jamal Street, Taiz, Jemen; Al-Arudh Square, Khur Maksa, Aden, Jemen; Al-Nasr Street, Doha, Katar.

Armed Islamic Group (GIA) (auch bekannt als Al Jamm'ah Al Islamiah Al-Musallah, GIA, Groupement Islamique Armé).

Asat Trust Reg., Altenbach 8, FL-9490 Vaduz, Liechtenstein.

Asbat al-Ansar.

Bank Al Taqwa Limited (auch bekannt als Al Taqwa Bank) (auch bekannt als Bank Al Taqwa), PO Box N-4877, Nassau, Bahamas; c/o Arthur D. Hanna & Company 10, Deveaux Street, Nassau, Bahamas.

Baraka Trading Company, PO Box 3313, Dubai, Vereinigte Arabische Emirate.

Barakaat Boston, 266, Neponset Avenue, Apt. 43, Dorchester, Massachusetts 0 21 22–32– 24, USA.

Barakaat Construction Company, PO Box 3313, Dubai, Vereinigte Arabische Emirate.

Barakaat Group of Companies, PO Box 3313, Dubai, Vereinigte Arabische Emirate; Mogadischu, Somalia.

Barakaat International Foundation, Box 4036, Spanga, Stockholm, Schweden; Rinkebytorget 1, 04, Spanga, Schweden.

Barakaat International, Hallbybacken 15, 70 Spanga, Schweden.

Barakaat International, Inc., 1929, South 5th Street, Suite 205, Minneapolis, Minnesota, USA.

Barakaat North America, Inc., 925, Washington Street, Dorchester, Massachusetts, USA; 2019, Bank Street, Ottawa, Ontario, Kanada.

Barakaat Red Sea Telecommunications, Bossaso, Somalia; Nakhiil, Somalia; Huruuse, Somalia; Raxmo, Somalia; Ticis, Somalia; Kowthar, Somalia; Noobir, Somalia; Bubaarag, Somalia; Gufure, Somalia; Xuuxuule, Somalia; Ala Aamin, Somalia; Guureeye, Somalia; Najax, Somalia; Carafaat, Somalia.

Barakaat Telecommunications Co. Somalia, Ltd. PO Box 3313, Dubai, Vereinigte Arabische Emirate.

Barakaat Wire Transfer Company, 4419, South Brandon Street, Seattle, Washington, USA.

Barakat Banks and Remittances, Mogadischu, Somalia; Dubai, Vereinigte Arabische Emirate.

Barakat Computer Consulting (BCC), Mogadischu, Somalia.

Barakat Consulting Group (BCG), Mogadischu, Somalia.

Barakat Enterprise, 1762, Huy Road, Columbus, Ohio, USA.

Barakat Global Telephone Company, Mogadischu, Somalia; Dubai, Vereinigte Arabische Emirate.

Barakat International Companies (BICO), Mogadischu, Somalia; Dubai, Vereinigte Arabische Emirate.

Barakat Post Express (BPE), Mogadischu, Somalia.

Barakat Refreshment Company, Mogadischu, Somalia; Dubai, Vereinigte Arabische Emirate.

Barakat Telecommunications Company Limited (auch bekannt als BTELCO), Bakara Market, Dar Salaam Buildings, Mogadischu, Somalia; Kievitlaan 16, 't Veld, Noord-Holland, Niederlande.

Barako Trading Company, L. L. C., PO Box 3313, Dubai, Vereinigte Arabische Emirate.

De Afghanistan Momtaz Bank.

Global Service International, 1929 5th Street, Suite 204, Minneapolis, Minnesota, USA.

Harakat Ul-Mujahidin/HUM (auch bekannt als Al-Faran, Al-Hadid, Al-Hadith, Harakat Ul-Ansar, HUA, Harakat Ul-Mujahideen).

Heyatul Ulya, Mogadischu, Somalia.

Islamic Army of Aden.

Islamic Movement of Uzbekistan (IMU) (auch bekannt als IMU).

Jaish-I-Momhammed (auch bekannt als ARMY OF MOHAMMED), Pakistan.

Jamyah Taawun Al-Islamia (auch bekannt als SOCIETY OF ISLAMIC COOPERATION; auch bekannt als JAMIYAT AL TAAWUN AL ISLAMIYYA; auch bekannt als JIT), Kandahar Stadt, Afghanistan.

Libyan Islamic Fighting Group.

Mamoun Darkazanli Import-Export Company (auch bekannt als Darkazanli Company, Darkazanli Export-Import Sonderposten). Uhlenhorster Weg 34, 22085 Hamburg, Deutschland.

Nada Management Organisation S. A. (früher bekannt als Al Taqwa Management Organisation S. A.), Viale Stefano Franscini 22, CH-6900 Lugano (TI), Schweiz.

Parka Trading Company, PO Box 3313, Deira, Dubai, Vereinigte Arabische Emirate.

RABITA TRUST, Büro 9A, zweiter Stock, Wahdat Road, Education Town, Lahore, Pakistan; Wares Colony, Lahore, Pakistan.

Red Sea Barakat Company Limited, Mogadischu, Somalia; Dubai, Vereinigte Arabische Emirate.

Revival Of Islamic Heritage Society (RIHS), auch bekannt als Jamiat Ihia Al-Turath Al-Islamiya, Revival of Islamic Society Heritage On The African Continent, Jamia Ihya Ul Turath; Büros: Pakistan und Afghanistan. Anmerkung: nur die Büros dieser Organisation in Pakistan und Afghanistan werden benannt.

Salafist group for Call and Combat (GSPC) (auch bekannt als Le Groupe Salafiste pour la Prédiction et le Combat).

Somali International Relief Organization, 1806, Riverside Avenue, zweiter Stock, Minneapolis, Minnesota, USA.

Somali Internet Company, Mogadischu, Somalia.

Somali Network AB, Hallybybacken 15, 70 Spanga, Schweden.

Wafa Humanitarian Organisation (auch bekannt als Al Wafa, Al Wafa Organisation, Wafa Al-Igatha Al-Islamia) Jordan house No 125, Street 54, Phase II. Hayatabad, Peshawar, Pakistan. Büros in Saudi-Arabien, Kuwait und den Vereinigten Arabischen Emiraten.

Youssef M. Nada & Co. Gesellschaft m. b. H., Kaerntner Ring 2/2/5/22, A-1010 Wien, Österreich.

Youssef M. Nada, Via Riasc 4, CH-6911 Campione d'Italia I, Schweiz.

Natürliche Personen

(die in Klammern genannten Funktionen entsprechen denen unter dem ehemaligen Taliban-Regime in Afghanistan)

Aazem, Abdul Haiy, Maulavi (Erster Sekretär, Taliban-„Generalkonsulat", Quetta)

Abd al-Hadi al-Iraqi (auch bekannt als Abu Abdallah, Abdal Al-Hadi Al-Iraqi)

Abdul Rahman Yasin (auch bekannt als TAHA, Abdul Rahman S.; auch bekannt als TAHER, Abdul Rahman S.; auch bekannt als YASIN, Abdul Rahman Said; auch bekannt als YASIN, Aboud); geboren am 10. 4. 1960, Bloomington, Indiana, USA; Sozialversicherungsnummer 156–92–9858 (USA); Pass Nr. 27 082 171 (USA) (ausgestellt am 21. 6. 1992 in Amman, Jordanien) oder Pass Nr. M0 887 925 (Irak); Staatsangehöriger der USA

Abdullah Ahmed Abdullah (auch bekannt als ABU MARIAM; auch bekannt als AL-MASRI, Abu Mohamed; auch bekannt als SALEH), Afghanistan; geboren 1963, Ägypten; ägyptischer Staatsangehöriger

Abdullkadir, Hussein Mahamud, Florenz, Italien

Abu Hafs the Mauritanian (auch bekannt als Mahfouz Ould al-Walid, Khalid Al-Shanqiti, Mafouz Walad Al-Walid, Mahamedou Ouid Slahi). Geboren 1. 1. 1975

Abu Zubaydah (auch bekannt als Abu Zubaida, Abd Al-Hadi Al Wahab, Zain Al-Abidin Muhahhad Husain, Zayn Al-Abidin Muhammad Husain, Tariq). Geboren am 12. 3. 1971, Riad, Saudi-Arabien

Aden, Adirisak, Skaftingebakken 8, 16367 Spanga, Schweden, Geburtsdatum 1. Juni 1968

Agha, Abdul Rahman (Oberster Richter des Militärgerichts)

Agha, Haji Abdul Manan (auch bekannt als Saiyid; Abd Al-Manam), Pakistan Agha, Saed M. Azim, Maulavi (Abteilung für Pass- und Visa-Angelegenheiten)

Agha, Sayyed Ghiassouddine, Maulavi (Minister für Pilger und religiöse Angelegenheiten)

Ahmadi, Haji M., Mullah (Präsident der Da Afghanistan Bank)

Ahmadulla, Qari (Minister für Sicherheit (Intelligence))

Ahmed Khalfan Ghailani (auch bekannt als AHMED THE TANZANIAN; auch bekannt als FOOPIE; auch bekannt als FUPI; auch bekannt als AHMAD, Abu Bakr; auch bekannt als AHMED, A; auch bekannt als AHMED, Abubakar; auch bekannt als AHMED, Abubakar K.; auch bekannt als AHMED, Abubakar Khalfan; auch bekannt als AHMED, Abubakary K.; auch bekannt als AHMED, Ahmed Khalfan; auch bekannt als AL TANZANI, Ahmad; auch bekannt als ALI, Ahmed Khalfan; auch bekannt als BAKR, Abu; auch bekannt als GHAILANI, Abubakary Khalfan Ahmed; auch bekannt als GHAILANI, Ahmed; auch bekannt als GHILANI, Ahmad Khalafan; auch bekannt als HUSSEIN, Mahafudh Abubakar Ahmed Abdallah; auch bekannt als KHABAR, Abu; auch bekannt als KHALFAN, Ahmed; auch bekannt als MOHAMMED, Shariff Omar); geboren am 14. 3. 1974 oder 13. 4. 1974 oder 14. 4. 1974 oder 1. 8. 1970, Sansibar, Tansania; Staatsangehöriger Tansanias

Ahmed Mohammed Hamed Ali (auch bekannt als ABDUREHMAN, Ahmed Mohammed; auch bekannt als ABU FATIMA; auch bekannt als ABU ISLAM; auch bekannt als ABU KHADIIJAH; auch bekannt als AHMED HAMED; auch bekannt als Ahmed The Egyptian; auch bekannt als AHMED, Ahmed; auch bekannt als AL-MASRI, Ahmad; auch bekannt als AL-SURIR, Abu Islam; auch bekannt als ALI, Mohammed; auch bekannt als ALI, Hamed; auch bekannt als HEMED, Ahmed; auch bekannt als SHIEB, Ahmed; auch bekannt als SHUAIB), Afghanistan; geboren 1965, Ägypten, ägyptischer Staatsangehöriger

Akhund, Ahmed Jan Mullah (Minister für Wasser und Elektrizität)

Akhund, Alhaj Mohammad Essa, Mullah (Minister für Bergbau und Industrie)

Akhund, Attiqullah, Maulavi (Stellvertretender Minister für Landwirtschaft)

Akhund, Dadullah, Maulavi (Minister für Bauwesen)

Akhund, Hadji Ubaidullah, Mullah (Minister für Verteidigung)

Akhund, Mohammad Abbas, Mullah (Minister für Volksgesundheit)

Akhundzada, Mohammad Sediq (Stellvertretender Minister für Märtyrer und Repatriierung)

Al-Hamati, Muhammad (auch bekannt als AL-AHDAL, Mohammad Hamdi Sadiq; auch bekannt als AL-MAKKI, Abu Asim), Jemen

Al-Haq, Amin (auch bekannt als AMIN, Muhammad); auch bekannt als AH HAQ, Dr. Amin; auch bekannt als UL-HAQ, Dr. Amin); geboren 1960, Provinz Nangahar, Afghanistan

Ali, Abbas Abdi, Mogadischu, Somalia

Ali, Abdi Abdulaziz, Drabantvagen 21, 17 750 Spanga, Schweden, geboren am 1. Januar 1955

Ali, Yusaf Ahmed, Hallbybybacken 15, 70 Spanga, Schweden, geboren am 20. November 1974

Al-Jadawi, Saqar. Geboren ca. 1965. Vermutlich jemenitischer und saudischer Staatsangehöriger. Berater von Osama bin Laden

Al-Jaziri, Abu Bakr; Staatsangehörigkeit: Algerisch, Anschrift: Peshawar, Pakistan – verbunden mit dem Afghan Support Committee

Al-Kadr, Ahmad Said (auch bekannt als Abu Abd Al-Rahman, Al-Kanadi). Geboren am 1. 3. 1948, Kairo, Ägypten. Vermutlich ägyptischer und kanadischer Staatsangehöriger

Allamuddin, Syed (Zweiter Sekretär, Taliban „Generalkonsulat", Peshawar)

Al-Libi Abd Al Mushin, auch bekannt als Ibrahim Ali Muhammad Abu Bakr – verbunden mit dem Afghan Support Committee und der Revival Of Islamic Heritage Society

Al-Qadi, Yasin (auch bekannt als Kadi, Shaykh Yassin Abdullah; auch bekannt als Kahdi, Yasin), Jeddah, Saudi-Arabien

Al-Sharif, Sa'd. geboren ca. 1969, Saudi-Arabien. Schwager und enger Verbündeter von Osama bin Laden. Angeblich Leiter der Finanzorganisation von Osama bin Laden

Amin, Aminullah, Maulavi (Gouverneur der Provinz Saripul)

Aminzai, Shams-us-Safa (Pressezentrum, Außenministerium)

Anafi, Nazirullah, Maulavi (Handelsattaché, Taliban-„Botschaft", Islamabad)

Anas al-Liby (auch bekannt als AL-LIBI, Anas; auch bekannt als AL-RAGHIE, Nazih; auch bekannt als ALRAGHIE, Nazih Abdul Hamed; auch bekannt als AL-SABAI, Anas), Afghanistan; geboren am 30. 3. 1964 oder 14. 5. 1964, Tripolis, Libyen; Staatsangehöriger Libyens (Einzelperson)

Anwari, Mohammad Tahre, Mullah (Verwaltungsangelegenheiten)

Aref, Arefullah, Mullah (Stellvertretender Finanzminister)

Asem, Esmatullah, Maulavi, Generalsekretär der Afghan Red Crescent Society (ARCS)

Asem, Sayed Esmatullah, Maulavi (Stellvertretender Minister für die Prävention von Lastern und Propagierung von Tugend)

Atiqullah, Hadji Molla (Stellvertretender Minister für öffentliche Arbeiten)

Aweys, Dahir Ubeidullahi, Via Cipriano Facchinetti 84, Rom, Italien

Aweys, Hassan Dahir (auch bekannt als Ali, Sheikh Hassan Dahir Aweys) (auch bekannt als Awes, Shaykh Hassan Dahir), Geburtsdatum 1935, Staatsangehöriger Somalias

Ayman Al-Zawahari (auch bekannt als Ahmed Fuad Salim, Aiman Muhammad Rabi Al-Zawahiri), Operationeller und militärischer Führer der Jihad-Gruppe. Geboren am 19. 6. 1951, Gizeh, Ägypten. Pass Nr. 1084010 (Ägypten); alternative Nr. 19820215

Azizirahman (Dritter Sekretär, Botschaft der Taliban, Abu Dhabi)

Baqi, Abdul, Maulavi (Konsularabteilung, Außenministerium)

Baqi, Abdul, Mullah (Stellvertretender Minister für Information und Kultur)

Baradar, Mullah (Stellvertretender Minister für Verteidigung)

Bari, Abdul, Maulavi (Gouverneur der Provinz Helmand)

Bin Marwan, Bilal; geboren 1947

Bin Muhammad, Ayadi Chafiq (auch bekannt als AYADI SHAFIQ, Ben Muhammad; auch bekannt als AYADI CHAFIK, Ben Muhammad; auch bekannt als AIADI, Ben Muhammad;

auch bekannt als AIADY, Ben Muhammad), Helene Meyer Ring 10–1415–80809, München, Deutschland; 129 Park Road, London NW8, England; 28 Chaussee De Lille, Mouscron, Belgien; Darvingasse 1/2/58–60, Wien, Österreich; Tunesien; geboren am 21. 1. 1963, Safais (Sfax), Tunesien

Darkazanli, Mamoun, Uhlenhorster Weg 34, 22085 Hamburg, Deutschland; geboren am 4. 8. 1958, Aleppo, Syrien; Pass Nr. 1 310 636 262 (Deutschland)

Daud, Mohammad (Verwaltungsattaché, Taliban-„Botschaft", Islamabad)

Delawar, Shahabuddin, Maulavi (Stellvertreter, Oberstes Gericht)

Ehsanullah, Maulavi (Stellvertretender Minister für Sicherheit (Intelligence))

Elmi, Mohammad Azam, Maulavi (Stellvertretender Minister für Bergbau und Industrie)

Eshaq M. (Gouverneur der Provinz Laghman)

Ezatullah, Maulavi (Stellvertretender Minister für Planung)

Fahid Mohammed Ally Msalam (auch bekannt als AL-KINI, Usama; auch bekannt als ALLY, Fahid Mohammed; auch bekannt als MSALAM, Fahad Ally; auch bekannt als MSALAM, Fahid Mohammed Ali; auch bekannt als MSALAM, Mohammed Ally, auch bekannt als MUSALAAM, Fahid Mohammed Ali; auch bekannt als SALEM, Fahid Muhamad Ali); geboren am 19. 2. 1976, Mombasa, Kenia; Staatsangehöriger Kenias

Faiz, Maulavi (Informationsabteilung, Außenministerium)

Faizan, Faiz Mohammad, Maulavi (Stellvertretender Minister für Handel)

Fauzi, Habibullah (Erster Sekretär, Stellvertretender Missionschef, Taliban-„Botschaft", Islamabad)

Fazul Abdullah Mohammed (auch bekannt als ABDALLA, Fazul; auch bekannt als ADBALLAH, Fazul; auch bekannt als AISHA, Abu; auch bekannt als AL SUDANI, Abu Seif; auch bekannt als ALI, Fadel Abdallah Mohammed; auch bekannt als FAZUL, Abdalla; auch bekannt als FAZUL, Abdallah; auch bekannt als FAZUL, Abdallah

Anhang II

Verzeichnis der zuständigen Behörden nach Artikel 5

BELGIEN

Ministère des finances
Trésorerie
Avenue des Arts 30
B-1040 Bruxelles
Fax (32-2) 233 75 18

Ministère des affaires économiques
Administration des relations économiques
Service Licences
60, rue Général Léman
B-1040 Bruxelles
Fax (32-2) 230 83 22
Tel. (32-2) 206 58 11

DÄNEMARK

Erhvervs-og Boligstyrelsen
Dahlerups Pakhus
Langelinie Alle 17
DK-2100 København Ø
Tel. (45) 35 46 60 00
Fax (45) 35 46 60 01

DEUTSCHLAND

Deutsche Bundesbank
Postfach 10 06 02
D-60006 Frankfurt/Main
Tel. (49-69) 95 66-01
Fax (49-69) 5 60 10 71

GRIECHENLAND

Ministry of National Economy
General Directorate of Economic Policy

5–7 Nikis Street
GR-101 80 Athens

Tel. (30-10) 333 27 81-2
Fax (30-10) 333 28 10, 3 33 27 93

SPANIEN

Dirección General de Comercio Inversiones
Subdirección General de Inversiones Exteriores
Ministerio de Economía
Paseo de la Castellana, 162

E-28046 Madrid
Tel. (34) 913 49 39 83
Fax (34) 913 49 35 62

Dirección General del Tesoro y Política Financiera
Subdirección General de Inspección y Control de Movimientos de Capitales
Ministerio de Economía
Paseo del Prado, 6
E-28014 Madrid
Tel. (34) 912 09 95 11
Fax (34) 912 09 96 56

FRANKREICH

Ministère de l'économie, des finances et de l'industrie
Direction du Trésor
Service des affaires européennes et internationales
Sous-direction E
139, rue du Bercy
F-75572 Paris Cedex 12
Tel. (33-1) 44 87 17 17
Fax (33-1) 53 18 36 15

IRLAND

Central Bank of Ireland
Financial Markets Department
PO Box 559
Dame Street
Dublin 2
Ireland
Tel. (353-1) 671 66 66

Department of Foreign Affairs
Bilateral Economic Relations Division
76–78 Harcourt Street
Dublin 2
Ireland
Tel. (353-1) 408 24 92

ITALIEN

Ministero dell'Economia e delle Finanze
Comitato di sicurezza finanziaria
Via XX Settembre 97
I-00187 Roma
E-Mail: csf@tesoro.it
Tel. (39 06) 4 761 39 21
Fax (39 06) 4 761 39 32

LUXEMBURG

Ministère des affaires étrangères, du commerce extérieur,
de la coopération, de l'action humanitaire et de la défense
Direction des relations économiques internationales
BP 1602
L-1016 Luxembourg
Tel. (352) 478-1 ou 478-23 50
Fax (352) 22 20 48

Ministère des finances
3, rue de la Congrégation
L-1352 Luxembourg
Tel. (352) 478-27 12
Fax (352) 47 52 41

NIEDERLANDE

Ministerie van Financiën
Directie Wetgeving, Juridische en Bestuurlijke Zaken
Postbus 20 201
2500 EE Den Haag
Nederland
Tel. (31-70) 342 82 27
Fax (31-70) 342 79 05

ÖSTERREICH

Österreichische Nationalbank
Otto-Wagner-Platz 3
A-1090 Wien
Tel. (43-1) 404 20-0
Fax (43-1) 404 20-73 99

Bundesministerium für Inneres – Bundeskriminalamt
Josef-Holaubek-Platz 1
A-1090 Wien
Tel. (43-1) 313 45-0
Fax (43-1) 313 45-852 90

PORTUGAL

Ministério das Finanças
Direcção Geral dos Assuntos Europeus Relações Internacionais
Avenida Infante D. Henrique, n.o 1, C 2.o
P-1100 Lisboa
Tel. (351-1) 882 32 40/47
Fax (351-1) 882 32 49

Ministério dos Negócios Estrangeiros
Direcção Geral dos Assuntos Multilaterias/Direcção dos Serviços
das Organizações Políticas Internacionais

Largo do Rilvas
P-1350-179 Lisboa
Tel. (351-21) 394 60 72
Fax (351-21) 394 60 73

FINNLAND

Ulkoasiainministeriö/Utrikesministeriet
PL 176
FIN-00161 Helsinki
Tel. (358-9) 16 05 59 00
Fax (358-9) 16 05 57 07

SCHWEDEN

In Bezug auf Artikel 4:

Rikspolisstyrelsen (RPS)
Box 12256
SE-10226 Stockholm
Tel. (46-8) 401 90 00
Fax (46-8) 401 99 00

In Bezug auf Artikel 5:

Finansinspektionen
Box 7831
SE-10398 Stockholm
Tel. (46-8) 787 80 00
Fax (46-8) 24 13 35

VEREINIGTES KÖNIGREICH

HM Treasury
International Financial Services Team
19 Allington Towers
London SW1E 5EB
United Kingdom
Tel. (44-207) 270 55 50
Fax (44-207) 270 43 65

Export Control and Non-Proliferation Directorate
Department of Trade and Industry
3–4 Abbey Orchard Street
London SW1P 2JJ
United Kingdom
Tel. (44-207) 215 05 10
Fax (44-207) 215 05 11

Bank of England
Financial Sanctions Unit
Threadneedle Street
London EC2R 8AH

United Kingdom
Tel. (44-207) 601 46 07
Fax (44-207) 601 43 09

EUROPÄISCHE GEMEINSCHAFT

Commission of the European Communities
Directorate-General for External Relations
Directorate CFSP
Unit A.2/Mr. A. de Vries
Rue de la Loi/Wetstraat 200
B-1049 Bruxelles/Brussel
Tel. (32-2) 295 68 80
Fax (32-2) 296 75 63
E-Mail: anthonius.de-vries@cec.eu.int

4. Verordnung (EG) Nr. 423/2007 des Rates vom 19. April 2007 über restriktive Maßnahmen gegen Iran

DER RAT DER EUROPÄISCHEN UNION –

gestützt auf den Vertrag zur Gründung der Europäischen Gemeinschaft, insbesondere auf die Artikel 60 und 301,

gestützt auf den Gemeinsamen Standpunkt 2007/140/GASP des Rates vom 27. Februar 2007 zu restriktiven Maßnahmen gegen Iran ([1]),

auf Vorschlag der Kommission,

in Erwägung nachstehender Gründe:

(1) Am 23. Dezember 2006 hat der Sicherheitsrat der Vereinten Nationen die Resolution 1737(2006) („UNSCR 1737(2006)") verabschiedet, mit der er beschloss, dass Iran ohne weitere Verzögerungen alle Tätigkeiten im Zusammenhang mit Anreicherung und Wiederaufbereitung und alle Arbeiten an Projekten im Zusammenhang mit schwerem Wasser auszusetzen und bestimmte vom Gouverneursrat der Internationalen Atomenergieorganisation (IAEO) verlangte Schritte zu unternehmen hat, die der Sicherheitsrat der Vereinten Nationen für die Bildung von Vertrauen in den ausschließlich friedlichen Zweck des Nuklearprogramms Irans als unerlässlich ansieht. Um Iran davon zu überzeugen, diesem zwingenden Beschluss Folge zu leisten, beschloss der Sicherheitsrat der Vereinten Nationen, dass alle Mitglieder der Vereinten Nationen eine Reihe restriktiver Maßnahmen treffen.

(2) Im Einklang mit der UNSCR 1737(2006) sind im Gemeinsamen Standpunkt 2007/140/GASP bestimmte restriktive Maßnahmen gegen Iran vorgesehen. Zu diesen Maßnahmen gehören Ausfuhr- und Einfuhrbeschränkungen für Güter und Technologien, die für die Tätigkeiten Irans im Zusammenhang mit Anreicherung, Wiederaufbereitung oder schwerem Wasser oder für die Entwicklung von Trägersystemen für Kernwaffen durch Iran verwendet werden könnten, ein Verbot der Erbringung damit zusammenhängender Dienstleistungen, ein Verbot von Investitionen im Zusammenhang mit diesen Gütern und Technologien, ein Verbot der Beschaffung einschlägiger Güter und Technologien aus Iran sowie das Einfrieren der Gelder und wirtschaftlichen Ressourcen der Personen, Organisationen und Einrichtungen, die an diesen Tätigkeiten oder dieser Entwicklung beteiligt sind, direkt damit in Verbindung stehen oder Unterstützung dafür bereitstellen.

(3) Diese Maßnahmen fallen in den Geltungsbereich des Vertrages zur Gründung der Europäischen Gemeinschaft, und daher bedarf es – insbesondere zur Gewährleistung ihrer einheitlichen Anwendung durch die Wirtschaftsbeteiligten in allen Mitgliedstaaten – gemeinschaftsrechtlicher Vorschriften für ihre Durchführung, soweit die Gemeinschaft betroffen ist.

(4) Diese Verordnung enthält eine Ausnahmeregelung zu den allgemeinen Vorschriften des bestehenden Gemeinschaftsrechts über Ausfuhren nach Drittländern und Einfuhren aus Drittländern, insbesondere zu der Verordnung (EG) Nr. 1334/2000 des Rates vom 22. Juni 2000 über eine Gemeinschaftsregelung für die Kontrolle der Ausfuhr von Gütern

1 ABl. L 61 vom 28.2.2007, S. 49.

und Technologien mit doppeltem Verwendungszweck ([1]), soweit diese Verordnung die gleichen Güter und Technologien erfasst.

(5) Aus Gründen der Zweckmäßigkeit sollte die Kommission ermächtigt werden, die Liste der verbotenen Güter und Technologien und die Änderungen zu dieser Liste, die der Sanktionsausschuss oder der Sicherheitsrat der Vereinten Nationen verabschieden wird, zu veröffentlichen und die Listen der Personen, Organisationen und Einrichtungen, deren Gelder und wirtschaftliche Ressourcen eingefroren werden sollten, auf der Grundlage von Feststellungen des Sicherheitsrats der Vereinten Nationen oder des Sanktionsausschusses zu ändern.

(6) Was das Verfahren für die Erstellung und Änderung der Liste nach Artikel 7 Absatz 2 dieser Verordnung anbelangt, so sollte der Rat selbst die entsprechenden Durchführungsbefugnisse im Hinblick auf die Ziele der UNSCR 1737(2006) ausüben, insbesondere die Entwicklung sensibler Technologien durch Iran zur Unterstützung seines Nuklearprogramms und seines Flugkörperprogramms und die proliferationsrelevanten Tätigkeiten der Personen, Organisationen und Einrichtungen, die diese Programme unterstützen, zu beschränken.

(7) Die Mitgliedstaaten sollten die Sanktionen festlegen, die bei Verstößen gegen diese Verordnung anzuwenden sind. Die Sanktionen sollten verhältnismäßig, wirksam und abschreckend sein.

(8) Damit die Wirksamkeit der in dieser Verordnung vorgesehenen Maßnahmen gewährleistet ist, sollte diese Verordnung am Tag ihrer Veröffentlichung in Kraft treten –

HAT FOLGENDE VERORDNUNG ERLASSEN:

Artikel 1

Ausschließlich im Sinne dieser Verordnung bezeichnet der Ausdruck:

a) „Sanktionsausschuss" den Ausschuss des Sicherheitsrates der Vereinten Nationen, der mit Nummer 18 der UNSCR 1737(2006) eingesetzt wurde;

b) „technische Hilfe" jede technische Unterstützung im Zusammenhang mit Reparaturen, Entwicklung, Herstellung, Montage, Erprobung, Wartung oder jeder anderen technischen Dienstleistung; technische Hilfe kann in Form von Anleitung, Beratung, Ausbildung, Weitergabe von praktischen Kenntnissen oder Fertigkeiten oder in Form von Beratungsdiensten erfolgen und schließt auch Hilfe in verbaler Form ein;

c) „Güter" Artikel, Materialien und Ausrüstungen;

d) „Technologien" auch Software;

e) „Investition" den Erwerb oder die Erweiterung einer Beteiligung an einem Unternehmen, einschließlich des vollständigen Erwerbs von Unternehmen sowie des Erwerbs von Anteilen und Wertpapieren mit Beteiligungscharakter;

f) „Maklerdienstleistungen" Tätigkeiten von Personen, Einrichtungen und Partnerschaften, die als Vermittler beim Kauf, beim Verkauf oder bei der Organisation des Transfers von Gütern und Technologien tätig sind oder die Transaktionen aushandeln oder organisieren, die den Transfer von Gütern oder Technologien beinhalten;

---

1 ABl. L 159 vom 30.6.2000, S. 1. Verordnung zuletzt geändert durch die Verordnung (EG) Nr. 394/2006 (ABl. L 74 vom 13.3.2006, S. 1).

g) „Gelder" finanzielle Vermögenswerte und wirtschaftliche Vorteile jeder Art, die Folgendes einschließen, aber nicht darauf beschränkt sind:
   i. Bargeld, Schecks, Geldforderungen, Wechsel, Zahlungsanweisungen und andere Zahlungsmittel,
   ii. Einlagen bei Finanzinstituten oder anderen Einrichtungen, Guthaben auf Konten, Zahlungsansprüche und verbriefte Forderungen,
   iii. öffentlich und nicht öffentlich gehandelte Wertpapiere und Schuldtitel einschließlich Aktien und Anteilen, Wertpapierzertifikaten, lang- und kurz-/mittelfristiger Anleihen, Optionsscheinen, Schuldverschreibungen und Derivatverträgen,
   iv. Zinserträge, Dividenden oder andere Einkünfte oder Wertzuwächse aus Vermögenswerten,
   v. Kredite, Rechte auf Verrechnung, Bürgschaften, Vertragserfüllungsgarantien und andere finanzielle Ansprüche,
   vi. Akkreditive, Konnossemente, Übereignungsurkunden und
   vii. Dokumente zur Verbriefung von Anteilen an Fondsvermögen oder anderen Finanzressourcen.

h) „Einfrieren von Geldern" die Verhinderung jeglicher Form der Bewegung, des Transfers, der Veränderung und der Verwendung von Geldern sowie des Zugangs zu ihnen oder ihres Einsatzes, wodurch das Volumen, die Höhe, die Belegenheit, das Eigentum, der Besitz, die Eigenschaften oder die Zweckbestimmung der Gelder verändert oder sonstige Veränderungen bewirkt werden, die eine Nutzung der Gelder einschließlich der Vermögensverwaltung ermöglichen;

i) „wirtschaftliche Ressourcen" Vermögenswerte jeder Art, unabhängig davon, ob sie materiell oder immateriell, beweglich oder unbeweglich sind, bei denen es sich nicht um Gelder handelt, die aber für den Erwerb von Geldern, Waren oder Dienstleistungen verwendet werden können;

j) „Einfrieren von wirtschaftlichen Ressourcen" die Verhinderung ihrer Verwendung für den Erwerb von Geldern, Waren oder Dienstleistungen, die auch den Verkauf, das Vermieten oder das Verpfänden dieser Ressourcen einschließt, sich aber nicht darauf beschränkt;

k) „Gebiet der Gemeinschaft" die Hoheitsgebiete der Mitgliedstaaten, in denen der Vertrag Anwendung findet, nach Maßgabe der im Vertrag festgelegten Bedingungen, einschließlich ihres Luftraums.

Artikel 2

Es ist verboten,

a) die folgenden Güter und Technologien mit oder ohne Ursprung in der Gemeinschaft unmittelbar oder mittelbar an natürliche oder juristische Personen, Organisationen oder Einrichtungen in Iran oder zur Verwendung in Iran zu verkaufen, zu liefern, weiterzugeben oder auszuführen:

i. alle Güter und Technologien, die in den Listen der Gruppe der Kernmaterial-Lieferländer (NSG) und des Trägertechnologie-Kontrollregimes (MTCR) aufgeführt sind. Diese Güter und Technologien sind in Anhang I aufgeführt;

ii. andere vom Sanktionsausschuss oder vom Sicherheitsrat der Vereinten Nationen festgelegte Güter und Technologien, die für die Tätigkeiten Irans im Zusammenhang mit Anreicherung, Wiederaufbereitung oder schwerem Wasser oder für die Entwicklung von Trägersystemen für Kernwaffen durch Iran verwendet werden könnten. Diese Güter und Technologien sind ebenfalls in Anhang I aufgeführt;

b) wissentlich und vorsätzlich an Aktivitäten teilzunehmen, mit denen die Umgehung des unter Buchstabe a genannten Verbotes bezweckt oder bewirkt wird.

Artikel 3

(1) Die in Anhang II aufgeführten Güter und Technologien mit oder ohne Ursprung in der Gemeinschaft können nur mit vorheriger Genehmigung unmittelbar oder mittelbar an natürliche oder juristische Personen, Organisationen oder Einrichtungen in Iran oder zur Verwendung in Iran verkauft, geliefert, weitergegeben oder ausgeführt werden.

(2) In Anhang II werden andere als die in Anhang I aufgeführten Güter und Technologien aufgeführt, die für Tätigkeiten im Zusammenhang mit Anreicherung, Wiederaufbereitung oder schwerem Wasser, für die Entwicklung von Trägersystemen für Kernwaffen oder für die Ausübung von Tätigkeiten im Zusammenhang mit anderen Fragen, bezüglich deren die Internationale Atomenergie-Organisation (IAEO) ihre Besorgnis geäußert oder die sie als noch offen bezeichnet hat, verwendet werden könnten.

(3) Die Ausführer übermitteln den zuständigen Behörden alle erforderlichen Angaben zu ihrem Antrag auf Erteilung einer Ausfuhrgenehmigung.

(4) Die auf den Websites in Anhang III aufgeführten zuständigen Behörden der Mitgliedstaaten genehmigen den Verkauf, die Lieferung, die Weitergabe oder die Ausfuhr der in Anhang II aufgeführten Güter und Technologien nicht, wenn sie feststellen, dass der Verkauf, die Lieferung, die Weitergabe oder die Ausfuhr zu einer der folgenden Tätigkeiten beitragen würde:

a) Tätigkeiten Irans im Zusammenhang mit Anreicherung, Wiederaufbereitung oder schwerem Wasser,

b) Entwicklung von Trägersystemen für Kernwaffen durch Iran oder

c) Ausübung von Tätigkeiten durch Iran im Zusammenhang mit anderen Fragen, bezüglich deren die IAEO ihre Besorgnis geäußert oder die sie als noch offen bezeichnet hat.

(5) Unter den in Absatz 4 aufgeführten Voraussetzungen können die zuständigen Behörden der Mitgliedstaaten, die auf den in Anhang III aufgeführten Websites genannt sind, eine von ihnen bereits erteilte Ausfuhrgenehmigung für ungültig erklären, aussetzen, abändern, zurücknehmen oder widerrufen.

(6) Wenn die Mitgliedstaaten nach Absatz 4 eine Genehmigung ablehnen, für ungültig erklären, aussetzen, erheblich einschränken, zurücknehmen oder widerrufen, notifizieren sie dies den anderen Mitgliedstaaten und der Kommission und machen ihnen die einschlägigen Informationen zugänglich; dabei beachten sie die die Vertraulichkeit dieser

Informationen betreffenden Bestimmungen der Verordnung (EG) Nr. 515/97 des Rates vom 13. März 1997 über die gegenseitige Amtshilfe zwischen Verwaltungsbehörden der Mitgliedstaaten und die Zusammenarbeit dieser Behörden mit der Kommission im Hinblick auf die ordnungsgemäße Anwendung der Zoll- und der Agrarregelung ([1]).

(7) Bevor ein Mitgliedstaat eine Ausfuhrgenehmigung erteilt, die von einem anderen Mitgliedstaat oder anderen Mitgliedstaaten für ein im Wesentlichen gleiches Geschäft nach Absatz 4 abgelehnt wurde und für die die Ablehnung noch gültig ist, konsultiert er zunächst den Mitgliedstaat oder die Mitgliedstaaten, die eine Ablehnung nach den Absätzen 5 und 6 erteilt haben. Beschließt der betroffene Mitgliedstaat nach diesen Konsultationen, die Genehmigung zu erteilen, so unterrichtet er die anderen Mitgliedstaaten und die Kommission hiervon und übermittelt ihnen zur Erläuterung seines Beschlusses alle sachdienlichen Informationen.

Artikel 4

Es ist verboten, die in Anhang I aufgeführten Güter und Technologien von Iran zu erwerben, aus Iran einzuführen oder aus Iran zu befördern, unabhängig davon, ob es sich um Ursprungserzeugnisse Irans handelt oder nicht.

Artikel 5

(1) Es ist verboten,

a) für natürliche oder juristische Personen, Organisationen oder Einrichtungen in Iran oder zur Verwendung in Iran unmittelbar oder mittelbar technische Hilfe oder Maklerdienstleistungen im Zusammenhang mit den in Anhang I aufgeführten Gütern und Technologien und der Bereitstellung, Herstellung, Instandhaltung und Verwendung der in Anhang I aufgeführten Güter zu leisten beziehungsweise zu erbringen;

b) Investitionen in Unternehmen in Iran zu tätigen, die in der Herstellung von in Anhang I aufgeführten Gütern und Technologien tätig sind;

c) für den Verkauf, die Lieferung, die Weitergabe oder die Ausfuhr der in Anhang I aufgeführten Güter und Technologien oder für die Erbringung von damit verbundener technischer Hilfe natürlichen oder juristischen Personen, Organisationen oder Einrichtungen in Iran oder zur Verwendung in Iran unmittelbar oder mittelbar Finanzmittel oder Finanzhilfen im Zusammenhang mit diesen Gütern und Technologien, insbesondere Zuschüsse, Darlehen und Ausfuhrkreditversicherungen, bereitzustellen;

d) wissentlich und vorsätzlich an Aktivitäten teilzunehmen, mit denen die Umgehung der unter den Buchstaben a, b oder c genannten Verbote bezweckt oder bewirkt wird.

(2) Ferner unterliegen

a) technische Hilfe oder Maklerdienstleistungen im Zusammenhang mit Gütern und Technologien nach Anhang II und mit der Bereitstellung, Herstellung, Instandhaltung und Verwendung dieser Artikel, wenn diese Hilfe beziehungsweise diese Leistungen unmittelbar oder mittelbar für Personen, Organisationen oder Einrichtungen in Iran oder zur Verwendung in Iran bestimmt sind,

---

1 ABl. L 82 vom 22.3.1997, S. 1. Verordnung zuletzt geändert durch die Verordnung (EG) Nr. 807/2003 (ABl. L 122 vom 16.5.2003, S. 36).

b) Investitionen in Unternehmen in Iran, die in der Herstellung von in Anhang II aufgeführten Gütern und Technologien tätig sind,

c) die Bereitstellung von Finanzmitteln oder Finanzhilfen, insbesondere Zuschüsse, Darlehen und Ausfuhrkreditversicherungen, für den Verkauf, die Lieferung, die Weitergabe oder die Ausfuhr der Güter oder Technologien nach Anhang II oder für die Bereitstellung damit verbundener technischer Hilfe, wenn diese Leistungen unmittelbar oder mittelbar für Personen, Organisationen oder Einrichtungen in Iran oder zur Verwendung in Iran bestimmt sind,

einer Genehmigung durch die zuständige Behörde des betroffenen Mitgliedstaats.

(3) Die auf den Websites in Anhang III aufgeführten zuständigen Behörden der Mitgliedstaaten genehmigen Geschäfte nach Absatz 2 nicht, wenn sie feststellen, dass mit dem Vorgehen zu einer der folgenden Tätigkeiten beigetragen würde:

a) Tätigkeiten Irans im Zusammenhang mit Anreicherung, Wiederaufbereitung oder schwerem Wasser,

b) Entwicklung von Trägersystemen für Kernwaffen durch Iran oder

c) Ausübung von Tätigkeiten durch Iran im Zusammenhang mit anderen Fragen, bezüglich deren die IAEO ihre Besorgnis geäußert oder die sie als noch offen bezeichnet hat.

Artikel 6

Die auf den Websites in Anhang III aufgeführten zuständigen Behörden der Mitgliedstaaten können ein in Artikel 2 oder Artikel 5 Absatz 1 genanntes Geschäft in Bezug auf Güter und Technologien, Hilfe, Investitionen oder Maklerdienstleistungen unter ihnen geeignet erscheinenden Bedingungen genehmigen, wenn der Sanktionsausschuss im Einzelfall vorher festgestellt hat, dass das Geschäft ohne Zweifel weder zur Entwicklung von Technologien, die die proliferationsrelevanten nuklearen Tätigkeiten Irans unterstützen, noch zur Entwicklung von Trägersystemen für Kernwaffen beitragen würde, unter anderem wenn die Güter und Technologien, die Hilfe, die Investitionen oder die Maklerdienstleistungen für Ernährungs-, landwirtschaftliche, medizinische oder humanitäre Zwecke bestimmt sind, sofern

a) der Vertrag über die Lieferung der Güter oder Technologien beziehungsweise über die Leistung der Hilfe geeignete Endverwendergarantien enthält und

b) Iran sich verpflichtet hat, die betreffenden Güter oder Technologien beziehungsweise die betreffende Hilfe nicht für proliferationsrelevante nukleare Tätigkeiten oder für die Entwicklung von Trägersystemen für Kernwaffen zu verwenden.

Artikel 7

(1) Sämtliche Gelder und wirtschaftlichen Ressourcen, die Eigentum oder Besitz der in Anhang IV aufgeführten Personen, Organisationen und Einrichtungen sind oder von diesen gehalten oder kontrolliert werden, werden eingefroren. In Anhang IV werden die vom Sicherheitsrat der Vereinten Nationen oder vom Sanktionsausschuss nach Nummer 12 der UNSCR 1737(2006) benannten Personen, Organisationen und Einrichtungen aufgeführt.

(2) Sämtliche Gelder und wirtschaftlichen Ressourcen, die Eigentum oder Besitz der in Anhang V aufgeführten Personen, Organisationen und Einrichtungen sind oder von die-

sen gehalten oder kontrolliert werden, werden eingefroren. In Anhang V werden die nicht von Anhang IV erfassten natürlichen und juristischen Personen, Organisationen und Einrichtungen aufgeführt, die gemäß Artikel 5 Absatz 1 Buchstabe b des Gemeinsamen Standpunkts 2007/ 140/GASP

a) an den proliferationsrelevanten nuklearen Tätigkeiten Irans beteiligt sind, direkt damit in Verbindung stehen oder Unterstützung dafür bereitstellen oder

b) an der Entwicklung von Trägersystemen für Kernwaffen durch Iran beteiligt sind, direkt damit in Verbindung stehen oder Unterstützung dafür bereitstellen oder

c) im Namen oder auf Anweisung einer unter Buchstabe a oder b genannten Person, Organisation oder Einrichtung handeln oder

d) eine juristische Person, Organisation oder Einrichtung sind, die im Eigentum oder unter der Kontrolle einer unter Buchstabe a oder b genannten Person, Organisation oder Einrichtung – auch durch unerlaubte Mittel – stehen.

(3) Den in den Anhängen IV und V aufgeführten natürlichen und juristischen Personen, Organisationen und Einrichtungen dürfen weder unmittelbar noch mittelbar Gelder oder wirtschaftliche Ressourcen zur Verfügung gestellt werden oder zugute kommen.

(4) Es ist verboten, wissentlich und vorsätzlich an Aktivitäten teilzunehmen, mit denen die Umgehung der in den Absätzen 1, 2 und 3 genannten Maßnahmen bezweckt oder bewirkt wird.

Artikel 8

Abweichend von Artikel 7 können die zuständigen Behörden der Mitgliedstaaten, die auf den in Anhang III aufgeführten Websites genannt sind, die Freigabe bestimmter eingefrorener Gelder oder wirtschaftlicher Ressourcen genehmigen, wenn die folgenden Voraussetzungen erfüllt sind:

a) die Gelder oder wirtschaftlichen Ressourcen sind Gegenstand eines vor dem 23. Dezember 2006 von einem Gericht, einer Verwaltungsstelle oder einem Schiedsgericht beschlossenen Zurückbehaltungsrechts oder Gegenstand einer vor diesem Zeitpunkt ergangenen Entscheidung eines Gerichts, einer Verwaltungsstelle oder eines Schiedsgerichts,

b) die Gelder oder wirtschaftlichen Ressourcen werden im Rahmen der geltenden Gesetze und sonstigen Rechtsvorschriften über die Rechte des Gläubigers ausschließlich für die Erfüllung der Forderungen verwendet, die durch ein solches Zurückbehaltungsrecht gesichert sind oder deren Bestand in einer solchen Entscheidung bestätigt worden ist,

c) das Zurückbehaltungsrecht oder die Entscheidung begünstigt nicht eine in Anhang IV oder Anhang V aufgeführte Person, Organisation oder Einrichtung,

d) die Anerkennung des Zurückbehaltungsrechts oder der Entscheidung steht nicht im Widerspruch zur öffentlichen Ordnung des betreffenden Mitgliedstaats und

e) im Falle des Artikels 7 Absatz 1 hat der Mitgliedstaat das Zurückbehaltungsrecht oder die Entscheidung dem Sanktionsausschuss notifiziert.

Artikel 9

Schuldet eine in Anhang IV oder in Anhang V aufgeführte Person, Organisation oder Einrichtung Zahlungen aufgrund von Verträgen, Vereinbarungen oder Verpflichtungen, die von der betreffenden Person, Organisation oder Einrichtung vor dem Tag geschlossen beziehungsweise übernommen wurden, an dem diese Person, Organisation oder Einrichtung vom Sanktionsaus-schuss, vom Sicherheitsrat oder vom Rat benannt worden ist, so können die zuständigen Behörden der Mitgliedstaaten, die auf den in Anhang III aufgeführten Websites genannt sind, abweichend von Artikel 7 die Freigabe bestimmter eingefrorener Gelder oder wirtschaftlicher Ressourcen unter ihnen geeignet erscheinenden Bedingungen genehmigen, wenn die folgenden Voraussetzungen erfüllt sind:

a) die betreffende zuständige Behörde hat festgestellt, dass

   i. die Gelder oder wirtschaftlichen Ressourcen für eine von einer in Anhang IV oder Anhang V aufgeführten Person, Organisation oder Einrichtung geschuldete Zahlung verwendet werden sollen,

   ii. der Vertrag, die Vereinbarung oder die Verpflichtung nicht dazu beiträgt, die in den Anhängen I und II aufgeführten Güter und Technologien herzustellen, zu verkaufen, zu erwerben, weiterzugeben, auszuführen, einzuführen, zu befördern oder zu verwenden, und

   die Zahlung nicht gegen Artikel 7 Absatz 3 verstößt;

b) im Falle des Artikels 7 Absatz 1 hat der betreffende Mitgliedstaat diese Feststellung und seine Absicht, die Genehmigung zu erteilen, dem Sanktionsausschuss notifiziert, und dieser hat nicht innerhalb von 10 Arbeitstagen nach dieser Notifizierung Einwände dagegen erhoben und

c) im Falle des Artikels 7 Absatz 2 hat der betreffende Mitgliedstaat diese Feststellung seiner zuständigen Behörde und ihre Absicht, die Genehmigung zu erteilen, mindestens zwei Wochen vor Erteilung der Genehmigung den anderen Mitgliedstaaten und der Kommission notifiziert.

Artikel 10

(1) Abweichend von Artikel 7 können die zuständigen Behörden der Mitgliedstaaten, die auf den in Anhang III aufgeführten Websites genannt sind, die Freigabe bestimmter eingefrorener Gelder oder wirtschaftlicher Ressourcen oder die Bereitstellung bestimmter Gelder oder wirtschaftlicher Ressourcen unter ihnen geeignet erscheinenden Bedingungen genehmigen, wenn die folgenden Voraussetzungen erfüllt sind:

a) die betreffende zuständige Behörde hat festgestellt, dass die Gelder oder wirtschaftlichen Ressourcen

   i. für die Befriedigung der Grundbedürfnisse der in Anhang IV oder Anhang V aufgeführten Personen und ihrer unterhaltsberechtigten Familienangehörigen, unter anderem für die Bezahlung von Nahrungsmitteln, Mieten oder Hypotheken, Medikamenten und medizinischer Behandlung, Steuern, Versicherungsprämien und Gebühren öffentlicher Versorgungseinrichtungen, erforderlich sind,

   ii. ausschließlich der Bezahlung angemessener Honorare und der Erstattung von Kosten im Zusammenhang mit der Erbringung juristischer Dienstleistungen dienen oder

iii. ausschließlich der Bezahlung von Gebühren für die routinemäßige Verwahrung oder Verwaltung eingefrorener Gelder oder wirtschaftlicher Ressourcen dienen, und

b) in dem Fall, dass die Genehmigung eine in Anhang IV aufgeführte Person, Organisation oder Einrichtung betrifft, hat der betreffende Mitgliedstaat diese Feststellung und seine Absicht, die Genehmigung zu erteilen, dem Sanktionsausschuss notifiziert, und dieser hat nicht innerhalb von fünf Arbeitstagen nach dieser Notifizierung Einwände dagegen erhoben.

(2) Abweichend von Artikel 7 können die zuständigen Behörden der Mitgliedstaaten, die auf den in Anhang III aufgeführten Websites genannt sind, die Freigabe bestimmter eingefrorener Gelder oder wirtschaftlicher Ressourcen oder die Bereitstellung bestimmter Gelder oder wirtschaftlicher Ressourcen genehmigen, wenn sie festgestellt haben, dass diese Gelder oder wirtschaftlichen Ressourcen für außerordentliche Ausgaben erforderlich sind, und

a) falls die Genehmigung eine in Anhang IV aufgeführte Person, Organisation oder Einrichtung betrifft, der betreffende Mitgliedstaat diese Feststellung dem Sanktionsausschuss notifiziert und dieser sie gebilligt hat und

b) falls die Genehmigung eine in Anhang V aufgeführte Person, Organisation oder Einrichtung betrifft, die zuständige Behörde die Gründe, aus denen ihres Erachtens eine Sondergenehmigung erteilt werden sollte, mindestens zwei Wochen vor Erteilung der Genehmigung den anderen zuständigen Behörden der Mitgliedstaaten und der Kommission notifiziert hat.

(3) Der betreffende Mitgliedstaat unterrichtet die anderen Mitgliedstaaten und die Kommission über jede nach Absatz 1 oder Absatz 2 erteilte Genehmigung.

Artikel 11

(1) Artikel 7 Absatz 3 hindert Finanz- und Kreditinstitute in der Gemeinschaft nicht daran, Gelder, die von Dritten auf das Konto einer im Anhang aufgeführten natürlichen oder juristischen Person, Organisation oder Einrichtung überwiesen werden, auf den eingefrorenen Konten gutzuschreiben, sofern die auf diesen Konten gutgeschriebenen Beträge ebenfalls eingefroren werden. Die Finanz- und Kreditinstitute unterrichten unverzüglich die zuständigen Behörden über diese Transaktionen.

(2) Artikel 7 Absatz 3 gilt nicht für die Gutschrift auf den eingefrorenen Konten von

a) Zinsen oder sonstigen Erträgen dieser Konten oder

b) Zahlungen aufgrund von Verträgen, Vereinbarungen oder Verpflichtungen, die vor dem 23. Dezember 2006 geschlossen beziehungsweise übernommen wurden,

sofern diese Zinsen, sonstigen Erträge und Zahlungen nach Artikel 7 Absatz 1 oder 2 eingefroren werden.

Artikel 12

(1) Die natürlichen und juristischen Personen, Organisationen und Einrichtungen sowie ihre Führungskräfte und Beschäftigten, die im guten Glauben, im Einklang mit dieser Verordnung zu handeln, Gelder oder wirtschaftliche Ressourcen einfrieren oder ihre Bereitstellung ablehnen, können hierfür nicht haftbar gemacht werden, es sei denn, es ist

nachgewiesen, dass das Einfrieren oder das Zurückhalten der Gelder oder wirtschaftlichen Ressourcen auf Fahrlässigkeit beruht.

(2) Die betreffenden natürlichen und juristischen Personen, Organisationen oder Einrichtungen können im Zusammenhang mit den Verboten nach Artikel 5 Absatz 1 Buchstabe c und Artikel 7 Absatz 3 nicht haftbar gemacht werden, wenn ihnen nicht bekannt war oder sie keinen triftigen Grund zu der Annahme hatten, dass sie durch ihr Handeln gegen die Verbote verstoßen.

Artikel 13

(1) Unbeschadet der geltenden Vorschriften über die Anzeigepflicht, die Vertraulichkeit und das Berufsgeheimnis sind natürliche und juristische Personen, Organisationen und Einrichtungen verpflichtet,

a) Angaben, die die Anwendung dieser Verordnung erleichtern, wie etwa über die nach Artikel 7 eingefrorenen Konten und Beträge, unverzüglich den auf den Websites in Anhang III aufgeführten zuständigen Behörden der Mitgliedstaaten, in denen sie ihren Wohnsitz beziehungsweise Sitz haben, und – direkt oder über die Mitgliedstaaten – der Kommission zu übermitteln;

b) mit den auf den Websites in Anhang III aufgeführten zuständigen Behörden bei der Überprüfung dieser Angaben zusammenzuarbeiten.

(2) Zusätzliche Angaben, die direkt bei der Kommission eingehen, werden dem betreffenden Mitgliedstaat zur Verfügung gestellt.

(3) Die nach diesem Artikel übermittelten oder eingegangenen Angaben dürfen nur für die Zwecke verwendet werden, für die sie übermittelt worden oder eingegangen sind.

Artikel 14

Die Kommission und die Mitgliedstaaten unterrichten einander unverzüglich über die nach dieser Verordnung getroffenen Maßnahmen und tauschen mit ihnen im Zusammenhang mit dieser Verordnung vorliegende sonstige sachdienliche Informationen insbesondere über Verstöße, Vollzugsprobleme und Urteile nationaler Gerichte aus.

Artikel 15

(1) Die Kommission ändert

a) Anhang I auf der Grundlage der Feststellungen des Sicherheitsrates der Vereinten Nationen oder des Sanktionsausschusses,

b) Anhang III auf der Grundlage der von den Mitgliedstaaten übermittelten Informationen,

c) Anhang IV auf der Grundlage der Feststellungen des Sicherheitsrates der Vereinten Nationen oder des Sanktionsausschusses.

(2) Der Rat erstellt, überprüft und ändert mit qualifizierter Mehrheit die Liste der Personen, Organisationen und Einrichtungen nach Artikel 7 Absatz 2 in vollem Einklang mit den vom Rat in Bezug auf Anhang II des Gemeinsamen Standpunkts 2007/140/GASP gemachten Feststellungen. Die Liste in Anhang V wird in regelmäßigen Abständen und mindestens alle zwölf Monate überprüft.

(3) Der Rat gibt einzelfallbezogene und spezifische Gründe für die gemäß Absatz 2 getroffenen Beschlüsse an und gibt diese den betroffenen Personen, Organisationen und Einrichtungen bekannt.

Artikel 16

(1) Die Mitgliedstaaten legen für Verstöße gegen diese Verordnung Sanktionen fest und treffen die zu ihrer Anwendung erforderlichen Maßnahmen. Die Sanktionen müssen wirksam, verhältnismäßig und abschreckend sein.

(2) Die Mitgliedstaaten teilen der Kommission die entsprechenden Bestimmungen unverzüglich nach Inkrafttreten dieser Verordnung mit und melden ihr alle Änderungen dieser Bestimmungen.

Artikel 17

(1) Die Mitgliedstaaten benennen die zuständigen Behörden im Sinne dieser Verordnung und weisen sie auf den oder über die in Anhang III aufgeführten Websites aus.

(2) Die Mitgliedstaaten notifizieren der Kommission ihre zuständigen Behörden unverzüglich nach Inkrafttreten dieser Verordnung und melden ihr alle diesbezüglichen Änderungen.

Artikel 18

Diese Verordnung gilt

a) im Gebiet der Gemeinschaft,

b) an Bord der Luftfahrzeuge und Schiffe, die der Hoheitsgewalt der Mitgliedstaaten unterstehen,

c) für die sich im Gebiet oder außerhalb des Gebietes der Gemeinschaft aufhaltenden Personen, die die Staatsangehörigkeit eines Mitgliedstaats besitzen,

d) für die nach dem Recht eines Mitgliedstaats gegründeten oder eingetragenen juristischen Personen, Organisationen und Einrichtungen,

e) für juristische Personen, Organisationen und Einrichtungen in Bezug auf Geschäfte, die ganz oder teilweise in der Gemeinschaft getätigt werden.

Artikel 19

Diese Verordnung tritt am Tag ihrer Veröffentlichung im *Amtsblatt der Europäischen Union* in Kraft.

Diese Verordnung ist in allen ihren Teilen verbindlich und gilt unmittelbar in jedem Mitgliedstaat.

Geschehen zu Luxemburg am 19. April 2007.

Im Namen des Rates
Die Präsidentin
Brigitte ZYPRIES

Anhang I

Liste der in Artikel 2 genannten Güter und Technologien

Anmerkung:

Die in diesem Anhang aufgeführten Güter und Technologien sind, soweit möglich, durch Verweis auf die Liste der Güter und Technologien mit doppeltem Verwendungszweck in Anhang I der Verordnung (EG) Nr. 1334/2000 definiert. Ist ein Artikel in diesem Anhang nicht mit einem Gut oder einer Technologie in dem genannten Anhang identisch, so wird der Nummer aus der Liste der Güter und Technologien mit doppeltem Verwendungszweck ein „ex" vorangestellt; maßgebend ist dann die Beschreibung des Gutes oder der Technologie in diesem Anhang.

I.A. Güter

...

I.B. Technologien

...

Anhang II

Liste der in Artikel 3 genannten Güter und Technologien

Erläuterungen:

1. Sofern nicht anders angegeben, verweisen die Referenznummern in der Spalte „Beschreibung" auf die Beschreibungen der Güter und Technologien mit doppeltem Verwendungszweck in Anhang I der Verordnung (EG) Nr. 1334/2000.
2. Eine Referenznummer in der Spalte „Referenznummer des Gutes in Anhang I der Verordnung (EG) Nr. 394/2006" bedeutet, dass die Merkmale des in der Spalte „Beschreibung" beschriebenen Gutes außerhalb der Parameter liegen, die in der entsprechenden Beschreibung des Dual-Use-Gutes, auf das verwiesen wird, festgelegt sind.
3. Definitionen der Begriffe, die in ‚einfachen Anführungszeichen' stehen, finden sich in einer technischen Anmerkung zu dem jeweiligen Gut.
4. Definitionen der Begriffe, die in „doppelten Anführungszeichen" stehen, finden sich in Anhang I der Verordnung (EG) Nr. 394/2006 des Rates.

II.A. GÜTER
A0 Kerntechnische Materialien, Anlagen und Ausrüstung

Nummer	Beschreibung	Referenznummer des Gutes in Anhang I der Verordnung (EG) Nr. 394/2006
II.A0.001	Hohlkathodenlampen wie folgt: a) Jod-Hohlkathodenlampen mit Fenstern aus reinem Silizium oder Quarz b) Uran-Hohlkathodenlampen	-
II.A0.002	Faraday-Isolatoren im Wellenlängenbereich 500 nm-650 nm	-
II.A0.003	Optische Gitter im Wellenlängenbereich 500 nm-650 nm	-
II.A0.004	Optische Fasern im Wellenlängenbereich 500 nm-650 nm, mit Antireflexschichten im Wellenlängenbereich 500 nm-650 nm überzogen und mit einem Kerndurchmesser größer als 0,4 mm und kleiner/gleich 2 mm	-
II.A0.005	Bestandteile eines Kernreaktors und Prüfgeräte, soweit nicht von Nummer 0A001 erfasst, wie folgt: 1. Verschlüsse 2. innenliegende Bestandteile 3. Ausrüstung für das Verschließen sowie für das Prüfen und Messen der Verschlüsse	
II.A0.006	Nukleare Nachweissysteme zum Nachweis, zur Identifizierung und zur Quantifizierung radioaktiver Stoffe oder von Kernstrahlung und besonders konstruierte Bestandteile hierfür, soweit nicht von den Unternummern 0A001j und 1A004c erfasst	0A001j 1A004c
II.A0.007	Faltenbalgventile aus Aluminiumlegierungen oder rostfreiem Stahl 304 oder 316 L Anmerkung: Diese Nummer erfasst nicht Faltenbalgventile, erfasst in der Unternummer 0B001c6 und der Nummer 2A226.	0B001c6 2A226
II.A0.008	Plan-, Konvex- und Konkavspiegel, beschichtet mit hochreflektiver oder wellenlängenselektiver Mehrfachvergütung im Wellenlängenbereich 500 nm-650 nm	0B001g5
II.A0.009	Linsen, Polarisatoren, /2-Platten, /4-Platten, Laserfenster aus Silizium oder Quarz und Rotoren, mit Antireflexschichten im Wellenlängenbereich 500 nm-650 nm beschichtet	0B001g

Nummer	Beschreibung	Referenznummer des Gutes in Anhang I der Verordnung (EG) Nr. 394/2006
II.A0.010	Rohre, Verrohrungen, Flansche und Anschlussstücke (Fittings), bestehend aus oder beschichtet mit Nickel oder Nickellegierungen mit mehr als 40 Gew.-% Nickel, soweit nicht in der Unternummer 2B350h1 erfasst	2B350
II.A0.011	Vakuumpumpen, soweit nicht in Unternummer 0B002f2 oder Nummer 2B231 erfasst, wie folgt: – Turbomolekularpumpen mit einer Förderleistung größer/gleich 400 l/s – Wälzkolben(Roots-)vakuumpumpen mit einer volumetrischen Ansaugleistung größer als 200 m^3/h Faltenbalggedichtete Schraubenkompressoren und faltenbalggedichtete Schraubenvakuumpumpen	0B002f2 2B231
II.A0.012	Abgeschirmte Gehäuse für den Umgang mit, die Aufbewahrung oder die Handhabung von radioaktiven Stoffen (Heiße Zellen)	0B006
II.A0.013	„Natürliches Uran", „abgereichertes Uran" oder Thorium als Metall, Legierung, chemische Verbindung oder Konzentrat sowie je des andere Material, das einen oder mehrere der vorstehend genannten Stoffe enthält, so weit nicht in Nummer 0C001 erfasst	0C001
A1 Werkstoffe, Chemikalien, „Mikroorganismen" und „Toxine"		
II.A1.001	Lösungsmittel Bis(2-ethylhexyl)phosphorsäure (HDEHP oder D2HPA) (Nummer im Register des Chemical Abstract Service (CAS) 298-07-7), in beliebiger Menge, mit einer Reinheit größer als 90 Gew.-%	
II.A1.002	Fluorgas CAS 7782-41-4 mit einer Reinheit größer als 95 Gew.-%	

Nummer	Beschreibung	Referenznummer des Gutes in Anhang I der Verordnung (EG) Nr. 394/2006
II.A1.003	Dichtungen und Verschlüsse, bestehend aus einem der folgenden Materialien: a) Copolymere des Vinylidenfluorids, die ungereckt zu mindestens 75 % eine beta-kristalline Struktur aufweisen b) fluorierte Polyimide, die mindestens 10 Gew.-% gebundenes Fluor enthalten c) fluorierte Phosphazen-Elastomere, die mindestens 30 Gew.-% gebundenes Fluor enthalten d) Polychlortrifluorethylen (PCTFE, z. B. Kel-F ®) e) Viton-Fluorelastomere f) Polytetrafluorethylen (PTFE)	
II.A1.004	Persönliche Ausrüstung für den Nachweis von Kernstrahlung, einschließlich Personen-Dosimeter Anmerkung: Diese Nummer erfasst nicht Kernstrahlungsnachweissysteme, erfasst von Unternummer 1A004c.	1A004c
II.A1.005	Elektrolytische Zellen für die Erzeugung von Fluor mit einer Fertigungskapazität von mehr als 100 g Fluor je Stunde Anmerkung: Diese Nummer erfasst nicht elektrolytische Zellen, erfasst von Nummer 1B225	1B225
II.A1.006	Platinierte Katalysatoren, soweit nicht er fasst von Nummer 1A225, besonders konstruiert oder hergerichtet zur Förderung der Wasserstoffaustauschreaktion zwischen Wasserstoff und Wasser zur Tritiumrückgewinnung aus Schwerem Wasser oder zur Schwerwasserproduktion, und Ersatzstoffe (Surrogate) hierfür	1B231, 1A225
II.A1.007	Aluminium und Aluminiumlegierungen, so weit nicht von Unternummer 1C002b4 er fasst, in Roh- oder Halbzeugform mit einer der folgenden Eigenschaften: a) erreichbare Zugfestigkeit größer/gleich 460 MPa bei 293 K (20 °C) oder b) mit einer Zugfestigkeit größer/gleich 415 MPa bei 298 K (25 °C)	1C002b4 1C202a

Nummer	Beschreibung	Referenznummer des Gutes in Anhang I der Verordnung (EG) Nr. 394/2006
II.A1.008	Magnetische Metalle aller Typen und in je der Form mit einer Anfangsrelativpermeabilität (initialrelative permeability) größer/ gleich 120 000 und einer Dicke größer/ gleich 0,05 mm und kleiner/gleich 0,1 mm	1C003a
II.A1.009	„Faser- oder fadenförmige Materialien" oder Prepregs wie folgt: a) „Faser- oder fadenförmige Materialien" aus Kohlenstoff oder Aramid mit einer der folgenden Eigenschaften: 1. „spezifischer Modul" größer/gleich 10×10^6 m oder 2. „spezifische Zugfestigkeit" größer/ gleich 17×10^4 m b) „Faser- oder fadenförmige Materialien" aus Glas mit einer der folgenden Eigenschaften: 1. „spezifischer Modul" größer/gleich $3{,}18 \times 10^6$ m oder 2. „spezifische Zugfestigkeit" größer/ gleich $76{,}2 \times 10^3$ m c) mit warmaushärtendem Harz imprägnierte endlose „Garne", „Faserbündel" (rovings), „Seile" oder „Bänder" mit einer Breite kleiner/gleich 15 mm (Prepregs) aus „faser- oder fadenförmigen Materialien", soweit nicht in den Unternummern II.A1.010.a oder II.A1.010.b erfasst Anmerkung: Diese Nummer erfasst nicht „faser- oder fadenförmige Materialien", er fasst von den Unternummern 1C010a, 1C010b, 1C210a und 1C210b.	1C010a, 1C010b, 1C210a, 1C210b

Nummer	Beschreibung	Referenznummer des Gutes in Anhang I der Verordnung (EG) Nr. 394/2006
II.A1.010	Harzimprägnierte oder pechimprägnierte Fasern (Prepregs), metall- oder kohlenstoffbeschichtete Fasern (Preforms) oder „Kohlenstofffaser-Preforms" wie folgt: a) hergestellt aus von Unternummer IIA1.009 erfassten „faser- oder fadenförmigen Materialien" b) kohlenstoffbeschichtete „faser- oder fadenförmige Materialien" in Epoxidharz „matrix" (prepregs), erfasst in den Unternummern 1C010a, 1C010b oder 1C010c, für die Reparatur von Luftfahrzeug-Strukturen oder Laminaten, bei denen die Größe der Einzelmatten (prepregs) nicht größer ist als 50 cm × 90 cm c) Prepregs, erfasst in den Unternummern 1C010a, 1C010b oder 1C010c, die mit Phenol- oder Epoxydharzen imprägniert sind, mit einer Glasübergangstemperatur (Tg) kleiner als 433 k (160 °C) und deren Aushärtungstemperatur kleiner als die Glasübergangstemperatur ist Anmerkung: Diese Nummer erfasst nicht „faser- oder fadenförmige Materialien", er fasst in Unternummer 1C010e.	1C010e, 1C210
II.A1.011	Verstärkte Siliziumkarbid-Keramik-Verbundwerkstoffe, geeignet für Bugspitzen, Wiedereintrittskörper, Strahlruder, verwendbar für „Flugkörper", soweit nicht von Unternummer 1C107 erfasst	1C107
II.A1.012	Martensitaushärtender Stahl (maraging steel), soweit nicht in den Nummern 1C116 oder 1C216 erfasst, mit einer erreichbaren Zugfestigkeit größer/gleich 2 050 MPa bei 293 K (20 °C) Technische Anmerkung: Nummer II.A1.012 erfasst martensitaushärtenden Stahl vor und nach einer Wärmebehandlung.	1C216

Nummer	Beschreibung	Referenznummer des Gutes in Anhang I der Verordnung (EG) Nr. 394/2006
II.A1.013	Wolfram, Tantal, Wolframkarbid, Tantalkarbid und Legierungen mit beiden folgen den Eigenschaften: a) in Formen mit hohlzylindrischer oder sphärischer Symmetrie (einschließlich Zylindersegmente) mit einem Innendurchmesser größer/gleich 50 mm und kleiner/gleich 300 mm und b) einer Masse größer als 5 kg Anmerkung: Diese Nummer erfasst nicht Wolfram, Wolframkarbid und Legierungen, erfasst von Nummer 1C226.1C226	
A2 Werkstoffbearbeitung		
II.A2.001	Vibrationsprüfsysteme, Ausrüstung und Bestandteile hierfür, soweit nicht von Nummer 2B116 erfasst: a) Vibrationsprüfsysteme mit Rückkopplungs- oder Closed-Loop-Technik mit integrierter digitaler Steuerung, geeignet für Vibrationsbeanspruchungen des Prüflings mit einer Beschleunigung größer/gleich 0,1 grms zwischen 0,1 Hz und 2 kHz und bei Übertragungskräften größer/gleich 50 kN, gemessen am ‚Prüftisch' b) digitale Steuerungen in Verbindung mit besonders für Vibrationsprüfung entwikkelter „Software", mit einer Echtzeit-Bandbreite größer/gleich 5 kHz und konstruiert zum Einsatz in den von Unternummer a erfassten Systemen c) Schwingerreger (Shaker units) mit oder ohne zugehörige Verstärker, geeignet für Übertragungskräfte von größer/ gleich 50 kN, gemessen am ‚Prüftisch', und geeignet für die von Unternummer a erfassten Systeme d) Prüflingshaltevorrichtungen und Elektronikeinheiten, konstruiert, um mehrere Schwingerreger zu einem Schwingerregersystem, das Übertragungskräfte größer/ gleich 50 kN, gemessen am ‚Prüftisch', erzeugen kann, zusammen zufassen, und geeignet für die von Unternummer a erfassten Systeme	2B116

Nummer	**Beschreibung**	**Referenznummer des Gutes in Anhang I der Verordnung (EG) Nr. 394/2006**
	Technische Anmerkung: Ein ‚Prüftisch' ist ein flacher Tisch oder eine flache Oberfläche ohne Aufnahmen oder Halterungen.	
II.A2.002	Werkzeugmaschinen für Schleifbearbeitung mit einer Positioniergenauigkeit mit „allen verfügbaren Kompensationen" von kleiner (besser)/gleich 15 μm nach ISO 230/2 (1988) (1) oder entsprechenden nationalen Normen entlang einer Linearachse Anmerkung: Diese Nummer erfasst nicht Werkzeugmaschinen für Schleifbearbeitung, erfasst von den Unternummern 2B201b und 2B001c.	2B201b, 2B001c
II.A2.002a	Bestandteile und Steuerungen, besonders konstruiert für Werkzeugmaschinen, erfasst in den Nummern 2B001, 2B201 oder II.A2.002 dieser Liste	
II.A2.003	Auswuchtmaschinen und zugehörige Ausrüstung, wie folgt: a) Auswuchtmaschinen, konstruiert oder geändert für zahnmedizinische oder andere medizinische Ausrüstung, mit allen folgenden Eigenschaften: 1. nicht geeignet zum Auswuchten von Rotoren/Baugruppen mit einer Masse größer als 3 kg 2. geeignet zum Auswuchten von Rotoren/Baugruppen bei Drehzahlen größer als 12 500 U/min 3. geeignet zur Korrektur von Unwuchten in zwei oder mehr Ebenen und 4. geeignet zum Auswuchten bis zu einer spezifischen Restunwucht von 0,2 gmm/kg der Rotormasse b) Messgeräte (indicator heads/balancing instrumentation), konstruiert oder geändert für den Einsatz in Maschinen, er fasst von Unternummer a Technische Anmerkung: „Indicator heads" werden auch als „balancing instrumentation" bezeichnet.	2B119

Nummer	Beschreibung	Referenznummer des Gutes in Anhang I der Verordnung (EG) Nr. 394/2006
II.A2.004	Fernlenk-Manipulatoren, die für ferngesteuerte Tätigkeiten bei radiochemischen Trennprozessen oder in Heißen Zellen eingesetzt werden können, soweit nicht von Nummer 2B225 erfasst, mit einer der folgenden Eigenschaften: a) Eignung zur Durchdringung der Wand einer Heißen Zelle mit einer Dicke größer/gleich 0,3 m (Durch-die-Wand-Modifikation) oder b) Eignung zur Überbrückung der Wand einer Heißen Zelle mit einer Dicke größer/gleich 0,3 m (Über-die-Wand-Modifikation) Technische Anmerkung: Fernlenk-Manipulatoren ermöglichen die Übertragung der Bewegungen einer Bedienungsperson auf einen ferngelenkten Funktionsarm und eine Endhalterung. Sie können über ‚Master-Slave'-Steuerung, Steuerknüppel oder Tastatur bedient werden.	2B225
II.A2.005	Mit kontrollierter Atmosphäre betriebene Wärmebehandlungsöfen wie folgt: Öfen, geeignet für Betriebstemperaturen größer 400°C	2B226, 2B227
II.A2.006	Oxidationsöfen, geeignet für Betriebstemperaturen größer 400°C	2B226, 2B227
II.A2.007	„Druckmessgeräte", soweit nicht in 2B230 erfasst, geeignet zum Messen von Absolut drücken im Bereich von 0 bis 200 kPa, mit beiden a) Drucksensoren, hergestellt aus oder geschützt durch „UF_6 resistente Werkstoffe" und b) mit einer der folgenden Eigenschaften: 1. Messbereich kleiner als 200kPa und ‚Messgenauigkeit' kleiner (besser) als ± 1% vom Skalenendwert oder 2. Messbereich größer/gleich 200kPa und ‚Messgenauigkeit' kleiner (besser) als 2kPa	2B230

Nummer	Beschreibung	Referenznummer des Gutes in Anhang I der Verordnung (EG) Nr. 394/2006
	Technische Anmerkung: ‚Messgenauigkeit' im Sinne der Nummer 2B230 schließt Nichtlinearität, Hysterese und Reproduzierbarkeit bei Umgebungstemperatur ein.	
II.A2.008	Flüssig-flüssig Kontakt-Ausrüstung (Mischer-Abscheider, Pulsationskolonnen und Zentrifugalextraktoren); und Flüssigkeitsverteiler, Dampfverteiler oder Flüssigkeitssammler, konstruiert für solche Ausrüstung, bei denen die medienberührenden Flächen ganz aus einem der folgenden Werkstoffe bestehen: 1. Legierungen mit mehr als 25 Gew.-% Nickel und 20 Gew.-% Chrom 2. Fluorpolymere 3. Glas oder Email 4. Grafit oder ‚Carbon-Grafit' 5. Nickel oder Nickel-Legierungen mit mehr als 40 Gew.-% Nickel 6. Tantal oder Tantal-Legierungen 7. Titan oder Titan-Legierungen 8. Zirkonium oder Zirkonium-Legierun gen oder 9. rostfreier Stahl Technische Anmerkung: ‚Carbon-Grafit' besteht aus amorphem Kohlenstoff und Grafit, wobei der Grafitgehalt 8 Gew.-% oder mehr beträgt.	2B350e

Nummer	Beschreibung	Referenznummer des Gutes in Anhang I der Verordnung (EG) Nr. 394/2006
II.A2.009	Industrielle Geräte und Bestandteile, die nicht von Unternummer 2B350d erfasst werden, wie folgt: Wärmetauscher oder Kondensatoren mit einer Wärmeaustauschfläche größer als 0,05 m^2 und kleiner als 30 m^2 sowie für solche Wärmetauscher oder Kondensatoren konstruierte Rohre, Platten, Coils oder Blöcke, bei denen die medienberührenden Flächen ganz aus einem der folgenden Werkstoffe bestehen: 1. Legierungen mit mehr als 25 Gew.-% Nickel und 20 Gew.-% Chrom 2. Fluorpolymere 3. Glas oder Email 4. Grafit oder ‚Carbon-Grafit' 5. Nickel oder Nickellegierungen mit mehr als 40 Gew. % Nickel 6. Tantal oder Tantallegierungen, 7. Titan oder Titanlegierungen 8. Zirkonium oder Zirkoniumlegierungen 9. Siliziumkarbid 10. Titankarbid oder 11. rostfreier Stahl Anmerkung: Diese Nummer erfasst nicht Fahrzeugkühler.	2B350d
II.A2.010	Pumpen mit Mehrfachdichtung und dichtungslose Pumpen, soweit nicht von Unternummer 2B350i erfasst, geeignet für korrodierende Flüssigkeiten, mit einer vom Hersteller angegebenen maximalen Förderleistung größer als 0,6 m^3/h oder Vakuum pumpen mit einer vom Hersteller angegebenen maximalen Förderleistung größer als 5 m^3/h (jeweils unter Standard-Bedingungen von 273 K (0 °C) und 101,3 kPa) sowie für solche Pumpen konstruierte Pumpengehäuse, vorgeformte Gehäuseauskleidungen, Laufräder, Rotoren oder Strahlpumpendüsen, bei denen die medienberührenden Flächen ganz aus einem der folgenden Materialien bestehen: 1. rostfreier Stahl 2. Aluminiumlegierung	2B350i

Nummer	Beschreibung	Referenznummer des Gutes in Anhang I der Verordnung (EG) Nr. 394/2006
II.A2.011	Zentrifugalseparatoren, geeignet zur kontinuierlichen Trennung ohne Aerosolfreisetzung und hergestellt aus einem der folgen den Werkstoffe: 1. Legierungen mit mehr als 25 Gew.-% Nickel und 20 Gew.-% Chrom 2. Fluorpolymere 3. Glas oder Email 4. Nickel oder Nickellegierungen mit mehr als 40 Gew. % Nickel 5. Tantal oder Tantallegierungen 6. Titan oder Titanlegierungen oder 7. Zirkonium oder Zirkoniumlegierungen Anmerkung: Diese Nummer erfasst nicht Zentrifugalseparatoren im Sinne der Unternummer 2B352c.	2B352c
II.A2.012	Filter aus gesintertem Metall, aus Nickel oder Nickellegierungen mit 40 Gew.-% Nickel oder mehr Anmerkung: Diese Nummer erfasst nicht Filter, erfasst von der Unternummer 2B352d.	2B352d
A3 Allgemeine Elektronik		
II.A3.001	Hochspannungs-Gleichstromversorgungsgeräte mit beiden folgenden Eigenschaften: a) Erzeugung von 10 kV oder mehr im Dauerbetrieb über einen Zeitraum von 8h mit einer Ausgangsleistung größer/ gleich 5 kW, auch mit *sweeping,* und b) Strom- oder Spannungsregelung kleiner (besser) als 0,1 % über einen Zeitraum von 4 h Anmerkung: Diese Nummer erfasst nicht Stromversorgungsgeräte, erfasst von der Unternummer 0B001j5 und der Nummer 3A227.	3A227

Nummer	Beschreibung	Referenznummer des Gutes in Anhang I der Verordnung (EG) Nr. 394/2006
II.A3.002	Massenspektrometer, soweit nicht von Nummer 3A233 oder Unternummer 0B002g erfasst, für die Messung von Ionen einer Atommasse größer/gleich 200 amu *(atomic mass units)* mit einer Auflösung besser als 2 amu bei 200 amu oder größer, und Ionen quellen hierfür wie folgt: a) induktiv gekoppelte Plasma-Massenspektrometer (ICP/MS) b) Glühentladungs-Massenspektrometer (GDMS) c) Thermoionisations-Massenspektrometer (TIMS) d) Elektronenstoß-Massenspektrometer mit einer Quellenkammer, hergestellt aus UF_6-resistenten Werkstoffen, damit ausgekleidet oder plattiert e) Molekularstrahl-Massenspektrometer mit einer der folgenden Eigenschaften: 1. mit einer Quellenkammer, hergestellt aus rostfreiem Stahl oder Molybdän, damit ausgekleidet oder plattiert, und mit einer Kühlfalle, die auf 193 K (- 80 °C) oder weniger kühlen kann, oder 2. mit einer Quellenkammer, hergestellt aus UF_6-resistenten Werkstoffen, damit ausgekleidet oder plattiert f) Massenspektrometer, ausgestattet mit einer Mikrofluorierungsionenquelle, konstruiert für Aktinide oder Aktinidenfluoride	3A233
A6 Sensoren und Laser		
II.A6.001	Stäbe aus Yttrium-Aluminium-Granat (YAG)	
II.A6.002	Infrarotoptiken im Wellenlängenbereich größer/gleich 9 µm und kleiner/gleich 17 µm und Bestandteile hierfür, einschließlich Bestandteilen aus Cadmiumtellurid (CdTe) Anmerkung: Diese Nummer erfasst nicht Kameras und Bestandteile, erfasst von der Nummer 6A003.	6A003

Nummer	Beschreibung	Referenznummer des Gutes in Anhang I der Verordnung (EG) Nr. 394/2006
II.A6.003	Wellenfrontkorrektursysteme für die Verwendung mit einem Laserstrahl mit einem Durchmesser größer als 4 mm und besonders konstruierte Bestandteile hierfür, ein schließlich Steuersysteme und Phasenfront-Erkennungssysteme und „verformbare Spiegel" einschließlich bimorphe Spiegel Anmerkung: Diese Nummer erfasst nicht Spiegel im Sinne der Unternummern 6A004a, 6A005e und 6A005f.	6A004a, 6A005e, 6A005f
II.A6.004	Argonionen-„Laser" mit einer mittleren Ausgangsleistung größer/gleich 5 W Anmerkung: Diese Nummer erfasst nicht Argonionen-„Laser", erfasst von den Unternummern 0B001g5, der Nummer 6A005 und der Unternummer 6A205a.	6A005a6, 6A205a
II.A6.005	Halbleiter-„Laser" und Bestandteile hierfür wie folgt: a) einzelne Halbleiter-„Laser" mit einer jeweiligen Ausgangsleistung größer als 200 mW, in Mengen größer als 100 b) Halbleiter-„Laser"-Arrays mit einer Ausgangsleistung größer als 20W Anmerkungen: 1. Halbleiter-„Laser" werden gewöhnlich als „Laser"-Dioden bezeichnet. 2. Diese Nummer erfasst nicht „Laser", er fasst von den Unternummern 0B001g5, 0B001h6 und 6A005b. 3. Diese Nummer erfasst nicht „Laser"-Dioden mit einer Wellenlänge im Be reich 1200 nm2000 nm.	6A005b

Nummer	Beschreibung	Referenznummer des Gutes in Anhang I der Verordnung (EG) Nr. 394/2006
II.A6.006	Abstimmbare Halbleiter-„Laser" und abstimmbare Halbleiter-„Laser"-Arrays mit einer Wellenlänge größer/gleich 9 µm und kleiner/gleich 17 µm sowie Stacks aus Halb leiter-„Lasern", die wenigstens ein abstimmbares Halbleiter-„Laser"-Array mit einer solchen Wellenlänge enthalten Anmerkungen: 1. Halbleiter-„Laser" werden gewöhnlich als „Laser"-Dioden bezeichnet. 2. Diese Nummer erfasst nicht Halbleiter-„Laser", erfasst von den Unternummern 0B001h6 und 6A005b.	6A005b
II.A6.007	„Abstimmbare" Festkörper-„Laser", wie folgt, und besonders konstruierte Bestand teile hierfür: a) Titan-Saphir-Laser b) Alexandrit-Laser Anmerkung: Diese Nummer erfasst nicht Titan-Saphir- und Alexandrit-Laser, erfasst von den Unternummern 0B001g5, 0B001h6 und 6A005c1.	6A005c1
II.A6.008	Neodym-dotierte (andere als Glas-)„Laser" mit einer Ausgangswellenlänge größer als 1000nm und kleiner/gleich 1100nm und einer Ausgangsenergie je Puls größer als 10J Anmerkung: Diese Nummer erfasst nicht Neodym-dotierte (andere als Glas-)„Laser", erfasst von der Unternummer 6A005c2b.	6A005c2
II.A6.009	Akustooptische Bestandteile wie folgt: a) Aufnahmeröhren und Halbleiter-Bildsensoren, die eine Bildwiederholungsfrequenz größer/gleich 1 kHz erlauben b) die Bildwiederholungsfrequenz bestimmendes Zubehör c) Pockels-Zellen	6A203b4c

Nummer	Beschreibung	Referenznummer des Gutes in Anhang I der Verordnung (EG) Nr. 394/2006
II.A6.010	Strahlungsfeste Kameras oder Linsen hier für, soweit nicht erfasst in Unternummer 6A203c, besonders konstruiert oder ausgelegt als unempfindlich gegen Strahlungsbelastungen größer als 50 × 10^3 Gy (Silizium) ohne betriebsbedingten Qualitätsverlust Technische Anmerkung: Der Ausdruck Gy (Silizium) bezieht sich auf die in Joules pro Kilogramm ausgedrückte Energie, die von einer ionisierender Strahlung ausgesetzten Probe von nicht abgeschirmtem Silizium absorbiert wird.	6A203c
II.A6.011	Abstimmbare, gepulste Farbstoff-*(Dye-)* „Laser"verstärker und -Oszillatoren mit allen folgenden Eigenschaften: 1. einer Betriebswellenlänge größer/gleich 300nm und kleiner/gleich 800nm 2. einer mittleren Ausgangsleistung größer als 10W und kleiner/gleich 30W 3. einer Pulsfrequenz größer als 1 kHz und 4. einer Pulsdauer kleiner als 100 ns Anmerkungen: 1. Diese Nummer erfasst nicht Single-Mode-Oszillatoren. 2. Diese Nummer erfasst nicht abstimmbare, gepulste Farbstoff-(Dye-)„Laser"verstärker und -Oszillatoren, erfasst von den Unternummern 6A205c, 0B001g5 sowie der Nummer 6A005.	6A205c
II.A6.012	Gepulste CO_2-„Laser" mit allen folgenden Eigenschaften: 1. einer Betriebswellenlänge größer/gleich 9000nm und kleiner/gleich 11000nm 2. einer Pulsfrequenz größer als 250 kHz 3. einer mittleren Ausgangsleistung größer als 100W und kleiner/gleich 500 W und 4. einer Pulsdauer kleiner als 200 ns Anmerkung: Diese Nummer erfasst nicht gepulste CO_2 „Laser"verstärker und -Oszillatoren, erfasst von den Unternummern 6A205d und 0B001h6 sowie der Nummer 6A005.	6A205d

Nummer	Beschreibung	Referenznummer des Gutes in Anhang I der Verordnung (EG) Nr. 394/2006
A7 Luftfahrtelektronik und Navigation		
II.A7.001	Trägheitssysteme und besonders konstruierte Bestandteile, wie folgt: I. Trägheitsnavigationssysteme, die für den Einsatz in „zivilen Luftfahrzeugen" von einer Zivilluftfahrtbehörde in einem Mitgliedstaat des Wassenaar-Arrangements zugelassen sind, und besonders konstruierte Bestandteile, wie folgt: a) Trägheitsnavigationssysteme (INS) (kardanisch oder „strapdown") und Trägheitsgeräte, konstruiert für Lageregelung, Lenkung oder Steuerung von „Luftfahrzeugen", (Über- oder Unterwasser-)Schiffen, Land- oder „Raumfahrzeugen", mit einer der folgenden Eigenschaften und besonders konstruierte Bestandteile hierfür: 1. Navigationsfehler (trägheitsfrei) kleiner/gleich 0,8 nautische Meilen/h ‚Circular Error Probable' (CEP) nach normaler Ausrichtung oder 2. spezifiziert zum Betrieb bei linearen Beschleunigungswerten größer als 10 g b) Hybride Trägheitsnavigationssysteme mit einem integrierten weltweiten Satelliten-Navigationssystem (GNSS) oder „datenbankgestützten Navigationssystem" („DBRN") zur Lageregelung, Lenkung oder Steuerung, nach normaler Ausrichtung, mit einer Positionsgenauigkeit des INS, nach Ausfall des GNSS oder des „DBRN" von bis zu vier Minuten Dauer, von kleiner als 10 m ‚Circular Error Probable' (CEP) c) Trägheitsgeräte für Azimut, Kurs oder Nordweisung mit einer der folgenden Eigenschaften und besonders konstruierte Bestandteile hier für: 1. konstruiert für eine Azimut-, Kurs- oder Nordweisungsgenauigkeit kleiner (besser)/ gleich 6 Bogenminuten (rms) bei 45 Grad geografischer Breite oder	7A003, 7A103

Nummer	Beschreibung	Referenznummer des Gutes in Anhang I der Verordnung (EG) Nr. 394/2006
	2. konstruiert für Nicht-Betriebs-Schockwerte (non-operating shock level) von größer/gleich 900 g über eine Zeitdauer von größer/gleich 1 ms	
	Anmerkung: Die in den Unternummern I.a und I.b genannten Parameter müssen unter einer der folgenden Umgebungsbedingungen eingehalten werden: 1. Zufallsverteilte Vibration (input random vibration) mit einer Gesamtstärke von 7,7 grms in der ersten halben Stunde und einer Gesamttestzeit von 1,5 Stunden in allen drei Achsen mit folgenden Schwingungseigenschaften: a) Konstante spektrale Leistungsdichte (power spectral density, PSD) von 0,04 g^2/Hz im Frequenzbereich 15 Hz bis 1000 Hz und b) spektrale Leistungsdichte von 0,04 g^2/ Hz bei 1 000 Hz auf 0,01 g^2/Hz bei 2 000 Hz abfallend 2. Roll- und Gierrate größer/gleich 2,62 rad/ s (150°/s) oder 3. nationale Prüfbedingungen äquivalent den in den Unternummern 1 und 2 beschriebenen Bedingungen Technische Anmerkungen: 1. Unternummer I.b bezieht sich auf Systeme, in denen ein INS und andere unabhängige Hilfsnavigationseinrichtungen in eine Einheit integriert sind, um eine Leistungssteigerung zu erreichen. 2. Circular Error Probable' (CEP) bezeichnet innerhalb einer kreisförmigen Normalverteilung den Radius des Kreises, der 50 % der einzelnen durchgeführten Messungen enthält, oder den Radius des Kreises, in dem eine 50 %-Wahrscheinlichkeit des Vorhandenseins besteht.	

Nummer	Beschreibung	Referenznummer des Gutes in Anhang I der Verordnung (EG) Nr. 394/2006
	i. Theodolitensysteme mit eingebauten Trägheitsgeräten, die besonders konstruiert sind für zivile Überwachungszwecke und konstruiert für eine Azi-mut-, Kurs- oder Nordweisungsgenauigkeit kleiner (besser)/gleich 6 Bogenminuten (rms) bei 45 Grad geografischer Breite, und besonders konstruierte Bestandteile hierfür ii. Trägheitsgeräte oder sonstige Geräte, die von den Nummern 7A001 oder 7A101 erfasste Beschleunigungsmesser enthalten, sofern diese Beschleunigungsmesser für Arbeiten an Bohrlöchern bestimmt und als MWD-(Measurement While Drilling-) Sensoren zur Messung während des Bohrvorgangs besonders konstruiert sind	

II.B. TECHNOLOGIEN		
II.B.001	Technologien, die für die Entwicklung, Herstellung oder Verwendung der in Teil A auf geführten Güter erforderlich sind.	

Anhang III

Websites mit Informationen über die in Artikel 3 Absatz 3 in Artikel 5 Absatz 3 und in den Artikeln 6, 8, 9, 10 und 13 genannten zuständigen Behörden und Anschrift für Notifikationen an die Europäische Kommission

BELGIEN
http://www.diplomatie.be/eusanctions

BULGARIEN
http://www.mfa.government.bg

TSCHECHISCHE REPUBLIK
http://www.mfcr.cz/mezinarodnisankce

DÄNEMARK
http://www.um.dk/da/menu/Udenrigspolitik/FredSikkerhedOgInternationalRetsorden/Sanktioner/

DEUTSCHLAND
http://www.bmwi.de/BMWi/Navigation/Aussenwirtschaft/Aussenwirtschaftsrecht/embargos.html

ESTLAND
http://web-visual.vm.ee/est/kat_622/

GRIECHENLAND
http://www.ypex.gov.gr/www.mfa.gr/en-US/Policy/Multilateral+Diplomacy/International+Sanctions/

SPANIEN
www.mae.es/es/MenuPpal/Asuntos/Sanciones+Internacionales

FRANKREICH
http://www.diplomatie.gouv.fr/autorites-sanctions/

IRLAND
http://www.dfa.ie/un_eu_restrictive_measures_ireland/ competent_authorities

ITALIEN
http://www.esteri.it/UE/deroghe.html

ZYPERN
http://www.mfa.gov.cy/sanctions

LETTLAND
http://www.mfa.gov.lv/en/security/4539

LITAUEN
http://www.urm.lt

LUXEMBURG
http://www.mae.lu/sanctions

UNGARN
http://www.kulugyminiszterium.hu/kum/hu/bal/nemzetkozi_szankciok.htm

MALTA
http://www.doi.gov.mt/EN/bodies/boards/sanctions_monitoring.asp

NIEDERLANDE
http://www.minbuza.nl/sancties

ÖSTERREICH
http://www.bmeia.gv.at/view.php3?f_id=12750&LNG=en&version=

POLEN
http://www.msz.gov.pl

PORTUGAL
http://www.min-nestrangeiros.pt

RUMÄNIEN
http://www.mae.ro/inex.php?unde=doc&id=32311&idlnk=1&cat=3

SLOWENIEN
http://www.mzz.gov.si/si/zunanja_politika/mednarodna_varnost/ omejevalni_ukrepi/

SLOWAKEI http://www.foreign.gov.sk

FINNLAND
http://formin.finland.fi/kvyhteistyo/pakotteet

SCHWEDEN

VEREINIGTES KÖNIGREICH
http://www.fco.gov.uk/competentauthorities

Anschrift für Notifikationen an die Europäische Kommission:

Europäische Kommission
Generaldirektion Außenbeziehungen
Direktion A – Krisenplattform und politische Koordinierung der GASP
Referat A2 – Krisenmanagement und Konfliktvermeidung
CHAR 12/106
B-1049 Brüssel (Belgien)
E-Mail: relex-sanctions@ec.europa.eu
Tel.: (32 2) 295 55 85, 299 11 76
Fax: (32 2) 299 08 73.

Anhang IV

Liste der in Artikel 7 Absatz 1 genannten Personen, Organisationen und Einrichtungen

(A) Juristische Personen, Organisationen und Einrichtungen

1. Atomenergie-Organisation Irans (AEOI). Sonstige Informationen: am Nuklearprogramm Irans beteiligt.
2. Organisation der Verteidigungsindustrien (OVI). Sonstige Informationen: a) übergeordnete Einrichtung unter Aufsicht des Ministeriums für Verteidigung und Logistik der Streitkräfte, einige der ihr unterstehenden Einrichtungen waren und sind als Hersteller von Bauteilen am Zentrifugenprogramm und am Raketenprogramm beteiligt, b) am Nuklearprogramm Irans beteiligt.

3. Fajr Industrial Group. Sonstige Informationen: a) früher: Instrumentation Factory Plant, b) der OLI unterstehende Einrichtung, c) am Programm Irans für ballistische Raketen beteiligt.
4. Farayand Technique. Sonstige Informationen: a) am Nuklearprogramm (Zentrifugenprogramm) Irans beteiligt, b) in IAEO-Berichten genannt.
5. Kala-Electric (auch: Kalaye Electric). Sonstige Informationen: a) Beschaffer für die Versuchsanlage für Brennstoffanreicherung in Natanz, b) am Nuklearprogramm Irans beteiligt.
6. Mesbah Energy Company. Sonstige Informationen: a) Beschaffer für den Forschungsreaktor A40 in Arak, b) am Nuklearprogramm Irans beteiligt.
7. Pars Trash Company. Sonstige Informationen: a) am Nuklearprogramm (Zentrifugenprogramm) Irans beteiligt, b) in IAEO-Berichten genannt.
8. Siebter Tir. Sonstige Informationen: a) der OVI unterstehende Einrichtung, weithin als unmittelbar am Nuklearprogramm Irans beteiligt angesehen, b) am Nuklearprogramm Irans beteiligt.
9. Shahid Bagheri Industrial Group (SBIG). Sonstige Informationen: a) der OLI unterstehende Einrichtung, b) am Programm Irans für ballistische Raketen beteiligt.
10. Shahid Hemmat Industrial Group (SHIG). Sonstige Informationen: a) der OLI unterstehende Einrichtung, b) am Programm Irans für ballistische Raketen beteiligt.

(B) Natürliche Personen

1. Dawood Agha-Jani. Funktion: Leiter der Versuchsanlage für Brennstoffanreicherung in Natanz. Sonstige Informationen: am Nuklearprogramm Irans beteiligt.
2. Behman Asgarpour. Funktion: Betriebsleiter (Arak). Sonstige Informationen: am Nuklearprogramm Irans beteiligt.
3. Bahmanyar Morteza Bahmanyar. Funktion: Leiter der Abteilung Finanzen und Haushalt der OLI. Sonstige Informationen: am Programm Irans für ballistische Raketen beteiligt.
4. Ahmad Vahid Dastjerdi. Funktion: Leiter der OLI. Sonstige Informationen: am Programm Irans für ballistische Raketen beteiligt.
5. Reza-Gholi Esmaeli. Funktion: Leiter der Abteilung Handel und internationale Angelegenheiten der OLI. Sonstige Informationen: am Programm Irans für ballistische Raketen beteiligt.
6. Ali Hajinia Leilabadi. Funktion: Generaldirektor der Mesbah Energy Company. Sonstige Informationen: am Nuklearprogramm Irans beteiligt.
7. Jafar Mohammadi. Funktion: Technischer Berater der AEOI (Produktionsleiter für in Zentrifugen verwendete Ventile). Sonstige Informationen: am Nuklearprogramm Irans beteiligt.
8. Ehsan Monajemi. Funktion: Bauleiter (Natanz). Sonstige Informationen: am Nuklearprogramm Irans beteiligt.
9. Mohammad Mehdi Nejad Nouri. Titel: Generalleutnant. Funktion: Rektor der Malek-Ashtar-Universität für Verteidigungstechnologie. Sonstige Informationen: Der Fachbereich Chemie der Ashtar-Universität für Verteidigungstechnologie ist dem Ministe-

rium für Verteidigung und Logistik der Streitkräfte angeschlossen und hat BerylliumExperimente durchgeführt. Am Nuklearprogramm Irans beteiligt.

10. Mohammad Qannadi. Funktion: Vizepräsident für Forschung und Entwicklung der AEOI. Sonstige Informationen: am Nuklearprogramm Irans beteiligt.
11. Yahya Rahim Safavi. Titel: Generalmajor. Funktion: Kommandeur, IRGC (Pasdaran). Sonstige Informationen: sowohl am Nuklearprogramm Irans als auch am Programm Irans für ballistische Raketen beteiligt.
12. Hosein Salimi. Titel: General. Funktion: Kommandeur der Luftstreitkräfte, IRGC (Pasdaran). Sonstige Informationen: am Programm Irans für ballistische Raketen beteiligt.

Anhang V

Liste der in Artikel 7 Absatz 2 genannten Personen, Organisationen und Einrichtungen

5. Gemeinsamer Standpunkt 2008/944/GASP des Rates vom 8. Dezember 2008 betreffend gemeinsame Regeln für die Kontrolle der Ausfuhr von Militärtechnologie und Militärgütern

DER RAT DER EUROPÄISCHEN UNION –

gestützt auf den Vertrag über die Europäische Union, insbesondere auf Artikel 15,

in Erwägung nachstehender Gründe:

(1) Die Mitgliedstaaten beabsichtigen, die vom Europäischen Rat auf seinen Tagungen in Luxemburg und Lissabon in den Jahren 1991 und 1992 vereinbarten gemeinsamen Kriterien und den vom Rat 1998 angenommenen EU-Verhaltenskodex für Waffenexporte als Grundlage zu nutzen.

(2) Die Mitgliedstaaten erkennen die besondere Verantwortung der Militärtechnologie und Militärgüter exportierenden Staaten an.

(3) Die Mitgliedstaaten wollen mit Entschlossenheit hohe gemeinsame Maßstäbe setzen, die als Mindeststandards für die beim Transfer von Militärtechnologie und Militärgütern von allen Mitgliedstaaten zu befolgende zurückhaltende Praxis angesehen werden sollten, und den Austausch relevanter Informationen verstärken, um größere Transparenz zu erreichen.

(4) Die Mitgliedstaaten wollen mit Entschlossenheit verhindern, dass Militärtechnologie und Militärgüter ausgeführt werden, die zu interner Repression oder internationaler Aggression eingesetzt werden könnten oder zu regionaler Instabilität beitragen könnten.

(5) Die Mitgliedstaaten wollen die Zusammenarbeit verstärken und die Konvergenz auf dem Gebiet der Ausfuhr von Militärtechnologie und Militärgütern im Rahmen der Gemeinsamen Außen- und Sicherheitspolitik (GASP) fördern.

(6) Ergänzend sind mit dem EU-Programm zur Verhütung und Bekämpfung des illegalen Handels mit konventionellen Waffen Maßnahmen gegen unerlaubte Transfers eingeleitet worden.

(7) Der Rat hat am 12. Juli 2002 die Gemeinsame Aktion 2002/589/GASP ([1]) betreffend den Beitrag der Europäischen Union zur Bekämpfung der destabilisierenden Anhäufung und Verbreitung von Handfeuerwaffen und leichten Waffen angenommen.

(8) Der Rat hat am 23. Juni 2003 den Gemeinsamen Standpunkt 2003/468/GASP ([2]) betreffend die Überwachung von Waffenvermittlungstätigkeiten angenommen.

(9) Der Europäische Rat hat im Dezember 2003 eine Strategie gegen die Verbreitung von Massenvernichtungswaffen und im Dezember 2005 eine Strategie zur Bekämpfung der Anhäufung von Kleinwaffen und leichten Waffen und dazugehöriger Munition sowie des unerlaubten Handels damit angenommen, die ein erhöhtes Interesse der Mitgliedstaaten der Europäischen Union an einer koordinierten Herangehensweise an die Kontrolle der Ausfuhr von Militärtechnologie und Militärgütern bedingen.

1 ABl. L 191 vom 19.7.2002, S. 1.
2 ABl. L 156 vom 25.6.2003, S. 79.

(10) Im Jahr 2001 wurde das Aktionsprogramm der Vereinten Nationen zur Verhütung, Bekämpfung und Beseitigung des unerlaubten Handels mit Kleinwaffen und leichten Waffen unter allen Aspekten angenommen.

(11) 1992 wurde das Register der Vereinten Nationen für konventionelle Waffen eingerichtet.

(12) Die Staaten haben im Einklang mit dem durch die VN-Charta anerkannten Recht auf Selbstverteidigung das Recht, Mittel zur Selbstverteidigung zu transferieren.

(13) Der Wunsch der Mitgliedstaaten, eine Rüstungsindustrie als Teil ihrer industriellen Basis wie auch ihrer Verteidigungsanstrengungen aufrechtzuerhalten, wird anerkannt.

(14) Die Stärkung einer europäischen industriellen und technologischen Verteidigungsbasis, die zur Umsetzung der Gemeinsamen Außen- und Sicherheitspolitik und insbesondere der Europäischen Sicherheits- und Verteidigungspolitik beiträgt, sollte mit Zusammenarbeit und Konvergenz im Bereich der Militärtechnologie und der Militärgüter einhergehen.

(15) Die Mitgliedstaaten wollen die Politik der Europäischen Union zur Kontrolle der Ausfuhr von Militärtechnologie und Militärgütern durch die Annahme dieses Gemeinsamen Standpunkts, der den vom Rat am 8. Juni 1998 angenommenen Verhaltenskodex der Europäischen Union für Waffenausfuhren aktualisiert und ersetzt, verstärken.

(16) Der Rat hat am 13. Juni 2000 die Gemeinsame Militärgüterliste der Europäischen Union angenommen, die regelmäßig überarbeitet wird, wobei gegebenenfalls entsprechende nationale und internationale Listen berücksichtigt werden ([1]).

(17) Die Union muss gemäß Artikel 3 Absatz 2 des Vertrags auf die Kohärenz aller von ihr ergriffenen außenpolitischen Maßnahmen im Rahmen ihrer Außenpolitik achten; diesbezüglich nimmt der Rat Kenntnis von dem Vorschlag der Kommission zur Änderung der Verordnung (EG) Nr. 1334/2000 des Rates vom 22. Juni 2000 über eine Gemeinschaftsregelung für die Kontrolle der Ausfuhr von Gütern und Technologien mit doppeltem Verwendungszweck ([2]) –

HAT FOLGENDEN GEMEINSAMEN STANDPUNKT ANGENOMMEN:

Artikel 1

(1) Jeder Mitgliedstaat prüft die ihm vorgelegten Anträge auf Ausfuhrgenehmigung für Gegenstände der in Artikel 12 genannten Gemeinsamen Militärgüterliste der EU in jedem Einzelfall anhand der Kriterien nach Artikel 2.

(2) Die in Absatz 1 genannten Anträge auf Ausfuhrgenehmigung umfassen Folgendes:

- Genehmigungsanträge für tatsächliche Ausfuhren, auch wenn diese zum Zwecke der Lizenzproduktion von Militärgütern in Drittländern erfolgen;
- Anträge auf Lizenzen für Waffenvermittlertätigkeiten;
- Anträge auf Lizenzen für „Durchfuhr" oder „Umladung";
- Lizenzanträge für immaterielle Software- und Technologietransfers, z. B. mittels elektronischer Medien, Fax oder Telefon.

In den Rechtsvorschriften der Mitgliedstaaten wird festgelegt, in welchen Fällen eine Ausfuhrgenehmigung für diese Anträge erforderlich ist.

1 Zuletzt geändert am 10. März 2008, ABl. C 98 vom 18.4.2008, S. 1.
2 ABl. L 159 vom 30.6.2000, S. 1.

Artikel 2
Kriterien

(1) Kriterium 1: Einhaltung der internationalen Verpflichtungen der Mitgliedstaaten, insbesondere der vom VN-Sicherheitsrat oder der Europäischen Union verhängten Sanktionen, der Übereinkünfte zur Nichtverbreitung und anderen Themen sowie sonstiger internationaler Verpflichtungen

Eine Ausfuhrgenehmigung wird verweigert, wenn ihre Erteilung im Widerspruch stünde unter anderem zu

a) den internationalen Verpflichtungen der Mitgliedstaaten sowie ihren Verpflichtungen zur Durchsetzung von Waffenembargos der Vereinten Nationen, der Europäischen Union oder der Organisation für Sicherheit und Zusammenarbeit in Europa;

b) den internationalen Verpflichtungen der Mitgliedstaaten aus dem Vertrag über die Nichtverbreitung von Kernwaffen, dem Übereinkommen über biologische und Toxinwaffen und dem Chemiewaffenübereinkommen;

c) der Verpflichtung der Mitgliedstaaten, keinerlei Antipersonenminen auszuführen;

d) den Verpflichtungen der Mitgliedstaaten im Rahmen der Australischen Gruppe, des Trägertechnologie-Kontrollregimes, des Zangger-Ausschusses, der Gruppe der Kernmaterial-Lieferländer (NSG), des Wassenaar-Arrangements und des Haager Verhaltenskodex gegen die Proliferation ballistischer Raketen.

(2) Kriterium 2: Achtung der Menschenrechte und des humanitären Völkerrechts durch das Endbestimmungsland

Die Mitgliedstaaten bewerten die Haltung des Empfängerlandes zu den einschlägigen Grundsätzen der internationalen Menschenrechtsübereinkünfte und

a) verweigern eine Ausfuhrgenehmigung, wenn eindeutig das Risiko besteht, dass die Militärtechnologie oder die Militärgüter, die zur Ausfuhr bestimmt sind, zur internen Repression benutzt werden könnten;

b) lassen besondere Vorsicht und Wachsamkeit bei der Erteilung von Ausfuhrgenehmigungen an Länder walten, in denen von den zuständigen Gremien der Vereinten Nationen, der Europäischen Union oder des Europarates schwerwiegende Menschenrechtsverletzungen festgestellt wurden, und nehmen dabei eine Einzelfallprüfung unter Berücksichtigung der Art der Militärtechnologie oder der Militärgüter vor.

   Hierfür gelten als Militärtechnologie oder Militärgüter, die zu interner Repression benutzt werden könnten, unter anderem Militärtechnologie oder Militärgüter, die vom angegebenen Endverwender in dieser oder einer ähnlichen Form nachweislich zu interner Repression benutzt worden sind oder bei denen Grund zu der Annahme besteht, dass sie an der angegebenen Endverwendung bzw. am angegebenen Endverwender vorbeigeleitet werden und zu interner Repression genutzt werden. Gemäß Artikel 1 ist die Art der Militärtechnologie oder der Militärgüter sorgfältig zu prüfen, insbesondere wenn sie für Zwecke der inneren Sicherheit bestimmt sind. Interne Repression umfasst unter anderem Folter sowie andere grausame, unmenschliche und erniedrigende Behandlung oder Bestrafung, willkürliche oder Schnell-Hinrichtungen, das Verschwindenlassen von Personen, willkürliche Verhaftungen und andere schwere Verletzungen der Menschenrechte und Grundfreiheiten, wie sie in den einschlägigen Menschenrechtsübereinkünften, einschließlich der Allgemeinen Erklärung der Menschenrechte und des Internationalen Pakts über bürgerliche und politische Rechte, niedergelegt sind.

Die Mitgliedstaaten bewerten die Haltung des Empfängerlandes zu den einschlägigen Grundsätzen der Übereinkünfte des humanitären Völkerrechts und

c) verweigern eine Ausfuhrgenehmigung, wenn eindeutig das Risiko besteht, dass die Militärtechnologie oder die Militärgüter, die zur Ausfuhr bestimmt sind, verwendet werden, um schwere Verstöße gegen das humanitäre Völkerrecht zu begehen.

(3) Kriterium 3: Innere Lage im Endbestimmungsland als Ergebnis von Spannungen oder bewaffneten Konflikten

Die Mitgliedstaaten verweigern eine Ausfuhrgenehmigung für Militärtechnologie oder Militärgüter, die im Endbestimmungsland bewaffnete Konflikte auslösen bzw. verlängern würden oder bestehende Spannungen oder Konflikte verschärfen würden.

(4) Kriterium 4: Aufrechterhaltung von Frieden, Sicherheit und Stabilität in einer Region

Die Mitgliedstaaten verweigern eine Ausfuhrgenehmigung, wenn eindeutig das Risiko besteht, dass der angegebene Empfänger die Militärtechnologie oder die Militärgüter, die zur Ausfuhr bestimmt sind, zum Zwecke der Aggression gegen ein anderes Land oder zur gewaltsamen Durchsetzung eines Gebietsanspruchs benutzt. Bei der Abwägung dieser Risiken berücksichtigen die Mitgliedstaaten unter anderem

a) das Bestehen oder die Wahrscheinlichkeit eines bewaffneten Konflikts zwischen dem Empfängerland und einem anderen Land;

b) Ansprüche auf das Hoheitsgebiet eines Nachbarlandes, deren gewaltsame Durchsetzung das Empfängerland in der Vergangenheit versucht bzw. angedroht hat;

c) die Wahrscheinlichkeit, dass die Militärtechnologie oder die Militärgüter zu anderen Zwecken als für die legitime nationale Sicherheit und Verteidigung des Empfängerlandes verwendet wird;

d) das Erfordernis, die regionale Stabilität nicht wesentlich zu beeinträchtigen.

(5) Kriterium 5: Nationale Sicherheit der Mitgliedstaaten und der Gebiete, deren Außenbeziehungen in die Zuständigkeit eines Mitgliedstaats fallen, sowie nationale Sicherheit befreundeter und verbündeter Länder

Die Mitgliedstaaten berücksichtigen

a) die möglichen Auswirkungen der Militärtechnologie oder der Militärgüter, die zur Ausfuhr bestimmt sind, auf ihre Verteidigungs- und Sicherheitsinteressen sowie auf die anderer Mitgliedstaaten und befreundeter oder verbündeter Länder, wobei sie anerkennen, dass hierdurch die Berücksichtigung der Kriterien betreffend die Achtung der Menschenrechte und die Aufrechterhaltung von Frieden, Sicherheit und Stabilität in einer Region nicht beeinträchtigt werden darf;

b) das Risiko, dass diese Militärtechnologie oder diese Militärgüter gegen ihre eigenen Streitkräfte oder die anderer Mitgliedstaaten oder befreundeter oder verbündeter Länder eingesetzt werden.

(6) Kriterium 6: Verhalten des Käuferlandes gegenüber der internationalen Gemeinschaft, unter besonderer Berücksichtigung seiner Haltung zum Terrorismus, der Art der von ihm eingegangenen Bündnisse und der Einhaltung des Völkerrechts

Die Mitgliedstaaten berücksichtigen unter anderem das bisherige Verhalten des Käuferlandes in Bezug auf

a) eine Unterstützung oder Förderung des Terrorismus und der internationalen organisierten Kriminalität;

b) die Einhaltung seiner internationalen Verpflichtungen, insbesondere im Hinblick auf die Nichtanwendung von Gewalt, und der Bestimmungen des humanitären Völkerrechts;

c) sein Engagement im Bereich der Nichtverbreitung und anderen Bereichen der Rüstungskontrolle und Abrüstung, insbesondere die Unterzeichnung, Ratifizierung und Durchführung der bei Kriterium 1 unter Buchstabe b aufgeführten einschlägigen Rüstungskontroll- und Abrüstungsübereinkommen.

(7) Kriterium 7: Risiko der Abzweigung von Militärtechnologie oder Militärgütern im Käuferland oder der Wiederausfuhr von Militärgütern unter unerwünschten Bedingungen

Bei der Beurteilung der Auswirkungen der Militärtechnologie oder der Militärgüter, die zur Ausfuhr bestimmt sind, auf das Empfängerland und des Risikos, dass diese Technologie oder Güter auf Umwegen zu einem unerwünschten Endverwender oder zu einer unerwünschten Endverwendung gelangen könnten, wird Folgendes berücksichtigt:

a) die legitimen Interessen der Verteidigung und der inneren Sicherheit des Empfängerlandes, einschließlich einer etwaigen Beteiligung an friedenserhaltenden Maßnahmen der Vereinten Nationen oder anderer Art;

b) die technische Fähigkeit des Empfängerlandes, diese Technologie oder diese Güter zu benutzen;

c) die Fähigkeit des Empfängerlandes, wirksame Ausfuhrkontrollen durchzuführen;

d) das Risiko, dass solche Technologie oder solche Güter mit unerwünschtem Ziel wieder ausgeführt werden, und die bisherige Befolgung etwaiger Wiederausfuhrbestimmungen bzw. vorheriger Genehmigungspflichten, die vom Ausfuhrmitgliedstaat gegebenenfalls festgelegt wurden, durch das Empfängerland;

e) das Risiko, dass solche Technologie oder solche Güter zu terroristischen Vereinigungen oder einzelnen Terroristen umgeleitet werden;

f) die Gefahr eines Reverse Engineering oder eines unbeabsichtigten Technologietransfers.

(8) Kriterium 8: Vereinbarkeit der Ausfuhr von Militärtechnologie oder Militärgütern mit der technischen und wirtschaftlichen Leistungsfähigkeit des Empfängerlandes, wobei zu berücksichtigen ist, dass die Staaten bei der Erfüllung ihrer legitimen Sicherheits- und Verteidigungsbedürfnisse möglichst wenige Arbeitskräfte und wirtschaftliche Ressourcen für die Rüstung einsetzen sollten

Die Mitgliedstaaten beurteilen anhand von Informationen aus einschlägigen Quellen, wie z. B. Entwicklungsprogramm der Vereinten Nationen, Weltbank, Internationaler Währungsfonds und Organisation für wirtschaftliche Zusammenarbeit und Entwicklung, ob die geplante Ausfuhr die nachhaltige Entwicklung des Empfängerlandes ernsthaft beeinträchtigen würde. Sie prüfen in diesem Zusammenhang den jeweiligen Anteil der Rüstungs- und der Sozialausgaben des Empfängerlandes und berücksichtigen dabei auch jedwede EU- oder bilaterale Hilfe.

Artikel 3

Dieser Gemeinsame Standpunkt lässt das Recht der Mitgliedstaaten unberührt, auf nationaler Ebene eine restriktivere Politik zu verfolgen.

Artikel 4

(1) Die Mitgliedstaaten informieren einander detailliert über Anträge auf Ausfuhrgenehmigungen, die entsprechend den Kriterien dieses Gemeinsamen Standpunkts verweigert wurden, und geben die Gründe für die Verweigerung an. Bevor ein Mitgliedstaat eine Genehmigung erteilt, die von einem oder mehreren anderen Mitgliedstaaten innerhalb der letzten drei Jahre für eine im Wesentlichen gleichartige Transaktion verweigert worden ist, konsultiert er zunächst den bzw. die Mitgliedstaaten, die die Genehmigung verweigert haben. Beschließt der betreffende Mitgliedstaat nach den Konsultationen dennoch, die Genehmigung zu erteilen, so teilt er dies dem bzw. den Mitgliedstaaten, die die Genehmigung verweigert haben, mit und erläutert ausführlich seine Gründe.

(2) Ob der Transfer von Militärtechnologie oder Militärgütern genehmigt oder verweigert wird, bleibt dem nationalen Ermessen eines jeden Mitgliedstaats überlassen. Eine Genehmigung gilt als verweigert, wenn der Mitgliedstaat die Genehmigung des tatsächlichen Verkaufs oder der Ausfuhr der Militärtechnologie oder der Militärgüter verweigert hat und es andernfalls zu einem Verkauf oder zum Abschluss des entsprechenden Vertrags gekommen wäre. Für diese Zwecke kann eine notifizierbare Verweigerung gemäß den nationalen Verfahren auch die Verweigerung der Zustimmung zur Aufnahme von Verhandlungen oder einen abschlägigen Bescheid auf eine förmliche Voranfrage zu einem bestimmten Auftrag umfassen.

(3) Die Mitgliedstaaten behandeln derartige Verweigerungen und die entsprechenden Konsultationen vertraulich und ziehen daraus keine wirtschaftlichen Vorteile.

Artikel 5

Ausfuhrgenehmigungen werden nur auf der Grundlage einer zuverlässigen vorherigen Kenntnis der Endverwendung im Endbestimmungsland erteilt. Hierfür sind in der Regel eine gründlich überprüfte Endverbleibserklärung oder entsprechende Unterlagen und/oder eine vom Endbestimmungsland erteilte offizielle Genehmigung erforderlich. Bei der Bewertung der Anträge auf Ausfuhrgenehmigungen für Militärtechnologie oder Militärgüter zum Zwecke der Produktion in Drittländern berücksichtigen die Mitgliedstaaten insbesondere die mögliche Verwendung des Endprodukts im Erzeugerland sowie das Risiko, dass das Endprodukt zu einem unerwünschten Endverwender umgeleitet oder ausgeführt werden könnte.

Artikel 6

Unbeschadet der Verordnung (EG) Nr. 1334/2000 gelten die in Artikel 2 dieses Gemeinsamen Standpunktes aufgeführten Kriterien und das Konsultationsverfahren nach Artikel 4 für die Mitgliedstaaten auch in Bezug auf Güter und Technologie mit doppeltem Verwendungszweck gemäß Anhang I der Verordnung (EG) Nr. 1334/2000, wenn schwerwiegende Gründe für die Annahme bestehen, dass die Endverwender solcher Güter und solcher Technologie die Streitkräfte, die internen Sicherheitskräfte oder ähnliche Einheiten des Empfängerlandes sein werden. Wird in diesem Gemeinsamen Standpunkt auf Militärtechnologie oder Militärgüter Bezug genommen, so sind darunter auch solche Güter und solche Technologie zu verstehen.

Artikel 7

Damit dieser Gemeinsame Standpunkt die größtmögliche Wirkungskraft hat, streben die Mitgliedstaaten im Rahmen der GASP nach einer Verstärkung ihrer Zusammenarbeit und einer Förderung ihrer Konvergenz im Bereich der Ausfuhr von Militärtechnologie und Militärgütern.

Artikel 8

(1) Jeder Mitgliedstaat übermittelt den anderen Mitgliedstaaten jährlich einen vertraulichen Bericht über seine Ausfuhren von Militärtechnologie und Militärgütern und seine Umsetzung des Gemeinsamen Standpunkts.

(2) Ein Jahresbericht der EU, der auf den Beiträgen aller Mitgliedstaaten beruht, wird dem Rat vorgelegt und in der Reihe C des Amtsblatts der Europäischen Union veröffentlicht.

(3) Außerdem veröffentlicht jeder Mitgliedstaat, der Technologie oder Güter der Gemeinsamen Militärgüterliste der EU ausführt, gegebenenfalls im Einklang mit nationalen Rechtsvorschriften, einen Bericht über seine Ausfuhren von Militärtechnologie und Militärgütern und stellt nach Maßgabe des Benutzerleitfadens Informationen für den Jahresbericht der EU über die Umsetzung des Gemeinsamen Standpunkts bereit.

Artikel 9

Die Mitgliedstaaten beurteilen gegebenenfalls gemeinsam im Rahmen der GASP anhand der Grundsätze und Kriterien dieses Gemeinsamen Standpunkts die Lage potenzieller oder tatsächlicher Empfänger der von den Mitgliedstaaten ausgeführten Militärtechnologie und Militärgüter.

Artikel 10

Die Mitgliedstaaten können zwar gegebenenfalls die Auswirkungen geplanter Ausfuhren auf ihre wirtschaftlichen, sozialen, kommerziellen und industriellen Interessen berücksichtigen, doch dürfen diese Faktoren die Anwendung der oben angeführten Kriterien nicht beeinträchtigen.

Artikel 11

Die Mitgliedstaaten setzen sich nach Kräften dafür ein, andere Militärtechnologie und Militärgüter exportierende Staaten zu ermutigen, die Grundsätze dieses Gemeinsamen Standpunkts anzuwenden. Sie betreiben mit den Drittstaaten, die die Kriterien anwenden, einen regelmäßigen Erfahrungsaustausch über ihre Politik zur Kontrolle der Ausfuhr von Militärtechnologie und Militärgütern und über die Anwendung der Kriterien.

Artikel 12

Die Mitgliedstaaten stellen sicher, dass ihre nationalen Rechtsvorschriften es ihnen erlauben, die Ausfuhr der Technologie und der Güter kontrollieren zu können, die auf der Gemeinsamen Militärgüterliste der EU verzeichnet sind. Die Gemeinsame Militärgüterliste der EU dient als Bezugspunkt für die nationalen Listen der Mitgliedstaaten für Militärtechnologie und Militärgüter, ersetzt diese aber nicht unmittelbar.

Artikel 13

Der Benutzerleitfaden zum Verhaltenskodex der Europäischen Union für die Ausfuhr von Militärgütern, der regelmäßig aktualisiert wird, dient als Orientierungshilfe bei der Anwendung dieses Gemeinsamen Standpunkts.

Artikel 14

Dieser Gemeinsame Standpunkt wird am Tag seiner Annahme wirksam.

Artikel 15

Dieser Gemeinsame Standpunkt wird drei Jahre nach seiner Annahme überprüft.

Artikel 16

Dieser Gemeinsame Standpunkt wird im Amtsblatt der Europäischen Union veröffentlicht.

Geschehen zu Brüssel am 8. Dezember 2008.

Im Namen des Rates
Der Präsident
B. KOUCHNER

6. Beschluss des Rates 2009/1012/GASP vom 22. Dezember 2009 zur Unterstützung der Maßnahmen der Europäischen Union zur Förderung der Waffenausfuhrkontrolle und der Anwendung der Grundsätze und Kriterien des Gemeinsamen Standpunkts 2008/944/GASP in Drittländern

DER RAT DER EUROPÄISCHEN UNION –

gestützt auf den Vertrag über die Europäische Union, insbesondere auf Artikel 26 Absatz 2 und Artikel 31 Absatz 1,

in Erwägung nachstehender Gründe:

(1) Der Rat hat am 26. Juni 1997 das EU-Programm zur Verhütung und Bekämpfung des illegalen Handels mit konventionellen Waffen angenommen, mit dem sich die Europäische Union und ihre Mitgliedstaaten verpflichten, abgestimmte Maßnahmen zur Unterstützung anderer Staaten bei der Verhütung und Bekämpfung des illegalen Handels mit Waffen zu ergreifen.

(2) Am 8. Dezember 2008 hat der Rat den Gemeinsamen Standpunkt 2008/944/GASP betreffend gemeinsame Regeln für die Kontrolle der Ausfuhr von Militärtechnologie und Militärgütern angenommen, in dem acht Kriterien für die Ausfuhr konventioneller Waffen festgelegt werden[1] und ein Konsultations- und Mitteilungsverfahren für Genehmigungsverweigerungen sowie ein Transparenzverfahren, das die Veröffentlichung von Jahresberichten der EU über Waffenausfuhren vorsieht, eingeführt werden. Dieser Gemeinsame Standpunkt trägt erheblich zur Harmonisierung der einzelstaatlichen Politik im Bereich der Waffenausfuhrkontrolle bei, und seine Grundsätze und Kriterien sind von mehreren Drittländern offiziell übernommen worden.

(3) In Artikel 11 des Gemeinsamen Standpunkts 2008/944/GASP heißt es, dass die Mitgliedstaaten sich nach Kräften dafür einsetzen werden, andere rüstungsexportierende Staaten zu ermutigen, die Kriterien dieser Gemeinsamen Standpunkts anzuwenden.

(4) In der Europäischen Sicherheitsstrategie, die von den Staats- und Regierungschefs am 12. Dezember 2003 angenommen wurde, werden fünf wesentliche Herausforderungen genannt, mit denen sich die EU seit dem Ende des Kalten Krieges konfrontiert sieht: Terrorismus, Verbreitung von Massenvernichtungswaffen, regionale Konflikte, Staatsversagen und organisierte Kriminalität. Bei vier dieser fünf Herausforderungen sind die Auswirkungen einer unkontrollierten Verbreitung von konventionellen Waffen von entscheidender Bedeutung. Die unkontrollierte Weitergabe von Waffen trägt nämlich zur Verschlimmerung des Terrorismus und der organisierten Kriminalität bei und spielt eine wesentliche Rolle bei der Entstehung und Ausweitung von Konflikten sowie beim Zusammenbruch staatlicher Strukturen. In der Strategie wird ferner hervorgehoben, wie wichtig Ausfuhrkontrollen für die Eindämmung der Proliferation sind.

(5) Durch das Internationale Rechtsinstrument zur Ermöglichung der rechtzeitigen und zuverlässigen Identifikation und Rückverfolgung illegaler Kleinwaffen und leichter Waffen durch die Staaten, das von der Generalversammlung der Vereinten Nationen am

1 ABl. L 335 vom 13.12.2008, S. 99.

8. Dezember 2005 angenommen wurde, sollen die bestehenden bilateralen, regionalen und internationalen Übereinkünfte zur Verhütung, Bekämpfung und Beseitigung des unerlaubten Handels mit Kleinwaffen und leichten Waffen unter allen Aspekten in ihrer Wirkung verstärkt und ergänzt werden.

(6) Die vom Europäischen Rat auf seiner Tagung vom 15. und 16. Dezember 2005 angenommenen Strategie der Europäischen Union zur Bekämpfung der Anhäufung von Kleinwaffen und leichten Waffen und zugehöriger Munition sowie des unerlaubten Handels damit sieht vor, dass die Europäische Union auf regionaler und internationaler Ebene sowohl die Verschärfung der Ausfuhrkontrolle unterstützen als auch die Kriterien des Verhaltenskodex für Waffenausfuhren, an dessen Stelle der Gemeinsame Standpunkt 2008/944/GASP getreten ist, propagieren sollte, indem Drittländer unter anderem bei der Ausarbeitung der einschlägigen nationalen Rechtsvorschriften unterstützt und Maßnahmen zur Verbesserung der Transparenz gefördert werden.

(7) Am 6. Dezember 2006 hat die Generalversammlung der Vereinten Nationen die Resolution 61/89 mit dem Titel „Auf dem Wege zu einem Vertrag über den Waffenhandel: Aufstellung gemeinsamer internationaler Normen für die Einfuhr, die Ausfuhr und den Transfer von konventionellen Waffen" angenommen; diese Resolution wurde von allen Mitgliedstaaten der Europäischen Union mitgetragen. Der Rat hat im Dezember 2006 sowie im Juni und im Dezember 2007 Schlussfolgerungen angenommen, in denen er darauf hinweist, wie wichtig es für die EU und ihre Mitgliedstaaten ist, aktiv und in Zusammenarbeit mit anderen Staaten und regionalen Organisationen an dem im Rahmen der Vereinten Nationen stattfindenden Prozess mitzuwirken, damit gemeinsame internationale Normen für die Einfuhr, die Ausfuhr und den Transfer konventioneller Waffen festgelegt werden können, was wesentlich dazu beitragen würde, die unerwünschte und verantwortungslose Verbreitung konventioneller Waffen zu bekämpfen, die eine Gefahr für Frieden, Sicherheit, Entwicklung und die uneingeschränkte Achtung der Menschenrechte darstellt.

(8) Am 17. März 2008 hat der Rat die Gemeinsame Aktion 2008/230/GASP zur Unterstützung der Maßnahmen der Europäischen Union zur Förderung der Waffenausfuhrkontrolle und der Anwendung der Grundsätze und Kriterien des EU-Verhaltenskodex für Waffenausfuhren in Drittländern[1] angenommen; die jüngste Maßnahme im Rahmen dieser Gemeinsamen Aktion fand am 27. und 28. Oktober 2009 statt –

HAT FOLGENDEN BESCHLUSS ERLASSEN:

Artikel 1

(1) Zur praktischen Umsetzung

- der Europäischen Sicherheitsstrategie,
- der Strategie der Europäischen Union zur Bekämpfung der Anhäufung von Kleinwaffen und leichten Waffen und dazugehöriger Munition,
- des Artikels 11 des Gemeinsamen Standpunkts 2008/944/GASP,
- des Programms der Europäischen Union zur Verhütung und Bekämpfung des illegalen Handels mit konventionellen Waffen,

1 ABl. L 75 vom 18.3.2008, S. 81.

- des internationalen Rechtsinstruments zur Ermöglichung der rechtzeitigen und zuverlässigen Identifikation und Rückverfolgung illegaler Kleinwaffen und leichter Waffen durch die Staaten, und
- der Schlussfolgerungen des Rates zu einem internationalen Vertrag über den Waffenhandel

unterstützt die Europäische Union Maßnahmen zur Erreichung folgender Ziele:

a) Förderung der Anwendung der Grundsätze und Kriterien des Gemeinsamen Standpunkts 2008/944/GASP in Drittländern;

b) Unterstützung der Drittländer bei der Abfassung und Umsetzung von Rechtsvorschriften, durch die eine wirksame Kontrolle der Waffenausfuhren sichergestellt werden soll;

c) Unterstützung der Drittländer bei der Aus- und Fortbildung der für Ausfuhrgenehmigungen zuständigen Beamten, um zu gewährleisten, dass Waffenausfuhrkontrollen angemessen angewendet und durchgesetzt werden;

d) Unterstützung der Drittländer und Regionen bei der Erstellung nationaler und regionaler Berichte über Waffenausfuhren und bei der Förderung anderer Formen der Kontrolle, um Transparenz und Verantwortlichkeit bei der Waffenausfuhr zufördern;

e) Aufforderung der Drittländer, den Prozess der Vereinten Nationen, der auf die Annahme eines international verbindlichen Vertrags zur Festlegung gemeinsamer Normen für den weltweiten Handel mit konventionellen Waffen abzielt, zu unterstützen, sowie Unterstützung dieser Länder, damit sie auch in der Lage sind, solche eventuellen gemeinsamen Normen einzuhalten.

(2) Eine Beschreibung der Projekte zur Förderung der in Absatz 1 genannten Ziele ist im Anhang enthalten.

Artikel 2

(1) Der Hohe Vertreter der Union für Außen- und Sicherheitspolitik (nachstehend „ Hoher Vertreter" genannt) ist für die Durchführung dieses Beschlusses zuständig.

(2) Die technische Durchführung der in Artikel 1 Absatz 2 genannten Projekte erfolgt durch das folgende Durchführungsstelle: Deutsches Bundesamt für Wirtschaft und Ausfuhrkontrolle (BAFA).

(3) Die Durchführungsstelle nimmt ihre Aufgaben unter der Verantwortung Hohen Vertreters wahr. Hierfür trifft der Hohe Vertreter die notwendigen Vereinbarungen mit der Durchführungsstelle.

Artikel 3

(1) Der finanzielle Bezugsrahmen für die Durchführung der in Artikel 1 Absatz 2 genannten Projekte beträgt 787 000 EUR.

(2) Die mit dem Betrag nach Absatz 1 finanzierten Ausgaben werden gemäß den für den Haushalt der Union geltenden Verfahren und Regeln verwaltet.

(3) Die Kommission beaufsichtigt die ordnungsgemäße Ausführung des in Absatz 1 dieses Artikels genannten Beitrags der Europäischen Union. Zu diesem Zweck schließt sie Finanzierungsabkommen mit der in Artikel 2 Absatz 2 genannten ausführenden Stelle. In diesem Finanzierungsabkommen wird festgelegt, dass die ausführende Stelle dafür sorgt,

dass dem Beitrag der Europäischen Union die seinem Umfang entsprechende öffentliche Beachtung zuteil wird.

(4) Die Kommission bemüht sich, das in Absatz 3 genannte Finanzierungsabkommen so bald wie möglich nach Inkrafttreten dieses Beschlusses zu schließen. Sie unterrichtet den Rat über etwaige Schwierigkeiten dabei und teilt ihm den Zeitpunkt mit, zu dem das Abkommen geschlossen wird.

Artikel 4

(1) Die EU-Missionsleiter in jedem einzelnen begünstigten Land erstellen nach Abschluss des letzten Seminars und Personalaustauschs einen Sachbericht über die in jedem einzelnen begünstigten Land erzielten Fortschritte.

(2) Der Hohe Vertreter erstattet dem Rat auf der Grundlage der in Artikel 2 Absatz 2 genannten regelmäßigen Berichte des Durchführungsgremiums und der in Absatz 1 dieses Artikels genannte Missionsleiter erstattet Bericht über die Durchführung dieses Beschlusses. Die Berichte bilden die Grundlage für die Evaluierung durch den Rat. Die Kommission übermittelt Informationen über die finanzielle Ausführung der Projekte gemäß Artikel 3 Absatz 3.

Artikel 5

(1) Dieser Beschluss tritt am Tag seiner Annahme in Kraft.

(2) Er gilt bis 24 Monate nach Abschluss der in Artikel 3 Absatz 3 genannten Finanzierungsabkommen oder sechs Monate nach Annahme dieses Beschlusses, wenn innerhalb dieser Zeit kein Finanzierungsabkommen geschlossen wurde.

Artikel 6

Dieser Beschluss wird im *Amtsblatt der Europäischen Union* veröffentlicht.

Geschehen zu Brüssel
am 22. Dezember 2009.

Im Namen des Rates
Der Präsident
A. CARLGREN

Anhang – Unterstützung der Maßnahmen der Europäischen Union zur Förderung der Waffenausfuhrkontrolle und der Anwendung der Grundsätze und Kriterien des Gemeinsamen Standpunkts 2008/944/GASP in Drittländern

i. Ziele

a) Die übergreifenden Ziele dieses Beschlusses bestehen darin,

b) die Anwendung der Grundsätze und Kriterien des Gemeinsamen Standpunkts 2008/944/GASP zu fördern,

c) Drittländer bei der Abfassung und Umsetzung von Rechtsvorschriften, durch die eine wirksame Kontrolle der Waffenausfuhren sichergestellt werden soll, zu unterstützen,

d) Länder bei der Aus- und Fortbildung der für Ausfuhrgenehmigungen zuständigen Beamten zu unterstützen, um so zu gewährleisten, dass Waffenausfuhrkontrollen angemessen angewendet und durchgesetzt werden,

e) Drittländer und Regionen bei der Erstellung einzelstaatlicher und regionaler Berichte über Waffenausfuhren und bei der Förderung anderer Formen der Kontrolle zu unterstützen, um für mehr Transparenz und Verantwortlichkeit bei der Waffenausfuhr zu sorgen,

f) Drittländer aufzufordern, den Prozess der Vereinten Nationen, der auf die Annahme eines international verbindlichen Vertrags zur Festlegung gemeinsamer Normen für den weltweiten Handel mit konventionellen Waffen abzielt, zu unterstützen, sowie diese Länder dahingehend zu unterstützen, dass sie auch in der Lage sind, solche eventuellen gemeinsamen Normen einzuhalten.

ii. Projekte

Zweck:

Der Zweck der Projekte besteht darin, technische Unterstützung für interessierte Drittländer bereitzustellen, die nachweislich bereit sind, ihre Normen und Praktiken auf dem Gebiet der Kontrolle der Ausfuhr von Militärtechnologie und Militärgütern zu verbessern und ihre Normen und Praktiken an die von den Mitgliedstaaten der Europäischen Union vereinbarten und angewandten, in dem Gemeinsamen Standpunkt 2008/944/GASP und dem dazugehörigen Benutzerleitfaden festgelegten Normen und Praktiken anzugleichen.

Beschreibung und Kostenschätzung:

i. Seminare für Ländergruppen

ii. Das Projekt umfasst fünf zweitägige Seminare, zu denen Regierungsbeamte, Zollbeamte und für Ausfuhrgenehmigungen zuständige Beamte aus der ausgewählten Ländergruppe eingeladen werden. Vertreter der Rüstungsindustrie können ebenfalls eingeladen werden. Die Seminare können in einem begünstigten Land oder an einem anderen, vom Hohen Vertreter bestimmten Ort stattfinden. Schulungen in den relevanten Bereichen werden von Experten durchgeführt, die von den nationalen Verwaltungen der EU-Mitgliedstaaten, von Ländern, die sich dem Gemeinsamen Standpunkt 2008/944/GASP angeschlossen haben, dem Generalsekretariat des Rates der Europäischen Union und/oder dem privaten Sektor (einschließlich NRO) entsandt werden.

iii. Austausch von Personal

iv. Das Projekt umfasst maximal vier bis zu einmonatige Arbeits- oder Studienaufenthalte von Regierungsbeamten und/oder für Ausfuhrgenehmigungen zuständigen Beamten aus begünstigten Beitrittsländern bei den entsprechenden Behörden von Mitgliedstaaten der EU oder maximal vier bis zu einmonatige Arbeits- oder Studienaufenthalte von Regierungsbeamten und/oder für Ausfuhrgenehmigungen zuständigen Beamten aus Mitgliedstaaten der EU bei den entsprechenden Behörden von begünstigten Ländern[1].

iii. Dauer

Die Dauer der Umsetzung des Projekts wird auf insgesamt 24 Monate veranschlagt.

iv. Begünstigte

Erstes Halbjahr 2010:

i. Die westlichen Balkanstaaten (Albanien, Bosnien und Herzegowina, Kroatien, die ehemalige jugoslawische Republik Mazedonien, Montenegro und Serbien)

ii. Die nordafrikanischen Länder der Europa-Mittelmeerpartnerschaft im Rahmen der Europäischen Nachbarschaftspolitik (Algerien, Ägypten, Libyen, Marokko und Tunesien)

Zweites Halbjahr 2010:

Die osteuropäischen und kaukasischen Partnerländer im Rahmen der Europäischen Nachbarschaftspolitik (Armenien, Aserbaidschan, Belarus, Georgien, Moldau und Ukraine)

Erstes Halbjahr 2011:

Die westlichen Balkanstaaten (Albanien, Bosnien und Herzegowina, Kroatien, die ehemalige jugoslawische Republik Mazedonien, Montenegro und Serbien)

Zweites Halbjahr 2011:

Die osteuropäischen und kaukasischen Partnerländer im Rahmen der Europäischen Nachbarschaftspolitik (Armenien, Aserbaidschan, Belarus, Georgien, Moldau und Ukraine)

Sollten unvorhergesehene Umstände es erforderlich machen, die Liste der Begünstigten oder den Zeitplan der Seminare zu ändern, so kann die Gruppe „Ausfuhr konventioneller Waffen" (COARM) dies auf Vorschlag des Hohen Vertreters und in Beratung mit der Kommission beschließen.

Sollte eines der vorgenannten Länder nicht an einem Seminar teilnehmen wollen, so können weitere Länder aus der Reihe der nachstehenden Partnerländer im Rahmen der Europäischen Nachbarschaftspolitik ausgewählt werden[2]:

Israel, Jordanien, Libanon, die Palästinensische Behörde und Syrien.

1 Die Auswahl der Teilnehmer an dem Austausch von Personal ist innerhalb der betreffenden Ratsarbeitsgruppe auf Vorschlag des Hohen Vertreters zu beschließen.

2 Innerhalb der betreffenden Ratsarbeitsgruppe auf Vorschlag des Hohen Vertreters zu beschließen.

v. Folgenabschätzung

Nach Abschluss des letzten Seminars und des letzten Austauschs von Personal im Rahmen dieses Beschlusses sollten die Folgen dieses Beschlusses und der Gemeinsamen Aktion 2008/230/GASP fachlich analysiert werden. Dies erfolgt in Form von Sachberichten über die Annahme einschlägiger Rechtsvorschriften, die Errichtung von Ausfuhrkontrollbehörden und wirksame Ausfuhrkontrollen in den begünstigten Ländern. Die Berichte werden von den EU-Missionsleitern in jedem der einzelnen begünstigten Länder erstellt.

7. Richtlinie 2009/43/EG des Europäischen Parlaments und des Rates vom 6. Mai 2009 zur Vereinfachung der Bedingungen für die innergemeinschaftliche Verbringung von Verteidigungsgütern

DAS EUROPÄISCHE PARLAMENT UND DER RAT DER EUROPÄISCHEN UNION –

gestützt auf den Vertrag zur Gründung der Europäischen Gemeinschaft, insbesondere auf Artikel 95,

auf Vorschlag der Kommission,

nach Stellungnahme des Europäischen Wirtschafts- und Sozialausschusses[1],

gemäß dem Verfahren des Artikels 251 des Vertrags[2],

in Erwägung nachstehender Gründe:

(1) Der Vertrag sieht die Errichtung eines Binnenmarktes vor, wozu die Beseitigung der Hindernisse für den freien Waren- und Dienstleistungsverkehr zwischen den Mitgliedstaaten und die Errichtung eines Systems gehören, das den Wettbewerb innerhalb des Binnenmarktes vor Verzerrungen schützt.

(2) Die Vertragsbestimmungen zur Errichtung des Binnenmarktes gelten für alle Waren und Dienstleistungen, die gegen Entgelt geliefert bzw. erbracht werden, einschließlich Verteidigungsgütern; jedoch schließen diese Vertragsbestimmungen nicht aus, dass die Mitgliedstaaten unter bestimmten Umständen in Einzelfällen andere Maßnahmen ergreifen, die ihres Erachtens für die Wahrung ihrer wesentlichen Sicherheitsinteressen erforderlich sind.

(3) Die Rechts- und Verwaltungsvorschriften der Mitgliedstaaten über die innergemeinschaftliche Verbringung von Verteidigungsgütern sind unterschiedlich, was den Verkehr mit diesen Gütern behindern und den Wettbewerb innerhalb des Binnenmarktes verzerren kann und dadurch die Innovation, die industrielle Zusammenarbeit und die Wettbewerbsfähigkeit der Verteidigungsindustrie in der Europäischen Union behindert.

(4) Das Ziel der Rechts- und Verwaltungsvorschriften der Mitgliedstaaten besteht in der Regel u. a. darin, die Menschenrechte zu schützen sowie Frieden, Sicherheit und Stabilität zu gewährleisten, indem Ausfuhr und Verbreitung von Verteidigungsgütern in Drittländer sowie andere Mitgliedstaaten streng kontrolliert und beschränkt werden.

(5) Derartige Beschränkungen für den innergemeinschaftlichen Verkehr mit Verteidigungsgütern lassen sich nicht vollständig abschaffen, indem die Grundsätze des freien Waren- und Dienstleistungsverkehrs gemäß dem Vertrag unmittelbar angewendet werden, da diese Beschränkungen im Einzelfall möglicherweise gemäß Artikel 30 oder 296 des Vertrags gerechtfertigt sind; diese Vorschriften bleiben für die Mitgliedstaaten weiterhin anwendbar, sofern ihre Voraussetzungen erfüllt sind.

(6) Deshalb ist es erforderlich, die einschlägigen Rechts- und Verwaltungsvorschriften der Mitgliedstaaten so anzugleichen, dass die innergemeinschaftliche Verbringung von Verteidigungsgütern vereinfacht und damit das reibungslose Funktionieren des Binnenmark-

1 Stellungnahme vom 23. Oktober 2008 (noch nicht im Amtsblatt veröffentlicht).

2 Stellungnahme des Europäischen Parlaments vom 16. Dezember 2008 (noch nicht im Amtsblatt veröffentlicht) und Beschluss des Rates vom 23. April 2009.

tes sichergestellt wird. Diese Richtlinie betrifft lediglich die Vorschriften und Verfahren, soweit Verteidigungsgüter betroffen sind, und berührt folglich nicht die Politik der Mitgliedstaaten bezüglich der Verbringung von Verteidigungsgütern.

(7) Die Vereinheitlichung der einschlägigen Rechts- und Verwaltungsvorschriften der Mitgliedstaaten sollte weder deren internationale Verpflichtungen und Bindungen noch das Ermessen der Mitgliedstaaten im Hinblick auf die Politik der Ausfuhr von Verteidigungsgütern beeinträchtigen.

(8) Die Mitgliedstaaten sollten weiterhin die Möglichkeit haben, die zwischenstaatliche Zusammenarbeit unter Beachtung der Vorschriften dieser Richtlinie fortzusetzen und weiterzuentwickeln.

(9) Diese Richtlinie sollte nicht für Verteidigungsgüter gelten, die durch das Gebiet der Gemeinschaft lediglich durchgeführt werden, also Güter, die nicht einer anderen zollrechtlich zulässigen Behandlung oder Verwendung als dem externen Versandverfahren zugeführt werden oder die lediglich in eine Freizone oder ein Freilager verbracht werden, wo sie nicht in bewilligten Bestandsaufzeichnungen erfasst werden müssen.

(10) Diese Richtlinie sollte für alle Verteidigungsgüter, einschließlich ihrer Teilsysteme und Technologien, gemäß der Gemeinsamen Militärgüterliste der Europäischen Union[1] gelten.

(11) Diese Richtlinie beeinträchtigt weder die Durchführung der vom Rat auf der Grundlage von Artikel J.3 des Vertrags über die Europäische Union beschlossenen Gemeinsamen Aktion 97/817/GASP vom 28. November 1997 über Antipersonenminen[2] noch die Ratifizierung und Umsetzung des am 3. Dezember 2008 in Oslo unterzeichneten Übereinkommens über Streumunition durch die Mitgliedstaaten.

(12) Die Ziele der Rechts- und Verwaltungsvorschriften der Mitgliedstaaten, die die Verbringung von Verteidigungsgütern beschränken, bestehen im Allgemeinen darin, die Menschenrechte zu schützen sowie Frieden, Sicherheit und Stabilität zu gewährleisten; diese Ziele erfordern es, dass die innergemeinschaftliche Verbringung dieser Güter der Genehmigungspflicht im Ursprungsmitgliedstaat und Garantien in den Bestimmungsmitgliedstaaten unterworfen bleibt.

(13) In Anbetracht der in dieser Richtlinie festgelegten Maßnahmen zur Erreichung dieser Ziele würde für die Mitgliedstaaten vorbehaltlich der Artikel 30 und 296 des Vertrags kein Bedarf bestehen, weitere Beschränkungen zur Erreichung dieser Ziele einzuführen oder aufrechtzuerhalten.

(14) Diese Richtlinie sollte nicht die Anwendung von Bestimmungen beschränken, die aus Gründen der öffentlichen Ordnung oder der öffentlichen Sicherheit erforderlich sind. Angesichts der Natur und der Merkmale von Verteidigungsgütern sind Gründe der öffentlichen Ordnung wie etwa die Verkehrssicherheit, die Sicherheit der Lagerung, das Risiko der Umleitung und die Vorbeugung von Straftaten von besonderer Bedeutung für die Zwecke dieser Richtlinie.

(15) Diese Richtlinie beeinträchtigt nicht die Anwendung der Richtlinie 91/477/EWG des Rates vom 18. Juni 1991 über die Kontrolle des Erwerbs und des Besitzes von Waffen[3], insbesondere die Anforderungen an den Verkehr mit Waffen innerhalb der Gemeinschaft. Diese Richtlinie beeinträchtigt auch nicht die Anwendung der Richtlinie 93/15/EWG des

1 ABl. L 88 vom 29.3.2007, S. 58.
2 ABl. L 338 vom 9.12.1997, S. 1
3 ABl. L 256 vom 13.9.1991, S. 51.

Rates vom 5. April 1993 zur Harmonisierung der Bestimmungen über das Inverkehrbringen und die Kontrolle von Explosivstoffen für zivile Zwecke[1], insbesondere die Vorschriften über die Verbringung von Munition.

(16) Für jede innergemeinschaftliche Verbringung von Verteidigungsgütern sollte eine vorherige Erlaubnis in Form einer Allgemein-, Global- oder Einzelgenehmigung erforderlich sein, die der Mitgliedstaat, aus dessen Hoheitsgebiet der Lieferant Verteidigungsgüter verbringen will, erteilt oder veröffentlicht. Die Mitgliedstaaten sollten in der Lage sein, in spezifischen, in dieser Richtlinie aufgelisteten Fällen Verbringungen von Verteidigungsgütern von der Verpflichtung zur vorherigen Genehmigung auszunehmen.

(17) Den Mitgliedstaaten sollte es frei stehen, eine vorherige Genehmigung abzulehnen oder zu gewähren. Gemäß den Grundsätzen des Binnenmarktes sollte die jeweilige Genehmigung in der gesamten Gemeinschaft gültig sein, und für die Durchfuhr durch andere Mitgliedstaaten oder den Zugang zum Hoheitsgebiet anderer Mitgliedstaaten sollten keine weiteren Genehmigungen erforderlich sein.

(18) Die Mitgliedstaaten sollten die geeignete Art von Genehmigungen für Verteidigungsgüter oder Gruppen von Verteidigungsgütern für jeden einzelnen Typ von Verbringung festlegen und bestimmen, mit welchen Bedingungen die jeweilige Genehmigung entsprechend der Sensitivität der Verbringung zu versehen ist.

(19) Im Fall von Bestandteilen sollten die Mitgliedstaaten so weit wie möglich von der Anordnung von Ausfuhrbeschränkungen zugunsten der Anerkennung von Erklärungen der Empfänger über die Verwendung absehen, wobei sie berücksichtigen, in welchem Ausmaß diese Bestandteile in die vom Empfänger hergestellten Güter integriert werden.

(20) Die Mitgliedstaaten sollten die Empfänger von Genehmigungen für die Verbringung in nichtdiskriminierender Art und Weise festlegen, sofern nicht anderes zur Wahrung ihrer wesentlichen Sicherheitsinteressen erforderlich ist.

(21) Damit die Verbringung von Verteidigungsgütern vereinfacht wird, sollten die Mitgliedstaaten Allgemeingenehmigungen veröffentlichen, mit denen jedem Unternehmen, das die in der jeweiligen Allgemeingenehmigung festgelegten Voraussetzungen und Bedingungen erfüllt, erlaubt wird, Verteidigungsgüter zu verbringen.

(22) Für die Verbringung von Verteidigungsgütern an Streitkräfte sollte eine Allgemeingenehmigung veröffentlicht werden, damit die Versorgungssicherheit für alle Mitgliedstaaten, die diese Güter innerhalb der Gemeinschaft beschaffen, erheblich verbessert wird.

(23) Für die Verbringung von Bestandteilen an zertifizierte Unternehmen der europäischen Verteidigungsindustrie sollte eine Allgemeingenehmigung veröffentlicht werden, damit die Zusammenarbeit zwischen diesen Unternehmen und deren Integration gefördert wird, indem insbesondere die Lieferkette optimiert und Wettbewerbsvorteile ermöglicht werden.

(24) Mitgliedstaaten, die an einem Programm zur zwischenstaatlichen Zusammenarbeit teilnehmen, sollten Allgemeingenehmigungen für Verbringungen von Verteidigungsgütern an Empfänger in anderen teilnehmenden Mitgliedstaaten veröffentlichen können, wenn die Verbringungen zur Durchführung dieses Programms erforderlich sind. Dies würde für Unternehmen mit Sitz in den teilnehmenden Mitgliedstaaten die Bedingungen für die Teilname an Programmen zur zwischenstaatlichen Zusammenarbeit verbessern.

---

1 ABl. L 121 vom 15.5.1993, S. 20.

(25) Darüber hinaus sollten die Mitgliedstaaten in der Lage sein, Allgemeingenehmigungen zu veröffentlichen, um Fälle zu berücksichtigen, in denen die Risiken für den Schutz der Menschenrechte, des Friedens, der Sicherheit und der Stabilität in Anbetracht der Eigenschaften der Güter und der Empfänger sehr gering sind.

(26) Kann eine Allgemeingenehmigung nicht veröffentlicht werden, sollten die Mitgliedstaaten auf Antrag einzelnen Unternehmen, außer in den in dieser Richtlinie genannten Fällen, Globalgenehmigungen erteilen. Die Mitgliedstaaten sollten verlängerbare Globalgenehmigungen erteilen können.

(27) Die Unternehmen sollten die zuständigen Behörden über die Inanspruchnahme von Allgemeingenehmigungen informieren, um die Menschenrechte, den Frieden, die Sicherheit und die Stabilität zu gewährleisten und eine transparente Berichterstattung über die Verbringung von Verteidigungsgütern im Hinblick auf parlamentarische Kontrolle zu ermöglichen.

(28) Die Mitgliedstaaten sollten bei der Festlegung der Bedingungen für Allgemein-, Global- und Einzelgenehmigungen einen ausreichend großen Spielraum haben, um ihre Zusammenarbeit in dem bereits bestehenden Rahmen internationaler Ausfuhrkontrollregime fortsetzen zu können. Da es im Ermessen der einzelnen Mitgliedstaaten liegt und künftig auch liegen sollte, eine Ausfuhr zu genehmigen oder abzulehnen, sollte sich diese Zusammenarbeit nur auf eine freiwillige Koordinierung der Ausfuhrpolitik stützen.

(29) Damit die schrittweise Ersetzung der vorherigen Kontrolle einzelner Lieferungen durch die nachfolgende Allgemeinkontrolle im Ursprungsmitgliedstaat der Verteidigungsgüter ausgeglichen wird, sollten Voraussetzungen für gegenseitiges Vertrauen geschaffen werden, indem Garantien dafür vorgesehen werden, dass keine Verteidigungsgüter entgegen etwaigen Ausfuhrbeschränkungen in Drittländer ausgeführt werden. Dieser Grundsatz sollte ebenfalls in den Fällen beachtet werden, in denen Verteidigungsgüter Gegenstand mehrerer Verbringungen zwischen Mitgliedstaaten sind, ehe sie in ein Drittland ausgeführt werden.

(30) Die Mitgliedstaaten arbeiten im Rahmen des Gemeinsamen Standpunkts 2008/944/GASP des Rates vom 8. Dezember 2008 betreffend gemeinsame Regeln für die Kontrolle der Ausfuhr von Militärtechnologie und Militärgütern[1] zusammen, indem sie gemeinsame Kriterien anwenden und Mitteilungen über Ablehnungen und Konsultationen nutzen, um die Umsetzung ihrer Politiken betreffend die Ausfuhr von Verteidigungsgütern in Drittländer anzugleichen. Diese Richtlinie sollte nicht die Möglichkeit der Mitgliedstaaten beeinträchtigen, die Bedingungen für die Genehmigung zur Verbringung von Verteidigungsgütern festzulegen, einschließlich etwaiger Ausfuhrbeschränkungen, insbesondere wenn dies zum Zwecke der Zusammenarbeit im Rahmen jenes Gemeinsamen Standpunkts notwendig ist.

(31) Die Lieferanten sollten die Empfänger über etwaige mit einer Genehmigung zur Verbringung von Verteidigungsgütern verbundene Beschränkungen informieren, um auf beiden Seiten Vertrauen in die Fähigkeit der Empfänger zu schaffen, diese Beschränkungen nach der Verbringung einzuhalten, insbesondere bei einem Antrag auf Ausfuhr in ein Drittland.

(32) Es sollte die Sache der Unternehmen sein, zu beurteilen, ob die Vorteile, die sich aus dem Bezug von Verteidigungsgütern im Rahmen einer Allgemeingenehmigung ergeben,

---

1 ABl. L 335 vom 13.12.2008, S. 99.

einen Antrag auf Zertifizierung rechtfertigen. Für die Verbringung innerhalb einer Unternehmensgruppe sollte eine Allgemeingenehmigung möglich sein, wenn die Teile dieser Unternehmensgruppe in den jeweiligen Mitgliedstaaten der Niederlassung zertifiziert sind.

(33) Für die Zertifizierung sind gemeinsame Kriterien erforderlich, damit sich auf beiden Seiten Vertrauen aufbauen kann, insbesondere in die Fähigkeit der Empfänger, die Ausfuhrbeschränkungen für Verteidigungsgüter einzuhalten, die im Rahmen einer Genehmigung aus einem anderen Mitgliedstaat empfangen werden.

(34) Um das gegenseitige Vertrauen zu stärken, sollten die Empfänger von Verteidigungsgütern davon absehen, diese auszuführen, sofern die Genehmigung Ausfuhrbeschränkungen vorsieht.

(35) Die Unternehmen sollten bei der Beantragung einer Ausfuhrgenehmigung für Drittländer den zuständigen Behörden mitteilen, ob sie etwaige Beschränkungen eingehalten haben, die für die Ausfuhr des Verteidigungsgutes gelten und vom Mitgliedstaat festgelegt wurden, der die Genehmigung zur Verbringung erteilt hat. In diesem Zusammenhang wird daran erinnert, dass der Mechanismus der Konsultation zwischen den Mitgliedstaaten, wie er im Gemeinsamen Standpunkt 2008/944/GASP vorgesehen ist, weiterhin von besonderer Bedeutung ist.

(36) Die Unternehmen sollten zum Zeitpunkt der Ausfuhr eines im Rahmen einer Genehmigung zur Verbringung empfangenen Verteidigungsgutes in ein Drittland gegenüber der zuständigen Zollbehörde an der gemeinsamen Außengrenze der Gemeinschaft einen Nachweis über die Ausfuhrgenehmigung erbringen.

(37) Die Liste der Verteidigungsgüter im Anhang sollte in voller Übereinstimmung mit der Gemeinsamen Militärgüterliste der Europäischen Union aktualisiert werden.

(38) Für den schrittweisen Aufbau gegenseitigen Vertrauens ist es erforderlich, dass die Mitgliedstaaten wirksame Maßnahmen – einschließlich von Sanktionen – festlegen, die die Durchsetzung der Bestimmungen dieser Richtlinie gewährleisten können, insbesondere der Bestimmungen darüber, dass die Unternehmen sich an die gemeinsamen Kriterien für die Zertifizierung und die Beschränkungen für die Weiterverwendung von Verteidigungsgütern nach der Verbringung halten müssen.

(39) In Fällen, in denen bei einem Ursprungsmitgliedstaat begründete Zweifel darüber bestehen, ob ein zertifizierter Empfänger eine Beschränkung einer Allgemeingenehmigung dieses Mitgliedstaats einhalten wird oder in denen ein die Genehmigung ausstellender Mitgliedstaat der Auffassung ist, dass die öffentliche Ordnung, die öffentliche Sicherheit oder seine wesentlichen Sicherheitsinteressen beeinträchtigt werden könnten, sollte dieser nicht nur die anderen Mitgliedstaaten und die Kommission unterrichten, sondern auch – angesichts seiner Pflicht, die Menschenrechte zu schützen sowie Frieden, Sicherheit und Stabilität zu gewährleisten – in der Lage sein, die Gültigkeit der Genehmigung zur Verbringung in Bezug auf das betreffende Unternehmen vorläufig auszusetzen.

(40) Zur Stärkung des gegenseitigen Vertrauens sollte die Anwendung der Rechts- und Verwaltungsvorschriften, die die Mitgliedstaaten erlassen, um dieser Richtlinie nachzukommen, erst zu einem späteren Zeitpunkt erfolgen. Dies würde es erlauben, vor der Anwendung dieser Bestimmungen die Fortschritte auf der Grundlage eines Kommissionsberichts zu bewerten, der wiederum auf Informationen der Mitgliedstaaten über die ergriffenen Maßnahmen beruht.

(41) Die Kommission sollte regelmäßig einen Bericht über die Durchführung dieser Richtlinie veröffentlichen; der Bericht kann gegebenenfalls Legislativvorschläge enthalten.

(42) Diese Richtlinie berührt nicht die Existenz oder die Vollendung regionaler Zusammenschlüsse zwischen Belgien und Luxemburg sowie zwischen Belgien, Luxemburg und den Niederlanden gemäß Artikel 306 des Vertrags.

(43) Da das Ziel dieser Richtlinie, nämlich die Vorschriften und Verfahren für die innergemeinschaftliche Verbringung von Verteidigungsgütern zu vereinfachen, um das reibungslose Funktionieren des Binnenmarktes sicherzustellen, auf Ebene der Mitgliedstaaten in Anbetracht der unterschiedlichen Genehmigungssysteme und des grenzüberschreitenden Charakters von Verbringungen nicht ausreichend verwirklicht werden kann und daher besser auf Gemeinschaftsebene zu verwirklichen ist, kann die Gemeinschaft im Einklang mit dem in Artikel 5 des Vertrags niedergelegten Subsidiaritätsprinzip tätig werden. Entsprechend dem in demselben Artikel genannten Grundsatz der Verhältnismäßigkeit geht diese Richtlinie nicht über das zur Erreichung dieses Ziels erforderliche Maß hinaus.

(44) Die zur Durchführung dieser Richtlinie erforderlichen Maßnahmen sollten gemäß dem Beschluss 1999/468/EG des Rates vom 28. Juni 1999 zur Festlegung der Modalitäten für die Ausübung der der Kommission übertragenen Durchführungsbefugnisse[1] erlassen werden.

(45) Insbesondere sollte die Kommission die Befugnis erhalten, den Anhang zu aktualisieren. Da es sich hierbei um Maßnahmen von allgemeiner Tragweite handelt, die eine Änderung nicht wesentlicher Bestimmungen dieser Richtlinie bewirken, sind diese Maßnahmen nach dem Regelungsverfahren mit Kontrolle des Artikels 5a des Beschlusses 1999/468/ EG zu erlassen.

(46) Nach Nummer 34 der Interinstitutionellen Vereinbarung über bessere Rechtsetzung[2] sind die Mitgliedstaaten aufgefordert, für ihre eigenen Zwecke und im Interesse der Gemeinschaft eigene Tabellen aufzustellen, aus denen im Rahmen des Möglichen die Entsprechungen zwischen der vorliegenden Richtlinie und den Umsetzungsmaßnahmen zu entnehmen sind, und diese zu veröffentlichen –

HABEN FOLGENDE RICHTLINIE ERLASSEN:

KAPITEL I
GEGENSTAND, ANWENDUNGSBEREICH UND BEGRIFFSBESTIMMUNGEN

Artikel 1
Gegenstand

(1) Ziel dieser Richtlinie ist es, die Vorschriften und Verfahren für die innergemeinschaftliche Verbringung von Verteidigungsgütern zu vereinfachen, um das reibungslose Funktionieren des Binnenmarktes sicherzustellen.

(2) Diese Richtlinie beeinträchtigt nicht das Ermessen der Mitgliedstaaten in Bezug auf die Politik der Ausfuhr von Verteidigungsgütern.

(3) Die Anwendung dieser Richtlinie unterliegt den Artikeln 30 und 296 des Vertrags.

1 ABl. L 184 vom 17.7.1999, S. 23.
2 ABl. C 321 vom 31.12.2003, S. 1.

(4) Diese Richtlinie beeinträchtigt nicht die Möglichkeit der Mitgliedstaaten, ihre zwischenstaatliche Zusammenarbeit unter Beachtung der Vorschriften dieser Richtlinie fortzuführen und weiterzuentwickeln.

Artikel 2
Anwendungsbereich

Diese Richtlinie gilt für die im Anhang aufgeführten Verteidigungsgüter.

Artikel 3
Begriffsbestimmungen

Im Sinne dieser Richtlinie bezeichnet der Ausdruck

1. „Verteidigungsgut" jedes im Anhang aufgeführte Gut;
2. „Verbringung" die Lieferung oder Beförderung eines Verteidigungsgutes von einem Lieferanten an einen bzw. zu einem Empfänger in einem anderen Mitgliedstaat;
3. „Lieferant" die juristische oder natürliche Person mit Niederlassung in der Gemeinschaft, die aus rechtlicher Sicht für eine Verbringung verantwortlich ist;
4. „Empfänger" die juristische oder natürliche Person mit Sitz in der Gemeinschaft, die aus rechtlicher Sicht dafür verantwortlich ist, das Verteidigungsgut in Empfang zu nehmen;
5. „Genehmigung" die einem Lieferanten von einer nationalen Behörde eines Mitgliedstaats erteilte Erlaubnis zur Lieferung von Verteidigungsgütern an einen Empfänger in einem anderen Mitgliedstaat;
6. „Ausfuhrgenehmigung" eine Erlaubnis zur Lieferung von Verteidigungsgütern an eine juristische oder natürliche Person in einem Drittstaat;
7. „Durchfuhr" die Beförderung von Verteidigungsgütern durch einen oder mehrere Mitgliedstaaten, bei denen es sich nicht um den Ursprungs- und den Bestimmungsmitgliedstaat handelt.

KAPITEL II
GENEHMIGUNGEN

Artikel 4
Allgemeine Bestimmungen

(1) Die Verbringung von Verteidigungsgütern zwischen Mitgliedstaaten unterliegt der vorherigen Genehmigung. Für die Durchfuhr von Verteidigungsgütern durch andere Mitgliedstaaten oder den Zugang zum Hoheitsgebiet des Mitgliedstaats, in dem der Empfänger ansässig ist, ist keine zusätzliche Genehmigung durch andere Mitgliedstaaten erforderlich; dies gilt unbeschadet der Anwendung von Bestimmungen, die aus Gründen der öffentlichen Sicherheit oder der öffentlichen Ordnung, wie unter anderem der Sicherheit des Transports, erforderlich sind.

(2) Unbeschadet von Absatz 1 können die Mitgliedstaaten Verbringungen von Verteidigungsgütern von der in Absatz 1 festgelegten Verpflichtung der vorherigen Genehmigung ausnehmen, wenn

a) der Lieferant oder Empfänger eine Regierungsstelle oder ein Teil der Streitkräfte ist,

b) die Lieferungen von der Europäischen Union, der NATO, der IAEA oder anderen zwischenstaatlichen Organisationen in Erfüllung ihrer Aufgaben getätigt werden,

c) die Verbringung für die Umsetzung eines Rüstungskooperationsprogramms zwischen Mitgliedstaaten erforderlich ist,

d) die Verbringung Teil humanitärer Hilfe in Katastrophenfällen ist oder als Schenkung in einer Notsituation erfolgt oder

e) die Verbringung für bzw. im Anschluss an die Reparatur, Wartung, Ausstellung oder Vorführung notwendig ist.

(3) Auf Antrag eines Mitgliedstaats oder von sich aus kann die Kommission Absatz 2 ändern und Fälle einbeziehen, in denen

a) die Verbringung unter Bedingungen erfolgt, die die öffentliche Ordnung oder die öffentliche Sicherheit nicht beeinträchtigen,

b) die Verpflichtung zur vorherigen Genehmigung mit internationalen Zusagen der Mitgliedstaaten im Anschluss an die Annahme dieser Richtlinie unvereinbar geworden ist oder

c) dies für die zwischenstaatliche Zusammenarbeit gemäß Artikel 1 Absatz 4 notwendig ist.

Diese Maßnahmen zur Änderung nicht wesentlicher Bestimmungen dieser Richtlinie durch Ergänzung werden nach dem in Artikel 14 Absatz 2 genannten Regelungsverfahren mit Kontrolle erlassen.

(4) Die Mitgliedstaaten gewährleisten, dass Lieferanten, die Verteidigungsgüter von ihrem Hoheitsgebiet verbringen wollen, gemäß den Artikeln 5, 6 und 7 Allgemeingenehmigungen verwenden oder Global- oder Einzelgenehmigungen beantragen können.

(5) Die Mitgliedstaaten bestimmen die Art der Genehmigung für die jeweiligen Verteidigungsgüter oder Gruppen von Verteidigungsgütern gemäß diesem Artikel und den Artikeln 5, 6 und 7.

(6) Die Mitgliedstaaten legen sämtliche Bedingungen für Genehmigungen fest, einschließlich etwaiger Beschränkungen der Ausfuhr von Verteidigungsgütern zu juristischen oder natürlichen Personen in Drittstaaten unter anderem im Hinblick auf die durch die Verbringung entstehenden Risiken für den Schutz der Menschenrechte sowie von Frieden, Sicherheit und Stabilität. Die Mitgliedstaaten können unter Einhaltung des Gemeinschaftsrechts von der Möglichkeit Gebrauch machen, Endverwendungszusicherungen, einschließlich Endverwenderdokumente, zu verlangen.

(7) Die Mitgliedstaaten legen die Voraussetzungen und Bedingungen für Genehmigungen der Verbringung von Bestandteilen auf der Grundlage einer Beurteilung der Sensitivität der Verbringung fest, unter anderem nach Maßgabe folgender Kriterien:

a) Eigenschaften der Bestandteile im Verhältnis zu den Gütern, in die sie eingebaut werden sollen, sowie eine eventuell bedenkliche Endverwendung der fertigen Güter;

b) Bedeutung der Bestandteile im Verhältnis zu den Gütern, in die sie eingebaut werden sollen.

(8) Die Mitgliedstaaten sehen, sofern sie die Verbringung von Bestandteilen nicht als sensitiv bewerten, davon ab, für Bestandteile Ausfuhrbeschränkungen festzulegen, wenn der

Empfänger eine Erklärung über die Verwendung vorlegt, mit der bescheinigt wird, dass die im Rahmen der Genehmigung verbrachten Bestandteile in seine eigenen Güter integriert sind bzw. integriert werden sollen und daher als solche zu einem späteren Zeitpunkt nicht wieder selbständig verbracht oder ausgeführt werden können, es sei denn zum Zwecke der Wartung oder Reparatur.

(9) Die Mitgliedstaaten können eine von ihnen erteilte Genehmigung jederzeit zum Schutz ihrer wesentlichen Sicherheitsinteressen, aus Gründen der öffentlichen Ordnung oder der öffentlichen Sicherheit oder wegen Nichteinhaltung der mit der Genehmigung verbundenen Voraussetzungen und Bedingungen zurücknehmen, widerrufen, aussetzen oder die Verwendung der Genehmigung einschränken.

Artikel 5
Allgemeingenehmigungen

(1) Die Mitgliedstaaten veröffentlichen Allgemeingenehmigungen, mit denen Lieferanten mit Sitz in ihrem Hoheitsgebiet, die die entsprechenden Bedingungen erfüllen, direkt die Erlaubnis erteilt wird, einer Kategorie oder mehreren Kategorien von Empfängern, die in einem anderen Mitgliedstaat ansässig sind, Verteidigungsgüter zu liefern, die in der Genehmigung festzulegen sind.

(2) Unbeschadet von Artikel 4 Absatz 2 werden Allgemeingenehmigungen zumindest dann veröffentlicht, wenn

a) der Empfänger den Streitkräften eines Mitgliedstaats angehört oder als Auftraggeber im Bereich der Verteidigung handelt, der einen Erwerb für die ausschließliche Verwendung durch die Streitkräfte eines Mitgliedstaats tätigt,

b) der Empfänger ein Unternehmen ist, das gemäß Artikel 9 zertifiziert wurde,

c) die Güter zum Zwecke von Vorführungen, Gutachten und Ausstellungen verbracht werden,

d) die Güter zwecks Wartung und Reparatur verbracht werden und es sich bei dem Empfänger um den ursprünglichen Lieferanten der Verteidigungsgüter handelt.

(3) Mitgliedstaaten, die an einem Programm zur zwischenstaatlichen Zusammenarbeit zwischen Mitgliedstaaten betreffend die Entwicklung, Herstellung und Verwendung eines Verteidigungsgutes oder mehrerer Verteidigungsgüter teilnehmen, können für Verbringungen zugunsten anderer teilnehmender Mitgliedstaaten Allgemeingenehmigungen veröffentlichen, wenn die Verbringungen zur Durchführung dieses Programms nötig sind.

(4) Die Mitgliedstaaten können vor der ersten Verwendung einer Allgemeingenehmigung die Bedingungen für die Registrierung unbeschadet sonstiger Vorschriften dieser Richtlinie festlegen.

Artikel 6
Globalgenehmigungen

(1) Die Mitgliedstaaten entscheiden, einzelnen Lieferanten auf Antrag Globalgenehmigungen zu erteilen, mit denen diese Empfängern in einem oder mehreren anderen Mitgliedstaaten Verteidigungsgüter liefern dürfen.

(2) Die Mitgliedstaaten legen in jeder Globalgenehmigung die Verteidigungsgüter oder Gruppen von Verteidigungsgütern, für die sie gilt, und die zulässigen Empfänger oder Gruppen von Empfängern fest.

Jede Globalgenehmigung wird für einen Zeitraum von drei Jahren erteilt, den die Mitgliedstaaten verlängern können.

Artikel 7
Einzelgenehmigungen

Die Mitgliedstaaten entscheiden, Lieferanten auf Antrag Einzelgenehmigungen zu erteilen, mit denen diese einem Empfänger eine festgelegte Menge bestimmter Verteidigungsgüter in einer oder mehreren Sendungen liefern dürfen, wenn

a) sich der Genehmigungsantrag auf eine einzige Verbringung bezieht,

b) dies zur Wahrung der wesentlichen Sicherheitsinteressen des Mitgliedstaats oder aus Gründen der öffentlichen Ordnung nötig ist,

c) dies erforderlich ist, damit die Mitgliedstaaten ihre internationalen Verpflichtungen und Bindungen einhalten, oder

d) ein Mitgliedstaat ernsthafte Gründe zu der Annahme hat, dass der Lieferant nicht in der Lage sein wird, alle für die Erteilung einer Globalgenehmigung erforderlichen Voraussetzungen und Bedingungen zu erfüllen.

KAPITEL III
INFORMATION, ZERTIFIZIERUNG UND AUSFUHR NACH DER VERBRINGUNG

Artikel 8
Information durch die Lieferanten

(1) Die Mitgliedstaaten stellen sicher, dass die Lieferanten die Empfänger über die Bedingungen der Genehmigung einschließlich von Beschränkungen hinsichtlich der Endverwendung oder der Ausfuhr der Verteidigungsgüter informieren.

(2) Die Mitgliedstaaten stellen sicher, dass die Lieferanten innerhalb einer angemessenen Frist die zuständigen Behörden des Mitgliedstaats unterrichten, aus dessen Hoheitsgebiet sie Verteidigungsgüter verbringen wollen, wenn sie die Absicht haben, zum ersten Mal eine Allgemeingenehmigung in Anspruch zu nehmen. Die Mitgliedstaaten können die zusätzlichen Informationen festlegen, die unter Umständen im Hinblick auf Verteidigungsgüter erforderlich sind, die im Rahmen einer Allgemeingenehmigung verbracht werden.

(3) Die Mitgliedstaaten stellen sicher und überprüfen regelmäßig, dass die Lieferanten entsprechend den geltenden Rechtsvorschriften des betreffenden Mitgliedstaats ausführliche und vollständige Aufzeichnungen über ihre Verbringungen führen, und legen die Meldepflichten im Zusammenhang mit der Verwendung einer Allgemein-, Global- oder Einzelgenehmigung für die Verbringung fest. Die Aufzeichnungen müssen Geschäftspapiere mit den folgenden Informationen einschließen:

a) Beschreibung des Verteidigungsgutes und seiner Referenz gemäß dem Anhang;

b) Menge und Wert des Verteidigungsgutes;

c) die Daten der Verbringung;

d) Name und Anschrift des Lieferanten und des Empfängers;

e) soweit bekannt, Endverwendung und Endverwender des Verteidigungsgutes; und

f) einen Nachweis darüber, dass dem Empfänger dieser Verteidigungsgüter die Informationen über eine etwaige mit einer Genehmigung verbundene Ausfuhrbeschränkung übermittelt wurden.

(4) Die Mitgliedstaaten stellen sicher, dass die Lieferanten die in Absatz 3 aufgeführten Aufzeichnungen nach Ende des Kalenderjahres, in dem die Verbringung erfolgt ist, für einen Zeitraum aufbewahren, der mindestens dem Zeitraum entspricht, der in den einschlägigen nationalen Rechtsvorschriften vorgesehen ist, welche in dem betreffenden Mitgliedstaat in Bezug auf die von Wirtschaftsteilnehmern zu erfüllenden Auflagen hinsichtlich der Aufbewahrung von Unterlagen gelten, und auf keinen Fall drei Jahre unterschreitet. Sie sind auf Verlangen den zuständigen Behörden des Mitgliedstaats vorzulegen, aus dessen Hoheitsgebiet der Lieferant die Verteidigungsgüter verbracht hat.

Artikel 9
Zertifizierung

(1) Die Mitgliedstaaten benennen die Behörden, die für die Zertifizierung von in ihrem Hoheitsgebiet ansässigen Empfängern von Verteidigungsgütern im Rahmen von Genehmigungen zuständig sind, die von anderen Mitgliedstaaten gemäß Artikel 5 Absatz 2 Buchstabe b veröffentlicht wurden.

(2) Durch die Zertifizierung wird insbesondere bescheinigt, dass das betreffende Empfängerunternehmen zuverlässig ist, insbesondere was seine Fähigkeit betrifft, die Ausfuhrbeschränkungen für Verteidigungsgüter einzuhalten, die es im Rahmen einer Genehmigung aus einem anderen Mitgliedstaat bezieht. Die Zuverlässigkeit eines Empfängerunternehmens wird anhand der folgenden Kriterien bewertet:

a) nachgewiesene Erfahrung im Bereich Verteidigung, insbesondere unter Berücksichtigung der Einhaltung von Ausfuhrbeschränkungen durch das Unternehmen, etwaiger einschlägiger Gerichtsurteile, der Erlaubnis zur Herstellung oder Vermarktung von Verteidigungsgütern und der Beschäftigung erfahrener Führungskräfte;

b) einschlägige industrielle Tätigkeit mit Bezug auf Verteidigungsgüter in der Gemeinschaft, insbesondere Fähigkeit zur System- bzw. Teilsystemintegration;

c) Ernennung eines leitenden Mitarbeiters zum persönlich Verantwortlichen für Verbringungen und Ausfuhren;

d) eine von dem unter Buchstabe c genannten leitenden Mitarbeiter unterzeichnete schriftliche Verpflichtungserklärung des Unternehmens, dass es alle notwendigen Vorkehrungen trifft, um sämtliche Bedingungen für die Endverwendung und Ausfuhr eines ihm gelieferten Verteidigungsgutes einzuhalten und durchzusetzen;

e) eine von dem unter Buchstabe c genannten leitenden Mitarbeiter unterzeichnete schriftliche Verpflichtungserklärung des Unternehmens, dass es gegenüber den zuständigen Behörden bei Anfragen und Untersuchungen mit der nötigen Sorgfalt genaue Angaben über die Endverwender oder die Endverwendung aller Verteidigungsgüter macht, die es im Rahmen einer Genehmigung eines anderen Mitgliedstaats ausführt, verbringt oder erhält; und

f) eine von dem unter Buchstabe c genannten leitenden Mitarbeiter gegengezeichnete Beschreibung des internen Programms zur Einhaltung der Ausfuhrkontrollverfahren oder des Verbringungs- und Ausfuhrverwaltungssystems des Unternehmens. Diese Beschreibung enthält Angaben über die organisatorischen, personellen und technischen Mittel für die Verwaltung von Verbringungen und Ausfuhren, über die Verteilung der Zuständigkeiten im Unternehmen, die internen Prüfverfahren, die Maßnahmen zur Sensibilisierung und Schulung des Personals, die Maßnahmen zur Gewährleistung der physischen und technischen Sicherheit, das Führen von Aufzeichnungen und die Rückverfolgbarkeit von Verbringungen und Ausfuhren.

(3) Das Zertifikat muss Folgendes enthalten:

a) die zuständige Behörde, die das Zertifikat ausgestellt hat;

b) Name und Anschrift des Empfängers;

c) die Erklärung, dass der Empfänger die im Absatz 2 genannten Kriterien erfüllt; und

d) das Ausstellungsdatum und die Gültigkeitsdauer des Zertifikats.

e) Die unter Buchstabe d angeführte Gültigkeitsdauer des Zertifikats darf höchstens fünf Jahre betragen.

(4) Das Zertifikat kann zusätzlich Angaben enthalten

a) zur Übermittlung von Informationen, die zur Überprüfung der Einhaltung der Kriterien gemäß Absatz 2 erforderlich sind;

b) zur Aussetzung oder zum Entzug des Zertifikats.

(5) Die zuständigen Behörden überprüfen mindestens alle drei Jahre, ob der Empfänger die Kriterien gemäß Absatz 2 und die für das Zertifikat geltenden Bedingungen gemäß Absatz 4 erfüllt.

(6) Die Mitgliedstaaten erkennen die von anderen Mitgliedstaaten gemäß dieser Richtlinie ausgestellten Zertifikate an.

(7) Stellt eine zuständige Behörde fest, dass ein im Hoheitsgebiet des betreffenden Mitgliedstaats ansässiger Inhaber eines Zertifikats die Kriterien gemäß Absatz 2 und die Bedingungen gemäß Absatz 4 nicht mehr erfüllt, trifft sie die erforderlichen Maßnahmen. Dies kann die Rücknahme oder den Widerruf des Zertifikats einschließen. Die zuständige Behörde unterrichtet die Kommission und die übrigen Mitgliedstaaten von ihrer Entscheidung.

(8) Die Mitgliedstaaten veröffentlichen und aktualisieren regelmäßig eine Liste der zertifizierten Empfänger und teilen dies der Kommission, dem Europäischen Parlament und den anderen Mitgliedstaaten mit.

Die Kommission macht auf ihrer Webseite ein Zentralregister der von den Mitgliedstaaten zertifizierten Empfänger öffentlich zugänglich.

Artikel 10
Ausfuhrbeschränkungen

Die Mitgliedstaaten stellen sicher, dass die Empfänger bei der Beantragung einer Ausfuhrgenehmigung gegenüber ihren zuständigen Behörden erklären, etwaige Ausfuhrbeschränkungen eingehalten zu haben, falls für die im Rahmen einer Genehmigung aus einem anderen Mitgliedstaat bezogenen Verteidigungsgüter derartige Beschränkungen gelten, gegebenenfalls einschließlich der Erklärung, dass sie die erforderliche Zustimmung des Ursprungsmitgliedstaats eingeholt haben.

KAPITEL IV
ZOLLVERFAHREN UND VERWALTUNGSZUSAMMENARBEIT

Artikel 11
Zollverfahren

(1) Die Mitgliedstaaten stellen sicher, dass der Ausführer bei der Erledigung der Zollformalitäten für die Ausfuhr von Verteidigungsgütern bei der für die Bearbeitung der Ausfuhranmeldung zuständigen Zollstelle den Nachweis erbringt, dass erforderliche Ausfuhrgenehmigungen erteilt wurden.

(2) Unbeschadet der Verordnung (EWG) Nr. 2913/92 des Rates vom 12. Oktober 1992 zur Festlegung des Zollkodex der Gemeinschaften[1] kann ein Mitgliedstaat für einen Zeitraum von höchstens 30 Werktagen das Verfahren für die Ausfuhr der im Rahmen einer Genehmigung aus einem anderen Mitgliedstaat bezogenen Verteidigungsgüter, die Bestandteil anderer Verteidigungsgüter geworden sind, aus seinem Hoheitsgebiet aussetzen oder, falls erforderlich, auf andere Weise verhindern, dass sie die Gemeinschaft von seinem Hoheitsgebiet aus verlassen, wenn er der Auffassung ist, dass

a) bei der Erteilung der Ausfuhrgenehmigung sachdienliche Informationen nicht berücksichtigt wurden oder

b) sich die Lage seit Erteilung der Ausfuhrgenehmigung wesentlich geändert hat.

(3) Die Mitgliedstaaten können vorschreiben, dass die Zollformalitäten für die Ausfuhr von Verteidigungsgütern nur bei bestimmten Zollstellen erledigt werden dürfen.

(4) Macht ein Mitgliedstaat von der Möglichkeit gemäß Absatz 3 Gebrauch, so teilt er der Kommission mit, welche Zollstellen von ihm dazu ermächtigt wurden. Die Kommission veröffentlicht diese Angaben im Amtsblatt der Europäischen Union, Reihe C.

Artikel 12
Informationsaustausch

Die Mitgliedstaaten treffen in Verbindung mit der Kommission alle zweckdienlichen Maßnahmen für eine direkte Zusammenarbeit und einen Informationsaustausch zwischen ihren zuständigen nationalen Behörden.

KAPITEL V
AKTUALISIERUNG DER LISTE DER VERTEIDIGUNGSGÜTER

Artikel 13
Aktualisierung des Anhangs

(1) Die Kommission aktualisiert die Liste der Verteidigungsgüter im Anhang, so dass ihre volle Übereinstimmung mit der Gemeinsamen Militärgüterliste der Europäischen Union gegeben ist.

(2) Diese Maßnahmen zur Änderung nicht wesentlicher Bestimmungen dieser Richtlinie werden nach dem in Artikel 14 Absatz 2 genannten Regelungsverfahren mit Kontrolle erlassen.

1 ABl. L 302 vom 19.10.1992, S. 1.

Artikel 14
Ausschuss

(1) Die Kommission wird von einem Ausschuss unterstützt.

(2) Wird auf diesen Absatz Bezug genommen, so gelten Artikel 5a Absätze 1 bis 4 und Artikel 7 des Beschlusses 1999/468/EG unter Beachtung von dessen Artikel 8.

KAPITEL VI
SCHLUSSBESTIMMUNGEN

Artikel 15
Schutzmaßnahmen

(1) Besteht nach Auffassung eines Mitgliedstaats, der eine Genehmigung erteilt hat, ein erhebliches Risiko, dass ein gemäß Artikel 9 zertifizierter Empfänger in einem anderen Mitgliedstaat eine Bedingung einer Allgemeingenehmigung nicht erfüllen wird, oder ist ein Mitgliedstaat, der eine Genehmigung erteilt hat, der Auffassung, dass die öffentliche Ordnung, die öffentliche Sicherheit oder seine wesentlichen Sicherheitsinteressen beeinträchtigt werden könnten, teilt er dies dem anderen Mitgliedstaat mit und ersucht ihn um eine Überprüfung der Lage.

(2) Bleiben die in Absatz 1 genannten Zweifel bestehen, kann der Mitgliedstaat die Gültigkeit der von ihm erteilten Allgemeingenehmigung in Bezug auf diesen Empfänger vorläufig aussetzen. Er unterrichtet die übrigen Mitgliedstaaten und die Kommission von den Gründen für diese Schutzmaßnahme. Der Mitgliedstaat, der die Schutzmaßnahme ergriffen hat, kann sie aufheben, wenn er der Auffassung ist, dass sie nicht mehr gerechtfertigt ist.

Artikel 16
Sanktionen

Die Mitgliedstaaten erlassen Vorschriften über Sanktionen für Verstöße gegen die zur Umsetzung dieser Richtlinie erlassenen Bestimmungen, insbesondere für den Fall, dass Informationen über die Einhaltung der mit einer Genehmigung zur Verbringung verknüpften Ausfuhrbeschränkungen, die nach Artikel 8 Absatz 1 oder Artikel 10 erforderlich sind, falsch oder unvollständig geliefert werden. Die Mitgliedstaaten ergreifen alle erforderlichen Maßnahmen, um zu gewährleisten, dass diese Vorschriften angewendet werden. Die Sanktionen müssen wirksam, verhältnismäßig und abschreckend sein.

Artikel 17
Überprüfung und Berichterstattung

(1) Die Kommission berichtet bis zum 30. Juni 2012 über die Maßnahmen der Mitgliedstaaten zur Umsetzung dieser Richtlinie, insbesondere der Artikel 9 bis 12 und des Artikels 15.

(2) Bis zum 30. Juni 2016 überprüft die Kommission die Anwendung dieser Richtlinie und legt dem Europäischen Parlament und dem Rat einen Bericht darüber vor. Sie bewertet insbesondere, ob und in welchem Umfang die Ziele dieser Richtlinie verwirklicht worden sind, unter anderem in Bezug auf die Funktionsfähigkeit des Binnenmarktes. In ihrem Bericht überprüft die Kommission die Anwendung der Artikel 9 bis 12 und des Artikels 15 dieser Richtlinie und bewertet ihre Auswirkungen auf die Entwicklung eines europäischen

Marktes für Verteidigungsgüter und einer europäischen verteidigungstechnologischen und -industriellen Basis, unter anderem unter Berücksichtigung der Lage von kleinen und mittleren Unternehmen. Gegebenenfalls fügt sie dem Bericht einen Legislativvorschlag bei.

Artikel 18
Umsetzung

(1) Die Mitgliedstaaten erlassen und veröffentlichen bis zum 30. Juni 2011 die Rechts- und Verwaltungsvorschriften, die erforderlich sind, um dieser Richtlinie nachzukommen. Sie setzen die Kommission unverzüglich davon in Kenntnis.

Sie wenden diese Rechtsvorschriften ab dem 30. Juni 2012 an.

Wenn die Mitgliedstaaten diese Vorschriften erlassen, nehmen sie in den Vorschriften selbst oder durch einen Hinweis bei der amtlichen Veröffentlichung auf diese Richtlinie Bezug. Die Mitgliedstaaten regeln die Einzelheiten der Bezugnahme.

(2) Die Mitgliedstaaten teilen der Kommission den Wortlaut der wichtigsten innerstaatlichen Rechtsvorschriften mit, die sie auf dem unter diese Richtlinie fallenden Gebiet erlassen.

Artikel 19
Inkrafttreten

Diese Richtlinie tritt am zwanzigsten Tag nach ihrer Veröffentlichung im *Amtsblatt der Europäischen Union* in Kraft.

Artikel 20
Adressaten

Diese Richtlinie ist an die Mitgliedstaaten gerichtet.

Geschehen zu Straßburg am 6. Mai 2009.

Im Namen des Europäischen Parlaments

Der Präsident
H.-G. PÖTTERING

Im Namen des Rates
Der Präsident
J. KOHOUT

Anhang – Liste der Verteidigungsgüter

ML1 Waffen mit glattem Lauf mit einem Kaliber kleiner als 20 mm, andere Handfeuerwaffen und Maschinenwaffen mit einem Kaliber von 12,7 mm (0,50 inch) oder kleiner und Zubehör wie folgt sowie besonders konstruierte Bestandteile hierfür:

a) Gewehre, Karabiner, Revolver, Pistolen, Maschinenpistolen und Maschinengewehre;

Anmerkung:

Unternummer ML1a erfasst nicht folgende Waffen:

1. *Musketen, Gewehre und Karabiner, die vor 1938 hergestellt wurden,*
2. *Reproduktionen von Musketen, Gewehren und Karabinern, deren Originale vor 1890 hergestellt wurden,*
3. *Revolver, Pistolen und Maschinenwaffen, die vor 1890 hergestellt wurden, und ihre Reproduktionen.*

b) Waffen mit glattem Lauf wie folgt:

1. *Waffen mit glattem Lauf, besonders konstruiert für militärische Zwecke,*
2. *andere Waffen mit glattem Lauf wie folgt:*
   a) *Vollautomaten,*
   b) *Halbautomaten oder Repetierer (pump action type weapons);*

c) Waffen, die hülsenlose Munition verwenden;

d) Schalldämpfer, spezielle Rohrwaffen-Lafetten, Ladestreifen, Waffenzielgeräte und Mündungsfeuerdämpfer für die von den Unternummern ML1a, ML1b und ML1c erfassten Waffen.

Anmerkung 1:

Die Nummer ML1 erfasst nicht Jagd- und Sportwaffen mit glattem Lauf, die weder für militärische Zwecke besonders konstruiert noch vollautomatisch sind.

Anmerkung 2:

Die Nummer ML1 erfasst nicht für Exerziermunition besonders konstruierte Waffen, die keine erfasste Munition verschießen können.

Anmerkung 3:

Die Nummer ML1 erfasst Waffen für Randfeuer-Hülsenpatronen nur dann, wenn sie vollautomatisch sind.

Anmerkung 4:

Die Unternummer ML1d erfasst nicht Zielfernrohre ohne elektronische Bildverarbeitung mit bis zu vierfacher Vergrößerung, vorausgesetzt, sie sind nicht besonders konstruiert oder geändert für militärische Zwecke

ML2 Waffen mit glattem Lauf mit einem Kaliber von 20 mm oder größer, andere Waffen oder Bewaffnung mit einem Kaliber größer als 12,7 mm (0,50 inch), Werfer und Zubehör wie folgt sowie besonders konstruierte Bestandteile hierfür:

a) Geschütze, Haubitzen, Kanonen, Mörser, Panzerabwehrwaffen, Einrichtungen zum Abfeuern von Geschossen und Raketen, militärische Flammenwerfer, Gewehre, rückstoßfreie Waffen, Waffen mit glattem Lauf und Tarnvorrichtungen (signature reduction devices) hierfür;

Anmerkung 1:

Unternummer ML2a schließt Injektoren, Messgeräte, Speichertanks und besonders konstruierte Bestandteile für den Einsatz von flüssigen Treibladungen für einen der von Unternummer ML2a erfassten Ausrüstungsgegenstände ein.

Anmerkung 2:

Unternummer ML2a erfasst nicht folgende Waffen:

1. *Musketen, Gewehre und Karabiner, die vor 1938 hergestellt wurden,*
2. *Reproduktionen von Musketen, Gewehren und Karabinern, deren Originale vor 1890 hergestellt wurden.*

b) militärische Nebel- und Gaswerfer, militärische pyrotechnische Werfer oder Generatoren;

Anmerkung:

Unternummer ML2b erfasst nicht Signalpistolen.

c) Waffenzielgeräte

ML3 Munition und Zünderstellvorrichtungen wie folgt sowie besonders konstruierte Bestandteile hierfür:

a) Munition für die von Nummer ML1, ML2 oder ML12 erfassten Waffen;

b) Zünderstellvorrichtungen, besonders konstruiert für die von Unternummer ML3a erfasste Munition.

Anmerkung 1:

Besonders konstruierte Bestandteile schließen ein:

a) Metall- oder Kunststoffbestandteile, z. B. Ambosse in Zündhütchen, Geschossmäntel, Patronengurtglieder, Führungsringe und andere Munitionsbestandteile aus Metall,

b) Sicherungseinrichtungen, Zünder, Sensoren und Anzündvorrichtungen,

c) Stromquellen für die einmalige Abgabe einer hohen Leistung,

d) abbrennbare Hülsen für Treibladungen,

e) Submunition einschließlich Bomblets, Minelets und endphasengelenkter Geschosse.

Anmerkung 2:

Unternummer ML3a erfasst nicht Munition ohne Geschoss (Manövermunition) und Exerziermunition mit gelochter Pulverkammer.

Anmerkung 3:

Unternummer ML3a erfasst nicht Patronen, besonders konstruiert für einen der folgenden Zwecke:

a) Signalmunition,

b) Vogelschreck-Munition oder

c) Munition zum Anzünden von Gasfackeln an Ölquellen

ML4 Bomben, Torpedos, Raketen, Flugkörper, andere Sprengkörper und -ladungen sowie zugehörige Ausrüstung und Zubehör wie folgt, besonders konstruiert für militärische Zwecke, und besonders konstruierte Bestandteile hierfür:

NB: Lenk- und Navigationsausrüstung: Siehe Nummer , Anmerkung 7.

a) Bomben, Torpedos, Granaten, Rauch- und Nebelbüchsen, Raketen, Minen, Flugkörper, Wasserbomben, Sprengkörper-Ladungen, -Vorrichtungen und Zubehör, „pyrotechnische" Munition, Patronen und Simulatoren (d. h. Ausrüstung, welche die Eigenschaften einer dieser Waren simuliert);

Anmerkung:

Unternummer ML4a schließt ein:

1. Rauch- und Nebelgranaten, Feuerbomben, Brandbomben und Sprengkörper,

2. Antriebsdüsen für Flugkörper und Bugspitzen für Wiedereintrittskörper.

b) Ausrüstung, besonders konstruiert für das Handhaben, Überwachen, Scharfmachen, Stromversorgen bei einmaliger Abgabe einer hohen Leistung, Abfeuern, Legen, Räumen, Ausstoßen, Täuschen, Stören, Zünden oder Orten der von Unternummer ML4a erfassten Waren.

Anmerkung:

Unternummer ML4b schließt ein:

1. fahrbare Gasverflüssigungsanlagen mit einer Produktionskapazität von mindestens 1 000 kg Flüssiggas pro Tag,

2. schwimmfähige elektrisch leitende Kabel zum Räumen magnetischer Minen.

Technische Anmerkung:

Tragbare Geräte, die durch ihre Konstruktion ausschließlich auf die Ortung von metallischen Gegenständen begrenzt und zur Unterscheidung zwischen Minen und anderen metallischen Gegenständen ungeeignet sind, werden nicht als besonders konstruiert für die Ortung der von Unternummer ML4a erfassten Waren angesehen.

ML5 Feuerleiteinrichtungen, zugehörige Überwachungs- und Alarmierungsausrüstung sowie verwandte Systeme, Prüf- oder Justierausrüstung und Ausrüstung für Gegenmaßnahmen wie folgt, besonders konstruiert für militärische Zwecke, sowie besonders konstruierte Bestandteile und besonders konstruiertes Zubehör hierfür:

a) Waffenzielgeräte, Bombenzielrechner, Rohrwaffenrichtgeräte und Waffensteuersysteme;

b) Zielerfassungs-, Zielzuordnungs-, Zielentfernungsmess-, Zielüberwachungs- oder Zielverfolgungssysteme, Ortungs-, Datenverknüpfungs- (data fusion)-, Erkennungs- oder Identifizierungs-Vorrichtungen und Ausrüstung zur Sensorintegration;

c) Ausrüstung für Gegenmaßnahmen für die von Unternummer ML5a oder ML5b erfasste Ausrüstung;

d) Prüf- oder Justierausrüstung, besonders konstruiert für die von Unternummer ML5a oder ML5b erfasste Ausrüstung.

ML6 Landfahrzeuge und Bestandteile hierfür wie folgt:

NB: Lenk- und Navigationsausrüstung: Siehe Nummer , Anmerkung 7.

a) Landfahrzeuge und Bestandteile hierfür, besonders konstruiert oder geändert für militärische Zwecke;

Technische Anmerkung:

Landfahrzeuge im Sinne der Unternummer ML6a schließen auch Anhänger ein.

b) geländegängige Fahrzeuge mit Allradantrieb, die mit Werkstoffen hergestellt oder ausgerüstet wurden, die einen ballistischen Schutz der Stufe III (NIJ 0108.01, September 1985 oder eine vergleichbare nationale Norm) oder besser bewirken.

NB: Siehe auch Unternummer ML13a.

Anmerkung 1:

Unternummer ML6a schließt ein:

a) Panzer und andere militärische bewaffnete Fahrzeuge und militärische Fahrzeuge, ausgestattet mit Lafetten oder Ausrüstung zum Minenlegen oder zum Starten der von Nummer ML4 erfassten Waffen,

b) gepanzerte Fahrzeuge,

c) amphibische und tiefwatfähige Fahrzeuge,

d) Bergungsfahrzeuge und Fahrzeuge zum Befördern und Schleppen von Munition oder Waffensystemen und zugehörige Ladesysteme.

Anmerkung 2:

Die Änderung eines von Unternummer ML6a erfassten Landfahrzeugs für militärische Zwecke bedeutet eine bauliche, elektrische oder mechanische Änderung, die einen oder mehrere besonders konstruierte militärische Bestandteile betrifft. Solche Bestandteile schließen ein:

a) Luftreifendecken in beschussfester oder bei abgelassener Luft fahrtauglicher Spezialbauart,

b) Reifendruck-Regelvorrichtungen, die aus dem Inneren des fahrenden Fahrzeugs bedient werden können,

c) Panzerschutz von wichtigen Teilen (z. B. Kraftstofftanks oder Fahrzeugkabinen),

d) besondere Verstärkungen oder Lafetten für Waffen,

e) Tarnbeleuchtung.

Anmerkung 3:

Nummer ML6 erfasst keine zivilen Personenkraftwagen mit Schutzpanzerung oder ballistischem Schutz oder Lastkraftwagen mit Schutzpanzerung oder ballistischem Schutz, konstruiert oder geändert für den Werttransport.

ML7 Chemische oder biologische toxische Agenzien, „Reizstoffe", radioaktive Stoffe, zugehörige Ausrüstung, Bestandteile und Materialien wie folgt:

a) biologische Agenzien und radioaktive Stoffe „für den Kriegsgebrauch" (zur Außergefechtsetzung von Menschen oder Tieren, zur Funktionsbeeinträchtigung von Geräten oder zur Vernichtung von Ernten oder der Umwelt);

b) chemische Kampfstoffe einschließlich:

1. Nervenkampfstoffe:

a) Alkyl(R1) phosphonsäure-alkyl(R2)ester-fluoride (R1 = Methyl-, Ethyl-, n-Propyl- oder Isopropyl-) (R2 = Alkyl- oder Cycloalkyl, cn = c1 bis c10), wie:
- Sarin (GB): Methylphosphonsäure-isopropylesterfluorid (CAS-Nr. 107-44-8) und
- Soman (GD): Methylphosphonsäurepinakolylesterfluorid (CAS-Nr. 96-64-0),

b) Phosphorsäure-dialkyl(R1, R2)amid-cyanid-alkyl (R3)ester (R1, R2 = Methyl, Ethyl-, n-Propyl-oder Isopropyl-) (R3 = Alkyl- oder Cycloalkyl-, cn = c1 bis c10), wie:
Tabun (GA): Phosphorsäuredimethylamid-cyanid-ethylester (CAS-Nr. 77-81-6),

c) Alkyl(R1)thiolphosphonsäure-S-(2-dialkyl(R3, R4) aminoethyl)-alkyl(R2) ester (R2 = H, Alkyl-oder Cycloalkyl-, cn = c1 bis c10) (R1, R3, R4 = Methyl, Ethyl-, n-Propyl- oder Isopropyl-) oder entsprechend alkylierte bzw. protonierte Salze, wie:
VX: Methylthiolphosphonsäure-S-(2-diisopropylaminoethyl)-ethylester (CAS-Nr. 50782-69-9);

2. Hautkampfstoffe:

a) Schwefelloste, wie:
1. 2-Chlorethylchlormethylsulfid (CAS-Nr. 2625-76-5),
2. Bis(2-chlorethyl)-sulfid (CAS-Nr. 505-60-2),
3. Bis(2-chlorethylthio)-methan (CAS-Nr. 63869-13-6),
4. 1,2-Bis(2-chlorethylthio)-ethan (CAS-Nr. 3563-36-8),
5. 1,3-Bis(2-chlorethylthio)-n-propan (CAS-Nr. 63905-10-2),
6. 1,4-Bis(2-chlorethylthio)-n-butan (CAS-Nr. 142868-93-7),
7. 1,5-Bis(2-chlorethylthio)-n-pentan (CAS-Nr. 142868-94-8),
8. Bis-(2-chlorethylthiomethyl)-ether (CAS-Nr. 63918-90-1),
9. Bis-(2-chlorethylthioethyl)-ether (CAS-Nr. 63918-89-8);

b) Lewisite, wie:
1. 2-Chlorvinyldichlorarsin (CAS-Nr. 541-25-3),
2. Tris(2-chlorvinyl)-arsin (CAS-Nr. 40334-70-1),

3. Bis(2-chlorvinyl)-chlorarsin (CAS-Nr. 40334-69-8);

c) Stickstoffloste, wie:

1. HN1: N-Ethyl-bis(2-chlorethyl)-amin (CAS-Nr. 538-07-8),
2. HN2: N-Methyl-bis(2-chlorethyl)-amin (CAS-Nr. 51-75-2),
3. HN3: Tris-(2-chlorethyl)-amin (CAS-Nr. 555-77-1);

3. Psychokampfstoffe, wie:

a) 3-Chinuclidinylbenzilat (CAS-Nr. 6581-06-2),

4. Entlaubungsmittel, wie:

a) Butyl-(2-Chlor-4-Fluor-phenoxy-)acetat (LNF),

b) 2,4,5-trichlorphenoxyessigsäure gemischt mit 2,4-dichlorphenoxyessigsäure (Agent Orange);

c) Komponenten für Binärkampfstoffe und Schlüsselvorprodukte wie folgt:

1. Alkyl (Methyl-, Ethyl-, n-Propyl- oder Isopropyl-) phosphonsäuredifluoride wie: DF: Methyl-phosphonsäuredifluorid (CAS-Nr. 676-99-3),

2. Alkyl(R1)phosphonigsäure-O-2-dialkyl(R3,R4) aminoethyl-alkyl(R2)ester (R1, R3, R4 = Methyl-, Ethyl-, n-Propyl-, Isopropyl-) (R2 = H, Alkyl- oder Cycloalkyl-, Cn = C1 bis C10) und entsprechend alkylierte oder protonierte Salze wie: QL: Methylphosphonigsäure-O- (2-diisopropylamino-ethyl)-ethylester (CAS-Nr. 57856-11-8),

3. Chlorsarin: Methylphosphonsäure-isopropylester-chlorid (CAS-Nr. 1445-76-7),

4. Chlorsoman: Methylphosphonsäure-pinakolylester-chlorid (CAS-Nr. 7040-57-5);

d) „Reizstoffe“, chemisch wirksame Komponenten und Kombinationen davon einschließlich:

1. CA: Brombenzylcyanid (CAS-Nr. 5798-79-8),

2. CS: o-Chlorbenzylidenmalonsäuredinitril (CAS-Nr. 2698-41-1),

3. CN: -Chloracetophenon (CAS-Nr. 532-27-4),

4. CR: Dibenz(b,f)-1,4-oxazepin (CAS-Nr. 257-07-8),

5. DM: 10-Chloro-5,10-dihydrophenarsazin, (Phenarsazinchlorid), (Adamsite) (CAS-Nr. 578-94-9),

6. MPA: N-Nonanoylmorpholin (CAS-Nr. 5299-64-9);

Anmerkung 1:

Unternummer ML7d erfasst nicht Reizstoffe, einzeln abgepackt für persönliche Selbstverteidigungszwecke.

Anmerkung 2:

Unternummer ML7d erfasst nicht chemisch wirksame Komponenten und Kombinationen davon, gekennzeichnet und abgepackt für die Herstellung von Nahrungsmitteln oder für medizinische Zwecke.

e) Ausrüstung, besonders konstruiert oder geändert für militärische Zwecke, zum Ausbringen eines der folgenden Materialien oder Agenzien oder eines der folgenden Stoffe und besonders konstruierte Bestandteile hierfür:

   1. *Materialien oder Agenzien, die von Unternummer ML7a, ML7b oder ML7d erfasst werden,*
   2. *oder chemische Kampfstoffe, gebildet aus von Unternummer ML7c erfassten Vorprodukten;*

f) Schutz- und Dekontaminationsausrüstung, besonders konstruierte Bestandteile hierfür, und besonders formulierte Mischungen von Chemikalien wie folgt:

   1. *Ausrüstung, besonders konstruiert oder geändert für militärische Zwecke, zur Abwehr der von Unternummer ML7a, ML7b oder ML7d erfassten Materialien, und besonders konstruierte Bestandteile hierfür,*
   2. *Ausrüstung, besonders konstruiert oder geändert für militärische Zwecke, zur Dekontamination von Objekten, die mit von Unternummer ML7a oder ML7b erfassten Materialien kontaminiert sind, und besonders konstruierte Bestandteile hierfür,*
   3. *Mischungen von Chemikalien, besonders entwickelt/formuliert zur Dekontamination von Objekten, die mit von Unternummer ML7a oder ML7b erfassten Materialien kontaminiert sind;*

   Anmerkung:

   ML7.f.1. einschließlich:

   a) Luftreinigungsanlagen, besonders konstruiert oder geändert zum Filtern von radioaktiven, biologischen oder chemischen Stoffen;

   b) Schutzkleidung.

   NB: Zivilschutzmasken, Schutz- und Dekontaminationsausrüstung: Siehe auch Nummer 1A004 der Dual-Use-Liste der EU.

g) Ausrüstung, besonders konstruiert oder geändert für militärische Zwecke, zur Feststellung oder Identifizierung der von Unternummer ML7a, ML7b oder ML7d erfassten Materialien, und besonders konstruierte Bestandteile hierfür;

   Anmerkung:

   Unternummer ML7g erfasst nicht Strahlendosimeter für den persönlichen Gebrauch.

   NB: Siehe auch Nummer 1A004 der Dual-Use-Liste der EU.

h) „Biopolymere", besonders entwickelt oder aufgebaut für die Feststellung oder Identifizierung der von Unternummer ML7b erfassten chemischen Kampfstoffe, und spezifische Zellkulturen zu ihrer Herstellung;

i) „Biokatalysatoren" für die Dekontamination und den Abbau chemischer Kampfstoffe und biologische Systeme hierfür wie folgt:

   1. *„Biokatalysatoren", besonders entwickelt für die Dekontamination und den Abbau der von Unternummer ML7b erfassten chemischen Kampfstoffe, die*

durch gezielte Laborauslese oder genetische Manipulation biologischer Systeme erzeugt werden,

2. *biologische Systeme wie folgt: „Expressions-Vektoren", Viren oder Zellkulturen, die eine spezifische genetische Information zur Herstellung der von Unternummer ML7i1 erfassten „Biokatalysatoren" enthalten.*

Anmerkung 1:

Unternummern ML7b und ML7d erfassen nicht:

a) *Chlorcyan (CAS-Nr. 506-77-4) siehe Unternummer 1C450a5 der Dual-Use-Liste der EU,*
b) *Cyanwasserstoffsäure (CAS-Nr. 74-90-8),*
c) *Chlor (CAS-Nr. 7782-50-5),*
d) *Carbonylchlorid (Phosgen) (CAS-Nr. 75-44-5) siehe Unternummer 1C450a5 der Dual-Use-Liste der EU,*
e) *Perchlorameisensäuremethylester (Diphosgen) (CAS-Nr. 503-38-8),*
f) *nicht belegt,*
g) *Xylylbromide, ortho: (CAS-Nr. 89-92-9), meta: (CAS-Nr. 620-13-3), para: (CAS-Nr. 104-81-4),*
h) *Benzylbromid (CAS-Nr. 100-39-0),*
i) *Benzyljodid (CAS-Nr. 620-05-3),*
j) *Bromaceton (CAS-Nr. 598-31-2),*
k) *Bromcyan (CAS-Nr. 506-68-3),*
l) *Brommethylethylketon (CAS-Nr. 816-40-0),*
m) *Chloraceton (CAS-Nr. 78-95-5),*
n) *Jodessigsäureethylester (CAS-Nr. 623-48-3),*
o) *Jodaceton (CAS-Nr. 3019-04-3),*
p) *Chlorpikrin (CAS-Nr. 76-06-2). Siehe Nummer 1C450a7 der Dual-Use-Liste der EU.*

Anmerkung 2:

Die Unternummern ML7h und ML7i2 erfassen nur spezifische Zellkulturen und spezifische biologische Systeme. Zellkulturen und biologische Systeme für zivile Zwecke, z. B. für Landwirtschaft, Pharmazie, Medizin, Tierheilkunde, Umwelt, Abfallwirtschaft und Nahrungsmittelindustrie, werden nicht erfasst.

ML8 „Energetische Materialien" und zugehörige Stoffe wie folgt:

NB: Siehe auch Nummer 1C011 der Dual-Use-Liste der EU.

Technische Anmerkungen:

1. *Für die Zwecke dieser Nummer bedeutet Mischung eine Zusammensetzung aus zwei oder mehreren Substanzen, von denen mindestens eine in den Unternummern der Nummer ML8 genannt sein muss.*
2. *Jede Substanz, die von einer Unternummer der Nummer ML8 erfasst wird, bleibt auch dann erfasst, wenn sie für einen anderen als den in der Überschrift zu dieser*

Unternummer genannten Zweck verwendet wird (z. B. wird TAGN überwiegend als Explosivstoff eingesetzt, kann aber auch als Brennstoff oder Oxidationsmittel verwendet werden).

a) „Explosivstoffe“ wie folgt und Mischungen daraus:

1. ADNBF (7-Amino-4,6-dinitrobenzofurazan-1-oxid (CAS-Nr. 97096-78-1), Amino-dinitroben-zofuroxan),
2. BNCP (Cis-bis (5-nitrotetrazolato) tetraminkobalt(III)perchlorat) (CAS-Nr. 117412-28-9),
3. CL-14 (5,7-Diamino-4,6-dinitrobenzofurazan-1-oxid (CAS-Nr. 117907-74-1) oder Diamino-dinitrobenzofuroxan),
4. CL-20 (HNIW oder Hexanitrohexaazaisowurtzitan) (CAS-Nr. 135285-90-4), Chlathrate von CL-20 (siehe auch Unternummern ML8g3 und ML8g4 für dessen „Vorprodukte“),
5. CP (2-(5-Cyanotetrazolato) pentaminkobalt(III)perchlorat) (CAS-Nr. 70247-32-4),
6. DADE (1,1-Diamino-2,2-dinitroethylen, FOX 7),
7. DATB (Diaminotrinitrobenzol) (CAS-Nr. 1630-08-6),
8. DDFP (1,4-Dinitrodifurazanopiperazin),
9. DDPO (2,6-Diamino-3,5-dinitropyrazin-1-oxid, PZO) (CAS-Nr. 194486-77-6),
10. DIPAM (Diaminohexanitrodiphenyl) (CAS-Nr. 17215-44-0),
11. DNGU (DINGU oder Dinitroglycoluril) (CAS-Nr. 55510-04-8),
12. Furazane wie folgt:
    a) DAAOF (Diaminoazoxyfurazan),
    b) DAAzF (Diaminoazofurazan) (CAS-Nr. 78644-90-3),
13. HMX und HMX-Derivate (siehe auch Unternummer ML8g5 für deren „Vorprodukte“) wie folgt:
    a) HMX (Cyclotetramethylentetranitramin oder Oktogen) (CAS-Nr. 2691-41-0),
    b) Difluoramin-Analoge des HMX,
    c) K-55 (2,4,6,8-Tetranitro-2,4,6,8-tetraaza-bicyclo-3,3,0-octanon-3 (CAS-Nr. 130256-72-3), Tetranitrosemiglycouril oder keto-bicyclisches HMX),
14. HNAD (Hexanitroadamantan) (CAS-Nr. 143850-71-9),
15. HNS (Hexanitrostilben) (CAS-Nr. 20062-22-0),
16. Imidazole wie folgt:
    a) BNNII (Octahydro-2,5-bis(nitroimino)imidazo-4,5-d-imidazol),
    b) DNI (2,4-Dinitroimidazol) (CAS-Nr. 5213-49-0),
    c) FDIA (1-Fluoro-2,4-dinitroimidazol),

d) NTDNIA (N-(2-nitrodiazolo)-2,4-dinitroimidazol),

e) PTIA (1-Picryl-2,4,5-trinitroimidazol),

17. NTNMH (1-(2-Nitrotriazolo)-2-dinitromethylenhydrazin),
18. NTO (ONTA oder 3-Nitro-1,2,4-triazol-5-on) (CAS-Nr. 932-64-9),
19. Polynitrocubane mit mehr als vier Nitrogruppen,
20. PYX (Picrylaminodinitropyridin) (CAS-Nr. 38082-89-2),
21. RDX und RDX-Derivate wie folgt:

    a) RDX (Hexogen, Cyclotrimethylentrinitramin) (CAS-Nr. 121-82-4),

    b) Keto-RDX (2,4,6-Trinitro-2,4,6-triaza-cyclo-hexanon oder K-6) (CAS-Nr. 115029-35-1),

22. TAGN (Triaminoguanidinnitrat) (CAS-Nr. 4000-16-2),
23. TATB (Triaminotrinitrobenzol) (CAS-Nr. 3058-38-6) (siehe auch Unternummer ML8g7 für dessen „Vorprodukte"),
24. TEDDZ (3,3,7,7-Tetra-bis(difluoramin)octahydro-1,5-dinitro-1,5-diazocin),
25. Tetrazole wie folgt:

    a) NTAT (Nitrotriazol-aminotetrazol),

    b) NTNT (1-N-(2-nitrotriazolo)-4-nitrotetrazol),

26. *Tetryl (Trinitrophenylmethylnitramin) (CAS-Nr. 479-45-8),*
27. TNAD (1,4,5,8-Tetranitro-1,4,5,8-tetraazadecalin) (CAS-Nr. 135877-16-6) (siehe auch Unternummer ML8g6 für dessen „Vorprodukte");
28. TNAZ (1,1,3-Trinitroazetidin) (CAS-Nr. 97645-24-4) (siehe auch Unternummer ML8g2 für dessen „Vorprodukte");
29. TNGU (Tetranitroglycoluril oder SORGUYL) (CAS-Nr. 55510-03-7),
30. TNF (1,4,5,8-Tetranitro-pyridazino-4,5-d-pyridazin) (CAS-Nr. 229176-04-9),
31. Triazine wie folgt:

    a) DNAM (2-Oxy-4,6-dinitroamino-s-triazin) (CAS-Nr. 19899-80-0),

    b) NNHT (2-Nitroimino-5-nitro-hexahydro-1,3,5-triazin) (CAS-Nr. 130400-13-4),

32. Triazole wie folgt:

    a) 5-Azido-2-nitrotriazol,

    b) ADI ITDN (4-Amino-3,5 dihydrazino-1,2,4-triazol-dinitramid) (CAS-Nr. 1614-08-0),

    c) ADNT (1-Amino-3,5-dinitro-1,2,4-triazol),

    d) BDNTA ((Bis-dinitrotriazol)-amin),

   e) DBT (3,3'-Dinitro-5,5-bis-1,2,4-triazol) (CAS-Nr. 30003-46-4),
   f) DNBT (Dinitrobistriazol) (CAS-Nr. 70890-46-9),
   g) NTDNA (2-Nitrotriazol-5-dinitramid) (CAS-Nr. 75393-84-9), h. NTDNT (1-N-(2-nitrotriazolo)-3,5-dinitrotriazol), i. PDNT (1-Picryl-3,5-dinitrotriazol), j. TACOT (Tetranitrobenzotriazolobenzotriazol) (CAS-Nr. 25243-36-1),

33. andere als die in Unternummer ML8a genannten Explosivstoffe mit einer Detonationsgeschwindigkeit größer als 8 700 m/s bei maximaler Dichte oder einem Detonationsdruck größer als 34 GPa (340 kbar),
34. andere in Nummer ML8a nicht genannte organische Explosivstoffe, die einen Detonationsdruck größer/gleich 25 GPa (250 kbar) ergeben und bei Temperaturen größer/gleich 523 K (250°C) für die Dauer von 5 min oder länger stabil bleiben.

b) „Treibstoffe" wie folgt:
   1. alle Feststoff-„Treibstoffe" der UN-Klasse 1.1 mit einem theoretisch erreichbaren spezifischen Impuls (bei Standardbedingungen) von mehr als 250 s bei metallfreien oder mehr als 270 s bei aluminiumhaltigen Mischungen,
   2. alle Feststoff-„Treibstoffe" der UN-Klasse 1.3 mit einem theoretisch erreichbaren spezifischen Impuls von mehr als 230 s bei halogenfreien, 250 s bei metallfreien und 266 s bei metallhaltigen Mischungen,
   3. „Treibstoffe" mit einer theoretischen Force größer als 1 200 kJ/kg,
   4. „Treibstoffe", die eine stabile, gleichförmige Abbrandgeschwindigkeit von mehr als 38 mm/s unter Standardbedingungen bei 6,89 MPa (68,9 bar) und 294 K (21 °C) (gemessen an einem inhibierten einzelnen Strang) aufweisen,
   5. elastomermodifizierte, gegossene, zweibasige „Treibstoffe" (EMCDB), die bei 233 K (– 40 °C) eine Dehnungsfähigkeit von mehr als 5 % bei größter Beanspruchung aufweisen,
   6. andere „Treibstoffe", die in Unternummer ML8a genannte Substanzen enthalten;

c) „Pyrotechnika", Brennstoffe und zugehörige Stoffe wie folgt und Mischungen daraus:
   1. Luftfahrzeug-Brennstoffe, besonders formuliert für militärische Zwecke,
   2. Alan (Aluminiumhydrid) (CAS-Nr. 7784-21-6),
   3. Carborane, Decaboran (CAS-Nr. 17702-41-9), Pentaborane (CAS-Nr. 19624-22-7) und (CAS-Nr. 18433-84-6) und Derivate daraus,
   4. Hydrazin und Hydrazin-Derivate wie folgt (siehe auch Unternummern ML8d8 und ML8d9 für oxidierend wirkende Hydrazinderivate):
      a) Hydrazin (CAS-Nr. 302-01-2) mit einer Mindestkonzentration von 70 %,
      b) Monomethylhydrazin (CAS-Nr. 60-34-4), c.
      c) symmetrisches Dimethylhydrazin (CAS-Nr. 540-73-8),
      d) unsymmetrisches Dimethylhydrazin (CAS-Nr. 57-14-7),

5. metallische Brennstoffe in Partikelform (kugelförmig, staubförmig, flockenförmig oder gemahlen), hergestellt aus Material, das zu mindestens 99 % aus einem der folgenden Materialien besteht:
   a) Metalle und Mischungen daraus wie folgt:
      1. Beryllium (CAS-Nr. 7440-41-7) mit einer Partikelgröße kleiner als 60 mm,
      2. Eisenpulver (CAS-Nr. 7439-89-6) mit einer Partikelgröße kleiner/gleich 3 mm, hergestellt durch Reduktion von Eisenoxid mit Wasserstoff,
   b) Mischungen, die einen der folgenden Stoffe enthalten:
      1. Zirkonium (CAS-Nr. 7440-67-7), Magnesium (CAS-Nr. 7439-95-4) und Legierungen dieser Metalle mit Partikelgrößen kleiner als 60 mm,
      2. Bor (CAS-Nr. 7440-42-8) oder Borcarbid (CAS-Nr. 12069-32-8) mit einer Reinheit größer/gleich 85 % und einer Partikelgröße kleiner als 60 mm,
6. militärische Materialien, die für die Verwendung in Flammenwerfern oder Brandbomben besonders formulierte Verdicker für Kohlenwasserstoff-Brennstoffe enthalten, wie Metallstearate oder Palmitate (Oktal) (CAS-Nr. 637-12-7) und M1,M2,M3-Verdikker,
7. Perchlorate, Chlorate und Chromate, die mit Metallpulver oder anderen energiereichen Brennstoffen gemischt sind,
8. kugelförmiges Aluminiumpulver (CAS-Nr. 7429-90-5) mit einer Partikelgröße kleiner/gleich 60 mm, hergestellt aus Material mit einem Aluminiumgehalt von mindestens 99 %,
9. Titansubhydrid mit der stöchiometrischen Zusammensetzung TiH 0,65-1,68;

   Anmerkung 1:

   Luftfahrzeug-Brennstoffe, die von Unternummer ML8c1 erfasst werden, sind Fertigprodukte und nicht deren Einzelkomponenten.

   Anmerkung 2:

   Unternummer ML8c4a erfasst nicht Mischungen mit Hydrazin, die für den Korrosionsschutz besonders formuliert sind.

   Anmerkung 3:

   Explosivstoffe und Brennstoffe, die die in Unternummer ML8c5 aufgeführten Metalle und Legierungen enthalten, werden auch dann erfasst, wenn die Metalle und Legierungen in Aluminium, Magnesium, Zirkonium oder Beryllium eingekapselt sind.

   Anmerkung 4:

   Unternummer ML8c5b2 erfasst nicht Bor und Borcarbid, das mit Bor-10 angereichert ist (Bor-10-Gehalt größer als 20 Gew.-% des Gesamt-Borgehalts).

d) Oxidationsmittel wie folgt und Mischungen daraus:
   1. ADN (Ammoniumdinitramid oder SR12) (CAS-Nr. 140456-78-6),

2. AP (Ammoniumperchlorat) (CAS-Nr. 7790-98-9),
3. Verbindungen, die aus Fluor und einem oder mehreren der folgenden Elemente zusammengesetzt sind:
   a) sonstige Halogene,
   b) Sauerstoff oder
   c) Stickstoff,

   Anmerkung 1:

   Unternummer ML8d3 erfasst nicht Chlortrifluorid. Siehe Nummer 1C238 der Dual-Use-Liste der EU.

   Anmerkung 2:

   Unternummer ML8d3 erfasst nicht Stickstofftrifluorid in gasförmigem Zustand.
4. *DNAD (1,3-Dinitro-1,3-diazetidin) (CAS-Nr. 78246-06-7),*
5. *HAN (Hydroxylammoniumnitrat) (CAS-Nr. 13465-08-2),*
6. *HAP (Hydroxylammoniumperchlorat) (CAS-Nr. 15588-62-2),*
7. *HNF (Hydrazinnitroformiat) (CAS-Nr. 20773-28-8),*
8. *Hydrazinnitrat (CAS-Nr. 37836-27-4),*
9. *Hydrazinperchlorat (CAS-Nr. 27978-54-7),*
10. *flüssige Oxidationsmittel, die aus inhibierter rauchender Salpetersäure (IRFNA) (CAS-Nr. 8007-58-7) bestehen oder diesen Stoff enthalten;*

    Anmerkung:

    Unternummer ML8d10 erfasst nicht nicht-inhibierte rauchende Salpetersäure.

d) Binder, Plastifiziermittel, Monomere und Polymere wie folgt:
1. AMMO (Azidomethylmethyloxetan) (CAS-Nr. 90683-29-7) und seine Polymere (siehe auch Unternummer ML8g1 für dessen „Vorprodukte");
2. BAMO (Bis(azidomethyl)oxethan) (CAS-Nr. 17607-20-4) und seine Polymere (siehe auch Unternummer ML8g1 für dessen „Vorprodukte");
3. BDNPA (Bis-(2,2-dinitropropyl)acetal) (CAS-Nr. 5108-69-0),
4. BDNPF (Bis-(2,2-dinitropropyl)formal) (CAS-Nr. 5917-61-3),
5. BTTN (Butantrioltrinitrat) (CAS-Nr. 6659-60-5) (siehe auch Unternummer ML8g8 für dessen „Vorprodukte");
6. energetisch wirksame Monomere, energetisch wirksame Plastifiziermittel und energetisch wirksame Polymere, die Nitro-, Azido-, Nitrat-, Nitraza- oder Difluoraminogruppen enthalten, besonders formuliert für militärische Zwecke,
7. FAMAO (3-Difluoraminomethyl-3-azidomethyloxetan) und seine Polymere,
8. FEFO (Bis(2-fluoro-2,2-dinitroethyl)formal) (CAS-Nr. 17003-79-1),
9. FPF-1 (Poly-2,2,3,3,4,4-Hexafluoropentan-1,5-diol-formal) (CAS-Nr. 376-90-9),

10. FPF-3 (Poly-2,4,4,5,5,6,6-heptafluoro-2-trifluoromethyl-3-oxaheptan-1,7-diolformal),
11. GAP (Glycidylazidpolymer) (CAS-Nr. 143178-24-9) und dessen Derivate,
12. HTPB (hydroxylterminiertes Polybutadien) mit einer Hydroxylfunktionalität größer/gleich 2,2 und kleiner/gleich 2,4, einem Hydroxylwert kleiner als 0,77 meq/g und einer Viskosität bei 303 K (30 °C) kleiner als 47 Poise (CAS-Nr. 69102-90-5),
13. niedermolekulares (Molekulargewicht kleiner als 10 000) Polyepichlorhydrin mit funktionellen Alkoholgruppen, Polyepichlorhydrindiol und -triol,
14. NENAs (Nitratoethylnitramin-Verbindungen)
(CAS-Nrn. 17096-47-8, 85068-73-1, 82486-83-7,
(82486-82-6 und 85954-06-9),
15. PGN (Poly-GLYN, Polyglycidylnitrat oder Poly(Nitratomethyloxiran)) (CAS-Nr. 27814-48-8),
16. Poly-NIMMO (Polynitratomethylmethyloxethan) oder
Poly-NMMO (Poly-(3-nitratomethyl-3-methyloxethan))
(CAS-Nr. 84051-81-0),
17. Polynitroorthocarbonate,
18. TVOPA (1,2,3-Tris [(1,2-bis-difluoramino)ethoxy]propan) (CAS-Nr. Nr. 53159-39-0);

f) „Additive“ wie folgt:

1. basisches Kupfersalicylat (CAS-Nr. 62320-94-9),
2. BHEGA (Bis-(2-hydroxyethyl)glycolamid)
(CAS-Nr. 17409-41-5),
3. BNO (Butadiennitriloxid) (CAS-Nr. 9003-18-3),
4. Ferrocen-Derivate wie folgt:
   a) Butacen (CAS-Nr. 125856-62-4),
   b) Catocen (CAS-Nr. 37206-42-1) (2,2-Bis-ethylferrocenylpropan),
   c) Ferrocencarbonsäuren,
   d) n-Butylferrocen (CAS-Nr. 31904-29-7),
   e) andere verwandte polymere Ferrocenderivate,
5. Blei-ß-resorcylat (CAS-Nr. 20936-32-7),
6. Bleicitrat (CAS-Nr. 14450-60-3),
7. Blei-Kupfer-Chelate von Beta-Resorcylat und/oder Salicylate (CAS-Nr. 68411-07-4),
8. Bleimaleat (CAS-Nr. 19136-34-6),
9. Bleisalicylat (CAS-Nr. 15748-73-9),
10. Bleistannat (CAS-Nr. 12036-31-6),

11. MAPO (Tris-1-(2-methyl)aziridinylphosphinoxid) (CAS-Nr. 57-39-6), BOBBA 8 (Bis(2-methylaziridinyl)-2-(2-hydroxypropanoxy)-propylaminophosphinoxid) und andere MAPO-Derivate;
12. Methyl-BAPO (Bis(2-methylaziridinyl)-methylaminophosphinoxid) (CAS-Nr. 85068-72-0),
13. N-Methyl-p-Nitroanilin (CAS-Nr. 100-15-2),
14. 3-Nitraza-1,5-pentan-diisocyanat (CAS-Nr. 7406-61-9),
15. metallorganische Kupplungsreagentien wie folgt:
    a) Neopentyl[diallyl]oxy, tri[dioctyl]phosphato-titanate (CAS-Nr. 103850-22-2); also known as titanium IV, 2,2[bis 2-propenolato-methyl, butanolato, tris (dioctyl) phosphato] (CAS-Nr. 110438-25-0); (LICA 12) (CAS-Nr. 103850-22-2),
    b) Titan-IV-((2-Propenolat-1)methyl-N-propenolatomethyl) butanolat-1-tris(dioctyl)-pyrophos-phat (KR3538),
    c) Titan-IV-((2-Propenolat-1)methyl-N-propenolatomethyl) butanolat-1-tris(dioctyl)phosphat,
16. Polycyanodifluoraminoethylenoxid,
17. polyfunktionelle Aziridinamide mit Isophthal-, Trimesin-, Butylenimintrimesa midisocyanur-(BITA) oder Trimethyladipin-Grundstrukturen und 2-Methyl- oder 2-Ethylsubstituenten am Aziridinring,
18. Propylenimin, 2-Methylaziridin (CAS-Nr. 75-55-8),
19. superfeines Eisenoxid (Fe_2O_3) mit einer spezifischen Oberfläche größer als 250 m^2/g und einer durchschnittlichen Partikelgröße kleiner/gleich 3,0 nm,
20. TEPAN (Tetraethylenpentaminacrylnitril) (CAS-Nr. 68412-45-3), cyanethylierte Polyamine und ihre Salze,
21. TEPANOL (Tetraethylenpentaminacrylnitrilglycidol) (CAS-Nr. 68412-46-4), cyanethylierte Polyamin-Addukte mit Glycidol und ihre Salze,
22. TPB (Triphenylwismut) (CAS-Nr. 603-33-8);

g) „Vorprodukte“ wie folgt:

NB: Die Verweise in Unternummer g beziehen sich auf erfasste „energetische Materialien“, die aus diesen Substanzen hergestellt werden.

1. BCMO (Bis(chlormethyl)oxethan) (CAS-Nr. 142173-26-0) (siehe auch Unternummern ML8e1 und ML8e2), und
2. Dinitroazetidin-t-butylsalz (CAS-Nr. 125735-38-8) (siehe auch Unternummer ML8a28),
3. HBIW (Hexabenzylhexaazaisowurtzitan) (CAS-Nr. 124782-15-6) (siehe auch Unternummer ML8a4),
4. TAIW (Tetraacetyldibenzylhexaazaisowurtzitan) (siehe auch Unternummer ML8a4),

5. TAT (1,3,5,7 Tetraacetyl-1,3,5,7-tetraazacyclooktan) (CAS-Nr. 41378-98-7) (siehe auch Unternummer ML8a13),
6. 1,4,5,8-Tetraazadekalin (CAS-Nr. 5409-42-7) (siehe auch Unternummer ML8a27),
7. 1,3,5-Trichlorbenzol (CAS-Nr. 108-70-3) (siehe auch Unternummer MLa23),
8. 1,2,4-Butantriol (1,2,4-Trihydroxybutan) (CAS-Nr. 3068-00-6) (siehe auch Unternummer ML8e5).

Anmerkung 5:

Zur Erfassung von Sprengladungen und -vorrichtungen siehe Nummer ML4.

Anmerkung 6:

Nummer ML8 erfasst die nachstehend aufgeführten Stoffe nur dann, wenn sie als Verbindungen oder Mischungen mit in Unternummer ML8a genannten energetischen Materialien oder den in Unternummer ML8c genannten Metallpulvern vorliegen:

a) *Ammoniumpikrat,*
b) *Schwarzpulver,*
c) *Hexanitrodiphenylamin,*
d) *Difluoramin (HNF2),*
e) *Nitrostärke,*
f) *Kaliumnitrat,*
g) *Tetranitronaphthalin,*
h) *Trinitroanisol,*
i) *Trinitronaphthalin,*
j) *Trinitroxylol,*
k) *N-Pyrrolidinon, 1-Methyl-2-pyrrolidinon,*
l) *Dioctylmaleat,*
m) *Ethylhexylacrylat,*
n) *Triethylaluminium (TEA), Trimethylaluminium (TMA) und sonstige pyrophore Metallalkyle der Elemente Lithium, Natrium, Magnesium, Zink und Bor sowie Metallaryle derselben Elemente,*
o) *Nitrozellulose,*
p) *Nitroglycerin (oder Glycerinnitrat) (NG),*
q) *2,4,6-Trinitrotoluol (TNT),*
r) *Ethylendiamindinitrat (EDDN),*
s) *Pentaerythrittetranitrat (PETN),*
t) *Bleiazid, normales und basisches Bleistyphnat und sonstige Anzünder oder Anzündermischungen, die Azide oder komplexe Azide enthalten,*
u) *Triethylenglykoldinitrat (TEGDN),*
v) *2,4,6-Trinitroresorcin (Styphninsäure),*
w) *Diethyldiphenylharnstoff, Dimethyldiphenylharnstoff, Methylethyldiphenylharnstoff (Centralite);*

x) N,N-Diphenylharnstoff (unsymmetrischer Diphenylharnstoff),

y) Methyl-N,N-Diphenylharnstoff (unsymmetrischer Methyldiphenylharnstoff),

z) Ethyl-N,N-Diphenylharnstoff (unsymmetrischer Ethyldiphenylharnstoff),

aa) 2-Nitrodiphenylamin (2-NDPA),

ab) 4-Nitrodiphenylamin (4-NDPA),

ac) 2,2-Dinitropropanol,

ad) Nitroguanidin (siehe Unternummer 1C011d der Dual-Use-Liste der EU).

ML9 Kriegsschiffe, Marine-Spezialausrüstung und Zubehör wie folgt sowie Bestandteile hierfür, besonders konstruiert für militärische Zwecke:

NB: Lenk- und Navigationsausrüstung: Siehe Nummer , Anmerkung 7.

a) Kampfschiffe oder Schiffe, besonders konstruiert oder besonders geändert für Angriffs- oder Verteidigungshandlungen (über oder unter Wasser), auch wenn für nichtmilitärische Zwecke umgebaut, und ungeachtet ihres derzeitigen Reparaturzustands oder ihrer Betriebsfähigkeit oder ob sie Waffeneinsatzsysteme oder Panzerungen enthalten, sowie Schiffskörper oder Teile von Schiffskörpern für solche Schiffe;

b) Motoren und Antriebssysteme wie folgt:

1. Dieselmotoren, besonders konstruiert für U-Boote, mit allen folgenden Eigenschaften:

a) Leistung größer/gleich 1,12 MW (1 500 PS) und

b) Drehzahl größer/gleich 700 U/min,

2. Elektromotoren, besonders konstruiert für U-Boote, mit allen folgenden Eigenschaften:

a) Leistung größer als 0,75 MW (1 000 PS),

b) schnell umsteuerbar,

c) flüssigkeitsgekühlt und

d) vollständig gekapselt,

3. nichtmagnetische Dieselmotoren mit einer Leistung größer/ gleich 37,3 kW (50 PS) und mit einem nichtmagnetischen Anteil von mehr als 75 % des Gesamtgewichts;

4. außenluftunabhängige Antriebssysteme, besonders konstruiert für U-Boote;

Technische Anmerkung:

Ein außenluftunabhängiger Antrieb gestattet es getauchten U-Booten, das Antriebssystem ohne Zugang zu atmosphärischem Sauerstoff für einen längeren Zeitraum zu betreiben, als es sonst mit Batterien möglich wäre. Dies schließt nukleare Antriebssysteme nicht ein.

c) Unterwasserortungsgeräte, besonders konstruiert für militärische Zwecke, und Steuereinrichtungen hierfür;

d) U-Boot- und Torpedonetze;

e) nicht belegt;

f) Schiffskörper-Durchführungen und -Steckverbinder, besonders konstruiert für militärische Zwecke, die das Zusammenwirken mit Ausrüstung außerhalb eines Schiffes ermöglichen;

Anmerkung:

Unternummer ML9f schließt Steckverbinder für Schiffe in Einzelleiter-, Mehrfachleiter-, Koaxial- und Hohlleiterausführung sowie Schiffskörper-Durchführungen ein, die jeweils unbeeinflusst bleiben von (eventuellem) Leckwasser von außen und die geforderten Merkmale in Meerestiefen von mehr als 100 m beibehalten, sowie faseroptische Steckverbinder und optische SchiffskörperDurchführungen, besonders konstruiert für den Durchgang von Laserstrahlen, unabhängig von der Wassertiefe. Unternummer ML9f umfasst nicht übliche Schiffskörper-Durchführungen für Antriebswellen und Ruderschäfte.

g) geräuscharme Lager, besonders konstruiert für militärische Zwecke, mit aerodynamischer/aerostatischer Schmierung oder magnetischer Aufhängung, aktiv kontrollierter Signatur- oder Schwingungsunterdrückung, und Ausrüstung, die solche Lager enthält.

ML10 „Luftfahrzeuge", „Luftfahrtgerät nach dem Prinzip Leichter-Als-Luft", unbemannte Luftfahrzeuge, Triebwerke, „Luftfahrzeug"-Ausrüstung, Zusatzausrüstung und Bestandteile, besonders konstruiert oder geändert für militärische Zwecke, wie folgt:

NB: Lenk- und Navigationsausrüstung: Siehe Nummer , Anmerkung 7.

a) Kampfflugzeuge und besonders konstruierte Bestandteile hierfür;

b) andere „Luftfahrzeuge" und „Luftfahrtgeräte nach dem Prinzip leichter als Luft", besonders konstruiert oder geändert für militärische Zwecke einschließlich militärischer Aufklärung, militärischen Angriffs, militärischer Ausbildung, Beförderung und Luftlandung von Truppen oder militärischer Ausrüstung, logistische Unterstützung sowie besonders konstruierte Bestandteile hierfür;

c) unbemannte Luftfahrzeuge und zugehörige Ausrüstung, besonders konstruiert oder geändert für militärische Zwecke, wie folgt, sowie besonders konstruierte Bestandteile hierfür:

1. unbemannte Luftfahrzeuge einschließlich ferngelenkter Flugkörper (remotely piloted air vehicles – RPVs), autonome programmierbare Fahrzeuge und „Luftfahrtgerät nach dem Prinzip leichter als Luft",

2. zugehörige Startgeräte und unterstützende Bodengeräte,

3. zugehörige Ausrüstung für die Steuerung;

d) Triebwerke, besonders konstruiert oder geändert für militärische Zwecke, und besonders konstruierte Bestandteile hierfür;

e) Bordausrüstung einschließlich der Einrichtungen für Luftbetankung, besonders konstruiert für die Verwendung in den von Unternummer ML10a oder ML10b erfassten „Luftfahrzeugen" oder in den von Unternummer ML10d erfassten Triebwerken, und besonders konstruierte Bestandteile hierfür;

f) Tankwagen und Ausrüstung zum Druckbetanken, besonders konstruierte Ausrüstung zur Erleichterung von Operationen in begrenzten Abschnitten und Bodengeräte, besonders entwickelt für die von Unternummer ML10a oder ML10b erfassten „Luftfahrzeuge" oder für die von Unternummer ML10d erfassten Triebwerke;

g) militärische Sturzhelme und Schutzmasken sowie besonders konstruierte Bestandteile hierfür, nach dem Überdruckprinzip arbeitende Atemgeräte und Überdruckanzüge für einzelne Körperteile zur Verwendung in „Luftfahrzeugen", Anti-g-Anzüge, Geräte zum Umwandeln von flüssigem in gasförmigen Sauerstoff für „Luftfahrzeuge" oder Flugkörper, katapult- und patronenbetätigte Einrichtungen zum Notausstieg der Besatzung aus „Luftfahrzeugen";

h) Fallschirme und zugehörige Ausrüstung für Kampftruppen oder zum Absetzen von Lasten oder Bremsschirme für „Luftfahrzeuge" wie folgt und besonders konstruierte Bestandteile hierfür:

   1. Fallschirme für

      a) Punktziel-Absprung von Einzelkämpfern,

      b) Absprung von Fallschirmjägern,

   2. Lastenfallschirme,

   3. Para-Gleiter, Bremsschirme, Steuerschirme zur Stabilisierung und Steuerung der Fluglage fallender Körper (z. B. Rettungskapseln, Schleudersitze, Bomben),

   4. Steuerschirme für die Verwendung in Schleudersitzsystemen zur Steuerung des Entfaltungs- und Füllungsablaufs von Notfallschirmen,

   5. Bergungsfallschirme für Lenkflugkörper, Drohnen und Raumfahrzeuge,

   6. Landeanflugbremsschirme und Landebremsschirme,

   7. andere militärische Fallschirme,

   8. Ausrüstung, besonders konstruiert für Fallschirmspringer, die aus großer Höhe abspringen (z. B. Anzüge, Spezialhelme, Atemgeräte, Navigationsausrüstung);

i) automatische Lenksysteme für Fallschirmlasten, für militärische Zwecke besonders konstruierte oder besonders geänderte Geräte für das gesteuerte Entfalten bei Absprüngen aus beliebiger Höhe einschließlich Sauerstoffgeräten.

Anmerkung 1:

Unternummer ML10b erfasst nicht Luftfahrzeuge oder Varianten dieser Luftfahrzeuge, besonders konstruiert für militärische Zwecke, die

a) nicht für eine militärische Verwendung konfiguriert sind und die nicht mit technischen Ausrüstungen oder Zusatzeinrichtungen versehen sind, die für militärische Zwecke besonders konstruiert oder geändert sind, und

b) von einer Zivilluftfahrtbehörde eines Teilnehmerstaates des Wassenaar-Arrangements für die zivile Verwendung zugelassen sind.

Anmerkung 2:

Unternummer ML10d erfasst nicht:

a) Triebwerke, konstruiert oder geändert für militärische Zwecke, die von einer Zivilluftfahrtbehörde eines Teilnehmerstaates des Wassenaar-Arrangements für die Verwendung in zivilen Luftfahrzeugen zugelassen sind, sowie deren besonders konstruierte Bestandteile,

b) Hubkolbentriebwerke oder deren besonders konstruierte Bestandteile, mit Ausnahme solcher, die für unbemannte Luftfahrzeuge besonders konstruiert sind.

Anmerkung 3:

Die Erfassung in Unternummer ML10b und ML10d von besonders konstruierten Bestandteilen und zugehöriger Ausrüstung für nichtmilitärische Luftfahrzeuge oder Triebwerke, die für militärische Zwecke geändert sind, erstreckt sich nur auf solche militärischen Bestandteile und zugehörige militärische Ausrüstung, die für die Änderung für militärische Zwecke nötig sind.

ML11 Elektronische Ausrüstung, soweit nicht anderweitig von der gemeinsamen Militärgüterliste der EU erfasst, wie folgt und besonders konstruierte Bestandteile hierfür:

a) Elektronische Ausrüstung, besonders konstruiert für militärische Zwecke;

Anmerkung:

Nummer ML11 schließt folgende Ausrüstung ein:

1. *Ausrüstung für elektronische Gegenmaßnahmen (ECM) und elektronische Schutzmaßnahmen (ECCM), einschließlich elektronischer Ausrüstung zum Stören und Gegenstören, d. h. Geräte, konstruiert, um in Radar- oder Funkgeräten Störsignale oder verfälschende Signale zu erzeugen oder auf andere Weise den Empfang, den Betrieb oder die Wirksamkeit gegnerischer elektronischer Empfänger einschließlich der Geräte für Gegenmaßnahmen zu stören,*
2. *schnell abstimmbare Röhren (frequency agile tubes),*
3. *elektronische Systeme oder Ausrüstung, konstruiert entweder für die Überwachung und Beobachtung des elektromagnetischen Spektrums für Zwecke des militärischen Nachrichtenwesens bzw. der militärischen Sicherheit oder um derartigen Überwachungs- und Beobachtungsmaßnahmen entgegenzuwirken,*
4. *Ausrüstung für Unterwassergegenmaßnahmen einschließlich akustischer und magnetischer Störung und Täuschung, die in Sonarempfängern Störsignale oder verfälschende Signale erzeugen,*
5. *Geräte zum Schutz der Datenverarbeitung, Datensicherungsgeräte und Geräte zur Sicherung der Datenübertragung und Zeichengabe, die Verschlüsselungsverfahren verwenden,*
6. *Identifizierungs-, Authentisierungs- und Kennungsladegeräte (keyloader) sowie Schlüssel-Management-, -Generierungs- und -Verteilungsausrüstung,*
7. *Lenk- und Navigationsausrüstung,*
8. *digitale Troposcatter-Funkübertragungsausrüstung,*
9. *digitale Demodulatoren, besonders konstruiert für die Fernmelde- oder elektronische Aufklärung.*

b) Ausrüstung zum Stören von weltweiten Satelliten-Navigationssystemen (GNSS).

ML12 Waffensysteme mit hoher kinetischer Energie (High Velocity Kinetic Energy Weapon Systems) und zugehörige Ausrüstung wie folgt sowie besonders konstruierte Bestandteile hierfür:

a) Waffensysteme mit hoher kinetischer Energie (kinetic energy weapon systems), besonders konstruiert für die Vernichtung oder Abwehr (Unterbrechung des Einsatzes) eines gegnerischen Objekts;

b) besonders konstruierte Mess- und Auswertungsvorrichtungen sowie Versuchsmodelle einschließlich Diagnoseinstrumentierungen und Diagnoseobjekten für die dynamische Prüfung von Geschossen und Systemen mit hoher kinetischer Energie.

NB: Waffensysteme, die Unterkalibermunition verwenden oder allein mit chemischem Antrieb arbeiten und Munition hierfür: Siehe Nummern bis .

Anmerkung 1:

Nummer ML12 schließt folgende Ausrüstung ein, sofern sie besonders konstruiert ist für Waffensysteme mit hoher kinetischer Energie:

a) Startantriebssysteme, die Massen größer als 0,1 g auf Geschwindigkeiten über 1,6 km/s in den Betriebsarten Einzelfeuer oder Schnellfeuer beschleunigen können,

b) Geräte für die Erzeugung von Primärenergie, Energiespeicher, Schaltvorrichtungen, Geräte für die Energiekonditionierung und Geräte für die Handhabung von Treibstoffen, elektrische Schnittstellen zwischen Stromversorgung, Geschütz und anderen elektrischen Richtfunktionen des Turms;

c) Zielerfassungs-, Zielverfolgungs-, Feuerleitsysteme und Systeme zur Wirkungsermittlung,

d) Zielsuch-, Zielansteuerungssysteme und Systeme zur Umlenkung des Vortriebs (seitliche Beschleunigung) für Geschosse.

Anmerkung 2:

Nummer ML12 erfasst Systeme, die eine der folgenden Antriebsarten verwenden:

a) elektromagnetisch,

b) elektrothermisch,

c) Plasmaantrieb,

d) Leichtgasantrieb oder

e) chemisch (sofern in Kombination mit den unter a bis d aufgeführten Antriebsarten verwendet).

ML13 Spezialpanzer- oder Schutzausrüstung und Konstruktionen sowie Bestandteile wie folgt:

a) Panzerplatten wie folgt:

   1. hergestellt, um einen militärischen Standard oder eine militärische Spezifikation zu erfüllen, oder

   2. geeignet für militärische Zwecke;

b) Konstruktionen aus metallischen und nichtmetallischen Werkstoffen oder Kombinationen hieraus, besonders konstruiert, um militärische Systeme beschussfest zu machen, sowie besonders konstruierte Bestandteile hierfür;

c) Helme, hergestellt nach militärischen Standards, militärischen Spezifikationen oder vergleichbaren nationalen Normen, und besonders konstruierte Bestandteile hierfür, d.h. Außenschale, Innenschale und Polsterung;

d) Körperpanzer und Schutzkleidung, die gemäß militärischen Standards bzw. Spezifikationen oder hierzu gleichwertigen Leistungsanforderungen hergestellt sind, und besonders konstruierte Bestandteile hierfür.

Anmerkung 1:

Unternummer ML13b schließt Werkstoffe ein, besonders konstruiert zur Bildung einer explosionsreaktiven Panzerung oder zum Bau militärischer Unterstände (shelters).

Anmerkung 2:

Unternummer ML13c erfasst nicht herkömmliche Stahlhelme, die weder mit Zusatzgeräten ausgerüstet noch für die Ausrüstung mit Zusatzgeräten geändert oder konstruiert sind.

Anmerkung 3:

Unternummern ML13c und ML13d erfassen nicht einzelne Helme, Körperpanzer oder Schutzbekleidung, wenn diese von ihren Benutzern zu deren eigenem persönlichem Schutz mitgeführt werden.

Anmerkung 4:

Nummer ML13 erfasst nur solche, besonders für Bombenräumpersonal konstruierten Helme, die besonders für militärische Zwecke konstruiert sind. Eigens für militärische Zwecke konzipierte Kameras.

NB 1: Siehe auch Nummer 1A005 der Dual-Use-Liste der EU.

NB 2: Faser- oder fadenförmige Materialien, die bei der Herstellung von Körperpanzern und Helmen verwendet werden: Siehe Nummer 1C010 der Dual-Use-Liste der EU.

ML14 Spezialisierte Ausrüstung für die militärische Ausbildung oder für die Simulation militärischer Szenarien, Simulatoren, besonders konstruiert für die Ausbildung im Umgang mit den von Nummer oder erfassten Feuerwaffen oder Waffen, sowie besonders konstruierte Bestandteile und besonders konstruiertes Zubehör hierfür:

Technische Anmerkung:

Der Begriff spezialisierte Ausrüstung für die militärische Ausbildung schließt militärische Ausführungen von folgender Ausrüstung ein: Angriffssimulatoren, Einsatzflug-Übungsgeräte, Radar-Zielübungsgeräte, Radar-Zielgeneratoren, Feuerleit-Übungsgeräte, Übungsgeräte für die U-Boot-Bekämpfung, Flugsimulatoren (einschließlich der für das Training von Piloten oder Astronauten ausgelegten Zentrifugen), Radartrainer, Instrumentenflug-Übungsgeräte, Navigations-Übungsgeräte, Übungsgeräte für den Flugkörperstart, Zieldarstellungsgeräte, Drohnen, Waffen-Übungsgeräte, Geräte für Übungen mit unbemannten Luftfahrzeugen, bewegliche Übungsgeräte und Übungsausrüstung für militärische Bodenoperationen.

Anmerkung 1:

Nummer ML14 schließt Systeme zur Bilderzeugung (image generating) oder zum Dialog mit der Umgebung für Simulatoren ein, sofern sie für militärische Zwecke besonders konstruiert oder besonders geändert sind.

Anmerkung 2:

Nummer ML14 erfasst nicht besonders konstruierte Ausrüstung für das Training im Umgang mit Jagd- und Sportwaffen.

ML15 Bildausrüstung oder Ausrüstung für Gegenmaßnahmen, besonders konstruiert für militärische Zwecke, wie folgt sowie besonders konstruierte Bestandteile und besonders konstruiertes Zubehör hierfür:

a) Aufzeichnungsgeräte und Bildverarbeitungsausrüstung;

b) Kameras, fotografische Ausrüstung und Filmverarbeitungsausrüstung;

c) Bildverstärkerausrüstung;

d) Infrarot- oder Wärmebild-Ausrüstung;

e) Kartenbildradar-Sensorausrüstung;

f) Ausrüstung für Gegenmaßnahmen (ECM) und zum Schutz vor Gegenmaßnahmen (ECCM) für die von den Unternummern ML15a bis ML15e erfasste Ausrüstung.

Anmerkung:

Unternummer ML15f schließt Ausrüstung ein, konstruiert zur Beeinträchtigung des Betriebs oder der Wirksamkeit militärischer Bildsysteme oder zur Reduzierung solcher Beeinträchtigungen auf ein Minimum.

Anmerkung 1:

Der Begriff besonders konstruierte Bestandteile schließt folgende Einrichtungen ein, sofern sie für militärische Zwecke besonders konstruiert sind:

a) IR-Bildwandlerröhren,

b) Bildverstärkerröhren (andere als solche der ersten Generation),

c) Mikrokanalplatten,

d) Restlichtfernsehkameraröhren,

e) Detektorgruppen (einschließlich elektronischer Kopplungs- oder Ausgabesysteme),

f) pyroelektrische Fernsehkameraröhren,

g) Kühler für Bildsysteme,

h) fotochrome oder elektrooptische, elektrisch ausgelöste Verschlüsse mit einer Verschlussgeschwindigkeit kleiner als 100 ms, ausgenommen Verschlüsse, die ein wesentlicher Teil einer Hochgeschwindigkeitskamera sind,

i) faseroptische Bildinverter,

j) Verbindungshalbleiter-Fotokathoden

Anmerkung 2:

Nummer ML15 erfasst nicht Bildverstärkerröhren der ersten Generation oder Ausrüstung, besonders konstruiert für den Einsatz von Bildverstärkerröhren der ersten Generation.

NB: Zur Erfassung von Waffenzielgeräten mit Bildverstärkerröhren der ersten Generation: Siehe Nummern und sowie die Unternummer a.

NB: Siehe auch die Unternummern 6A002a2 und 6A002b der Dual-Use-Liste der EU.

ML16 Schmiedestücke, Gussstücke und andere unfertige Erzeugnisse, deren Verwendung in einer erfassten Ware anhand von Materialzusammensetzung, Geometrie oder Funktion bestimmt werden kann und die für eine der von Nummer ML1, ML2, ML3, ML4, ML6, ML9, ML10, ML12 oder ML19 erfassten Waren besonders konstruiert sind.

ML17 Verschiedene Ausrüstungsgegenstände, Materialien und Bibliotheken wie folgt sowie besonders konstruierte Bestandteile hierfür:

a) unabhängige Tauch- und Unterwasserschwimmgeräte wie folgt:
   1. *Atemgeräte mit geschlossener und halbgeschlossener Atemlufterneuerung, besonders konstruiert für militärische Zwecke (z. B. besondere amagnetische Konstruktion),*
   2. *besonders konstruierte Bestandteile zur Umrüstung von Geräten mit offenem Kreislauf in solche für militärische Zwecke,*
   3. *Gegenstände, ausschließlich konstruiert für die militärische Verwendung in Verbindung mit unabhängigen Tauch- und Unterwasserschwimmgeräten;*

b) Bauausrüstung, besonders konstruiert für militärische Zwecke;

c) Halterungen (fittings), Beschichtungen und Behandlungen für die Unterdrückung von Signaturen, besonders konstruiert oder entwickelt für militärische Zwecke;

d) Ausrüstung für technische Betreuung, besonders konstruiert für den Einsatz in einer Kampfzone;

e) „Roboter", „Roboter"-Steuerungen und „Roboter"-„Endeffektoren" mit einer der folgenden Eigenschaften:
   1. *besonders konstruiert für militärische Zwecke,*
   2. *ausgestattet mit Mitteln zum Schutz der Hydraulikleitungen gegen Beschädigungen von außen durch umherfliegende Munitionssplitter (z. B. selbstdichtende Leitungen) und konstruiert für die Verwendung von Hydraulikflüssigkeiten mit einem Flammpunkt über 839 K (566 °C) oder*
   3. *besonders konstruiert oder ausgelegt für einen Einsatz in einer EMP-Umgebung (EMP = elektromagnetischer Puls);*

f) Bibliotheken (parametrische technische Datenbanken), besonders entwickelt für militärische Zwecke in Verbindung mit Ausrüstung, die von der Gemeinsamen Militärgüterliste der EU erfasst wird;

g) Nukleare Energieerzeugungs- oder Antriebsausrüstung, einschließlich „Kernreaktoren", besonders konstruiert für militärische Zwecke, sowie besonders für militärische Zwecke konstruierte oder geänderte Bestandteile;

h) Ausrüstung und Material, beschichtet oder behandelt für die Unterdrückung von Signaturen, besonders konstruiert für militärische Zwecke, soweit nicht anderweitig von der Gemeinsamen Militärgüterliste der EU erfasst;

i) Simulatoren, besonders konstruiert für militärische „Kernreaktoren";

j) mobile Reparaturwerkstätten, besonders konstruiert oder geändert zur Wartung militärischer Ausrüstung;

k) mobile Stromerzeugeraggregate, besonders konstruiert oder geändert für militärische Zwecke;

l) Container, besonders konstruiert oder geändert für militärische Zwecke;

m) Fähren, soweit nicht anderweitig von der Gemeinsamen Militärgüterliste der EU erfasst, Brücken und Pontons, besonders konstruiert für militärische Zwecke;

n) Testmodelle, besonders konstruiert für die „Entwicklung" der von Nummer ML4, ML6, ML9 oder ML10 erfassten Waren;

o) Laserschutzausrüstung (z. B. Schutzeinrichtungen für Augen und Schutzeinrichtungen für Sensoren), besonders konstruiert für militärische Zwecke.

Technische Anmerkungen:

1. *Bibliothek (parametrische Datenbank) im Sinne von Nummer ML17 ist eine Sammlung technischer Informationen militärischer Natur, deren Ausnutzung die Leistungsfähigkeit militärischer Ausrüstung oder Systeme erhöhen kann.*
2. *Geändert im Sinne von Nummer ML17 bedeutet eine bauliche, elektrische, mechanische oder sonstige Änderung, die eine nichtmilitärische Ausrüstung mit militärischen Eigenschaften ausstattet, so dass die Ausrüstung gleichwertig zu einer für militärische Zwecke besonders konstruierten Ausrüstung ist.*

ML18 Ausrüstung für die Herstellung der von der gemeinsamen Militärgüterliste der EU erfassten Waren wie folgt:

a) besonders konstruierte oder besonders geänderte Ausrüstung für die Herstellung der von der gemeinsamen Militärgüterliste der EU erfassten Waren und besonders konstruierte Bestandteile hierfür;

b) besonders konstruierten Umweltprüfeinrichtungen für die Zulassungs- und Eignungsprüfung der von der gemeinsamen Militärgüterliste der EU erfassten Waren und besonders konstruierte Ausrüstung hierfür.

Technische Anmerkung:

Herstellung im Sinne der Nummer ML18 schließt die Entwicklung, die Untersuchung, die Fertigung, die Prüfung und die Überprüfung ein.

Anmerkung:

Unternummern ML18a und ML18b schließen folgende Ausrüstung ein:

a) kontinuierlich arbeitende Nitrieranlagen,

b) Prüfzentrifugen mit einer der folgenden Eigenschaften:

1. *Antrieb durch einen oder mehrere Motoren mit einer Gesamtnennleistung größer als 298 kW (400 PS),*
2. *Nutzlast größer/gleich 113 kg oder*
3. *Ausübung einer Zentrifugalbeschleunigung von mindestens 8 g auf eine Nutzlast größer/gleich 91 kg,*

c) Trockenpressen,

d) Schneckenstrangpressen, besonders konstruiert oder geändert für militärische Treibstoffe,

e) Schneidmaschinen zum Ablängen stranggepresster Treibstoffe,

f) Dragierkessel (Taumelmischer) mit Durchmessern größer/gleich 1,85 m und einem Produktionsvermögen größer als 227 kg,

g) Stetigmischer für Festtreibstoffe,

h) Strahlmühlen (fluid energy mills) zum Zerkleinern oder Mahlen der Bestandteile von militärischen Treibstoffen,

i) Ausrüstung zur Erzeugung von Kugelform mit einheitlicher Partikelgröße bei den in Unternummer ML8c8 aufgeführten Metallpulvern,

j) Konvektionsströmungskonverter (convection current converters) für die Konversion der in Unternummer ML8c3 aufgeführten Stoffe.

ML19 Strahlenwaffen-Systeme, zugehörige Ausrüstung, Ausrüstung für Gegenmaßnahmen oder Versuchsmodelle wie folgt und besonders konstruierte Bestandteile hierfür:

a) „Laser"-Systeme, besonders konstruiert für die Vernichtung oder Abwehr (Unterbrechung des Einsatzes) eines gegnerischen Objekts;

b) Teilchenstrahl-Systeme, geeignet für die Vernichtung oder Abwehr (Unterbrechung des Einsatzes) eines gegnerischen Objekts;

c) energiereiche Hochfrequenzsysteme, geeignet für die Vernichtung oder Abwehr (Unterbrechung des Einsatzes) eines gegnerischen Objekts;

d) Ausrüstung, besonders konstruiert für die Entdeckung, Identifizierung oder Abwehr der von Unternummer ML19a bis ML19c er-fassten Systeme;

e) physische Versuchsmodelle für die von Nummer ML19 erfassten Systeme, Ausrüstungen und Bestandteile;

f) Dauerstrich- oder gepulste „Laser"-Systeme, besonders konstruiert, um eine dauerhafte Erblindung bei einer Beobachtung ohne vergrößernde Optik zu verursachen, d. h. bei einer Beobachtung mit unbewaffnetem Auge oder mit korrigierender Sehhilfe.

Anmerkung 1:

Von Nummer ML19 erfasste Strahlenwaffen schließen Systeme ein, deren Leistungsfähigkeit bestimmt wird durch den kontrollierten Einsatz von

a) Lasern mit einer Dauerstrich- oder Impulsenergie, die eine mit herkömmlicher Munition vergleichbare Vernichtungswirkung erreichen,

b) Teilchenbeschleunigern, die einen geladenen oder ungeladenen Strahl mit Vernichtungswirkung aussenden,

c) Hochfrequenzsendern mit hoher Impulsenergie oder hoher Durchschnittsenergie, die ein ausreichend starkes Feld erzeugen, um elektronische Schaltungen in einem entfernt liegenden Ziel außer Betrieb zu setzen.

d) Anmerkung 2:

e) Nummer ML19 schließt folgende Ausrüstung ein, sofern sie besonders konstruiert ist für Strahlenwaffensysteme:

f) Geräte für die Erzeugung von Primärenergie, Energiespeicher, Schaltvorrichtungen, Geräte für die Energiekonditionierung und Geräte für die Handhabung von Treibstoffen,

g) Zielerfassungs- und Zielverfolgungssysteme,

h) Systeme für die Auswertung der Schadenswirkung, Zerstörung oder Einsatzunterbrechung

i) Geräte für die Strahllenkung, -ausbreitung und -ausrichtung,

j) Geräte für die rasche Strahlschwenkung zur schnellen Bekämpfung von Mehrfachzielen,

k) anpassungsfähige Optiken oder Phasenkonjugatoren (phase conjugators),

l) Strominjektoren für negative Wasserstoffionenstrahlen,

m) „weltraumgeeignete" Beschleuniger-Bestandteile (accelerator components),

n) Ausrüstung für die Zusammenführung von Strahlen negativ geladener Ionen (negative ion beam funnelling equipment),

o) Ausrüstung zur Steuerung und Schwenkung eines energiereichen Ionenstrahls,

p) „weltraumgeeignete" Folien zur Neutralisierung von negativen Wasserstoffisotopenstrahlen.

ML20 Kryogenische (Tieftemperatur-) und „supraleitende" Ausrüstung wie folgt sowie besonders konstruierte Bestandteile und besonders konstruiertes Zubehör hierfür:

a) Ausrüstung, besonders konstruiert oder ausgelegt für den Einbau in ein militärisches Land-, See-, Luft- oder Raumfahrzeug und fähig, während der Fahrt eine Temperatur kleiner als 103 K n(– 170°C) zu erzeugen oder

Anmerkung:

Unternummer ML20a schließt mobile Systeme ein, die Zubehör und Bestandteile enthalten oder verwenden, die aus nichtmetallischen oder nicht elektrisch leitenden Werkstoffen, z. B. aus Kunststoffen oder epoxidharzimprägnierten Werkstoffen, hergestellt sind.

b) „supraleitende" elektrische Ausrüstung (rotierende Maschinen und Transformatoren), besonders konstruiert oder besonders ausgelegt für den Einbau in ein militärisches Land-, See-, Luft- oder Raumfahrzeug und betriebsfähig während der Fahrt.

Anmerkung:

Unternummer ML20b erfasst nicht hybride, homopolare Gleichstromgeneratoren mit einem einpoligen, normal ausgelegten Metallanker, der in einem Magnetfeld rotiert, das mithilfe supraleitender Wicklungen erzeugt wird, vorausgesetzt, dass diese Wicklungen die einzige supraleitende Baugruppe im Generator sind.

ML21 „Software" wie folgt:

a) „Software", besonders entwickelt oder geändert für die „Entwicklung", „Herstellung" oder „Verwendung" von Ausrüstung oder Werkstoffen, die von der gemeinsamen Militärgüterliste der EU erfasst werden;

b) spezifische „Software" wie folgt:

   1. „Software", besonders entwickelt für:

      a) Modellierung, Simulation oder Auswertung militärischer Waffensysteme,

      b) „Entwicklung", Überwachung, Wartung oder Umrüstung (updating) von in militärischen Waffensystemen integrierter „Software",

      c) Modellierung oder Simulation militärischer Operationsszenarien,

      d) Anwendungen im Rahmen von Führungs-, Informations-, Rechner- und Aufklärungssystemen (C3I oder C4I),

   2. „Software" für die Ermittlung der Wirkung herkömmlicher, atomarer, chemischer oder biologischer Kampfmittel,

3. *„Software", nicht erfasst von Unternummer ML21a, ML21b1 oder ML21b2, besonders entwickelt oder geändert, um nicht von der Gemeinsamen Militärgüterliste der EU erfasste Ausrüstung zu befähigen, die militärischen Funktionen der von der Gemeinsamen Militärgüterliste der EU erfassten Ausrüstung zu erfüllen.*

ML22 „Technologie" wie folgt:

a) „Technologie", soweit nicht von Unternummer ML22b erfasst, die für die „Entwicklung", „Herstellung" oder „Verwendung" der von der Gemeinsamen Militärgüterliste der EU erfassten Güter „unverzichtbar" ist;

b) „Technologie" wie folgt:

1. *„Technologie" wie folgt: „Technologie" „unverzichtbar" für Konstruktion, Bestandteilmontage, Betrieb, Wartung und Instandsetzung vollständiger Herstellungsanlagen für in der Gemeinsamen Militärgüterliste der EU erfasste Waren, auch wenn die Bestandteile dieser Herstellungsanlagen nicht erfasst werden,*
2. *„Technologie" „unverzichtbar" für die „Entwicklung" und „Herstellung" von Handfeuerwaffen, auch wenn sie zur Herstellung von Reproduktionen antiker Handfeuerwaffen eingesetzt wird,*
3. *„Technologie", „unverzichtbar" für die „Entwicklung", „Herstellung" oder „Verwendung" von toxischen Wirkstoffen, zugehöriger Ausrüstung oder Bestandteile, die von den Unternummern ML7a bis ML7g erfasst werden,*
4. *„Technologie", „unverzichtbar" für die „Entwicklung", „Herstellung" oder „Verwendung" von „Biopolymeren" oder spezifischer Zellkulturen, die von der Unternummer ML7h erfasst werden,*
5. *„Technologie", „unverzichtbar" ausschließlich für die Beimischung von „Biokatalysatoren", die von der Unternummer ML7i1 erfasst werden, zu militärischen Trägersubstanzen oder militärischem Material.*

Anmerkung 1:

„Technologie", „unverzichtbar" für die „Entwicklung", „Herstellung" oder „Verwendung" von in der Gemeinsamen Militärgüterliste der EU erfassten Gütern, bleibt auch dann erfasst, wenn sie für nicht erfasste Güter einsetzbar ist.

Anmerkung 2:

Nummer ML22 erfasst nicht „Technologie", wie folgt:

a) Technologie, die das unbedingt notwendige Minimum für Aufbau, Betrieb, Wartung und Reparatur derjenigen Güter darstellt, die nicht erfasst werden oder für die eine Ausfuhrgenehmigung erteilt wurde;

b) Technologie, bei der es sich um allgemein zugängliche Informationen, wissenschaftliche Grundlagenforschung oder für Patentanmeldungen erforderliche Informationen handelt;

c) Technologie für die magnetische Induktion zum Dauerantrieb ziviler Transporteinrichtungen.

III. Nationale Bestimmungen

Entwicklung des räumlichen Geltungsbereichs
durch Beitritt der Neuen Bundesländer (1990)
im Rahmen der erweiterten Europäischen Union

Liberalisierung durch Erweiterung des Wirtschaftsgebietes

1. Außenwirtschaftsgesetz in der Fassung der Bekanntmachung vom 27. Mai 2009 (BGBl. I S. 1150), das durch die Verordnung vom 17. Dezember 2009 (BAnz. 2009, 4573) geändert worden ist

Bekanntmachung der Neufassung des Außenwirtschaftsgesetzes

Vom 27. Mai 2009

Auf Grund des Artikels 5 des Gesetzes vom 18. April 2009 (BGBl. I S. 770) wird nachstehend der Wortlaut des Außenwirtschaftsgesetzes in der seit dem 24. April 2009 geltenden Fassung bekannt gemacht. Die Neufassung berücksichtigt:

1. die Fassung der Bekanntmachung des Gesetzes vom 26. Juni 2006 (BGBl. I S. 1386),
2. den am 15. Juni 2007 in Kraft getretenen Artikel 3 des Gesetzes vom 12. Juni 2007 (BGBl. I S. 1037),
3. den am 1. Januar 2008 in Kraft getretenen Artikel 10 des Gesetzes vom 13. Dezember 2007 (BGBl. I S. 2897),
4. den am 24. April 2009 in Kraft getretenen Artikel 1 des eingangs genannten Gesetzes.

Berlin, den 27. Mai 2009

Der Bundesminister
für Wirtschaft und Technologie
Dr. Karl-Theodor zu Guttenberg

ERSTER TEIL
Rechtsgeschäfte und Handlungen
Erster Abschnitt
Allgemeine Vorschriften

Zweiter Abschnitt
Allgemeine Beschränkungsmöglichkeiten

Dritter Abschnitt
Warenverkehr

Vierter Abschnitt
Dienstleistungsverkehr

Fünfter Abschnitt
Kapitalverkehr

Sechster Abschnitt
Gold

ZWEITER TEIL
Ergänzende Vorschriften

DRITTER TEIL
Straf-, Bußgeld- und Überwachungsvorschriften

VIERTER TEIL
Schlußvorschriften

Erster Teil – Rechtsgeschäfte und Handlungen

Erster Abschnitt
Allgemeine Vorschriften

§ 1
Grundsatz

(1) Der Waren-, Dienstleistungs-, Kapital-, Zahlungs- und sonstige Wirtschaftsverkehr mit fremden Wirtschaftsgebieten sowie der Verkehr mit Auslandswerten und Gold zwischen Gebietsansässigen (Außenwirtschaftsverkehr) ist grundsätzlich frei. Er unterliegt den Einschränkungen, die dieses Gesetz enthält oder die durch Rechtsverordnung auf Grund dieses Gesetzes vorgeschrieben werden.

(2) Unberührt bleiben Vorschriften in anderen Gesetzen und Rechtsverordnungen, zwischenstaatliche Vereinbarungen, denen die gesetzgebenden Körperschaften in der Form eines Bundesgesetzes zugestimmt haben, sowie Rechtsvorschriften der Organe zwischenstaatlicher Einrichtungen, denen die Bundesrepublik Deutschland Hoheitsrechte übertragen hat.

§ 2
Art und Ausmaß von Beschränkungen und Handlungspflichten

(1) Soweit in diesem Gesetz Beschränkungen zugelassen sind, kann durch Rechtsverordnung vorgeschrieben werden, dass Rechtsgeschäfte und Handlungen allgemein oder unter bestimmten Voraussetzungen

1. einer Genehmigung bedürfen oder
2. verboten sind.

(2) Das Bundesministerium für Wirtschaft und Technologie kann im Einvernehmen mit dem Auswärtigen Amt und dem Bundesministerium der Finanzen die notwendigen Beschränkungen von Rechtsgeschäften oder Handlungen im Außenwirtschaftsverkehr anordnen, um eine im einzelnen Falle bestehende Gefahr für die in § 7 Absatz 1 genannten Rechtsgüter abzuwenden. Bei Maßnahmen, welche die Bereiche des Kapital- und Zahlungsverkehrs oder den Verkehr mit Auslandswerten und Gold betreffen, ist auch das Benehmen mit der Deutschen Bundesbank herzustellen. Die Anordnung tritt sechs Monate nach ihrem Erlass außer Kraft, sofern die Beschränkung nicht durch Rechtsverordnung vorgeschrieben wird.

(3) Beschränkungen sind nach Art und Umfang auf das Maß zu begrenzen, das notwendig ist, um den in der Ermächtigung angegebenen Zweck zu erreichen. Sie sind so zu gestalten, dass in die Freiheit der wirtschaftlichen Betätigung so wenig wie möglich eingegriffen wird. Beschränkungen dürfen abgeschlossene Verträge nur berühren, wenn der angestrebte Zweck erheblich gefährdet wird.

(4) Beschränkungen sind aufzuheben, sobald und soweit die Gründe, die ihre Anordnung rechtfertigten, nicht mehr vorliegen.

(5) Soweit nach diesem Gesetz selbständige Handlungspflichten begründet werden können, gelten die Absätze 3 und 4 entsprechend.

§ 3
Erteilung von Genehmigungen

(1) Bedürfen Rechtsgeschäfte oder Handlungen nach einer Vorschrift dieses Gesetzes oder einer zu diesem Gesetz erlassenen Rechtsverordnung einer Genehmigung, so ist die Genehmigung zu erteilen, wenn zu erwarten ist, dass die Vornahme des Rechtsgeschäfts oder der Handlung den Zweck, dem die Vorschrift dient, nicht oder nur unwesentlich gefährdet. In anderen Fällen kann die Genehmigung erteilt werden, wenn das volkswirtschaftliche Interesse an der Vornahme des Rechtsgeschäfts oder der Handlung die damit verbundene Beeinträchtigung des bezeichneten Zwecks überwiegt.

(2) Die Erteilung der Genehmigungen kann von sachlichen und persönlichen Voraussetzungen, insbesondere der Zuverlässigkeit des Antragstellers, abhängig gemacht werden. Dasselbe gilt bei der Erteilung von Bescheinigungen des Bundesamtes für Wirtschaft und Ausfuhrkontrolle (BAFA), dass eine Ausfuhr keiner Genehmigung bedarf. Ist im Hinblick auf den Zweck, dem die Vorschrift dient, die Erteilung von Genehmigungen nur in beschränktem Umfange möglich, so sind die Genehmigungen in der Weise zu erteilen, dass die gegebenen Möglichkeiten volkswirtschaftlich zweckmäßig ausgenutzt werden können. Gemeinschaftsansässige, die durch eine Beschränkung in der Ausübung ihres Gewerbes besonders betroffen werden, können bevorzugt berücksichtigt werden.

§ 4
Begriffsbestimmungen

(1) Im Sinne dieses Gesetzes sind

1. Wirtschaftsgebiet:
der Geltungsbereich dieses Gesetzes;
die österreichischen Gebiete Jungholz und Mittelberg gelten als Teil des Wirtschaftsgebiets;

2. fremde Wirtschaftsgebiete:
alle Gebiete außerhalb des Wirtschaftsgebiets;
für das Verbringen von Sachen und Elektrizität gilt das Gebiet von Büsingen als Teil fremder Wirtschaftsgebiete;

3. Gemeinschaftsgebiet:
das Zollgebiet der Europäischen Gemeinschaften nach Artikel 3 der Verordnung (EWG) Nr. 2913/92 des Rates vom 12. Oktober 1992 zur Festlegung des Zollkodex der Gemeinschaften (ABl. EG Nr. L 302 S. 1);

4. Drittländer:
alle Gebiete außerhalb des Gemeinschaftsgebiets;

5. Gebietsansässige:
natürliche Personen mit Wohnsitz oder gewöhnlichem Aufenthalt im Wirtschaftsgebiet, juristische Personen und Personenhandelsgesellschaften mit Sitz oder Ort der Leitung im Wirtschaftsgebiet; Zweigniederlassungen Gebietsfremder im Wirtschaftsgebiet gelten als Gebietsansässige, wenn sie hier ihre Leitung haben und für sie eine gesonderte Buchführung besteht; Betriebsstätten Gebietsfremder im Wirtschaftsgebiet gelten als Gebietsansässige, wenn sie hier ihre Verwaltung haben;

6. Gemeinschaftsansässige:
in den Europäischen Gemeinschaften ansässige Personen nach Artikel 4 Nummer. 2 der Verordnung (EWG) Nr. 2913/92;

7. Gebietsfremde:
natürliche Personen mit Wohnsitz oder gewöhnlichem Aufenthalt in fremden Wirtschaftsgebieten, juristische Personen und Personenhandelsgesellschaften mit Sitz oder Ort der Leitung in fremden Wirtschaftsgebieten; Zweigniederlassungen Gebietsansässiger in fremden Wirtschaftsgebieten gelten als Gebietsfremde, wenn sie dort ihre Leitung haben und für sie eine gesonderte Buchführung besteht; Betriebsstätten Gebietsansässiger in fremden Wirtschaftsgebieten gelten als Gebietsfremde, wenn sie dort ihre Verwaltung haben;

8. Gemeinschaftsfremde:
alle anderen Personen als Gemeinschaftsansässige.

(2) Im Sinne dieses Gesetzes sind ferner

1. Auslandswerte:
unbewegliche Vermögenswerte in fremden Wirtschaftsgebieten; Forderungen in Euro gegen Gebietsfremde; auf andere Währung lautende Zahlungsmittel, Forderungen und Wertpapiere;

2. Waren:
   bewegliche Sachen, die Gegenstand des Handelsverkehrs sein können, und Elektrizität; ausgenommen sind Wertpapiere und Zahlungsmittel;
3. Güter:
   Waren, einschließlich Datenverarbeitungsprogramme (Software) und Technologie; Technologie erfasst auch Unterlagen zur Fertigung von Waren einschließlich solcher Unterlagen, die nur die Fertigung von Teilen dieser Waren ermöglichen;
4. Ausfuhr:
   das Verbringen von Sachen, Gütern und Elektrizität aus dem Wirtschaftsgebiet nach fremden Wirtschaftsgebieten einschließlich der nicht gegenständlichen Übermittlung von Datenverarbeitungsprogrammen und Technologie durch Daten- oder Nachrichtenübertragungstechnik, soweit in einer zu diesem Gesetz erlassenen Rechtsverordnung nichts anderes bestimmt ist;
5. Verbringung:
   Ausfuhr aus dem Wirtschaftsgebiet in andere Mitgliedstaaten der Europäischen Union;
6. Einfuhr:
   das Verbringen von Sachen oder Elektrizität aus fremden Wirtschaftsgebieten in das Wirtschaftsgebiet, soweit in diesem Gesetz, in einer Anlage zu diesem Gesetz oder in einer zu diesem Gesetz erlassenen Rechtsverordnung nichts anderes bestimmt ist; wenn Sachen oder Elektrizität aus Drittländern in eine Freizone verbracht oder in ein Nichterhebungsverfahren übergeführt werden, liegt eine Einfuhr erst vor, wenn diese in der Freizone gebraucht, verbraucht, bearbeitet oder verarbeitet oder wenn sie in den zollrechtlich freien Verkehr übergeführt werden;
7. Durchfuhr:
   die Beförderung von Sachen aus fremden Wirtschaftsgebieten durch das Wirtschaftsgebiet, ohne dass die Sachen im Wirtschaftsgebiet in den zollrechtlich freien Verkehr gelangen, soweit in einer zu diesem Gesetz erlassenen Rechtsverordnung nichts anderes bestimmt ist; als Durchfuhr gilt auch die Beförderung von Sachen des zollrechtlich freien Verkehrs aus einem anderen Mitgliedstaat der Europäischen Gemeinschaften durch das Wirtschaftsgebiet;
8. Gold:
   Feingold und Legierungsgold in Form von Barren oder Halbmaterial sowie außer Kurs gesetzte oder nicht mehr kursfähige Goldmünzen ohne anerkannten Sammlerwert;
9. Wertpapiere:
   alle Wertpapiere im Sinne des § 1 Absatz 1 des Gesetzes über die Verwahrung und Anschaffung von Wertpapieren (Depotgesetz) vom 4 Februar 1937 (Reichsgesetzbl. I S. 171); als Wertpapiere gelten auch Anteile an einem Wertpapiersammelbestand oder an einer Sammelschuldbuchforderung; Rechte auf Lieferung oder Zuteilung von Wertpapieren stehen den Wertpapieren gleich;
10. inländische Wertpapiere:
    Wertpapiere, die ein Gebietsansässiger oder vor dem 9. Mai 1945 eine Person mit Wohnsitz oder Sitz im Gebiet des Deutschen Reichs nach dem Stande vom 31. Dezember 1937 ausgestellt hat;

11. ausländische Wertpapiere:
Wertpapiere, die ein Gebietsfremder ausgestellt hat, soweit sie nicht nach Nummer 10 inländische Wertpapiere sind.

§ 4a
Zweigniederlassungen und Betriebsstätten

(1) Im Sinne dieses Gesetzes gelten

1. gebietsansässige Zweigniederlassungen und Betriebsstätten Gebietsfremder sowie gebietsfremde Zweigniederlassungen und Betriebsstätten Gebietsansässiger als rechtlich selbständig; mehrere gebietsansässige Zweigniederlassungen und Betriebsstätten desselben Gebietsfremden gelten als ein Gebietsansässiger,
2. Handlungen, die von oder gegenüber solchen Zweigniederlassungen oder Betriebsstätten vorgenommen werden, als Rechtsgeschäfte, soweit solche Handlungen im Verhältnis zwischen natürlichen oder juristischen Personen oder Personenhandelsgesellschaften Rechtsgeschäfte wären.

(2) Rechtsverordnungen oder vollziehbare Anordnungen nach § 2 Absatz 2 Satz 1, die auf Grund einer in diesem Gesetz enthaltenen Ermächtigung ergehen, können vorschreiben, dass

1. gebietsansässige Zweigniederlassungen und Betriebsstätten desselben Gebietsfremden abweichend von Absatz 1 Nummer 1 Halbsatz 2 jeweils für sich als Gebietsansässige,
2. mehrere gebietsfremde Zweigniederlassungen und Betriebsstätten desselben Gebietsansässigen abweichend von Absatz 1 Nummer 1 Halbsatz 1 als ein Gebietsfremder,
3. Zweigniederlassungen und Betriebsstätten abweichend von § 4 Absatz 1 Nummer 5 und 7 nicht als Gebietsansässige oder Gebietsfremde,
4. Zweigniederlassungen und Betriebsstätten abweichend von § 4 Absatz 1 Nummer 6 und 8 nicht als Gemeinschaftsansässige oder Gemeinschaftsfremde

gelten, soweit dies erforderlich ist, um den in der Ermächtigung bestimmten Zweck zu erreichen.

§ 4b
Rechtsgeschäfte für Rechnung Gebietsfremder

Rechtsverordnungen, die auf Grund einer in diesem Gesetz enthaltenen Ermächtigung ergehen, können vorschreiben, dass

1. Beschränkungen für Rechtsgeschäfte Gebietsfremder oder zwischen Gebietsfremden und Gebietsansässigen, die in einer auf Grund dieses Gesetzes erlassenen Rechtsverordnung angeordnet sind, auch für Rechtsgeschäfte gelten, die zum Gegenstand haben, dass unmittelbar oder mittelbar zwischen einem Gebietsansässigen und einem Dritten für Rechnung oder im Auftrag eines Gebietsfremden ein Rechtsgeschäft vorgenommen wird, das zwischen Gebietsfremden und Gebietsansässigen oder für Gebietsfremde beschränkt wäre,
2. das Handeln für Rechnung oder im Auftrag eines Gebietsfremden im Sinne der Nummer 1 dem Dritten durch den Gebietsansässigen oder über eine andere bei dem

Zustandekommen des Rechtsgeschäfts mitwirkende Person vor der Vornahme des Rechtsgeschäfts mitzuteilen ist,

3. das dem Dritten gegenüber vorgenommene Rechtsgeschäft den Beschränkungen unterliegt, die gelten würden, wenn es ein Gebietsfremder vorgenommen hätte, sofern der Dritte die Mitteilung nach Nummer 2 erhalten oder von dem Handeln für Rechnung oder im Auftrag eines Gebietsfremden vor der Vornahme des Rechtsgeschäfts auf andere Weise Kenntnis erlangt hat,

soweit dies erforderlich ist, um den in der Ermächtigung bestimmten Zweck zu erreichen.

§ 4c
Rechtsgeschäfte für Rechnung Gebietsansässiger

Rechtsverordnungen, die auf Grund einer in diesem Gesetz enthaltenen Ermächtigung ergehen, können ferner vorschreiben, dass Beschränkungen für Rechtsgeschäfte zwischen Gebietsansässigen und Gebietsfremden, die in einer auf Grund dieses Gesetzes erlassenen Rechtsverordnung angeordnet sind, auch für Rechtsgeschäfte gelten, die zum Gegenstand haben, dass unmittelbar oder mittelbar zwischen einem Gebietsfremden und einem Dritten für Rechnung oder im Auftrag eines Gebietsansässigen ein Rechtsgeschäft vorgenommen wird, das zwischen Gebietsansässigen und Gebietsfremden beschränkt wäre, soweit dies erforderlich ist, um den in der Ermächtigung bestimmten Zweck zu erreichen.

Zweiter Abschnitt
Beschränkungsmöglichkeiten

§ 5
Erfüllung zwischenstaatlicher Vereinbarungen

Zur Erfüllung zwischenstaatlicher Vereinbarungen, denen die gesetzgebenden Körperschaften in der Form eines Bundesgesetzes zugestimmt haben, können Rechtsgeschäfte und Handlungen im Außenwirtschaftsverkehr beschränkt und bestehende Beschränkungen aufgehoben werden

§ 6
Abwehr schädigender Einwirkungen aus fremden Wirtschaftsgebieten

(1) Rechtsgeschäfte und Handlungen im Außenwirtschaftsverkehr können beschränkt werden, um schädlichen Folgen für die Wirtschaft oder einzelne Wirtschaftszweige im Wirtschaftsgebiet vorzubeugen oder entgegenzuwirken, wenn solche Folgen durch Maßnahmen in fremden Wirtschaftsgebieten drohen oder entstehen, die

1. den Wettbewerb einschränken, verfälschen oder verhindern oder

2. zu Beschränkungen des Wirtschaftsverkehrs mit dem Wirtschaftsgebiet führen.

(2) Rechtsgeschäfte und Handlungen im Außenwirtschaftsverkehr können ferner beschränkt werden, um Auswirkungen von in fremden Wirtschaftsgebieten herrschenden, mit der freiheitlichen Ordnung der Bundesrepublik Deutschland nicht übereinstimmenden Verhältnissen auf das Wirtschaftsgebiet vorzubeugen oder entgegenzuwirken.

§ 7
Schutz der Sicherheit und der auswärtigen Interessen

(1) Rechtsgeschäfte und Handlungen im Außenwirtschaftsverkehr können beschränkt werden, um

1. die wesentlichen Sicherheitsinteressen der Bundesrepublik Deutschland zu gewährleisten,
2. eine Störung des friedlichen Zusammenlebens der Völker zu verhüten .
3. zu verhüten, dass die auswärtigen Beziehungen der Bundesrepublik Deutschland erheblich gestört werden
4. die öffentliche Ordnung oder Sicherheit der Bundesrepublik Deutschland im Sinne von Artikel 46 und 58 Absatz 1 des EG-Vertrags zu gewährleisten.

(2) Nach Absatz 1 können insbesondere beschränkt werden

1. die Ausfuhr oder Durchfuhr von
   a) Waffen, Munition und Kriegsgerät,
   b) Gegenständen, die bei der Entwicklung, Erzeugung oder dem Einsatz von Waffen, Munition und Kriegsgerät nützlich sind, oder
   c) Konstruktionszeichnungen und sonstigen Fertigungsunterlagen für die in Buchstaben a und b bezeichneten Gegenstände,

   vor allem wenn die Beschränkung der Durchführung einer in internationaler Zusammenarbeit vereinbarten Ausfuhrkontrolle dient;
2. die Ausfuhr von Gegenständen, die zur Durchführung militärischer Aktionen bestimmt sind;
3. die Einfuhr von Waffen, Munition und Kriegsgerät;
4. Rechtsgeschäfte über gewerbliche Schutzrechte, Erfindungen, Herstellungsverfahren und Erfahrungen in Bezug auf die in Nummer 1 bezeichneten Waren und sonstigen Gegenstände;
5. Rechtsgeschäfte über den Erwerb gebietsansässiger Unternehmen, die
   - Kriegswaffen oder andere Rüstungsgüter herstellen oder entwickeln oder
   - Kryptosysteme herstellen, die für eine Übertragung staatlicher Verschlusssachen von dem

   Bundesamt für Sicherheit in der Informationstechnik mit Zustimmung des Unternehmens

   zugelassen sind, oder Rechtsgeschäfte über den Erwerb von Anteilen an solchen Unternehmen, um wesentliche Sicherheitsinteressen der Bundesrepublik Deutschland zu gewährleisten; dies gilt insbesondere dann, wenn infolge des Erwerbs die sicherheitspolitischen Interessen der Bundesrepublik Deutschland oder die militärische Sicherheitsvorsorge gefährdet sind;
6. Rechtsgeschäfte über den Erwerb gebietsansässiger Unternehmen oder von Anteilen an solchen Unternehmen durch einen gemeinschaftsfremden Erwerber, wenn infolge des Erwerbs die öffentliche Ordnung oder Sicherheit der Bundesrepublik Deutschland gemäß Absatz 1 Nummer 4 gefährdet ist; dies setzt voraus, dass eine

tatsächliche und hinreichend schwere Gefährdung vorliegt, die ein Grundinteresse der Gesellschaft berührt. Gemeinschaftsfremde Erwerber aus den Mitgliedstaaten der Europäischen Freihandelsassoziation (Island, Liechtenstein, Norwegen, Schweiz) stehen gemeinschaftsansässigen Erwerbern gleich.

(3) Zu den in Absatz 1 genannten Zwecken können auch Rechtsgeschäfte und Handlungen Deutscher in fremden Wirtschaftsgebieten beschränkt werden, die sich auf Waren und sonstige Gegenstände nach Absatz 2 Nummer 1 einschließlich ihrer Entwicklung und Herstellung beziehen, wenn der Deutsche

1. Inhaber eines Personaldokumentes der Bundesrepublik Deutschland ist oder
2. verpflichtet wäre, einen Personalausweis zu besitzen, falls er eine Wohnung im Geltungsbereich dieses Gesetzes hätte.

Dies gilt vor allem, wenn die Beschränkung der in internationaler Zusammenarbeit vereinbarten Verhinderung der Verbreitung von Waren und sonstigen Gegenständen nach Absatz 2 Nummer 1 dient

Dritter Abschnitt
Warenverkehr

§ 8
Warenausfuhr

(1) Die Ausfuhr von Waren kann beschränkt werden, um einer Gefährdung der Deckung des lebenswichtigen Bedarfs im Wirtschaftsgebiet oder in Teilen des Wirtschaftsgebiets im gesamtwirtschaftlichen Interesse vorzubeugen oder entgegenzuwirken. Die Beschränkungen sind nur zulässig, wenn der Bedarf auf andere Weise nicht, nicht rechtzeitig oder nur mit unverhältnismäßigen Mitteln gedeckt werden kann.

(2) Die Ausfuhr von ernährungs- und landwirtschaftlichen Erzeugnissen kann beschränkt werden, um erheblichen Störungen der Ausfuhr durch Lieferung minderwertiger Erzeugnisse vorzubeugen oder entgegenzuwirken. Dabei können durch Rechtsverordnung Mindestanforderungen für die Güte der Erzeugnisse vorgeschrieben werden.

(3) Die Ausfuhr von Waren, die in das Wirtschaftsgebiet verbracht worden sind, kann beschränkt werden, um im Rahmen der Zusammenarbeit in einer zwischenstaatlichen wirtschaftlichen Organisation sicherzustellen, dass die Regelungen der Mitgliedstaaten über die Wareneinfuhr aus Gebieten außerhalb der Organisation wirksam durchgeführt werden können.

§ 9
Ausfuhrverträge

(1) Bei Rechtsgeschäften, durch die sich ein Gebietsansässiger zur Lieferung einer Ware nach fremden Wirtschaftsgebieten verpflichtet (Ausfuhrverträge), kann die Vereinbarung von Zahlungs- oder Lieferungsbedingungen, die für den Abnehmer günstiger als die handels- und branchenüblichen Bedingungen sind, beschränkt werden, um erheblichen Störungen der Ausfuhr in das Käuferland vorzubeugen oder entgegenzuwirken.

(2) Im Ausfuhrgeschäft soll der Ausführer unter Berücksichtigung der außenwirtschaftlichen Belange der Allgemeinheit die Preise so gestalten, dass schädliche Auswirkungen, insbesondere Abwehrmaßnahmen des Käufer- oder Bestimmungslandes, vermieden werden.

§ 10
Wareneinfuhr

(1) Die Einfuhr von Waren ist grundsätzlich frei. Sie bedarf nur dann einer Genehmigung, wenn dies in der Einfuhrliste (Anlage) aufgeführt ist. Außerdem führt die Einfuhrliste die Waren auf, für deren Einfuhr auf Grund einer Verordnung nach § 26 Einfuhrkontrollmeldungen, die vorherige Einfuhrüberwachung oder die Vorlage von Ursprungszeugnissen oder Ursprungserklärungen vorgesehen oder für deren Einfuhr im Rahmen einer gemeinsamen Marktorganisation oder Handelsregelung eine Einfuhrlizenz vorgeschrieben ist.

(2) Die Einfuhrliste kann durch Rechtsverordnung geändert werden.

(3) Einfuhrbeschränkungen dürfen nur angeordnet werden, soweit dies zur Wahrung der nach den §§ 5 bis 7 zu berücksichtigenden Zwecke geboten ist.

(4) Durch Rechtsverordnung kann vorgesehen werden, dass die Einfuhr keiner Genehmigung bedarf,

1. wenn die Waren nicht im Wirtschaftsgebiet in den zollrechtlich freien Verkehr übergeführt werden oder
2. wenn durch Begrenzung der Warenmenge oder des Warenwertes oder durch Verwendungsbeschränkungen oder auf andere Weise eine Gefährdung der nach Absatz 3 zu wahrenden Belange ausgeschlossen wird.

   Dies gilt insbesondere bei der Einfuhr in eine Freizone, der Überführung in die aktive Veredelung (Nichterhebungsverfahren) oder in das Zolllagerverfahren, im Reiseverkehr, im Grenzverkehr, für Zwecke des Schiffsbedarfs, zur nichtgewerbsmäßigen Verwendung sowie für die Einfuhr von Übersiedlungs- und Erbschaftsgut.

§ 11
Lieferfristen bei der genehmigungsfreien Einfuhr

Bei der genehmigungsfreien Einfuhr kann die Vereinbarung und Inanspruchnahme von Lieferfristen beschränkt werden, um die in § 10 Absatz 3 genannten Belange zu wahren.

§ 12
Genehmigungsbedürftige Einfuhr

(1) Für Waren, deren Einfuhr der Genehmigung bedarf, sind unter Berücksichtigung der handels- und sonstigen wirtschaftspolitischen Erfordernisse Einfuhrgenehmigungen zu erteilen, soweit dies unter Wahrung der in § 10 Absatz 3 genannten Belange möglich ist.

(2) Bei der Erteilung von Einfuhrgenehmigungen handeln die zuständigen Stellen nach Richtlinien, die das Bundesministerium für Wirtschaft und Technologie und das Bundesministerium für Ernährung, Landwirtschaft und Verbraucherschutz im beiderseitigen Einvernehmen und im Benehmen mit dem Bundesministerium der Finanzen sowie der Deutschen Bundesbank erlassen. Auf der Grundlage dieser Richtlinien sollen die für die Erteilung von Einfuhrgenehmigungen zuständigen Stellen im Bundesanzeiger die Einzelheiten bekannt geben, die bei den Anträgen auf Erteilung der Genehmigung zu beachten sind (Ausschreibung).

§ 13
Verwendungsbeschränkungen bei der Wareneinfuhr

Ist die Einfuhr von Waren unter der Voraussetzung zugelassen oder unter der Auflage genehmigt, dass die Ware nur in bestimmter Weise verwendet werden darf, so hat der Veräußerer diese Verwendungsbeschränkung bei der Veräußerung jedem Erwerber der Ware nachweisbar mitzuteilen. Der Einführer und der Erwerber dürfen die Ware nur in der vorgeschriebenen Weise verwenden.

§ 14
Sicherung der Einfuhr lebenswichtiger Waren

Rechtsgeschäfte mit Gebietsfremden über Waren, deren Bezug zur Deckung des lebenswichtigen Bedarfs im Wirtschaftsgebiet oder in Teilen des Wirtschaftsgebiets zwischenstaatlich vereinbart worden ist, können beschränkt werden, um die Einfuhr dieser Waren und ihren Verbleib im Wirtschaftsgebiet zu sichern. Zu demselben Zweck können Rechtsgeschäfte über die Bearbeitung und Verarbeitung solcher Waren in fremden Wirtschaftsgebieten beschränkt werden.

Vierter Abschnitt
Dienstleistungsverkehr

§ 15
Aktive Lohnveredelung

Rechtsgeschäfte, durch die sich ein Gebietsansässiger verpflichtet, im Wirtschaftsgebiet Waren eines Gebietsfremden zu bearbeiten oder zu verarbeiten (aktive Lohnveredelung), können beschränkt werden, um einer Gefährdung der Deckung des lebenswichtigen Bedarfs im Wirtschaftsgebiet oder in Teilen des Wirtschaftsgebiets entgegenzuwirken. § 8 Absatz 1 Satz 2 findet entsprechende Anwendung.

§ 16
Herstellungs- und Vertriebsrechte

Rechtsgeschäfte über die Vergabe von Herstellungs- und Vertriebsrechten für Erzeugnisse mit geographischer Ursprungsbeziehung in ein fremdes Wirtschaftsgebiet können beschränkt werden, wenn die Interessen des Ursprungsgebiets erheblich beeinträchtigt werden. Dies gilt auch für das Einbringen solcher Herstellungs- und Vertriebsrechte in ein Unternehmen in einem fremden Wirtschaftsgebiet.

§ 17
Audiovisuelle Werke

Rechtsgeschäfte über

1. den Erwerb von Vorführungs- und Senderechten an audiovisuellen Werken von Gebietsfremden, wenn die Werke zur Vorführung oder Verbreitung im Wirtschaftsgebiet bestimmt sind, und
2. die Herstellung von audiovisuellen Werken in Gemeinschaftsproduktion mit Gebietsfremden

können beschränkt werden, um der Filmwirtschaft des Wirtschaftsgebiets ausreichende Auswertungsmöglichkeiten auf dem inneren Markt zu erhalten. Die Beschränkungen sind nur zulässig, wenn ohne sie ein erheblicher Schaden für die Filmwirtschaft des Wirtschaftsgebiets eintritt oder einzutreten droht und wenn dieser Schaden im Interesse der Allgemeinheit abgewendet werden muss.

§ 18
Seeschifffahrt

Wenn der internationale Seeverkehr durch Maßnahmen beeinträchtigt wird, die eine wettbewerbsgemäße Beteiligung der deutschen Handelsflotte an der Beförderung von Gütern behindern, können der Abschluss von Frachtverträgen zur Beförderung von Gütern durch Seeschiffe fremder Flagge und das Chartern solcher Seeschiffe durch Gebietsansässige beschränkt werden, um erheblichen nachteiligen Auswirkungen auf die wirtschaftliche Lage der deutschen Handelsflotte entgegenzuwirken.

§ 19
Luftfahrt

Wenn der zwischenstaatliche Luftverkehr durch Maßnahmen beeinträchtigt wird, die eine wettbewerbsgemäße Beteiligung der deutschen Flugzeuge an der Beförderung von Personen und Gütern behindern, können der Abschluss von Verträgen zur Beförderung von Personen und Gütern durch Flugzeuge, die nicht in der deutschen Luftfahrzeugrolle eingetragen sind, und das Chartern solcher Flugzeuge durch Gebietsansässige beschränkt werden, um erheblichen nachteiligen Auswirkungen auf die wirtschaftliche Lage des deutschen Luftverkehrs entgegenzuwirken.

§ 20
Binnenschifffahrt

Rechtsgeschäfte zwischen Gebietsansässigen und Gebietsfremden, die

1. das Mieten von Binnenschiffen, die nicht in einem Binnenschiffsregister im Wirtschaftsgebiet eingetragen sind,
2. die Beförderung von Gütern mit solchen Binnenschiffen oder
3. das Schleppen durch solche Binnenschiffe

im Güterverkehr innerhalb des Wirtschaftsgebiets zum Gegenstand haben, können beschränkt werden, um Störungen der im Interesse der Allgemeinheit zu wahrenden Ordnung zwischen den Verkehrsträgern zu verhindern

§ 21
Schadensversicherungen

Rechtsgeschäfte über Schiffskasko-, Schiffshaftpflicht-, Transport- und Luftfahrtversicherungen zwischen Gebietsansässigen und Versicherungsunternehmen mit Sitz in einem fremden Wirtschaftsgebiet, in dem gebietsansässige Unternehmen dieser Versicherungszweige in der Ausübung ihrer Tätigkeit behindert werden, können beschränkt werden, um erheblichen nachteiligen Auswirkungen auf die wirtschaftliche Lage der betroffenen Versicherungszweige entgegenzuwirken.

Fünfter Abschnitt
Kapitalverkehr

§ 22
(weggefallen)

§ 23
(weggefallen)

Gold

§ 24
(weggefallen)

Zweiter Teil
Ergänzende Vorschriften

§ 25
Deutsche Bundesbank

Die Beschränkungen, die dieses Gesetz enthält oder die durch Rechtsverordnung auf Grund dieses Gesetzes vorgeschrieben werden, gelten nicht für Rechtsgeschäfte und Handlungen, welche die Deutsche Bundesbank im Rahmen ihres Geschäftskreises vornimmt oder welche ihr gegenüber vorgenommen werden.

§ 26
Verfahrens- und Meldevorschriften

(1) Durch Rechtsverordnung können Vorschriften über das Verfahren bei der Vornahme von Rechtsgeschäften oder Handlungen im Außenwirtschaftsverkehr erlassen werden, soweit solche Vorschriften zur Durchführung dieses Gesetzes oder von Regelungen der in Satz 2 genannten Art oder zur Überprüfung der Rechtsgeschäfte oder Handlungen auf ihre Rechtmäßigkeit im Sinne dieses Gesetzes oder solcher Regelungen erforderlich sind. Regelungen im Sinne des Satzes 1 sind

1. die Bestimmungen der Verträge zur Gründung der Europäischen Gemeinschaften,
2. die Bestimmungen in Verträgen, einschließlich der zu ihnen gehörigen Akte mit Protokollen, die auf Grund der in Nummer 1 genannten Verträge zustande gekommen sind oder zu deren Erweiterung, Ergänzung oder Durchführung oder zur Begründung einer Assoziation, Präferenz oder Freihandelszone abgeschlossen und im Bundesgesetzblatt, im Bundesanzeiger oder im Amtsblatt der Europäischen Gemeinschaften veröffentlicht und als in Kraft getreten bekannt gegeben sind,
3. Rechtsakte des Rates oder der Kommission der Europäischen Gemeinschaften auf Grund oder im Rahmen der in den Nummern 1 und 2 genannten Verträge.

Durch Rechtsverordnung können ferner Aufzeichnungs- und Aufbewahrungspflichten vorgeschrieben werden, soweit sie zur Überwachung der Rechtsgeschäfte oder Handlungen auf ihre Rechtmäßigkeit im Sinne dieses Gesetzes oder von Regelungen der in Satz 2 genannten Art oder der Erfüllung von Meldepflichten nach den Absätzen 2 und 3 erforderlich sind und soweit sie nicht bereits nach handels- oder steuerrechtlichen Vorschriften bestehen.

(2) Durch Rechtsverordnung kann angeordnet werden, dass Rechtsgeschäfte und Handlungen im Außenwirtschaftsverkehr, insbesondere aus ihnen erwachsende Forderungen und Verbindlichkeiten sowie Vermögensanlagen und die Leistung oder Entgegennahme von Zahlungen, unter Angabe des Rechtsgrundes zu melden sind, wenn dies erforderlich ist, um

1. festzustellen, ob die Voraussetzungen für die Aufhebung, Erleichterung oder Anordnung von Beschränkungen vorliegen,
2. laufend die Zahlungsbilanz der Bundesrepublik Deutschland erstellen zu können,
3. die Wahrnehmung der außenwirtschaftspolitischen Interessen zu gewährleisten,
4. Verpflichtungen aus zwischenstaatlichen Vereinbarungen erfüllen zu können oder
5. (weggefallen).

(3) Durch Rechtsverordnung kann ferner angeordnet werden, dass der Stand und ausgewählte Positionen der Zusammensetzung des Vermögens Gebietsansässiger in fremden Wirtschaftsgebieten und Gebietsfremder im Wirtschaftsgebiet zu melden sind, soweit dies zur Verfolgung der in Absatz 2 Nummer 1 bis 4 angegebenen Zwecke erforderlich ist. Vermögen im Sinne des Satzes 1 ist auch die mittelbare Beteiligung an einem Unternehmen. Gehört zu dem meldepflichtigen Vermögen eine unmittelbare oder mittelbare Beteiligung an einem Unternehmen, so kann angeordnet werden, dass auch der Stand und ausgewählte Positionen der Zusammensetzung des Vermögens des Unternehmens zu melden sind, an dem die Beteiligung besteht.

(4) Art und Umfang der Meldepflichten sind auf das Maß zu begrenzen, das notwendig ist, um den in den Absätzen 2 und 3 angegebenen, jeweils verfolgten Zweck zu erreichen. Die §§ 9, 15 und 16 des Bundesstatistikgesetzes sind in den Fällen des Absatzes 2 Nummer 1 bis 4 und des Absatzes 3 entsprechend anzuwenden.

§ 26a
Besondere Meldepflichten

(1) Durch Rechtsverordnung kann angeordnet werden, dass dem Bundesamt für Wirtschaft und Ausfuhrkontrolle (BAFA) die Vornahme von Rechtsgeschäften oder Handlungen zu melden ist, die sich auf Waren und Technologien im kerntechnischen, biologischen oder chemischen Bereich des Teils I der Ausfuhrliste (Anlage AL zur Außenwirtschaftsverordnung) beziehen, soweit dies zur Verfolgung der in den §§ 5 und 7 Absatz 1 angegebenen Zwecke, insbesondere zur Überwachung des Außenwirtschaftsverkehrs, erforderlich ist. Das Bundesamt für Wirtschaft und Ausfuhrkontrolle (BAFA) darf die auf Grund einer Rechtsverordnung nach Satz 1 erhobenen Informationen zu den in Satz 1 genannten Zwecken mit anderen bei ihm gespeicherten Informationen abgleichen.

(2) Die auf Grund einer Rechtsverordnung nach Absatz 1 erhobenen Informationen sind geheim zu halten. Sie können an das Bundesministerium für Wirtschaft und Technologie und die für die Überwachung des Außenwirtschaftsverkehrs zuständigen Behörden übermittelt werden, soweit es die in Absatz 1 genannten Zwecke erfordern. Für andere als die in Absatz 1 genannten Zwecke dürfen sie nicht verwendet werden. § 45 bleibt unberührt.

(3) Art und Umfang der Meldepflicht sind auf das Maß zu begrenzen, das notwendig ist, um den in Absatz 1 angegebenen Zweck zu erreichen.

§ 27
Erlass von Rechtsverordnungen

(1) Die in diesem Gesetz vorgesehenen Rechtsverordnungen erlässt die Bundesregierung; Rechtsverordnungen, die der Erfüllung von Verpflichtungen aus zwischenstaatlichen Vereinbarungen dienen (§ 5), erlässt jedoch das Bundesministerium für Wirtschaft und Technologie im Einvernehmen mit dem Auswärtigen Amt und dem Bundesministerium der Finanzen. Die Rechtsverordnungen bedürfen nicht der Zustimmung des Bundesrates. Der Zustimmung des Bundesrates bedürfen jedoch Rechtsverordnungen nach § 28 Absatz 3 Satz 1. Bei Vorschriften, welche die Bereiche des Kapital- und Zahlungsverkehrs oder den Verkehr mit Auslandswerten und Gold betreffen, ist das Benehmen mit der Deutschen Bundesbank herzustellen.

(2) Die Rechtsverordnungen sind unverzüglich nach ihrer Verkündung dem Bundestag und, soweit die Zustimmung des Bundesrates nicht erforderlich ist, auch dem Bundesrat mitzuteilen. Der Bundesrat kann binnen vier Wochen gegenüber dem Bundestag Stellung nehmen. Die Rechtsverordnungen sind unverzüglich aufzuheben, soweit es der Bundestag binnen vier Monaten nach ihrer Verkündung verlangt. Die Sätze 1 bis 3 finden keine Anwendung auf Rechtsverordnungen, durch welche die Bundesregierung oder das Bundesministerium für Wirtschaft und Technologie in Wahrnehmung von Rechten oder in Erfüllung von Verpflichtungen aus zwischenstaatlichen Vereinbarungen, denen die gesetzgebenden Körperschaften in der Form eines Bundesgesetzes zugestimmt haben, Beschränkungen des Waren-, Kapital- oder Zahlungsverkehrs mit fremden Wirtschaftsgebieten aufgehoben oder angeordnet hat.

§ 28
Erlass von Verwaltungsakten

(1) Für den Erlass von Verwaltungsakten und die Entgegennahme von Meldungen auf Grund dieses Gesetzes und der zu diesem Gesetz erlassenen Rechtsverordnungen sowie auf Grund von Rechtsakten des Rates oder der Kommission der Europäischen Gemeinschaften im Bereich des Außenwirtschaftsrechts sind, soweit in den folgenden Absätzen nichts anderes bestimmt ist, die von den Ländern bestimmten Behörden zuständig.

(2) Ausschließlich zuständig sind

1. die Deutsche Bundesbank im Bereich des Kapital-und Zahlungsverkehrs sowie des Verkehrs mit Auslandswerten und Gold nach den § 2 Absatz 2, §§ 5 bis 7, soweit im Folgenden nichts anderes bestimmt ist;
2. das Bundesministerium für Wirtschaft und Technologie im Einvernehmen mit dem Auswärtigen Amt und dem Bundesministerium der Verteidigung im Falle des 7 Absatz 2 Nummer 5. Im Falle des § 7 Absatz 2 Nummer 5 zweiter Spiegelstrich ist darüber hinaus das Einvernehmen mit dem Bundesministerium des Innern herzustellen.
3. im Falle des § 7 Absatz 2 Nummer 6 das Bundesministerium für Wirtschaft und Technologie; im Falle der Untersagung oder des Erlasses von Anordnungen in Bezug auf einen Erwerb im Sinne des § 7 Absatz 2 Nummer 6 entscheidet das Bundesministerium für Wirtschaft und Technologie nach Zustimmung der Bundesregierung.

(2a) Für den Waren- und Dienstleistungsverkehr nach den §§ 5, 6, 7 bis 16 im Rahmen der gemeinsamen Marktorganisationen der Europäischen Wirtschaftsgemeinschaft für Rohtabak und für Flachs und Hanf ist das Bundesamt für Wirtschaft und Ausfuhrkontrolle (BAFA) ausschließlich zuständig.

(2b) Das Bundesministerium für Ernährung, Landwirtschaft und Verbraucherschutz wird ermächtigt, im Einvernehmen mit dem Bundesministerium für Wirtschaft und Technologie durch Rechtsverordnung, die nicht der Zustimmung des Bundesrates bedarf, für den Waren- und Dienstleistungsverkehr nach den §§ 5, 6, 7 bis 16 mit anderen als den in Absatz 2a genannten Erzeugnissen der Ernährungs- und Landwirtschaft und mit Erzeugnissen, für die in Ergänzung oder Sicherung einer gemeinsamen Marktorganisation Regelungen der in § 26 Absatz 1 Satz 2 bezeichneten Art getroffen worden sind, die Bundesanstalt für Landwirtschaft und Ernährung als ausschließlich zuständig zu bestimmen. § 27 ist nicht anzuwenden.

(3) Soweit für die Erteilung von Genehmigungen in bestimmten Bereichen des Außenwirtschaftsverkehrs eine zentrale Bearbeitung erforderlich ist, kann durch Rechtsverordnung abweichend von Absatz 1 bestimmt werden, dass

1. das Bundesamt für Wirtschaft und Ausfuhrkontrolle (BAFA) im Bereich des Waren- und Dienstleistungsverkehrs nach den §§ 5 bis 17 und 21 sowie im Bereich von Rechtsakten des Rates oder der Kommission der Europäischen Gemeinschaften im Sinne des Absatzes 1,
2. (weggefallen)
3. das Bundesministerium für Verkehr, Bau und Stadtentwicklung im Bereich des Dienstleistungsverkehrs auf dem Gebiete des Verkehrswesens nach den §§ 5 bis 7 und 18 bis 20

zuständig sind. Durch Rechtsverordnung können die Zuständigkeiten des Bundesministeriums für Verkehr, Bau und Stadtentwicklung gemäß Nummer 3 auf nachgeordnete Behörden übertragen werden.

§ 29
Weisungsbefugnis

Die Bundesregierung wird ermächtigt, den obersten Landesbehörden Einzelweisungen über die Ausführung dieses Gesetzes und der zu diesem Gesetz erlassenen Rechtsverordnungen in den Fällen zu erteilen, die dem Umfang nach von erheblicher Bedeutung sind oder in denen die Entscheidung von grundsätzlicher Natur ist. Die Weisungen dürfen nur erteilt werden, um die gleichmäßige Behandlung der Rechtsgeschäfte und Handlungen sicherzustellen oder um die gleichmäßige Beurteilung von Zuwiderhandlungen herbeizuführen.

§ 30
Genehmigungen

(1) Genehmigungen können mit Nebenbestimmungen versehen werden. Die Genehmigungen sind nicht übertragbar, wenn in ihnen nicht etwas anderes bestimmt wird.

(2) Die Genehmigung, die Ablehnung eines Antrags auf Erteilung einer Genehmigung, die Rücknahme und der Widerruf einer Genehmigung bedürfen der Schriftform.

(3) Widerspruch und Anfechtungsklage haben keine aufschiebende Wirkung.

§ 31
Rechtsunwirksamkeit

(1) Ein Rechtsgeschäft, das ohne die erforderliche Genehmigung vorgenommen wird, ist unwirksam. Es wird durch nachträgliche Genehmigung vom Zeitpunkt seiner Vornahme an wirksam. Durch die Rückwirkung werden Rechte Dritter, die vor der Genehmigung an dem Gegenstand des Rechtsgeschäfts begründet worden sind, nicht berührt.

(2) Ein Rechtsgeschäft im Zusammenhang mit dem Erwerb eines gebietsansässigen Unternehmens, für das nach § 7 Absatz 1 und 2 Nummer 5 eine Meldepflicht verbunden mit einer Ermächtigung der Bundesregierung besteht, den Erwerb innerhalb einer bestimmten Frist zu untersagen, ist bis zum Ablauf dieser Frist schwebend unwirksam. Das Rechtsgeschäft wird nach Ablauf der Frist wirksam, falls die Behörde vor Fristablauf keine anderweitige Entscheidung trifft.

(3) Der Eintritt der Rechtswirkungen eines Rechtsgeschäfts über den schuldrechtlichen Erwerb eines gebietsansässigen Unternehmens, für das nach § 7 Absatz 1 und 2 Nummer 6 ein Prüfrecht verbunden mit einer Ermächtigung des Bundesministeriums für Wirtschaft und Technologie besteht, nach Zustimmung der Bundesregierung den Erwerb innerhalb einer bestimmten Frist zu untersagen, steht bis zum Ablauf des gesamten Prüfverfahrens unter der auflösenden Bedingung, dass das Bundesministerium für Wirtschaft und Technologie den Erwerb innerhalb der Frist untersagt.

§ 32
Urteil und Zwangsvollstreckung

(1) Ist zur Leistung des Schuldners eine Genehmigung erforderlich, so kann das Urteil vor Erteilung der Genehmigung ergehen, wenn in die Urteilsformel ein Vorbehalt aufgenommen wird, dass die Leistung oder Zwangsvollstreckung erst erfolgen darf, wenn die Genehmigung erteilt ist. Entsprechendes gilt für andere Vollstreckungstitel, wenn die Vollstreckung nur auf Grund einer vollstreckbaren Ausfertigung des Titels durchgeführt werden kann. Arreste und einstweilige Verfügungen, die lediglich der Sicherung des zugrunde liegenden Anspruchs dienen, können ohne Vorbehalt ergehen.

(2) Ist zur Leistung des Schuldners eine Genehmigung erforderlich, so ist die Zwangsvollstreckung nur zulässig, wenn und soweit die Genehmigung erteilt ist. Soweit Vermögenswerte nur mit Genehmigung erworben oder veräußert werden dürfen, gilt dies auch für den Erwerb und die Veräußerung im Wege der Zwangsvollstreckung.

Dritter Teil
Straf-, Bußgeld- und Überwachungsvorschriften

§ 33
Ordnungswidrigkeiten

(1) Ordnungswidrig handelt, wer vorsätzlich oder fahrlässig einer Rechtsverordnung nach § 2 Absatz 1 in Verbindung mit § 5 oder § 7 Absatz 1 oder 3 Satz 1 oder einer vollziehbaren Anordnung auf Grund einer solchen Rechtsverordnung zuwiderhandelt, soweit die Rechtsverordnung für einen bestimmten Tatbestand auf diese Bußgeldvorschrift verweist und die Handlung nicht nach § 34 Absatz 4 Nummer 1 als Straftat geahndet werden kann oder nach § 34 Absatz 1 Nummer 1 oder Absatz 6 Nummer 3 mit Strafe bedroht ist.

(2) Ordnungswidrig handelt auch, wer vorsätzlich oder fahrlässig

1. einer vollziehbaren Anordnung nach § 2 Absatz 2 Satz 1 zuwiderhandelt,
1a. ohne die nach § 10 Absatz 1 Satz 2 erforderliche Genehmigung Waren einführt,
2. entgegen § 13 Satz 1 dem Erwerber eine Verwendungsbeschränkung nicht mitteilt und dadurch bewirkt, dass die Ware entgegen der Beschränkung verwendet wird,
3. als Einführer oder Erwerber die Ware entgegen einer Verwendungsbeschränkung verwendet (§ 13 Satz 2) oder
4. einer vollziehbaren Auflage nach § 30 Absatz 1 Satz 1 zuwiderhandelt.

(3) Ordnungswidrig handelt auch, wer vorsätzlich oder fahrlässig einer

1. nach den §§ 4b, 4c, 6, 8 Absatz 3, § 9 Absatz 1, §§ 11, 14 bis 21 oder
2. nach § 8 Absatz 1 oder 2

in Verbindung mit § 2 erlassenen Rechtsverordnung zuwiderhandelt, soweit sie für einen bestimmten Tatbestand auf diese Bußgeldvorschrift verweist.

(4) Ordnungswidrig handelt, wer vorsätzlich oder fahrlässig einer unmittelbar geltenden Vorschrift in Rechtsakten der Europäischen Gemeinschaften über die Beschränkung des Außenwirtschaftsverkehrs zuwiderhandelt, soweit eine Rechtsverordnung nach Satz 2 für einen bestimmten Tatbestand auf diese Bußgeldvorschrift verweist und die Handlung nicht nach § 34 Absatz 4 Nummer 2 als Straftat geahndet werden kann. Durch Rechtsverordnung können die Tatbestände bezeichnet werden, die als Ordnungswidrigkeiten nach Satz 1 mit Geldbuße geahndet werden können, soweit dies zur Durchführung der Rechtsakte der Europäischen Gemeinschaften erforderlich ist.

(5) Ordnungswidrig handelt ferner, wer

1. unrichtige oder unvollständige Angaben tatsächlicher Art macht oder benutzt, um für sich oder einen anderen eine Genehmigung oder eine Bescheinigung zu erschleichen, die nach diesem Gesetz oder einer zu seiner Durchführung erlassenen Rechtsverordnung erforderlich ist,
2. einer nach § 26 oder § 26a erlassenen Rechtsverordnung vorsätzlich oder fahrlässig zuwiderhandelt, soweit sie für einen bestimmten Tatbestand auf diese Bußgeldvorschrift verweist,
3. entgegen § 44 eine Auskunft nicht, nicht richtig oder nicht vollständig erteilt, geschäftliche Unterlagen nicht vorlegt oder eine Prüfung nicht duldet oder entgegen § 46 Absatz 1 die dort bezeichneten Sachen nicht darlegt, eine Untersuchung oder Prüfung nicht duldet, entgegen § 46 Absatz 2 eine Erklärung nicht abgibt oder entgegen § 46 Absatz 3 eine Sendung nicht gestellt oder
4. die Nachprüfung (§ 44) von Umständen, die nach diesem Gesetz oder einer zu seiner Durchführung erlassenen Rechtsverordnung erheblich sind, dadurch verhindert oder erschwert, dass er Bücher und Aufzeichnungen, deren Führung oder Aufbewahrung ihm nach handels- oder steuerrechtlichen Vorschriften obliegt, nicht oder nicht ordentlich führt, nicht aufbewahrt oder verheimlicht.

(6) Die Ordnungswidrigkeit kann in den Fällen der Absätze 1, 2, 3, 4 und 5 Nummer 1 mit einer Geldbuße bis zu fünfhunderttausend Euro, in den Fällen des Absatzes 5 Nummer 2 bis 4 mit einer Geldbuße bis zu fünfundzwanzigtausend Euro geahndet werden.

(7) Der Versuch einer Ordnungswidrigkeit kann in den Fällen der Absätze 1, 2 Nummer 1a, des Absatzes 3 Nummer 2 und des Absatzes 4 geahndet werden.

§ 34
Straftaten

(1) Mit Freiheitsstrafe bis zu fünf Jahren oder mit Geldstrafe wird bestraft, wer ohne Genehmigung

1. in Teil I Abschnitt A oder
2. in Teil I Abschnitt C Kategorie 0, Kategorie 1 Nummer 1C350, 1C351, 1C352, 1C353, 1C354, Kategorie 2 Nummer 2B350, 2B351 oder 2B352

der Ausfuhrliste (Anlage AL zur Außenwirtschaftsverordnung) genannte Güter ausführt oder verbringt. Ebenso wird bestraft, wer ohne Genehmigung in Satz 1 Nummer 2 genannte Güter aus einem anderen Mitgliedstaat der Europäischen Union versendet, wenn der Ausführer im Wirtschaftsgebiet niedergelassen ist.

(2) Mit Freiheitsstrafe bis zu fünf Jahren oder mit Geldstrafe wird bestraft, wer eine in § 33 Absatz 1 oder 4 bezeichnete vorsätzliche Handlung begeht, die geeignet ist,

1. die äußere Sicherheit der Bundesrepublik Deutschland,
2. das friedliche Zusammenleben der Völker oder
3. die auswärtigen Beziehungen der Bundesrepublik Deutschland erheblich

zu gefährden, wenn die Tat nicht in Absatz 1 oder 4 mit Strafe bedroht ist.

(3) Ebenso wird bestraft, wer in den Fällen des Absatzes 1 oder 2 die Ausfuhr oder die Verbringung dadurch fördert, dass er die Güter zur Verfügung stellt.

(4) Mit Freiheitsstrafe von sechs Monaten bis zu fünf Jahren wird bestraft, wer

1. einer Rechtsverordnung nach § 2 Absatz 1 in Verbindung mit § 5 oder § 7 Absatz 1 oder 3 Satz 1 zuwiderhandelt, die der Durchführung
   a) einer vom Sicherheitsrat der Vereinten Nationen nach Kapitel VII der Charta der Vereinten Nationen oder
   b) einer vom Rat der Europäischen Union im Bereich der Gemeinsamen Außen- und Sicherheitspolitik

   beschlossenen wirtschaftlichen Sanktionsmaßnahme dient, soweit die Rechtsverordnung für einen bestimmten Tatbestand auf diese Strafvorschrift verweist und die Tat nicht in Absatz 6 Nummer 3 mit Strafe bedroht ist.
2. einem im Bundesanzeiger veröffentlichten, unmittelbar geltenden Ausfuhr-, Einfuhr-, Durchfuhr-, Verbringungs-, Verkaufs-, Liefer-, Bereitstellungs-, Weitergabe-, Dienstleistungs-, Investitions-, Unterstützungs- oder Umgehungsverbot eines Rechtsaktes der Europäischen Gemeinschaften zuwiderhandelt, der der Durchführung einer vom Rat der Europäischen Union im -Bereich der Gemeinsamen Außen- und Sicherheitspolitik beschlossenen wirtschaftlichen Sanktionsmaßnahme dient.
3. einer im Bundesanzeiger veröffentlichten unmittelbar geltenden Vorschrift eines Rechtsaktes der Europäischen Gemeinschaften zuwiderhandelt, die eine Genehmigungspflicht für eine Ausfuhr, Einfuhr, Durchfuhr, Verbringung, einen Verkauf, eine Lieferung, Bereitstellung, Weitergabe, Dienstleistung, Investition oder Unterstützung vorschreibt und die der Durchführung einer vom Rat der Europäischen Union im Bereich der Gemeinsamen Außen- und Sicherheitspolitik beschlossenen wirtschaftlichen Sanktionsmaßnahme dient

(5) In den Fällen der Absätze 1, 2 und 4 ist der Versuch strafbar.

(6) Mit Freiheitsstrafe nicht unter zwei Jahren wird bestraft, wer

1. durch eine in Absatz 1 oder 2 bezeichnete Handlung
   a) die Gefahr eines schweren Nachteils für die äußere Sicherheit der Bundesrepublik Deutschland herbeiführt,
   b) das friedliche Zusammenleben der Völker stört oder
   c) die auswärtigen Beziehungen der Bundesrepublik Deutschland erheblich stört,
2. eine in Absatz 1, 2 oder 4 bezeichnete Handlung gewerbsmäßig oder als Mitglied einer Bande, die sich zur fortgesetzten Begehung solcher Straftaten verbunden hat, unter Mitwirkung eines anderen Bandenmitglieds begeht,
3. eine in Absatz 1 Satz 1 Nummer 1 bezeichnete Handlung begeht und dadurch einem im Bundesanzeiger veröffentlichten Ausfuhrverbot der dort genannten Güter zuwiderhandelt, das in
   a) einer Resolution des Sicherheitsrates der Vereinten Nationen nach Kapitel VII der Charta der Vereinten Nationen oder
   b) einem Rechtsakt der Europäischen Union im Bereich der Gemeinsamen Außen- und Sicherheitspolitik

   enthalten ist oder
4. eine in Absatz 4 bezeichnete Handlung begeht, die geeignet ist,
   a) die äußere Sicherheit der Bundesrepublik Deutschland,
   b) das friedliche Zusammenleben der Völker oder
   c) die auswärtigen Beziehungen der Bundesrepublik Deutschland erheblich

zu gefährden.

(7) Handelt der Täter in den Fällen der Absätze 1, 2 oder 4 fahrlässig, so ist die Strafe Freiheitsstrafe bis zu drei Jahren oder Geldstrafe.

(8) Ohne Genehmigung im Sinne des Absatzes 1 handelt auch, wer auf Grund einer durch Drohung, Bestechung oder durch Zusammenwirken eines Amtsträgers mit dem Antragsteller zur vorsätzlichen Umgehung der Genehmigungsvoraussetzung erwirkten oder durch unrichtige oder unvollständige Angaben erschlichenen Genehmigung handelt. Satz 1 gilt in den Fällen der Absätze 2 und 4 entsprechend.

§ 35
Auslandstaten Deutscher

§ 34 gilt, unabhängig vom Recht des Tatorts, auch im Ausland, wenn der Täter Deutscher ist.

§ 36
Einziehung und Erweiterter Verfall

(1) Ist eine Ordnungswidrigkeit nach § 33 oder eine Straftat nach § 34 begangen worden, so können

1. Gegenstände, auf die sich die Ordnungswidrigkeit oder die Straftat bezieht, und

2. Gegenstände, die zu ihrer Begehung oder Vorbereitung gebraucht worden oder bestimmt gewesen sind, eingezogen werden.

(2) § 74a des Strafgesetzbuches und § 23 des Gesetzes über Ordnungswidrigkeiten sind anzuwenden.

(3) In den Fällen des § 34 Absatz 1 bis 6, jeweils auch in Verbindung mit § 35, ist § 73d des Strafgesetzbuches anzuwenden, wenn der Täter gewerbsmäßig oder als Mitglied einer Bande handelt, die sich zur fortgesetzten Begehung solcher Straftaten verbunden hat

§ 37
Befugnisse der Zollbehörden

(1) Die Staatsanwaltschaft kann bei Straftaten und Ordnungswidrigkeiten nach den §§ 33 und 34 dieses Gesetzes oder nach § 19 Absatz 1 bis 3, § 20 Absatz 1 und 2, § 20a Absatz 1 bis 3 jeweils auch in Verbindung mit § 21, oder § 22a Absatz 1 Nummer 4, 5 und 7 des Gesetzes über die Kontrolle von Kriegswaffen Ermittlungen (§ 161 Satz 1 der Strafprozessordnung) auch durch die Hauptzollämter oder die Zollfahndungsämter vornehmen lassen, die Verwaltungsbehörde auch durch ein anderes Hauptzollamt oder die Zollfahndungsämter.

(2) Die Hauptzollämter und die Zollfahndungsämter sowie deren Beamte haben auch ohne Ersuchen der Staatsanwaltschaft oder der Verwaltungsbehörde Straftaten und Ordnungswidrigkeiten der in Absatz 1 bezeichneten Art zu erforschen und zu verfolgen, wenn diese das Verbringen von Sachen betreffen. Dasselbe gilt, soweit Gefahr im Verzug ist. § 163 der Strafprozessordnung und § 53 des Gesetzes über Ordnungswidrigkeiten bleiben unberührt.

(3) In den Fällen der Absätze 1 und 2 haben die Beamten der Hauptzollämter und der Zollfahndungsämter die Rechte und Pflichten der Polizeibeamten nach den Bestimmungen der Strafprozessordnung und des Gesetzes über Ordnungswidrigkeiten. Sie sind insoweit Ermittlungspersonen der Staatsanwaltschaft.

(4) In diesen Fällen können die Hauptzollämter und Zollfahndungsämter sowie deren Beamte im Bußgeldverfahren Beschlagnahmen, Durchsuchungen, Untersuchungen und sonstige Maßnahmen nach den für Ermittlungspersonen der Staatsanwaltschaft geltenden Vorschriften der Strafprozessordnung vornehmen; unter den Voraussetzungen des § 111 Absatz 2 Satz 2 der Strafprozessordnung können auch die Hauptzollämter die Notveräußerung anordnen.

§ 38
Straf- und Bußgeldverfahren

(1) Soweit für Straftaten nach § 34 das Amtsgericht sachlich zuständig ist, ist örtlich zuständig das Amtsgericht, in dessen Bezirk das Landgericht seinen Sitz hat. Die Landesregierung kann durch Rechtsverordnung die örtliche Zuständigkeit des Amtsgerichts abweichend regeln, soweit dies mit Rücksicht auf die Wirtschafts- oder Verkehrsverhältnisse, den Aufbau der Verwaltung oder andere örtliche Bedürfnisse zweckmäßig erscheint. Die Landesregierung kann diese Ermächtigung auf die Landesjustizverwaltung übertragen.

(2) Im Strafverfahren gelten die §§ 49, 63 Absatz 2, 3 Satz 1 und § 76 Absatz 1, 4 des Gesetzes über Ordnungswidrigkeiten über die Beteiligung der Verwaltungsbehörde im Verfahren der Staatsanwaltschaft und im gerichtlichen Verfahren entsprechend.

(3) Verwaltungsbehörde im Sinne dieses Gesetzes und des § 36 Absatz 1 Nummer 1 des Gesetzes über Ordnungswidrigkeiten ist das Hauptzollamt. Das Bundesministerium der Finanzen kann durch Rechtsverordnung, die nicht der Zustimmung des Bundesrates bedarf, die örtliche Zuständigkeit des Hauptzollamts als Verwaltungsbehörde gemäß Satz 1 abweichend regeln, soweit dies mit Rücksicht auf die Wirtschafts- oder Verkehrsverhältnisse, den Aufbau der Verwaltung oder andere örtliche Bedürfnisse zweckmäßig erscheint.

(4) aufgehoben

(5) Die Verwaltungsbehörde gibt vor Abschluss eines auf diesem Gesetz beruhenden Verfahrens der zuständigen obersten Landesbehörde für Wirtschaft oder der von ihr bestimmten Behörde Gelegenheit zur Stellungnahme.

§§ 39 bis 43
(weggefallen)

§ 44
Allgemeine Auskunftspflicht

(1) Das Hauptzollamt, die Deutsche Bundesbank, das Bundesamt für Wirtschaft und Ausfuhrkontrolle (BAFA) und die Bundesanstalt für Landwirtschaft und Ernährung können Auskünfte verlangen, soweit dies erforderlich ist, um die Einhaltung dieses Gesetzes und der zu diesem Gesetz erlassenen Rechtsverordnungen und Anordnungen sowie von Rechtsakten des Rates oder der Kommission der Europäischen Gemeinschaften im Bereich des Außenwirtschaftsrechts zu überwachen. Zu diesem Zweck können sie verlangen, dass ihnen die geschäftlichen Unterlagen vorgelegt werden. Das Hauptzollamt und die Deutsche Bundesbank können zu dem genannten Zweck auch Prüfungen bei den Auskunftspflichtigen vornehmen; das Bundesamt für Wirtschaft und Ausfuhrkontrolle (BAFA) und die Bundesanstalt für Landwirtschaft und Ernährung können zu den Prüfungen Beauftragte entsenden. Zur Vornahme der Prüfungen können die Bediensteten der in Satz 3 genannten Stellen und deren Beauftragte die Geschäftsräume der Auskunftspflichtigen betreten; das Grundrecht des Artikels 13 des Grundgesetzes wird insoweit eingeschränkt.

(2) Sind die Unterlagen nach Absatz 1 unter Einsatz eines Datenverarbeitungssystems erstellt worden, können die Verwaltungsbehörde und die Deutsche Bundesbank im Rahmen einer Prüfung Einsicht in die gespeicherten Daten nehmen und das Datenverarbeitungssystem zur Prüfung dieser Unterlagen nutzen. Sie können im Rahmen einer Prüfung auch verlangen, dass die Daten nach ihren Vorgaben automatisiert ausgewertet oder ihnen die gespeicherten Unterlagen auf einem maschinell verwertbaren Datenträger zur Verfügung gestellt werden. Dazu ist sicherzustellen, dass die gespeicherten Daten während der Dauer der gesetzlichen Aufbewahrungsfristen verfügbar sind, unverzüglich lesbar gemacht und unverzüglich automatisiert ausgewertet werden können. Die Auskunftspflichtigen haben die Verwaltungsbehörde und die Deutsche Bundesbank bei der Ausübung der Befugnisse nach den Sätzen 1 und 2 zu unterstützen und die Kosten zu tragen.

(3) Auskunftspflichtig ist, wer unmittelbar oder mittelbar am Außenwirtschaftsverkehr teilnimmt.

(4) Der zur Erteilung einer Auskunft Verpflichtete kann die Auskunft auf solche Fragen verweigern, deren Beantwortung ihn selbst oder einen der in § 383 Absatz 1 Nummer 1 bis 3 der Zivilprozessordnung bezeichneten Angehörigen der Gefahr strafgerichtlicher Verfolgung oder eines Verfahrens nach dem Gesetz über Ordnungswidrigkeiten aussetzen würde.

§ 45
Übermittlung von Informationen durch das Bundesamt für Wirtschaft und Ausfuhrkontrolle (BAFA)

(1) Das Bundesamt für Wirtschaft und Ausfuhrkontrolle (BAFA) kann die Informationen, die ihm bei der Erfüllung seiner Aufgaben nach diesem Gesetz, nach dem Gesetz über die Kontrolle von Kriegswaffen oder nach Rechtsakten des Rates oder der Kommission der Europäischen Gemeinschaften im Bereich des Außenwirtschaftsrechts bekannt geworden sind, und die Meldungen auf Grund einer Rechtsverordnung nach § 26a an andere Behörden übermitteln, soweit dies zur Verfolgung der in § 5 oder § 7 Absatz 1 dieses Gesetzes angegebenen Zwecke oder zur Verhütung oder zur Verfolgung von Straftaten erforderlich ist. Darüber hinaus kann das Bundesamt für Wirtschaft und Ausfuhrkontrolle (BAFA) diese Informationen und Meldungen an den Bundesnachrichtendienst übermitteln, wenn die Voraussetzungen des § 8 Absatz 1 oder 3 des BND-Gesetzes erfüllt sind. Das Bundesamt für Wirtschaft und Ausfuhrkontrolle (BAFA) kann die ihm bei der Erfüllung seiner Aufgaben nach diesem Gesetz bekannt gewordenen Informationen an die anderen zur Überwachung des Außenwirtschaftsverkehrs zuständigen Behörden übermitteln, soweit dies zur Verfolgung der in den §§ 6, 8 bis 17 und 21 angegebenen Zwecke sowie in Fällen des § 5 ohne außen- oder sicherheitspolitische Bedeutung erforderlich ist. Die Empfänger dürfen die übermittelten Informationen nur zu dem Zwecke verwenden, zu dem sie übermittelt worden sind.

(2) Das Zollkriminalamt ist berechtigt, Daten nach Absatz 1 in einem automatisierten Verfahren abzurufen, wenn es im Einzelfall zur Überwachung des Außenwirtschaftsverkehrs erforderlich ist.

(3) Das Zollkriminalamt und das Bundesamt für Wirtschaft und Ausfuhrkontrolle (BAFA) legen bei der Einrichtung des Abrufverfahrens die Art der zu übermittelnden Daten und die nach § 6 des Bundesdatenschutzgesetzes erforderlichen technischen und organisatorischen Maßnahmen schriftlich fest.

(4) Die Einrichtung des Abrufverfahrens bedarf der Zustimmung des Bundesministeriums der Finanzen und des Bundesministeriums für Wirtschaft und Technologie. Über die Einrichtung des Abrufverfahrens ist der Bundesbeauftragte für den Datenschutz unter Mitteilung der Festlegungen nach Absatz 3 zu unterrichten.

(5) Die Verantwortung für die Zulässigkeit des einzelnen Abrufs trägt das Zollkriminalamt. Abrufe im automatisierten Verfahren dürfen nur von Bediensteten vorgenommen werden, die von der Leitung des Zollkriminalamtes hierzu besonders ermächtigt sind. Das Bundesamt für Wirtschaft und Ausfuhrkontrolle (BAFA) prüft die Zulässigkeit der Abrufe nur, wenn dazu Anlass besteht. Es hat zu gewährleisten, dass die Übermittlung der Daten zumindest durch geeignete Stichprobenverfahren festgestellt und überprüft werden kann.

§ 45a
(weggefallen)

§ 45b
Übermittlung personenbezogener Daten aus Strafverfahren

In Strafverfahren wegen Verstoßes gegen dieses Gesetz oder das Gesetz über die Kontrolle von Kriegswaffen dürfen Gerichte und Staatsanwaltschaften obersten Bundesbehörden personenbezogene Daten übermitteln, wenn dies zur Verfolgung der in den §§ 5 und 7 Absatz 1 angegebenen Zwecke erforderlich ist. Die nach Satz 1 erlangten Daten dürfen nur zu den dort genannten Zwecken verwendet werden. Der Empfänger darf die Daten an eine nicht in Satz 1 genannte öffentliche Stelle jedoch nur weiter übermitteln, wenn das Interesse an der Verwendung der übermittelten Daten das Interesse des Betroffenen an der Geheimhaltung erheblich überwiegt und der Untersuchungszweck des Strafverfahrens nicht gefährdet werden kann.

§ 46
Überwachung des Fracht-, Post- und Reiseverkehrs

(1) Sachen, die ausgeführt, eingeführt oder durchgeführt werden, sind auf Verlangen darzulegen. Sie können einer Beschau und einer Untersuchung unterworfen werden. Beförderungsmittel, Gepäckstücke und sonstige Behältnisse können darauf geprüft werden, ob sie Sachen enthalten, deren Ausfuhr, Einfuhr oder Durchfuhr beschränkt ist.

(2) Wer nach einem fremden Wirtschaftsgebiet ausreist oder aus einem fremden Wirtschaftsgebiet einreist, hat auf Verlangen zu erklären, ob er Sachen mit sich führt, deren Verbringen nach diesem Gesetz oder nach den zu diesem Gesetz erlassenen Rechtsverordnungen beschränkt ist.

(3) Wer Sachen nach einem fremden Wirtschaftsgebiet ausführen will, hat die Sendung den zuständigen Zollstellen zur Ausfuhrabfertigung zu gestellen. Das Nähere wird durch Rechtsverordnung nach § 26 bestimmt. Zur Erleichterung des Post-, Fracht- und Reiseverkehrs können durch Rechtsverordnung Ausnahmen zugelassen werden, soweit hierdurch der Überwachungszweck nicht gefährdet wird.

(4) Die Zollbehörden überwachen die Einhaltung der Vorschriften dieses Gesetzes und der zu diesem Gesetz erlassenen Rechtsverordnungen über die Ausfuhr, Einfuhr und Durchfuhr sowie der Rechtsakte des Rates oder der Kommission der Europäischen Gemeinschaften im Bereich des Außenwirtschaftsrechts. Das Bundesministerium des Innern bestimmt die Behörden der Bundespolizei, die für die Überwachung der Ausfuhr von Waffen und Sprengstoff zuständig sind; Satz 1 bleibt unberührt.

§ 46a
Kosten

(1) Die Zollbehörden können

1. für die Abfertigung außerhalb des Amtsplatzes oder außerhalb der Öffnungszeiten,
2. für die Ausstellung und Nachprüfung von Bescheinigungen oder
3. für die Untersuchung von Waren

bei der Durchführung der Vorschriften dieses Gesetzes oder der zu diesem Gesetz erlassenen Rechtsverordnungen über die Ausfuhr, Einfuhr oder Durchfuhr sowie der Rechtsakte des Rates oder der Kommission der Europäischen Gemeinschaften im Bereich des Außenwirtschaftsrechts Kosten (Gebühren und Auslagen) erheben.

(2) Im Fall des Absatzes 1 Nummer 1 gelten für die Bemessung der Kosten und das Verfahren bei ihrer Erhebung die Vorschriften über Kosten, die auf Grund des § 178 der Abgabenordnung erhoben werden. In den Fällen des Absatzes 1 Nummer 2 und 3 wird das Bundesministerium für Wirtschaft und Technologie ermächtigt, im Einvernehmen mit dem Bundesministerium der Finanzen durch Rechtsverordnung, die der Zustimmung des Bundesrates nicht bedarf, für die dort genannten Tätigkeiten die gebührenpflichtigen Tatbestände und die Höhe der Gebühren festzulegen.

Vierter Teil
Schlussvorschriften

§ 47
Aufhebung von Vorschriften

(1) Auf den Außenwirtschaftsverkehr sind nicht mehr anzuwenden

1. das Gesetz Nr. 53 (Neufassung), Devisenbewirtschaftung und Kontrolle des Güterverkehrs, erlassen von der amerikanischen Militärregierung; das Gesetz Nr. 53 (Neufassung), Devisenbewirtschaftung und Kontrolle des Güterverkehrs, erlassen von der britischen Militärregierung; die Verordnung Nr. 235 (Neufassung), Devisenbewirtschaftung und Kontrolle des Güterverkehrs, erlassen vom Hohen Kommissar der Französischen Republik in Deutschland;
2. die zu den in Nummer 1 genannten Vorschriften erlassenen Durchführungsverordnungen, Allgemeinen Genehmigungen und sonstigen Vorschriften;
3. das Gesetz der Alliierten Hohen Kommission Nr. 33, Devisenbewirtschaftung;
4. Artikel I Absatz 1 Unterabsatz f des Gesetzes Nr. 52 des Obersten Befehlshabers – Sperre und Kontrolle von Vermögen;
5. Ziffer 15c des Gesetzes über die Errichtung der Bank deutscher Länder;
6. § 20 des Wirtschaftsstrafgesetzes vom 9. Juli 1954 (Bundesgesetzbl. I S. 175);

(2) (Aufhebung anderer Vorschriften)

§ 48

(Aufhebung und Änderung anderer Vorschriften)

§ 49
(weggefallen)

§ 50
Überleitungsvorschrift

(1) Rechtsgeschäfte, die nach den gemäß § 47 Absatz 1 nicht mehr anzuwendenden Vorschriften der Genehmigung bedurft hätten und über deren Genehmigung nicht entschieden worden ist, sind mit dem Inkrafttreten dieses Gesetzes vom Zeitpunkt ihrer Vornahme an wirksam, wenn sie mit dem Inkrafttreten dieses Gesetzes ohne Genehmigung vorgenommen werden dürfen. § 31 Satz 3 findet entsprechende Anwendung.

(2) Ist in anderen Vorschriften auf die in § 47 Absatz 1 Nummer 1 genannten Vorschriften verwiesen, so tritt an deren Stelle dieses Gesetz, soweit der Anwendungsbereich dieses Gesetzes reicht.

§ 51
(weggefallen)

§ 52
(Inkrafttreten)

2. Verordnung zur Durchführung des Außenwirtschaftsgesetzes (Außenwirtschaftsverordnung – AWV) vom 18. Dezember 1986 in der Fassung der Bekanntmachung vom 22. November 1993 (BGBl. I S. 1936, zuletzt geändert durch die 88. Verordnung zur Änderung der Außenwirtschaftsverordnung vom 8. Dezember 2009, BAnz. 2009, S. 4177)

Inhaltsübersicht

Kapitel I
Allgemeine Vorschriften

§ 1
Antrag

(1) Anträge auf Erteilung einer Genehmigung können, wenn im Folgenden nichts anderes bestimmt ist, von jedem gestellt werden, der das genehmigungsbedürftige Rechtsgeschäft oder die genehmigungsbedürftige Handlung vornimmt. Antragsberechtigt ist auch derjenige, der einen Anspruch aus dem Rechtsgeschäft herleitet oder einen Anspruch auf Vornahme der Handlung geltend macht.

(2) Genehmigungen in der Form der Allgemeinverfügung (§ 35 Satz 2 Verwaltungsverfahrensgesetz) werden von Amts wegen erteilt.

§ 1a
Verfahren über eine einheitliche Stelle

Verfahren nach den §§ 41, 41a, 45c und 45d können über eine einheitliche Stelle nach den Vorschriften des Verwaltungsverfahrensgesetzes abgewickelt werden.

§ 2
Sammelgenehmigungen

Dem Antragsteller kann eine befristete Genehmigung für eine unbestimmte Anzahl gleichartiger Rechtsgeschäfte oder Handlungen (Sammelgenehmigung) erteilt werden, wenn dies wegen der beabsichtigten Wiederholung der Rechtsgeschäfte oder Handlungen zweckmäßig erscheint.

§ 3
Rückgabe von Genehmigungsbescheiden

(1) Ein Genehmigungsbescheid ist der Genehmigungsstelle unverzüglich zurückzugeben, wenn

1. die erteilte Genehmigung ungültig wird, bevor sie ausgenutzt wurde,

2. der Begünstigte die Absicht aufgibt, die Genehmigung auszunutzen, oder
3. der Bescheid, der nach Verlust durch eine Zweitausfertigung ersetzt worden war, wieder aufgefunden wird.

(2) Die Rückgabepflicht auf Grund von Verordnungen der Europäischen Gemeinschaft bleibt unberührt.

§ 3 a
Aufbewahrung von Genehmigungsbescheiden

Genehmigungsbescheide sind, soweit sie nicht zurückgegeben werden müssen, für die Dauer von fünf Jahren nach Ablauf der Gültigkeit aufzubewahren.

Ein vollständig ausgenutzter Genehmigungsbescheid kann auch auf Daten-träger aufbewahrt werden.

§ 4
Warenwert, Wertgrenzen

(1) Wert einer Ware oder eines Gutes ist das dem Empfänger in Rechnung gestellte Entgelt, in Ermangelung eines Empfängers oder eines feststellbaren Entgelts der statistische Wert im Sinne der Vorschriften über die Statistik des grenzüberschreitenden Warenverkehrs.

(2) Stellt sich ein Rechtsgeschäft oder eine Handlung als Teil eines einheitlichen wirtschaftlichen Gesamtvorganges dar, so ist bei Anwendung der Wertgrenzen dieser Verordnung der Wert des Gesamtvorganges zugrunde zu legen.

§ 4a[1]
Beschränkung nach § 7 Abs. 1 Nr. 3 AWG

Die Abgabe einer Erklärung im Außenwirtschaftsverkehr, durch die sich ein Gebietsansässiger an einem Boykott gegen einen anderen Staat beteiligt (Boykott-Erklärung), ist verboten.

§ 4b
(aufgehoben)

§ 4c
Begriffsbestimmungen

Im Sinne dieser Verordnung sind

1. Ausführer:

   jede natürliche oder juristische Person oder Personenhandelsgesellschaft, die zum Zeitpunkt der Ausfuhr Vertragspartner des Empfängers in einem Drittland ist und über die Versendung der Güter aus dem Wirtschaftsgebiet in ein Drittland bestimmt. Wenn kein Ausfuhrvertrag geschlossen wurde oder wenn der Vertragspartner nicht für sich selbst handelt, ist ausschlaggebend, wer die Versendung der Güter aus dem

1 Diese Vorschrift ist nach der Verordnung zur Änderung der 24. Verordnung zur Änderung der Außenwirtschaftsverordnung zum 1. Mai 1993 in Kraft getreten. Es gibt eine Übergangsvorschrift in Art. 2 der 24. Verordnung zur Änderung der Außenwirtschaftsverordnung: Artikel 2Auf Erklärungen zur Abwicklung von Verträgen, die vor dem Inkrafttreten dieser Verordnung -geschlossen worden sind, ist diese Verordnung nicht anzuwenden. Satz 1 gilt entsprechend für bindende Angebote zum Abschluß eines Vertrages, die durch Bürgschaften, Garantien oder in vergleichbarer Weise gesichert sind.

Wirtschaftsgebiet in ein Drittland tatsächlich bestimmt. Als Ausführer gilt auch jede natürliche oder juristische Person oder Personenhandelsgesellschaft, die entscheidet, Datenverarbeitungsprogramme oder Technologie durch Daten- oder Nachrichtenübertragungstechnik aus dem Wirtschaftsgebiet in ein Drittland zu übertragen oder bereit zu stellen. Stehen nach dem Ausfuhrvertrag die Verfügungsrechte über die Güter einer außerhalb des Wirtschaftsgebietes ansässigen Person zu, so gilt als Ausführer die im Wirtschaftsgebiet ansässige Vertragspartei;

2. Verbringer:
jede natürliche oder juristische Person oder Personenhandelsgesellschaft, die zum Zeitpunkt der Verbringung Vertragspartner des Empfängers in einem anderen Mitgliedstaat der Europäischen Union ist und über die Versendung der Güter aus dem Wirtschaftsgebiet in einen anderen Mitgliedstaat der Europäischen Union bestimmt. Wenn kein Verbringungsvertrag geschlossen wurde oder wenn der Vertragspartner nicht für sich selbst handelt, ist ausschlaggebend, wer die Versendung der Güter aus dem Wirtschaftsgebiet in einen anderen Mitgliedstaat der Europäischen Union tatsächlich bestimmt. Als Verbringer gilt auch jede natürliche oder juristische Person oder Personenhandelsgesellschaft, die entscheidet, Datenverarbeitungsprogramme oder Technologie durch Daten- oder Nachrichtenübertragungstechnik aus dem Wirtschaftsgebiet in einen anderen Mitgliedstaat der Europäischen Union zu übertragen oder bereit zu stellen. Stehen nach dem Verbringungsvertrag die Verfügungsrechte über die Güter einer außerhalb des Wirtschaftsgebietes ansässigen Person zu, so gilt als Verbringer die im Wirtschaftsgebiet ansässige Vertragspartei;

3. Ausfuhrsendung:
die Warenmenge, die ein Ausführer gleichzeitig über dieselbe Ausgangszollstelle für dasselbe Käuferland nach demselben Bestimmungsland ausführt;

4. Käuferland:
das Land, in dem der Gebietsfremde ansässig ist, der von dem Gebietsansässigen die Güter erwirbt. Im Übrigen gilt als Käuferland das Bestimmungsland;

5. Bestimmungsland:
das Land, in dem die Güter gebraucht oder verbraucht, bearbeitet oder verarbeitet werden sollen; ist dieses Land nicht bekannt, so gilt als Bestimmungsland das letzte bekannte Land, in das die Güter verbracht werden sollen;

6. Handels- und Vermittlungsgeschäft:
das Vermitteln eines Vertrages über den Erwerb oder das Überlassen von Gütern oder der Nachweis einer Gelegenheit zum Abschluss eines solchen Vertrages oder der Abschluss eines Vertrages über das Überlassen von Gütern; für die Zwecke dieser Verordnung ist die ausschließliche Erbringung von Hilfsleistungen nicht erfasst. Als Hilfsleistungen gelten Beförderung, Finanzdienstleistungen, Versicherung oder Rückversicherung oder allgemeine Werbung oder Verkaufsförderung;

7. technische Unterstützung:
jede technische Unterstützung in Verbindung mit der Reparatur, der Entwicklung, der Herstellung, der Montage, der Erprobung, der Wartung oder jeder anderen technischen Dienstleistung; die technische Unterstützung kann in Form von Unterweisung, Ausbildung, Weitergabe von praktischen Kenntnissen oder Fähigkeiten oder in Form von Beratungsleistungen erfolgen. Sie erfasst auch mündliche, fernmündliche und elektronische Formen der Unterstützung;

8. Transithandelsgeschäft:
Geschäft, bei dem außerhalb des Wirtschaftsgebietes befindliche Güter oder in das Wirtschaftsgebiet verbrachte, jedoch einfuhrrechtlich noch nicht abgefertigte Güter durch Gebietsansässige von Gebietsfremden erworben und an Gebietsfremde veräußert werden; ihm stehen Rechtsgeschäfte gleich, bei denen diese Güter vor der Veräußerung an Gebietsfremde an andere Gebietsansässige veräußert werden.

Kapitel II
Warenausfuhr

1. Titel
Beschränkungen

1. Untertitel
Genehmigungsbedürftige Ausfuhr in Gebiete außerhalb des Gemeinschaftsgebietes und Ausfuhrverbote

§ 5
Beschränkung nach § 7 Abs. 1 AWG

(1) Die Ausfuhr der in Teil I Abschnitt A der Ausfuhrliste (Anlage AL) -genannten Güter bedarf der Genehmigung.

(2) Die Ausfuhr der in Teil I Abschnitt C in den Kennungen 901 bis 999 der Ausfuhrliste (Anlage AL) genannten Güter bedarf der Genehmigung.

(3) Das Genehmigungserfordernis nach Absatz 2 gilt nicht, wenn nach dem der Ausfuhr zugrundeliegenden Vertrag derartige Güter im Werte von nicht mehr als 2500 Euro geliefert werden sollen. Satz 1 gilt nicht für Güter des Teils I Abschnitt C Nummer 5A901 der Ausfuhrliste. Satz 1 gilt ebenfalls nicht für Technologieunterlagen und Datenverarbeitungsprogramme.

§ 5a
(weggefallen)

§ 5b
(weggefallen)

§ 5c
Beschränkung nach § 7 Abs. 1 AWG

(1) Die Ausfuhr von Gütern, die nicht in der Ausfuhrliste (Anlage AL) genannt sind, bedarf der Genehmigung, wenn der Ausführer vom Bundesamt für Wirtschaft und Ausfuhrkontrolle (BAFA) unterrichtet worden ist, dass diese Güter ganz oder teilweise für eine militärische Endverwendung bestimmt sind oder bestimmt sein können und das Käufer- oder Bestimmungsland ein Land der Länderliste K ist. Als militärische Endverwendung gilt

1. der Einbau in Güter, die in Teil I Abschnitt A der Ausfuhrliste (AL) genannt sind,
2. die Verwendung von Herstellungs-, Test- oder Analyseausrüstung sowie Bestandteilen hierfür für die Entwicklung, die Herstellung oder die Wartung von Gütern, die in Teil I Abschnitt A der Ausfuhrliste (AL) genannt sind, oder

3. die Verwendung von unfertigen Erzeugnissen in einer Anlage für die Herstellung von Gütern, die in Teil I Abschnitt A der Ausfuhrliste (Anlage AL) genannt sind.

(2) Ist einem Ausführer bekannt, dass Güter, die er ausführen möchte und die nicht in der Ausfuhrliste (Anlage AL) genannt sind, für eine militärische Endverwendung im Sinne des Absatzes 1 bestimmt sind und das Käufer- oder Bestimmungsland ein Land der Länderliste K ist, so hat er das Bundesamt für Wirtschaft und Ausfuhrkontrolle (BAFA) zu unterrichten; -dieses entscheidet, ob die Ausfuhr genehmigungspflichtig ist. Die Güter dürfen erst ausgeführt werden, wenn das Bundesamt für Wirtschaft und Ausfuhrkontrolle (BAFA) die Ausfuhr genehmigt oder entschieden hat, dass es einer Genehmigung nicht bedarf.

(3) Die Absätze 1 und 2 gelten nicht im Regelungsbereich des Artikels 4 der Verordnung (EG) Nr. 428/2009 des Rates vom 5. Mai 2009 über eine Gemeinschaftsregelung für die Kontrolle der Ausfuhr, der Verbringung, der Vermittlung und der Durchfuhr von Gütern mit doppeltem Verwendungszweck (ABl. L 134 vom 29.5.2009, S. 1)in der jeweils geltenden Fassung.

(4) Die Absätze 1 und 2 gelten nicht, wenn nach dem der Ausfuhr zugrunde liegenden Vertrag derartige Güter im Werte von nicht mehr als 2500 Euro geliefert werden sollen. Satz 1 gilt nicht für Datenverarbeitungsprogramme und Technologie.

§ 5d
Beschränkung nach § 7 Abs. 1 AWG

(1) Die Ausfuhr von Gütern, die nicht in der Ausfuhrliste (Anlage AL) genannt sind, bedarf der Genehmigung, wenn der Ausführer vom Bundesamt für Wirtschaft und Ausfuhrkontrolle (BAFA) unterrichtet worden ist, dass diese Güter ganz oder teilweise für die Errichtung, den Betrieb oder zum Einbau in eine Anlage für kerntechnische Zwecke im Sinne der Kategorie 0 des Teils I Abschnitt C der Ausfuhrliste (Anlage AL) bestimmt sind oder bestimmt sein können und das Käufer- oder Bestimmungsland Algerien, Indien, Irak, Iran, Israel, Jordanien, Libyen, Nordkorea, Pakistan oder Syrien ist.

(2) Ist einem Ausführer bekannt, dass Güter, die er ausführen möchte und die nicht in der Ausfuhrliste (Anlage AL) genannt sind, für einen in Absatz 1 genannten Zweck bestimmt sind und das Käufer- oder Bestimmungsland Algerien, Indien, Irak, Iran, Israel, Jordanien, Libyen, Nordkorea, Pakistan oder Syrien ist, so hat er das Bundesamt für Wirtschaft und Ausfuhrkontrolle (BAFA) zu unterrichten; dieses entscheidet, ob die Ausfuhr genehmigungspflichtig ist. Die Güter dürfen erst ausgeführt werden, wenn das Bundesamt für Wirtschaft und Ausfuhrkontrolle (BAFA) die Ausfuhr genehmigt oder entschieden hat, dass es einer Genehmigung nicht bedarf.

(3) Die Absätze 1 und 2 gelten nicht im Regelungsbereich des Artikels 4 der Verordnung (EG) Nr. 428/2009.

(4) Die Absätze 1 und 2 gelten nicht, wenn nach dem der Ausfuhr zugrunde liegenden Vertrag derartige Güter im Werte von nicht mehr als 2500 Euro geliefert werden sollen. Satz 1 gilt nicht für Datenverarbeitungsprogramme und Technologie.

§ 5e
(weggefallen)

§ 6
(weggefallen)

§ 6a
Beschränkung nach § 5 AWG

(1) Die Ausfuhr der in Teil II Spalte 3 der Ausfuhrliste (Anlage AL) mit „G" gekennzeichneten Waren bedarf der Genehmigung. Dies gilt nicht, wenn die Waren den im Amtsblatt der Europäischen Gemeinschaften veröffentlichten Vermarktungsnormen bzw. Mindestanforderungen entsprechen, die von den Organen der Europäischen Gemeinschaften auf Grundlage der Artikel 36 und 37 des Vertrages zur Gründung der Europäischen Gemeinschaft in der Verordnung (EG) Nr. 1234/2007des Rates vom 22. Oktober 2007 über eine gemeinsame Organisation der Agrarmärkte und mit Sondervorschriften für bestimmte landwirtschaftliche Erzeugnisse (Verordnung über die einheitliche GMO) (ABl. EU Nr. L 299 S. 1) in der jeweils geltenden Fassung festgelegt worden sind, soweit keine Ausnahmen hinsichtlich der Beachtung der Vermarktungsnormen bzw. Mindestanforderungen vorgesehen sind.

(2) Die Ausfuhr der in Teil II Spalte 3 der Ausfuhrliste mit G 1 gekennzeichneten Waren bedarf der Genehmigung. Dies gilt nicht, wenn die Waren, die auf Grund der Verordnung (EG) Nr. 1234/2007 in der jeweils geltenden Fassung durch Verordnungen der Kommission festgesetzten Mindestpreise nicht unterschreiten oder wenn keine Mindestpreise festgesetzt sind.

2. Untertitel
Genehmigungsbedürftige Verbringung in Mitgliedstaaten der Europäischen Union

§ 7
Beschränkung nach Artikel 22 Abs. 2 der Verordnung (EG) Nr. 428/2009 und nach § 7 Abs. 1 AWG

(1) Die Verbringung der in Teil I Abschnitt A der Ausfuhrliste (AL) genannten Güter bedarf der Genehmigung. Dies gilt nicht für

1. Feuerwaffen im Sinne von § 1 Abs. 4 des Waffengesetzes in Verbindung mit Anlage 1 Abschnitt 1 Unterabschnitt 1 Nr. 2 und Abschnitt 3 zum Waffengesetz, soweit das Waffengesetz und die auf Grund des Waffengesetzes erlassenen waffenrechtlichen Verordnungen für diese gelten, einschließlich unwesentlicher Teile und Zubehör;
2. Munition im Sinne von § 1 Abs. 4 des Waffengesetzes in Verbindung mit Anlage 1 Abschnitt 1 Unterabschnitt 3 Nr. 1 und 2 zum Waffengesetz einschließlich Munitionsteile, soweit sie für Feuerwaffen im Sinne von Nummer 1 bestimmt sind, und
3. Wiederladegeräte, soweit sie für Munition im Sinne von Nummer 2 bestimmt sind.

(2) Die Verbringung von Gütern des Teils I Abschnitt C der Ausfuhrliste (Anlage AL) bedarf der Genehmigung, wenn dem Verbringer bekannt ist, dass das endgültige Bestimmungsziel der Güter außerhalb der Europäischen Union liegt. Satz 1 gilt nicht, wenn die Verbringung bereits nach Artikel 22 Abs. 1 Satz 1 der Verordnung (EG) Nr. 428/2009 einer Genehmigung bedarf.

(3) Die Verbringung von Gütern, die nicht in der Ausfuhrliste (AL) genannt sind, bedarf der Genehmigung, wenn das endgültige Bestimmungsziel der Güter außerhalb der Europäischen Union liegt und der Verbringer vom Bundesamt für Wirtschaft und Ausfuhrkontrolle (BAFA) unterrichtet worden ist, dass diese Güter ganz oder teilweise für eine militärische Endverwendung im Sinne des § 5 c Abs. 1 Satz 2 bestimmt sind oder bestimmt sein können und das Käufer- oder Bestimmungsland ein Land der Länderliste K oder ein Embargoland im Sinne des Artikels 4 Abs. 2 der Verordnung (EG) Nr. 428/2009 ist. Ist -einem Verbringer bekannt, dass Güter im Sinne des Satzes 1, die er verbringen möchte und deren endgültiges Bestimmungsziel außerhalb der Europäischen Union liegt, für eine militärische Endverwendung bestimmt sind und das Käufer- oder Bestimmungsland ein Land der Länderliste K oder ein Embargoland im Sinne des Artikels 4 Abs. 2 der Verordnung (EG) Nr. 428/2009 ist, so hat er das Bundesamt für Wirtschaft und Ausfuhrkontrolle (BAFA) zu unterrichten; dieses entscheidet, ob die Verbringung genehmigungspflichtig ist. Die Güter dürfen erst verbracht werden, wenn das Bundesamt für Wirtschaft und Ausfuhrkontrolle (BAFA) die Verbringung genehmigt oder entschieden hat, dass es einer Genehmigung nicht bedarf.

(4) Die Verbringung von Gütern, die nicht in der Ausfuhrliste (AL) genannt sind, bedarf der Genehmigung, wenn das endgültige Bestimmungsziel der Güter außerhalb der Europäischen Union liegt und der Verbringer vom Bundesamt für Wirtschaft und Ausfuhrkontrolle (BAFA) unterrichtet worden ist, dass diese Güter ganz oder teilweise für die Errichtung, den Betrieb oder zum Einbau in eine Anlage für kerntechnische Zwecke im Sinne des § 5 d Abs. 1 bestimmt sind oder bestimmt sein können und das Käufer- oder Bestimmungsland Algerien, Indien, Irak, Iran, Israel, Jordanien, Libyen, Nordkorea, Pakistan oder Syrien ist. Ist einem Verbringer bekannt, dass Güter im Sinne des Satzes 1, die er verbringen möchte und deren endgültiges Bestimmungsziel außerhalb der Europäischen Union liegt, für einen in Satz 1 genannten Zweck bestimmt sind und das Käufer- oder Bestimmungsland Algerien, Indien, Irak, Iran, Israel, Jordanien, Libyen, Nordkorea, Pakistan oder Syrien ist, so hat er das Bundesamt für Wirtschaft und Ausfuhrkontrolle (BAFA) zu unterrichten; dieses entscheidet, ob die Verbringung genehmigungspflichtig ist. Die Güter dürfen erst verbracht werden, wenn das Bundesamt für Wirtschaft und Ausfuhrkontrolle (BAFA) die Verbringung genehmigt oder entschieden hat, dass es einer Genehmigung nicht bedarf.

(5) Die Beschränkungen nach den Absätzen 2 bis 4 gelten nicht, wenn

1. die Ausfuhr der Güter aus dem Wirtschaftsgebiet nach Artikel 3 oder Artikel 4 der Verordnung (EG) Nr. 428/2009, den §§ 5, 5 c oder 5 d -einer Genehmigung bedarf und für eine derartige Ausfuhr eine Allgemeingenehmigung oder Globalgenehmigung vorliegt oder
2. die Güter in dem Mitgliedstaat, in den sie verbracht werden sollen, einer Verarbeitung oder Bearbeitung im Sinne des Artikels 24 der Verordnung (EWG) Nr. 2913/92 des Rates vom 12. Oktober 1992 zur Festlegung des Zollkodex der Gemeinschaften (ABl. EG Nr. L 302 S. 1) unterzogen werden sollen.

(6) Die Beschränkungen nach den Absätzen 2 bis 4 gelten nicht, wenn nach dem der Verbringung zugrunde liegenden Vertrag Güter der Nummern 2B350, 2B351 und 2B352 im Werte von nicht mehr als 5000 Euro oder sonstige Güter im Werte von nicht mehr als 2500 Euro geliefert werden sollen. Satz 1 gilt nicht für Güter des Teils I Abschnitt C, Num-

mern der Kategorie 0, Nummern 1C350, 1C450 und 5A901 sowie für Datenverarbeitungsprogramme und Technologie.

2. Titel
Verfahrens- und Meldevorschriften nach den §§ 26 und 46 Abs. 3 AWG

§ 8
(weggefallen)

1. Untertitel
Genehmigungsfreie Ausfuhr und Wiederausfuhr aus dem Gemeinschaftsgebiet [1]

§ 9
Gestellung und Anmeldung

(1) Die Ausfuhranmeldung kann elektronisch oder papiergestützt (mit den Exemplaren Nr. 1, 2 und 3 des Einheitspapiers) abgegeben werden und ist gemäß Anleitung (Anlage A 1) auszufüllen. Die Ausfuhranmeldung ist elektronisch abzugeben und muss die Angaben gemäß Anlage A1 enthalten. Die Ausfuhranmeldung ist mit Hilfe des IT-Systems ATLAS oder über die Internetausfuhranmeldung Plus (IAA Plus) nach Maßgabe der Verfahrensanweisung für das IT-System ATLAS abzugeben. Im Fall einer Funktionsstörung des Datenverarbeitungssystems der Zolldienststelle oder des Anmelders hat der Anmelder die Ausfuhranmeldung papiergestützt der zuständigen Zollstelle zu übermitteln.

(2) Die Zollstelle kann auf Antrag die Gestellung an einem anderen Ort im Bezirk der Ausfuhrzollstelle zulassen, wenn die Waren dort verpackt oder verladen werden und die Ausfuhranmeldung so rechtzeitig abgegeben wird, dass die zollamtliche Behandlung der Ausfuhrsendung möglich ist. Wird die Ausfuhrsendung nicht elektronisch angemeldet, ist der Antrag nach Satz 1 auf einem Vordruck, der vom Bundesministerium der Finanzen durch Bekanntmachung im Bundesanzeiger vorgeschrieben wird, abzugeben.

(3) Die nicht gegenständliche Übermittlung bedarf keiner zollamtlichen Behandlung.

(4) (aufgehoben)

(5) (weggefallen)

(6) Für jedes aus einem Seehafen seewärts ausgehende Schiff ist vom Verfrachter oder Frachtführer oder, wenn kein Frachtgeschäft vorliegt, vom Besitzer der Ladung dem zuständigen Hauptzollamt ein Ladungsverzeichnis einzureichen. Das Ladungsverzeichnis muß den Namen des Verfrachters, des Schiffes, des Verladehafens, des Löschhafens, die Anzahl, Art und Kennzeichen der Behältnisse sowie die Benennung und Menge der geladenen Waren in Übereinstimmung mit den Konnossementen oder sonstigen Ladepapieren enthalten. Das Ladungsverzeichnis muß ferner die Erklärung enthalten, dass in ihm

1 Das Zollverfahren für die Ausfuhr und die Wiederausfuhr von Waren aus dem Gemeinschaftsgebiet sind in den Artikeln 161, 182 und 183 der Verordnung (EWG) Nr. 2913/92 des Rates vom 12. Oktober 1992 zur Festlegung des Zollkodex der Gemeinschaften (ABl. EG Nr. L 302 S. 1) und in der Verordnung (EWG) Nr. 2454/93 der Kommission vom 2. Juli 1993 mit Durchführungsvorschriften zu der Verordnung (EWG) Nr. 2913/92 des Rates zur Festlegung des Zollkodex der Gemeinschaften (ABl. EG Nr. L 253 S. 1) geregelt. Die Verordnungen sind unmittelbar geltendes Recht in den Europäischen Gemeinschaften. Die Außenwirtschaftsverordnung enthält ergänzende nationale Vorschriften zum Ausfuhrverfahren und zur Regelung der Wiederausfuhr aus der Europäischen Gemeinschaft.

alle in dem Schiff verladenen Waren verzeichnet sind. Bei unbeladenen Schiffen ist vom Schiffsführer schriftlich vor Abgang des Schiffes zu erklären, dass das Schiff unbeladen ist. Das Ladungsverzeichnis ist dem Hauptzollamt unverzüglich nach Beendigung der Verladung einzureichen. Das Hauptzollamt kann verlangen, dass Ladungsverzeichnisse, die mittels einer Datenverarbeitungsanlage erstellt werden, auf maschinell verwertbaren Datenträgern oder durch Datenfernübertragung abzugeben sind. Das Hauptzollamt kann, soweit die Überwachung der Ausfuhr nicht beeinträchtigt wird, allgemein oder im Einzelfall auf das Einreichen eines -Ladungsverzeichnisses verzichten.

(7) Für in Rohrleitungen beförderte Waren ist zuständige Ausgangszollstelle jede Zollstelle, in deren Bezirk sich ein Zugang zu der Rohrleitung befindet, in der die Ware befördert wird.

(8) Kann die Ausfuhranmeldung nach Maßgabe der Artikel 226, 231 oder 237 der Verordnung (EWG) Nr. 2454/93 abgegeben werden, so hat der Anmelder die Gründe hierfür bei Versand durch die Post der Postanstalt oder bei der Warenbeförderung im Eisenbahnverkehr dem Versandbahnhof schriftlich zu erklären, es sei denn, die Gründe ergeben sich aus der Art der Ausfuhrsendung oder aus sonstigen Umständen. Die Erklärung ist der Ausfuhrsendung beizufügen; sie kann auch auf einem Begleitpapier oder dem Packstück abgegeben werden.

§ 10
Verfahren bei der zollamtlichen Behandlung

(1) Die Zollstelle prüft die Zulässigkeit der Ausfuhr. Sie kann zu diesem Zweck von dem Ausführer oder dem Anmelder weitere Angaben und Beweismittel, insbesondere auch die Vorlage der Verladescheine verlangen.

(2) Die Ausgangszollstelle lehnt die zollamtliche Behandlung ab, wenn die Ausfuhrzollstelle nicht die erforderliche zollamtliche Behandlung bescheinigt hat oder wenn die nach Artikel 286 Abs. 2 der Verordnung (EWG) Nr. 2454/93 der Kommission vom 2. Juli 1993 mit Durchführungsvorschriften zu der Verordnung (EWG) Nr. 2913/92 des Rates zur Festlegung des Zollkodex der Gemeinschaften (ABl. EG Nr. L 253 S. 1) erforderliche Vorabfertigung fehlt.

(3) Der Anmelder darf eine Ausfuhrsendung, deren Gestellung er nach § 9 Abs. 2 beantragt hat, von dem im Antrag angegebenen Ort erst nach Ablauf der angegebenen Zeit, nach Zollbeschau oder mit Zustimmung der Ausfuhrzollstelle entfernen.

(4) Waren dürfen nicht vor Abschluss der Prüfung durch die Ausgangszollstelle vom Ort der Gestellung oder vom zugelassenen Ort entfernt oder verladen werden.

§ 11
Unvollständige Anmeldung und vereinfachtes Anmeldeverfahren

(1) (weggefallen)

(2) Bei der unvollständigen Anmeldung nach Artikel 253 Abs. 1 und den -Artikeln 280 und 281 der Verordnung (EWG) Nr. 2454/93 kann der Anmelder die Angaben mehrerer unvollständiger Anmeldungen in einer -ergänzenden oder ersetzenden Anmeldung zusammenfassen, wenn der gesamte Ausfuhrvorgang im Wirtschaftsgebiet erfolgt und die Waren in einer Ausfuhrsendung ausgeführt worden sind.

(3) Zuständig für die Bewilligung des vereinfachten Anmeldeverfahrens nach Artikel 253 Abs. 2 und Artikel 282 der Verordnung (EWG) Nr. 2454/93 ist das Hauptzollamt.

§ 12
Anschreibeverfahren

(1) In dem Antrag auf Zulassung zum Anschreibeverfahren nach Artikel 253 Abs. 3 und den Artikeln 283 bis 287 der Verordnung (EWG) Nr. 2454/93 sind die auszuführenden Waren zu bezeichnen: die Nummer des Warenverzeichnisses für die Außenhandelsstatistik ist anzugeben. Soll ständig eine Vielzahl verschiedener Waren ausgeführt werden, so können diese in Warengruppen mit einer Sammelbezeichnung und mit der zutreffenden Positions- oder Kapitelnummer des Warenverzeichnisses angegeben werden.

(2) Zuständig für die Bewilligung des Anschreibeverfahrens ist das Hauptzollamt.

(3) (weggefallen)

§ 13
Einstufiges Ausfuhrverfahren für vertrauenswürdige Ausführer

(1) Das Hauptzollamt kann vertrauenswürdigen Ausführern, die ständig zahlreiche Sendungen ausführen, gestatten, die Waren direkt bei der Ausgangszollstelle durch Abgabe einer vereinfachten elektronischen Ausfuhranmeldung nach Absatz 2 Nr. 3 anzumelden und zu gestellen, wenn der gesamte Ausfuhrvorgang im Wirtschaftsgebiet erfolgt, bei dem Ausführer die fortlaufende, vollständige und richtige Erfassung der Ausfuhrsendungen nach der Art des betrieb-lichen Rechnungswesens, insbesondere mit Hilfe einer elektronischen Datenverarbeitungsanlage, gewährleistet ist und die Überwachung der Ausfuhr nicht beeinträchtigt wird. Innerhalb von 30 Tagen nach der Annahme der vereinfachten elektronischen Ausfuhranmeldung ist eine ergänzende elektronische Ausfuhranmeldung nach Absatz 2 Nr. 6 abzugeben. Einer vereinfachten elektronischen Ausfuhranmeldung bei der Ausfuhrzollstelle und einer Gestellung der Waren bei der Ausfuhrzollstelle bedarf es nicht. Zuständig für die Bewilligung des einstufigen Ausfuhrverfahrens für vertrauenswürdige Ausführer ist das Hauptzollamt nach § 24 Abs. 1 der Zollverordnung.

Die Vorgaben für die Teilnahme an der elektronischen Datenübermittlung werden in der Verfahrensanweisung zum elektronischen Ausfuhrverfahren ATLAS in der jeweils geltenden Fassung im Amtsblatt des Bundesministeriums der Finanzen bekannt gemacht.

(2) Die Bewilligung nach Absatz 1 Satz 1 regelt die Einzelheiten der Abwicklung des einstufigen Ausfuhrverfahrens für vertrauenswürdige Ausführer und bestimmt:

1. die Waren, für die sie gilt,
2. die Bestimmungsländer, für die sie gilt,
3. die für die vereinfachte elektronische Ausfuhranmeldung erforderlichen Daten. Diese können neben der Bewilligungsnummer maximal die Daten des Anhangs 30 A, Tabelle 1, Spalte 2 in der jeweils geltenden Fassung der Verordnung (EWG) Nr. 2454/1993 umfassen. Bei der genehmigungsbedürftigen Ausfuhr von Waren hat der Ausführer zusätzlich anzugeben, ob eine Genehmigung in Form der Allgemeinverfügung oder eine Sammelgenehmigung nach § 18 Abs. 1 Satz 2 vorliegt.
4. die Art und die Voraussetzungen für die Überlassung der Waren zum Ausgang,

5. die erforderlichen Begleitunterlagen für die Zulässigkeitsprüfung der Ausgangszollstelle oder die sie ersetzenden Datenträger und die Art, wie sie für gültig erklärt werden,
6. das Verfahren für die Übermittlung der nach Anlage A 1 zur Außenwirtschaftsverordnung in Verbindung mit Anhang 37 der Verordnung (EWG) 2454/1993 erforderlichen Daten der ergänzenden elektronischen Ausfuhranmeldung.

(3) Die Zollbehörde kann zulassen, dass der Anmelder im Falle einer Funktionsstörung des Datenverarbeitungssystems der Zolldienststelle oder des Anmelders eine schriftliche Ausfuhranmeldung mit den in Absatz 2 Nr. 3 genannten Angaben bei der Ausgangszollstelle vorlegt. Den zu verwendenden Vordruck bestimmt das Bundesministerium der Finanzen durch Bekanntmachung im Bundesanzeiger. Die Vorgaben der Verfahrensanweisung nach Absatz 1 Satz 5 gelten entsprechend.

(4) Gibt der Ausführer anstelle der vereinfachten elektronischen Ausfuhranmeldung nach Absatz 2 Nr. 3 eine vollständige elektronische Ausfuhranmeldung ab, ist er von der Abgabe der ergänzenden elektronischen Ausfuhranmeldung nach Absatz 2 Nr. 6 befreit.

§ 14
(weggefallen)

§ 15
Erhebung von Ausfuhrdaten bei der Mineralölausfuhr

Bei der Ausfuhr von Waren der Warennummern 2707 10 10 bis 2707 50 90, 2709 00 10 bis 2711 14 00, 2711 21 00, 2711 29 00, 2712 10 10 bis 2712 90 11, 2712 90 31 bis 2713 20 00, 2713 90 90, 3403 19 91 und 3403 19 99 des Warenverzeichnisses für die Außenhandelsstatistik hat der Ausführer zum Zweck der Marktbeobachtung gegenüber dem Bundesamt für Wirtschaft und Ausfuhrkontrolle (BAFA) Angaben zu Namen und Adressdaten des Ausführers, Warenbezeichnung, Warennummer, Zollnummer des Ausführers, Verfahren, Bestimmungsland, Eigengewicht, besonderer Maßeinheit, Ausfuhrzollstelle und Ausgangsdatum zu machen. Die Angaben erfolgen elektronisch und werden vom Ausführer mit der Ausfuhranmeldung bei der zuständigen Zollstelle abgegeben. Das Zentrum für Informationsverarbeitung und Informationstechnik (ZIVIT) leitet die Daten im Auftrag der zuständigen Zollstelle zum Zweck der Marktbeobachtung an das Bundesamt für Wirtschaft und Ausfuhrkontrolle (BAFA) weiter. Das Bundesamt für Wirtschaft und Ausfuhrkontrolle (BAFA) löscht die Daten spätestens nach Ablauf von zwei Jahren. Die Frist beginnt mit dem Ende des Jahres in dem die Daten von der zuständigen Zollstelle übermittelt worden sind.

§ 16
(aufgehoben)

§ 16a
Ausfuhr von Obst und Gemüse

(1) Bei der genehmigungsfreien Ausfuhr von Obst und Gemüse, das in Teil II Kapitel 7 und 8 der Ausfuhrliste (Anlage AL) mit „G" gekennzeichnet ist, ist der Ausfuhrzollstelle zusammen mit der Ausfuhranmeldung vorzulegen

1. eine gültige Konformitätsbescheinigung nach Anhang III der Verordnung (EG) Nr. 1580/2007 der Kommission vom 21. Dezember 2007 mit Durchführungsbestimmungen zu den Verordnungen (EG) Nr. 2200/96, (EG) Nr. 2201/96 und (EG) Nr. 1182/2007 des Rates im Sektor Obst und Gemüse (ABl. EU Nr. L 350 S. 1) in der jeweils geltenden Fassung oder
2. eine Mitteilung der zuständigen Kontrollstelle, dass für die betreffenden Partien eine Konformitätsbescheinigung ausgestellt wurde, oder
3. eine Mitteilung der zuständigen Kontrollstelle, dass für die betreffenden Partien aufgrund einer Risikoanalyse auf eine Konformitätskontrolle verzichtet wurde (Verzichtserklärung).

Erfolgt der gesamte Ausfuhrvorgang im Wirtschaftsgebiet, kann die nach Satz 1 erforderliche Bescheinigung der Ausgangszollstelle vorgelegt werden.

(2) Bei der genehmigungsfreien Ausfuhr der in Absatz 1 Satz 1 genannten Waren im gemeinsamen Versandverfahren für Warenbeförderungen im Eisenbahnverkehr nach Anlage I Titel III Kapitel VII oder mit Vereinfachungen im Versandverfahren „Status eines zugelassenen Versenders“ nach Anlage I Titel III Kapitel V des durch Beschluss 87/415/EWG des Rates vom 15. Juni 1987 (ABl. EG Nr. L 226 S. 1) genehmigten Übereinkommens über ein gemeinsames Versandverfahren in der jeweils geltenden Fassung kann der Abgangsstelle an Stelle der nach Absatz 1 erforderlichen Bescheinigung eine Durchschrift dieser Bescheinigung zusammen mit dem Ausfuhrbegleitdokument gemäß Anhängen 45c und 45d oder mit dem Exemplar Nr. 3 der Ausfuhranmeldung der Verordnung (EWG) Nr. 2454/93 vorgelegt werden.

(3) Bei der genehmigungsfreien Ausfuhr der in Absatz 1 Satz 1 genannten Waren im Anschreibeverfahren nach Artikel 283 und dem Artikel 285 der Verordnung (EWG) Nr. 2454/93 kann der Ausfuhrzollstelle an Stelle der nach Absatz 1 erforderlichen Bescheinigung innerhalb von 30 Tagen nach Überlassung der Ausfuhrsendung ins Ausfuhrverfahren eine Durchschrift dieser Bescheinigung vorgelegt werden, auf der die Registriernummer der ursprünglichen Ausfuhranmeldung vermerkt sein muss.

(4) Die nach Absatz 1 erforderliche Bescheinigung ist nicht erforderlich in den in §19 Absatz 1 und 2 genannten Fällen.

(5) Bei der genehmigungsfreien Ausfuhr von verarbeitetem Obst und Gemüse, für das Vermarktungsnormen oder Mindestanforderungen auf Grund der Verordnung (EG) Nr. 1234/2007 in der jeweils geltenden Fassung erlassen wurden, ist der Ausfuhrzollstelle zusammen mit der Ausfuhranmeldung eine Konformitätsbescheinigung oder Verzichtserklärung der Bundesanstalt für Landwirtschaft und Ernährung vorzulegen.

§ 16b
Wiederausfuhren

Soweit Wiederausfuhren nach Artikel 182 Abs. 3 Satz 3 der Verordnung (EWG) Nr. 2913/92 des Rates vom 12. Oktober 1992 zur Festlegung des Zollkodex der Gemeinschaften (ABl. EG Nr. L 302 S. 1) einer Ausfuhranmeldung bedürfen, gelten die Vorschriften dieses Untertitels entsprechend. Für die Wiederausfuhr von Nichtgemeinschaftswaren aus Freizonen gelten Artikel 182 Abs. 3 Satz 3 und Artikel 161 der Verordnung (EWG) Nr. 2913/92, Artikel 278 Abs. 1 und 3 und Artikel 841 der Verordnung (EWG) Nr. 2454/93 sowie die Vorschriften dieses Untertitels entsprechend, es sei denn, die Nichtgemeinschaftswaren werden durch das Wirtschaftsgebiet durchgeführt.

2. Untertitel
Genehmigungsbedürftige Ausfuhr aus dem Gemeinschaftsgebiet

§ 17
Ausfuhrgenehmigung

(1) Die Ausfuhrgenehmigung ist auf einem Vordruck nach Anlage A5 zu beantragen und zu erteilen. Antragsberechtigt ist nur der Ausführer. Das Bundesamt für Wirtschaft und Ausfuhrkontrolle (BAFA) kann im Rahmen seiner Zuständigkeit abweichend von Satz 1 durch Bekanntmachung im Bundesanzeiger vorschreiben, dass die Ausfuhrgenehmigung oder eine Genehmigung für sonstige Handlungen oder Rechtsgeschäfte im Außenwirtschaftsverkehr auf einem anderen Vordruck beantragt wird, und die Genehmigung auf einem anderen Vordruck erteilen.

(2) Dem Antrag auf Genehmigung der Ausfuhr von Gütern, die in Teil I der Ausfuhrliste (Anlage AL) genannt sind, sind Dokumente zum Nachweis über den Endempfänger, den Endverbleib und den Verwendungszweck beizufügen. Das Bundesamt für Wirtschaft und Ausfuhrkontrolle (BAFA) kann auch andere als die in Satz 1 genannten Dokumente zum Nachweis des Verbleibs der Güter verlangen. Bei bestimmten Ländern kann das Bundesamt für Wirtschaft und Ausfuhrkontrolle (BAFA) eine Internationale Einfuhrbescheinigung (International Import Certificate) des Bestimmungslandes anerkennen. Das Nähere bestimmt das Bundesamt für Wirtschaft und Ausfuhrkontrolle (BAFA) durch Bekanntmachung im Bundesanzeiger.

(3) § 3a des Verwaltungsverfahrensgesetzes findet für die Absätze 1 und 2 keine Anwendung. Das Bundesamt für Wirtschaft und Ausfuhrkontrolle (BAFA) kann jedoch durch Bekanntmachung im Bundesanzeiger festlegen, von welchem Zeitpunkt an und unter welchen Voraussetzungen Anträge nach Absatz 1 in elektronischer Form gestellt werden können.

(4) Die für die Erteilung der Ausfuhrgenehmigung zuständige Stelle kann von dem Erfordernis befreien, die in Absatz 2 bezeichneten Unterlagen beizufügen, sofern hierdurch die in § 7 Abs. 1 des Außenwirtschaftsgesetzes genannten Belange nicht gefährdet werden, insbesondere die internationale Zusammenarbeit bei der Durchführung einer gemeinsamen Ausfuhrkontrolle nicht beeinträchtigt wird.

§ 18
Besondere Verfahrensvorschriften

(1) Für die genehmigungsbedürftige Ausfuhr von Waren und für die Ausfuhr von Waren, für die im Rahmen der gemeinsamen Marktorganisationen der Europäischen Gemeinschaften Ausfuhrlizenzen vorgeschrieben sind, gelten Artikel 161 Abs. 5 der Verordnung (EWG) Nr. 2913/92, die Artikel 788 bis 793c, 795 bis 798 und Artikel 253 Abs. 1 und die Artikel 280 und 281 sowie Artikel 253 Abs. 2 und Artikel 282 der Verordnung (EWG) Nr. 2454/93 sowie § 9 Abs. 1, 2, 6 und 7, §§ 10, 11 und 16b, soweit nicht nachstehend oder durch unmittelbar geltende Rrechtsvorschriften des Rates oder der Kommission der Europäischen Gemeinschaften etwas anders bestimmt ist. Liegt für die Ausfuhr eine Genehmi-

gung in Form der Allgemeinverfügung oder eine Sammelgenehmigung vor und ist eine zollamtliche Abschreibung nicht erforderlich, so gelten zusätzlich Artikel 253 Abs. 3 und die Artikel 283 bis 287 der Verordnung (EWG) Nr. 2454/93 und §§ 12 und 13.

(2) Zum Zweck der Ausfuhrabfertigung ausfuhrgenehmigungspflichtiger Waren darf die zuständige Zollstelle die Daten der vom Bundesamt für Wirtschaft und Ausfuhrkontrolle (BAFA) erteilten Ausfuhrgenehmigungen über das Zentrum für Informationsverarbeitung und Informationstechnik (ZIVIT) vom Bundesamt für Wirtschaft und Ausfuhrkontrolle (BAFA) abrufen.

Bei elektronischer Ausfuhrabfertigung ist die Vorlage der Ausfuhrgenehmigung in Papierform bei der Ausfuhrabfertigung grundsätzlich nicht erforderlich. Der Ausführer hat sicherzustellen, dass die Ausfuhrgenehmigung im Zeitpunkt der Beantragung der Ausfuhrabfertigung in seinem Unternehmen beziehungsweise bei ihm vorhanden und gültig ist. Zur elektronischen Ausfuhrabfertigung hat der Anmelder in der elektronischen Ausfuhranmeldung Angaben zu Genehmigungscodierung, Ausfuhrlistenposition, Referenznummer, Ausstellungdatum und Gültigkeitsende der Genehmigung zu machen. Bei Ausfuhren aufgrund von Genehmigungen in Form von Allgemeinverfügungen ist die Angabe der Referenznummer, des Ausstellungsdatums und des Gültigkeitsendes nicht erforderlich. Falls eine Abschreibung erforderlich ist, hat der Anmelder zudem Angaben zum Wert und, soweit die Ausfuhrgenehmigung dazu Angaben enthält, zur Menge der auszuführenden Waren und Nummer der laufenden Güterposition der Genehmigung zu machen. Die vom Bundesamt für Wirtschaft und Ausfuhrkontrolle (BAFA) erteilten Ausfuhrgenehmigungen werden dann durch die Zollstellen elektronisch abgeschrieben. Ausfuhrgenehmigungen zur wiederholten vorübergehenden Ausfuhr sind vom Anmelder bei der elektronischen Ausfuhrabfertigung in Papierform vorzulegen und werden von der Zollstelle manuell abgeschrieben.

Das Zentrum für Informationsverarbeitung und Informationstechnik -(ZIVIT) leitet die Daten über den Wert, den Zeitpunkt des Ausgangs, die Nummer der Ausfuhrgenehmigung, die Ausfuhrlistennummer und, soweit angegeben, die Menge der ausgeführten Waren und die Nummer der laufenden Güterposition der Genehmigung im Auftrag der zuständigen Zollstelle zum Zweck der Nachverfolgung der Ausnutzung erteilter Ausfuhrgenehmigungen an das Bundesamt für Wirtschaft und Ausfuhrkontrolle (BAFA) weiter.

(3) Bei Verwendung einer vom Bundesamt für Wirtschaft und Ausfuhrkontrolle (BAFA) erteilten Ausfuhrgenehmigung zur Ausfuhrabfertigung in einem anderen Mitgliedstaat der Europäischen Gemeinschaften ist der Ausführer verpflichtet, der für den Firmensitz beziehungsweise für ihn zuständigen Zollstelle die Ausfuhrgenehmigung zusammen mit dem Ausfuhrbegleitdokument oder einem vergleichbaren zollrechtlichen Ausfuhrdokument innerhalb eines Monats nach Ausgang der Waren aus dem Zollgebiet der Gemeinschaften vorzulegen. Nach elektronischer Nacherfassung der Ausfuhrgenehmigung durch die zuständige Zollstelle leitet das Zentrum für Informationsverarbeitung und Informationstechnik (ZIVIT) die Daten über den Wert, den Zeitpunkt der Nacherfassung, die Nummer der Ausfuhrgenehmigung, die Ausfuhrlistennummer und, soweit angegeben, die Menge der ausgeführten Waren und die Nummer der laufenden Güterposition der Genehmigung im Auftrag der zuständigen Zollstelle zum Zweck der Nachverfolgung der Ausnutzung erteilter Ausfuhrgenehmigungen an das Bundesamt für Wirtschaft und Ausfuhrkontrolle (BAFA) weiter.

(4) Außerhalb des Wirtschaftsgebiets erteilte Ausfuhrgenehmigungen sind vom Anmelder bei der elektronischen Ausfuhrabfertigung in Papierform vorzulegen und werden von der Zollstelle manuell abgeschrieben.

(5) Der Ausführer ist verpflichtet, für jede von einer Zollstelle vorgenommene Abschreibung unter Bezugnahme auf die Ausfuhranmeldung ausführliche Register oder Aufzeichnungen nach Satz 2 zu führen. Diese müssen die Registriernummer der Ausfuhranmeldung, das Datum der Annahme der Ausfuhranmeldung und die Bezeichnung der Zollstelle, bei der die Abschreibung vorgenommen wurde, sowie die Antragsnummer der Genehmigung, die Menge oder den Wert der abgeschriebenen Waren sowie die Restmenge oder den Restwert enthalten. Die Register oder Aufzeichnungen sind für die Dauer von fünf Jahren aufzubewahren.

(6) Die zuständige Zollstelle und das Bundesamt für Wirtschaft und Ausfuhrkontrolle (BAFA) löschen die übermittelten Daten spätestens nach Ablauf von fünf Jahren, soweit sie nicht nach anderen Vorschriften aufzubewahren sind. Die Frist beginnt jeweils mit dem Ende des Jahres, in dem die Daten an die zuständige Zollstelle beziehungsweise das Bundesamt für Wirtschaft und Ausfuhrkontrolle (BAFA) übermittelt worden sind.

(7) Im Fall des § 9 Absatz 1 Satz 4 hat der Anmelder die Ausfuhrgenehmigung mit der schriftlichen Ausfuhranmeldung der zuständigen Zollstelle zu übermitteln.

§ 19
Befreiungen von der Genehmigungsbedürftigkeit

(1) Die §§ 5, 5 c, 5 d, 6 a, 17 und 18 gelten nicht für die Ausfuhr von Gütern in folgenden Fällen:

1. Güter zum Verbrauch oder Gebrauch auf Lotsenversetzschiffen oder Feuerschiffen der Mitgliedstaaten der Europäischen Gemeinschaften außerhalb ihrer Hoheitsgewässer sowie auf Anlagen oder Vorrichtungen, die im Bereich der Festlandsockel der Mitgliedstaaten der Europäischen Gemeinschaften zur Aufsuchung und Gewinnung von Bodenschätzen errichtet sind;
2. Beförderungsmittel nebst Zubehör und Lademittel, es sei denn, dass sie Handelsware sind;
3. nichtmilitärische Beförderungsmittel und Teile davon, die zu ihrer Wartung oder Ausbesserung aus dem Gemeinschaftsgebiet oder nach ihrer Wartung oder Ausbesserung im Gemeinschaftsgebiet ausgeführt werden; ausgenommen sind Hubschrauber, Hubschrauber-Leistungsübertragungssysteme, Gasturbinentriebwerke und Hilfstriebwerke (APU's) für die Verwendung in Hubschraubern sowie Ersatzteile und Technologie hierfür, wenn Bestimmungsland ein Land der Länder- -liste K oder ein Embargoland im Sinne von Artikel 4 Abs. 2 der Verordnung (EG) Nr. 428/2009 ist;
4. Güter, die auf Beförderungsmitteln mitgeführt werden und zu deren Ausrüstung, Betrieb, Unterhaltung oder Ausbesserung, zur Behandlung der Ladung, zum Gebrauch oder Verbrauch während der Reise oder zum Verkauf an Reisende bestimmt sind; dies gilt nicht für Güter einer gemeinsamen Marktorganisation der Europäischen Gemeinschaften, für die, wenn sie als Schiffs- oder Luftfahrzeugbedarf geliefert werden, eine Ausfuhrlizenz vorgeschrieben ist;
5. Gegenstände, die für Luftfahrtunternehmen mit Sitz in einem Land, das in Anhang II Teil 3 der Verordnung (EG) Nr. 428/2009 genannt oder ein Mitgliedstaat der Europä-

ischen Union ist, aus dem Gemeinschaftsgebiet ausgeführt werden und zur Ausbesserung ihrer Luftfahrzeuge oder sonst zur Durchführung des Flugverkehrs dienen;

6. Baubedarf, Betriebsmittel und andere Dienstgegenstände für Anschlußstrecken und für vorgeschobene Eisenbahndienststellen, Zollstellen und Postanstalten in Drittländern;
7. Gegenstände im Amts- und Rechtshilfeverkehr zwischen den Europäischen Gemeinschaften oder ihren Mitgliedstaaten mit Drittländern;
8. Gegenstände, die von Behörden und Dienststellen der Europäischen Gemeinschaften oder eines ihrer Mitgliedstaaten oder Dienststellen der NATO zur Erledigung dienstlicher Aufgaben oder zur eigenen dienstlichen Verwendung, zur Lagerung oder Ausbesserung ausgeführt werden;
9. Gegenstände, die der Bundeswehr auf Grund von ihr erteilter Aufträge geliefert werden, sowie Gegenstände zur Erledigung dienstlicher Aufgaben im Rahmen der Sicherungsmaßnahmen der Kommission der Europäischen Gemeinschaften und der Internationalen Atomenergie-Organisation nach dem Euratom-Vertrag und dem Übereinkommen vom 5. April 1973 (BGBl. 1974 II S. 794) in Ausführung von Artikel III Abs. 1 und 4 des Vertrages vom 1. Juli 1968 über die Nichtverbreitung von Kernwaffen;
10. Geschenke, die Staatsoberhäupter, Regierungs- und Parlamentsmitglieder im Rahmen zwischenstaatlicher Beziehungen mit Drittländern von amtlichen Stellen erhalten;
11. Güter, welche die im Gemeinschaftsgebiet stationierten ausländischen Truppen, die ihnen gleichgestellten Organisationen, das zivile Gefolge sowie deren Mitglieder und Angehörige der Mitglieder im Besitz -haben;
12. Güter, die zur Wartung oder Instandsetzung in das Gemeinschaftsgebiet eingeführt worden sind und ohne Änderung der ursprünglichen Leistungsmerkmale in das Versendungsland wieder ausgeführt werden, oder Güter, die im Austausch für Güter der gleichen Beschaffenheit und Anzahl, die nach genehmigter Ausfuhr wieder in das Gemeinschaftsgebiet eingeführt worden sind, in das Versendungsland der auszutauschenden Güter ausgeführt werden, wenn die Güter nicht in der Kriegswaffenliste (Anlage zum Gesetz über die Kontrolle von Kriegswaffen) genannt sind und das Versendungsland und das Bestimmungsland in Anhang II Teil 3 der Verordnung (EG) Nr. 428/2009 genannt ist;
13. Güter, die vom gemeinschaftsansässigen Empfänger nicht angenommen werden oder die unzustellbar sind, wenn sie im Gewahrsam der Zollbehörde verblieben sind; Güter, die irrtümlich in das Gemeinschaftsgebiet verbracht worden und im Gewahrsam des Beförderungsunternehmens verblieben sind;
14. Behälter (Container) und sonstige Großraumbehältnisse, die wie diese verwendet werden, soweit diese nicht Gegenstand eines Handelsgeschäftes sind;
15. Güter, die zur Ersten Hilfe in Katastrophenfällen oder als Spenden in Notlagen ausgeführt werden;
16. Schußwaffen im Sinne des Waffengesetzes und die dazugehörige -Munition, die
    a) von gemeinschaftsansässigen Reisenden zum eigenen Gebrauch (Jagd, Sport, Eigen- oder Fremdschutz) mitgeführt werden, wenn der Ausführer eine nach

dem Waffengesetz gültige Berechtigung mit sich führt und erklärt, daß die Waffen innerhalb von drei -Monaten wieder in das Gemeinschaftsgebiet eingeführt werden sollen, oder

b) von gemeinschaftsfremden Reisenden bei der Einreise in das Gemeinschaftsgebiet zum eigenen Gebrauch mitgeführt worden sind und von ihnen wieder ausgeführt werden;

17. Tiere, Saatgut, Düngemittel, Fahrzeuge, Maschinen und sonstige -Güter, deren Ausfuhr durch die örtlichen und wirtschaftlichen Verhältnisse in Grenzzonen oder grenznahen Räumen mit Drittländern bedingt ist und die nach zwischenstaatlichen Verträgen von Ausfuhrbeschränkungen befreit sind;

18. Erzeugnisse des Ackerbaus, der Viehzucht, des Gartenbaus und der Forstwirtschaft solcher grenzdurchschnittener Betriebe, die von Drittländern aus bewirtschaftet werden;

19. Futter- und Streumittel, die zur Fütterung und Wartung von mitgeführten Tieren dienen, wenn sie nach Art und Menge dem üblichen und mutmaßlichen Bedarf für die Dauer der Beförderung entsprechen;

20. Güter für die Ausübung dienstlicher Tätigkeiten, die

a) nach den Beitrittsgesetzen der Bundesrepublik Deutschland zu zwischenstaatlichen Verträgen mit Drittländern oder

b) nach Rechtsverordnungen der Bundesregierung auf Grund des Artikels 3 des Gesetzes vom 22. Juni 1954 über den Beitritt der Bundesrepublik Deutschland zum Abkommen über die Vorrechte und Befreiungen der Sonderorganisationen der Vereinten Nationen vom 21. November 1947 und über die Gewährung von Vorrechten und Befreiungen an andere zwischenstaatliche Organisationen (BGBl. 1954 II S. 639) in der Fassung von Artikel 4 Abs. 1 des Gesetzes vom 16. August 1980 (BGBl. II S. 941) von Ausfuhrbeschränkungen befreit sind;

21.

a) Güter, die in das Gemeinschaftsgebiet verbracht worden sind und unverändert in das Versendungsland wieder ausgeführt werden, wenn sie noch nicht einfuhrrechtlich abgefertigt worden sind oder wenn sie nicht länger als drei Monate im Gemeinschaftsgebiet verblieben sind;

b) Unterlagen zur Fertigung der in §§ 5, 5 c und 5 d genannten Güter, sofern die Unterlagen in das Gemeinschaftsgebiet eingeführt worden sind und unverändert durch den Einführer wieder in das Versendungsland ausgeführt werden; dasselbe gilt, wenn die Unterlagen mit Eintragungen ergänzt worden sind, die weder alleine noch in Verbindung mit der wiederauszuführenden Unterlage eine Fertigung erlauben, die über die vor der Ergänzung bestehende Fertigungsmöglichkeit hinausgeht;

c) verkörperte Technologie zu den in § 5 genannten Gütern, wenn

- die Ausfuhr nur vorübergehend erfolgt und sie Dritten nicht überlassen oder in sonstiger Weise zur Verfügung gestellt wird, oder
- ihre Ausfuhr im Rahmen von Angebotsverfahren erforderlich ist, oder

- die Ausfuhr zum Zwecke der Wartung und Instandsetzung von bereits mit Genehmigung ausgeführten Gütern erfolgt,

und sowohl das Land, in das sie zu diesen Zwecken ausgeführt werden, als auch das Endbestimmungsland in Anhang II Teil 3 der Verordnung (EG) Nr. 428/2009 genannt sind;

22. Gegenstände, die vom Technischen Sekretariat der Organisation für das Verbot Chemischer Waffen zur Durchführung der nach dem Übereinkommen vom 13. Januar 1993 über das Verbot der Entwicklung, Herstellung, Lagerung und des Einsatzes chemischer Waffen und über die Vernichtung solcher Waffen (BGBl. 1994 II S. 806) zulässigen -Verifikationsmaßnahmen ausgeführt werden.

(1a) (weggefallen)

(2) § 6 a gilt auch nicht für die Ausfuhr von Waren in folgenden Fällen:

1. Waren der Ernährung und Landwirtschaft bis zu einem Wert von 125 Euro je Ausfuhrsendung;
2. Waren, die von Reisenden zum eigenen Gebrauch oder Verbrauch oder üblicherweise zur Ausübung ihres Berufes mitgeführt oder -ihnen zu diesen Zwecken vorausgesandt oder nachgesandt werden; nicht zum Handel bestimmte Waren, die gemeinschaftsfremde Rei-sende im Gemeinschaftsgebiet erworben haben und bei der Ausreise mitführen;
3. im Verkehr zwischen Personen, die in benachbarten, durch zwischenstaatliche Abkommen festgelegten Grenzzonen oder in benachbarten grenznahen Räumen mit Drittländern ansässig sind (Grenzverkehr),
   a) von diesen Personen mitgeführte Waren, die nicht zum Handel bestimmt sind und deren Wert 500 Euro täglich nicht übersteigt,
   b) Waren, die diesen Personen als Teil des Lohnes für im Gemeinschaftsgebiet geleistete Arbeit oder auf Grund von gesetzlichen Unterhalts- oder Altenteilsverpflichtungen gewährt werden;
4. Waren, die zur vorübergehenden Lagerung oder lediglich zur Beförderung aus dem Gemeinschaftsgebiet ausgeführt werden und unverändert wieder in das Gemeinschaftsgebiet eingeführt werden sollen;
5. Waren, die unter den sonstigen in Absatz 1 Nr. 21 Buchstabe a bezeichneten Voraussetzungen in ein anderes als das Versendungsland wieder ausgeführt werden.

(3) (weggefallen)

(4) Die Absätze 1 und 2 gelten auch für die Wiederausfuhr von Waren, für die nach Artikel 182 Abs. 3 Satz 3 der Verordnung (EWG) Nr. 2913/92 oder § 16 b eine Ausfuhranmeldung erforderlich ist.

§§ 20–20e
(weggefallen)

3. Untertitel
Genehmigungsbedürftige Verbringung in Mitgliedstaaten der Europäischen Union

§ 21
Anzuwendende Vorschriften

Für die Verbringung genehmigungsbedürftigter Güter gelten §§ 17 und 19 entsprechend.

§ 21a
(aufgehoben)

Kapitel III
Wareneinfuhr

1. Titel
Einfuhr in das Wirtschaftsgebiet

1. Untertitel
Begriffsbestimmungen

§ 21b
Begriffsbestimmungen

(1) Einführer ist, wer Waren in das Wirtschaftsgebiet verbringt oder verbringen läßt. Liegt der Einfuhr ein Vertrag mit einem Gebietsfremden über den Erwerb von Waren zum Zwecke der Einfuhr (Einfuhrvertrag) zugrunde, so ist nur der gebietsansässige Vertragspartner Einführer. Wer lediglich als Spediteur oder Frachtführer oder in einer ähnlichen Stellung bei dem Verbringen der Waren tätig wird, ist nicht Einführer.

(2) Einkaufsland ist das Land, in dem der Gebietsfremde ansässig ist, von dem der Gebietsansässige die Waren erwirbt. Dieses Land gilt auch dann als Einkaufsland, wenn die Waren an einen anderen Gebietsansässigen weiterveräußert werden. Liegt kein Rechtsgeschäft über den Erwerb von Waren zwischen einem Gebietsansässigen und einem Gebietsfremden vor, so gilt als Einkaufsland das Land, in dem die verfügungsberechtigte Person, die die Waren in das Wirtschaftsgebiet verbringt oder verbringen läßt, ansässig ist; ist die verfügungsberechtigte Person, die die Waren in das Wirtschaftsgebiet verbringt oder verbringen lässt, im Wirtschaftsgebiet ansässig, so gilt als Einkaufsland das Versendungsland.

2. Untertitel
Beschränkungen

§ 22
Beschränkung nach § 11 AWG

(1) Bei der genehmigungsfreien Einfuhr in das Wirtschaftsgebiet bedarf die Vereinbarung oder Inanspruchnahme einer Lieferfrist der Genehmigung, wenn

1. die für den Bezug der Ware aus dem betreffenden Einkaufsland handelsübliche Lieferfrist,
2. eine Lieferfrist von vierundzwanzig Monaten nach Vertragsschluß,
3. eine Lieferfrist, die in der Einfuhrliste für den Bezug einzelner Waren vorgesehen ist,
4. im Falle der gemeinschaftlichen Überwachung (§ 28 a Abs. 1) der vom Rat oder der Kommission festgelegte Zeitraum für die Verwendung des Überwachungsdokuments zur Einfuhrabfertigung oder
5. bei dem Bezug von Waren, die in Spalte 5 der Einfuhrliste (Abschnitt III der Anlage zum Außenwirtschaftsgesetz) mit den Buchstaben „ÜD" gekennzeichnet sind, der im Überwachungsdokument für die Verwendung zur Einfuhrabfertigung eingetragene Zeitraum (§ 28 a Abs. 7)

überschritten wird.

(2) Absatz 1 gilt nicht für die Einfuhr von

1. Waren aus dem freien Verkehr eines Mitgliedstaates der Europäischen Union oder eines anderen Vertragsstaates des Abkommens über den Europäischen Wirtschaftsraum,
2. Waren, auf die eine gemeinsame Marktorganisation oder Handelsregelung Anwendung findet,
3. Schwefelkies (Warennummer 2502 00 00), Schwefel (Warennummern 2503 00 10 und 2503 00 90), Rohphosphat (Warennummern 2510 10 00 und 2510 20 00), natürlichem Natriumborat (Warennummer 2528 10 00), Eisenerzen und ihren Konzentraten sowie Schwefelkiesabbränden (Warennummern 2601 11 00 bis 2601 20 00), Nichteisen-metallen (Warennummern 2602 00 00 bis 2617 90 00), Titanschlacke (Warennummer 2620 99 60), Selen (Warennummer 2804 90 00), -Ethylen (Warennummern 2901 21 00), Propen (Warennummern 2901 22 00), Butadien (aus Warennummern 2901 24 10 und 2901 29 00), Cyclohexan (Warennummer 2902 11 00), Benzol (-Warennummer 2902 20 00), Toluol (Warennummer 2902 30 00), -Styrol (Warennummer 2902 50 00), Silber in Rohform (Warennummern 7106 91 10 und 7106 91 90), Gold in Rohform (Warennummer 7108 12 00), Platin, Palladium, Rhodium, Iridium, Osmium und -Ruthenium in Rohform oder als Pulver (Warennummern 7110 11 00, 7110 21 00, 7110 31 00 und 7110 41 00), Abfällen und Schrott von Edelmetallen (aus Warennummern 7112 30 00 bis 7112 99 00) und Vorstoffen von Nichteisenmetallen der Warennummern 7401 10 00 bis 7402 00 00, 7501 10 00, 7501 20 00 und 7801 99 10 des Warenverzeichnisses für die Außenhandelsstatistik.
4. elektrischem Strom.

3. Untertitel
Verfahrens- und Meldevorschriften nach § 26 AWG

§ 22a
Verfahrensvorschriften nach den §§ 7 und 26 AWG

(1) Das Bundesamt für Wirtschaft und Ausfuhrkontrolle (BAFA) stellt im Rahmen der internationalen Zusammenarbeit bei der Ausfuhrkontrolle auf Antrag für die Einfuhr von

Waren Bestätigungen über Erklärungen der Endabnehmer, Internationale Einfuhrbescheinigungen – IEB (International Import Certificates – IIC) und Wareneingangsbescheinigungen – WEB (Delivery Verification Certificates – DVC) aus.

(2) Der Einführer als Antragsberechtigter im Sinne dieser Vorschrift hat die Internationale Einfuhrbescheinigung auf einem Vordruck nach Anlage E 6, die Wareneingangsbescheinigung auf einem Vordruck nach Anlage E 7 zu beantragen und die erforderlichen Angaben zu machen. § 17 Abs. 1 Satz 3 gilt entsprechend.

(3) Die Einfuhr der in dem Antrag auf Internationale Einfuhrbescheinigung bezeichneten Ware ist dem Bundesamt für Wirtschaft und Ausfuhrkontrolle (BAFA) unverzüglich nachzuweisen. Gibt der Antragsteller die Einfuhrabsicht auf, so hat er dies unverzüglich dem Bundesamt anzuzeigen und ihm unverzüglich die Bescheinigung zurückzugeben oder über ihren Verbleib Mitteilung zu machen. Will er die Ware in ein anderes Land verbringen, so hat er, bevor die Ware das Versendungsland verläßt, vom Bundesamt für Wirtschaft und Ausfuhrkontrolle (BAFA) eine neue Bescheinigung zu erwirken, die dieses andere Land nennt.

(4) § 3 Abs. 1 und 2 Satz 1 des Außenwirtschaftsgesetzes ist entsprechend -anwendbar.

§ 22b
(aufgehoben)

2. Titel
Verfahrens- und Meldevorschriften nach § 26 AWG bei der Einfuhr in das Wirtschaftsgebiet aus Drittländern[1]

1. Untertitel
Begriffsbestimmungen

§ 23
Begriffsbestimmungen

(1) Für diesen Titel gilt der Begriff „Einführer" nach § 21 b Abs. 1 mit der Maßgabe, daß nur Einfuhren aus Drittländern erfaßt werden und Gemeinschaftsansässige Gebietsansässigen gleichstehen.

(2) Einkaufsland im Sinne dieses Titels ist das Land, in dem der Gemeinschaftsfremde ansässig ist, von dem der Gemeinschaftsansässige die -Waren erwirbt. Dieses Land gilt auch dann als Einkaufsland, wenn die -Waren an einen anderen Gemeinschaftsansässigen weiter veräußert werden. Liegt kein Rechtsgeschäft über den Erwerb von Waren zwischen -einem Gemeinschaftsansässigen und einem Gemeinschaftsfremden vor, so gilt als Einkaufsland das Land, in dem die verfügungsberechtigte -Person, die die Waren in das Gemeinschaftsgebiet verbringt oder ver-bringen läßt, ansässig ist; ist die verfügungsberechtigte Person, die die Waren in das Gemeinschaftsgebiet verbringt oder verbringen läßt, im -Gemeinschaftsgebiet ansässig, so gilt als Einkaufsland das Versendungsland.

---

1 Das Zollverfahren für die Einfuhr von Waren in das Gemeinschaftsgebiet aus Drittländern ist in der Verordnung (EWG) Nr. 2913/92 des Rates vom 12. Oktober 1992 zur Festlegung des Zollkodex der Gemeinschaften (ABl. EG Nr. L 302 S. 1) und in der Verordnung (EWG) Nr. 2454/93 der Kommission vom 2. Juli 1993 mit Durchführungsvorschriften zu der Verordnung (EWG) Nr. 2913/92 des Rates zur Fest-legung des Zollkodex der Gemeinschaften (ABl. EG Nr. L 253 S. 1) geregelt. Die Verordnungen sind unmittelbar geltendes Recht in den Europäischen Gemeinschaften. Die Außenwirtschaftsverordnung enthält ergänzende nationale Vorschriften zum Einfuhrverfahren der Europäischen Gemeinschaft.

(3) Einfuhrsendung ist die Warenmenge, die an demselben Tage von dem-selben Lieferer an denselben Einführer abgesandt worden ist und von -derselben Zollstelle abgefertigt wird.

2. Untertitel
Genehmigungsfreie Einfuhr

§§ 24 bis 26
(weggefallen)

§ 27
Antrag auf Einfuhrabfertigung

(1) Der Einführer hat die Einfuhrabfertigung bei einer Zollstelle zu beantragen. Der Antrag kann elektronisch oder papiergestützt abgegeben werden. Wird der Antrag elektronisch abgegeben, erfolgt die Einfuhrabfertigung elektronisch. Der Einführer hat dabei die handelsübliche oder sprachgebräuch-liche Bezeichnung der Ware sowie die Nummer des Warenverzeichnisses für die Außenhandelsstatistik anzugeben. An Stelle des Einführers kann ein Gemeinschaftsansässiger im eigenen Namen die Einfuhrabfertigung für Waren beantragen, die auf Grund eines Einfuhrvertrages geliefert werden, wenn er

1. als Handelsvertreter des gemeinschaftsfremden Vertragspartners am Abschluß des Einfuhrvertrages mitgewirkt hat oder
2. in Ausübung seines Gewerbes auf Grund eines Vertrages mit dem gemeinschaftsfremden Vertragspartner
   a) an der Beförderung der Waren mitwirkt oder
   b) die Zollanmeldung zur Überführung der Waren in den zollrechtlich freien Verkehr abgibt.

(2) Bei der Einfuhrabfertigung sind vorzulegen

1. die Rechnung oder sonstige Unterlagen, aus denen das Einkaufs- oder Versendungsland und das Ursprungsland der Waren ersichtlich sind,
2. ein Ursprungszeugnis, wenn die Waren in Spalte 5 der Einfuhrliste mit „U" gekennzeichnet sind

   oder

   eine Ursprungserklärung, wenn die Waren in Spalte 5 der Einfuhrliste mit „UE" gekennzeichnet sind,
3. eine Einfuhrkontrollmeldung nach Maßgabe des § 27 a und
4. in den Fällen des Absatzes 5 eine Einfuhrlizenz.

   Bei der elektronischen Einfuhrabfertigung hat der Einführer sicherzustellen, dass die in Satz 1 Nr. 1, 2 und 4 genannten Dokumente zum Zeitpunkt der Beantragung der Einfuhrabfertigung in seinem Unternehmen beziehungsweise bei ihm vorhanden und gültig sind; die Vorlage der Einfuhrdokumente in Papierform bei der Einfuhrabfertigung ist außer auf Verlangen der Zollstelle nicht erforderlich; die der Einfuhrkontrollmeldung (Satz 1 Nr. 3) entsprechenden Einfuhrdaten werden automatisch elektronisch vom Zentrum für Informationsverarbeitung und Informationstechnik (ZIVIT) im Auftrag der zuständigen Zollstelle für Zwecke der Marktbeobachtung an das Bundesamt für Wirtschaft und Ausfuhrkontrolle (BAFA) beziehungsweise die Bundesanstalt für Landwirtschaft und Ernährung (BLE) übermittelt. Ursprungszeugnisse/Ursprungserklärungen (Satz 1 Nr. 2) und Einfuhrlizenzen (Satz 1 Nr. 4) sind mindestens einmal im Monat oder nach spezieller Vereinbarung bei der zuständigen Zollstelle vorzulegen.

(3) Der Antrag auf Einfuhrabfertigung ist zu stellen

1. mit der Abgabe der Zollanmeldung zur Überführung der Waren in den freien Verkehr; bei der Einfuhr im Rahmen eines vereinfachten Verfahrens nach Artikel 76 Abs. 1 der Verordnung (EWG) Nr. 2913/92 des Rates vom 12. Oktober 1992 (ABl. EG Nr. L 302 S. 1) braucht die erforderliche Unterlage jedoch erst mit der ergänzenden Zollanmeldung vorgelegt zu werden, wenn sie im Zeitpunkt der Abgabe der Zollanmeldung der Waren vorhanden und gültig ist;
2. vor Gebrauch, Verbrauch, Bearbeitung oder Verarbeitung der Waren in einer Freizone oder auf der Insel Helgoland.

   Abweichend von Satz 1 Nr. 1 kann die Zollstelle verlangen, dass ihr die betreffende Unterlage mit der unvollständigen oder der vereinfachten Zollanmeldung oder unverzüglich nach Anschreibung, bei Überführung von Waren in den freien Verkehr im Anschreibeverfahren unter Befreiung von der Gestellung vor der Anschreibung vorgelegt wird, wenn dies zur Sicherung der einfuhrrechtlichen Belange erforderlich ist.

(4) (weggefallen)

(5) Ist für die Einfuhr einer Ware im Rahmen einer gemeinsamen Marktorganisation oder einer Handelsregelung eine Einfuhrlizenz vorgeschrieben, so gilt Absatz 3 entsprechend.

(6) Bei der Einfuhr von Wasser, elektrischem Strom sowie Stadtgas, Ferngas und ähnlichen Gasen in Leitungen entfällt die Einfuhrabfertigung.

(7) Die Absätze 3 und 5 finden keine Anwendung, soweit unmittelbar geltende Gemeinschaftsvorschriften über die Anwendung handelspolitischer Maßnahmen abweichende Regelungen treffen.

§ 27a
Einfuhrkontrollmeldung – Erhebung von Einfuhrdaten

(1) Bei der Einfuhr von Waren, die in Spalte 5 der Einfuhrliste mit den Buchstaben „EKM" gekennzeichnet sind, ist zum Zweck der Marktbeobachtung eine Einfuhrkontrollmeldung vorzulegen, wenn die Einfuhranmeldung papiergestützt erfolgt. Die zuständige Zollstelle leitet die Einfuhrkontrollmeldungen zum Zweck der Marktbeobachtung an das Bundesamt für Wirtschaft und Ausfuhrkontrolle (BAFA) weiter.

(2) (aufgehoben)

(3) Zu verwenden ist bei der Überführung von Waren in den zollrechtlich freien Verkehr ein als Einfuhrkontrollmeldung bezeichneter Vordruck, der dem jeweils vorzulegenden Anmeldepapier für die Wareneinfuhr nach den §§ 4 und 6 des Außenhandelsstatistikgesetzes und § 15 der Außenhandelsstatistik-Durchführungsverordnung entspricht, in allen sonstigen Fällen ein Vordruck, soweit erforderlich mit Ergänzungsblättern, den das Bundesamt für Wirtschaft und Ausfuhrkontrolle (BAFA) im Bundesanzeiger bekanntgibt. Angaben, die in dem gemäß Bekanntmachung vorgeschriebenen Vordruck nicht vorgese-

hen sind, gelten auch in den anderen Vordrucken der Einfuhrkontrollmeldung als nicht gefordert.

(4) Bei der Einfuhr von Waren im Rahmen eines vereinfachten Anmelde- oder Anschreibeverfahrens hat der Einführer die ausgenutzten Blätter der Einfuhrkontrollmeldung unverzüglich nach der Einfuhr dem Bundesamt für Wirtschaft und Ausfuhrkontrolle (BAFA) zu übersenden. Die Einfuhrkontrollmeldung mit der letzten Eintragung des Abrechnungszeitraums ist jedoch bei der Einfuhrabfertigung vorzulegen.

(5) Die für die Erteilung von Einfuhrgenehmigungen zuständigen Stellen können vertrauenswürdige Einführer, die ständig zahlreiche Sendungen einführen, von der Vorlage der Einfuhrkontrollmeldung befreien und statt dessen Meldungen in anderer Weise zulassen, wenn bei dem Einführer die fortlaufende, vollständige und richtige Erfassung der Einfuhrsendungen nach der Art des betrieblichen Rechnungswesens, insbesondere mit Hilfe einer elektronischen Datenverarbeitungsanlage, gewährleistet ist.

(6) Bei der Einfuhr von Waren der Warennummern 0105 11 11 bis 0105 99 50, 0207 11 10 bis 0207 13 70, 0207 13 99 bis 0207 14 70, 0207 14 99 bis 0207 26 20, 0207 26 50 bis 0207 26 80, 0207 26 99 bis 0207 27 20, 0207 27 40 bis 0207 27 80, 0207 27 99 bis 0207 33 90, 0207 35 11, 0207 35 15, 0207 35 23, 0207 35 31 bis 0207 35 63, 0207 36 11 bis 0207 36 23, 0207 36 31 bis 0207 36 79, 02073690, 0209 00 90, 0302 40 00, 0302 50 10, 0302 69 31, 0302 69 33, 0303 52 10 bis 0303 52 90, 0303 79 35 bis 0303 79 41, 0304 19 97, 0304 29 29 bis 0304 29 39, 0304 29 85, 0304 99 23, 0304 99 33, 0304 99 41, 0306 23 10, 0401 10 10 bis 0403 10 39, 0403 90 11 bis 0403 90 69, 0404 10 02 bis 0407 00 30, 0408 11 80, 0408 19 81, 0408 19 89, 0408 91 80, 0408 99 80, 0701 10 00, 0701 90 50, 0701 90 90, 1105 10 00, 1105 20 00, 1602 32 11, 1602 39 21, 1702 11 00, 1702 19 00, 2106 90 51, 2309 90 20, 3502 11 90 und 3502 19 90 bis 3502 90 70 des Warenverzeichnisses für die Außenhandelsstatistik hat der Einführer zum Zweck der Marktbeobachtung gegenüber der Bundesanstalt für Landwirtschaft und Ernährung (BLE) Angaben zu Anmeldung, Belegnummer, maßgebendem Zeitpunkt, Namen und Adressdaten des Empfängers, Zollnummer des Empfängers, Versendungsland, Umrechnungskurs, Art des Geschäfts, Warenbezeichnung, Warennummer, Ursprungsland, Rohmasse, Verfahrenscode, Eigenmasse, statistischer Menge in besonderer Maßeinheit, einfuhrrechtlichem Papier (Nummer und Datum) und statistischem Wert zu machen. Die Angaben erfolgen elektronisch und werden vom Einführer mit der Einfuhranmeldung bei der zuständigen Zollstelle abgegeben. Das Zentrum für Informationsverarbeitung und Informationstechnik (ZIVIT) leitet die Daten im Auftrag der zuständigen Zollstelle zum Zweck der Marktbeobachtung an die Bundesanstalt für Landwirtschaft und Ernährung (BLE) weiter.

(7) Bei der Einfuhr von Waren der Warennummern 2705 00 00, 2707 10 10, 2707 20 10, 2707 30 10, 2707 50 10, 2707 50 90, 2709 00 10, 2709 00 90, 2710 11 11 bis 2710 19 99, 2710 99 00, 2711 11 00 bis 2711 29 00, 2712 10 10 bis 2713 20 00, 2713 90 90, 2715 00 00, 3403 19 91 und 3403 19 99 des Warenverzeichnisses für die Außenhandelsstatistik hat der Einführer zum Zweck der Marktbeobachtung gegenüber dem Bundesamt für Wirtschaft und Ausfuhrkontrolle (BAFA) Angaben zu Anmeldung, Belegnummer, – maßgebendem Zeitpunkt, Namen und Adressdaten des Empfängers, – Zollnummer des Empfängers, Namen und Adressdaten des Anmelders, Zollnummer des Anmelders, Versendungsland, Warenbezeichnung, Warennummer, Ursprungsland, Rohmasse, Verfahrenscode, Eigenmasse, statistischer Menge in besonderer Maßeinheit und statistischem Wert zu machen. Die Angaben erfolgen elektronisch und werden vom Einführer mit der

Einfuhranmeldung bei der zuständigen Zollstelle abgegeben. Das Zentrum für Informationsverarbeitung und Informationstechnik (ZIVIT) leitet die Daten im Auftrag der zuständigen Zollstelle zum Zweck der Marktbeobachtung an das Bundesamt für Wirtschaft und Ausfuhrkontrolle (BAFA) weiter.

(8) Die Bundesanstalt für Landwirtschaft und Ernährung (BLE) und das Bundesamt für Wirtschaft und Ausfuhrkontrolle (BAFA) löschen die Daten spätestens nach Ablauf von zwei Jahren. Die Frist beginnt mit dem Ende des Jahres, in dem die Daten von der zuständigen Zollstelle übermittelt worden sind.

§ 28
Verfahren bei der Einfuhrabfertigung

(1) Die Zollstelle prüft die Zulässigkeit der Einfuhr. Sie lehnt die Einfuhrabfertigung ab, wenn eine für die Einfuhr erforderliche Einfuhrlizenz nicht vorliegt oder nicht im Unternehmen des Einführers beziehungsweise bei ihm vorhanden und gültig ist wenn die Waren nicht den Angaben in den nach § 27 Abs. 2 vorzulegenden beziehungsweise den im Unternehmen des Einführers beziehungsweise bei ihm vorhandenen und gültigen Unterlagen entsprechen. Bestehen bei der Vorlage eines Ursprungszeugnisses oder an dem im Unternehmen des Einführers beziehungsweise bei ihm vorhandenen und gültigen Ursprungszeugnis ernsthafte Zweifel, können die Zollstellen weitere Beweismittel zum Nachweis des Ursprungs verlangen und damit die Einfuhrabfertigung ermöglichen.

(2) Die Einfuhrabfertigung darf nur bis zum Ende des zweiten Monats nach Ablauf der gemäß § 22 zulässigen oder genehmigten Lieferfrist vorgenommen werden.

(3) (weggefallen)

(4) (weggefallen)

§ 28a
Vorherige Einfuhrüberwachung

(1) Haben der Rat oder die Kommission durch Verordnung die Einfuhr einer Ware der gemeinschaftlichen Überwachung unterstellt, so wird bei der genehmigungsfreien Einfuhr auf Antrag ein Überwachungsdokument auf einem gemeinschaftlichen Einfuhrdokument nach den Verordnungen der -Europäischen Gemeinschaft[1]in ihrer jeweils geltenden Fassung erteilt. Die Genehmigungsstellen schreiben im Rahmen ihrer Zuständigkeit durch Mitteilung im Bundesanzeiger vor, auf welchem Vordruck das Überwachungsdokument zu beantragen ist oder unter welchen Voraussetzungen Anträge auf andere Weise, insbesondere durch Datenfernübertragung, gestellt werden können. Antragsberechtigt ist nur der Einführer. Das Überwachungsdokument wird von einer zuständigen Behörde in der Gemeinschaft ausgestellt und ist in der gesamten Gemeinschaft gültig.

---

1 – Verordnung (EG) Nr. 260/2009 des Rates vom 26. Februar 2009 über die gemeinsame Einfuhrregelung (kodifizierte Fassung) (ABl. L 84 vom 31.3.2009, S. 1)
– Verordnung (EG) Nr. 625/2009 des Rates vom 7. Juli 2009 über die gemeinsame Regelung der Einfuhren aus bestimmten Drittländern (kodifizierte Fassung) (ABl. L 185 vom 17.7.2009, S. 1)
– Verordnung (EG) Nr. 517/94 des Rates vom 7. März 1994 über die gemeinsame Regelung der Einfuhren von Textilwaren aus bestimmten Drittländern, die nicht unter bilaterale Abkommen, Protokolle, andere Vereinbarungen oder eine spezifische gemeinschaftliche Einfuhrregelung fallen (ABl. EG Nr. L 67 S. 1)
– Verordnung (EG) Nr. 76/2002 der Kommission vom 17. Januar 2002 über die Einführung einer vorherigen gemeinschaftlichen Überwachung der Einfuhren bestimmter unter den EGKS- und den EG-Vertrag fallender Eisen- und Stahlerzeugnisse mit Ursprung in Drittländern (ABl. EG Nr. L 16 S. 3), zuletzt geändert durch Verordnung (EG) Nr. 1915/ 2006 der Kommission vom 18. Dezember 2006 (ABl. EU Nr. L 365 S. 76) – Verlängerung.

(2) Zuständig für die Ausstellung des Überwachungsdokuments ist im Wirtschaftsgebiet das Bundesamt für Wirtschaft und Ausfuhrkontrolle (BAFA); die Bundesanstalt für Landwirtschaft und Ernährung, soweit sie in Spalte 3 der Einfuhrliste angegeben ist. Soweit die Verwendung nationaler Dokumente im Wirtschaftsgebiet in Anwendung des geltenden Gemeinschaftsrechts zulässig ist oder der Rat oder die Kommission die Verwendung anderer Dokumente vorschreiben, machen das Bundesamt für Wirtschaft und Ausfuhrkontrolle (BAFA) oder die Bundesanstalt diese Dokumente im Rahmen ihrer Zuständigkeit im Bundesanzeiger bekannt.

(3) Der Einführer hat in den Fällen des Absatzes 1 vor der Einfuhr von Waren, für die in Spalte 3 der Einfuhrliste die Bundesanstalt für Landwirtschaft und Ernährung angegeben ist, bei dieser von sonstigen Waren bei dem Bundesamt für Wirtschaft und Ausfuhrkontrolle (BAFA) die Ausstellung eines Überwachungsdokuments zu -beantragen. Die Zusammenfassung verschiedenartiger Waren, verschiedener Einkaufsländer oder verschiedener Ursprungsländer in einem Überwachungsdokument ist nicht zulässig.

(4) Im Antrag auf Erteilung des Überwachungsdokuments sind die vom Rat oder der Kommission durch Verordnung festgelegten Angaben vom Einführer zu machen. Das Bundesamt für Wirtschaft und Ausfuhrkontrolle (BAFA) oder die Bundesanstalt für Landwirtschaft und Ernährung teilen die Bedingungen für die Ausstellung des Überwachungsdokuments -jeweils im Bundesanzeiger mit. Im Überwachungsdokument wird der Endtermin des Zeitraumes eingetragen, bis zu dem das Überwachungsdokument zur Einfuhrabfertigung verwendet werden darf, sowie der Prozentsatz, bis zu dem eine Überschreitung des Preises je Einheit, zu dem das Geschäft getätigt wurde oder bis zu dem eine Überschreitung des angegebenen Gesamtwertes oder der angegebenen Menge in handelsüblichen Einheiten bei der Einfuhrabfertigung zulässig ist.

(5) Der Einführer hat das von der zuständigen Behörde erteilte Überwachungsdokument bei der Einfuhrabfertigung vorzulegen. Die Zollstelle vermerkt auf dem Überwachungsdokument den Wert oder die Menge der abgefertigten Waren. Bei der elektronischen Einfuhrabfertigung dürfen die Zollstellen die Daten des Überwachungsdokuments im automatisierten Verfahren abrufen; die Vorlage des Überwachungsdokuments in Papierform bei der Einfuhrabfertigung ist nicht erforderlich. Der Einführer hat sicherzustellen, dass das Überwachungsdokument im Zeitpunkt der Anmeldung in seinem Unternehmen beziehungsweise bei ihm vorhanden und gültig ist. Im Rahmen der elektronischen Einfuhrabfertigung werden Überwachungsdokumente durch die Zollstellen grundsätzlich elektronisch abgeschrieben, wenn sie zur Verwendung im Wirtschaftsgebiet bestimmt sind. Zur Verwendung eines Überwachungsdokuments außerhalb des Wirtschaftsgebiets wird das Nähere durch eine Bekanntmachung des Bundesamtes für Wirtschaft und Ausfuhrkontrolle (BAFA) im Bundesanzeiger bestimmt. Außerhalb des Wirtschaftsgebiets ausgestellte Überwachungsdokumente müssen in Papierform vorgelegt und abgeschrieben werden.

(6) Die Zollstelle lehnt die Einfuhrabfertigung ab,

a) wenn der Antrag auf Einfuhrabfertigung später als an dem letzten Gültigkeitstag des Überwachungsdokuments gestellt wird,

b) wenn der Preis je Einheit, zu dem das Geschäft getätigt wird, den im Überwachungsdokument angegebenen Preis um mehr als den im Überwachungsdokument vermerkten Prozentsatz überschreitet oder

c) soweit der Gesamtwert oder die Gesamtmenge der zur Einfuhr angemeldeten Waren um mehr als den im Überwachungsdokument vermerkten Prozentsatz überschritten wird.

(7) Die Absätze 1 bis 6 finden entsprechende Anwendung bei der Einfuhr von Waren, für die eine nationale Einfuhrüberwachung in Anwendung des geltenen Gemeinschaftsrechts zulässig ist.

(8) Der Einführer hat bei der Abgabe des Überwachungsdokuments zusätzliche Unterlagen vorzulegen oder in Spalte 17 des Überwachungsdokuments oder in einer besonderen Erklärung zusätzliche Angaben zu machen, soweit dies in Spalte 5 der Einfuhrliste verlangt wird. Dies gilt auch, wenn die Zollstellen die Daten der Überwachungsdokumente im automatisierten Verfahren abrufen.

(9) Im Falle des Absatzes 1 tritt an die Stelle des Überwachungsdokuments die Einfuhrgenehmigung (§§ 30 und 31), soweit dies in Spalte 4 der Einfuhrliste verlangt wird.

§ 29
Ursprungszeugnis und Ursprungserklärung

(1) Bei der Einfuhrabfertigung von Waren, die in Spalte 5 der Einfuhrliste mit „U" oder „UE" gekennzeichnet sind, ist weder ein Ursprungszeugnis noch eine Ursprungserklärung vorzulegen oder muss bei der elektronischen Einfuhrabfertigung im Unternehmen des Einführers beziehungsweise bei ihm vorhanden und gültig sein, wenn

1. es sich nicht um Waren der Ernährung und Landwirtschaft oder Waren des Abschnitts XI der Einfuhrliste handelt und der Wert der in der Einfuhrsendung enthaltenen Waren, für die ein Ursprungszeugnis oder eine Ursprungserklärung vorgeschrieben ist, 1000 Euro nicht übersteigt oder
2. das Ursprungsland der Ware ein Mitgliedstaat der Europäischen Gemeinschaften ist.

(2) Das Ursprungszeugnis muss von einer berechtigten Stelle des Ursprungslandes ausgestellt sein. Das Bundesministerium für Wirtschaft macht die berechtigten Stellen im Bundesanzeiger bekannt. Ist das Versendungsland nicht das Ursprungsland, so genügt die Vorlage eines Ursprungszeugnisses einer berechtigten Stelle des Versendungslandes.

(3) Die Ursprungserklärung muss vom Exporteur oder Lieferanten auf der Rechnung oder, falls eine Rechnung nicht vorgelegt werden kann, auf einem anderen mit der Ausfuhr zusammenhängenden geschäftlichen Beleg eingetragen werden und bestätigen, dass die Waren ihren Ursprung im Sinne der Artikel 22 bis 26 der Verordnung (EWG) Nr. 2913/92 in Verbindung mit den Artikeln 36 bis 38 der Verordnung (EWG) Nr. 2454/93 in der jeweils geltenden Fassung in dem angegebenen Drittland haben.

§ 29a
(weggefallen)

§ 29b
(weggefallen)

3. Untertitel
Genehmigungsbedürftige Einfuhr

§ 30
Einfuhrgenehmigung

(1) Die Genehmigungsstellen schreiben im Rahmen ihrer Zuständigkeit durch Bekanntmachung im Bundesanzeiger vor, auf welchem Vordruck die Einfuhrgenehmigung zu beantragen ist oder unter welchen Voraussetzungen Anträge auf andere Weise, insbesondere durch Datenfernübertragung, gestellt werden können. Antragsberechtigt ist nur der Einführer. Die Einfuhrgenehmigung wird auf einem gemeinschaftlichen Einfuhrdokument nach den Verordnungen der Europäischen Gemeinschaft[1] [2] in ihrer jeweils geltenden Fassung erteilt und ist in der gesamten Gemeinschaft gültig. Soweit die Verwendung nationaler Vordrucke für die Einfuhrgenehmigung zulässig ist, können die Genehmigungsstellen im Rahmen ihrer Zuständigkeit zur Verwendung im Wirtschaftsgebiet abweichend von Satz 3 diese Vordrucke durch Bekanntmachung im Bundesanzeiger vorschreiben.

(2) (aufgehoben)

(3) Das Bundesamt für Wirtschaft und Ausfuhrkontrolle (BAFA) schreibt im Rahmen seiner Zuständigkeit und in Anwendung des geltenden Gemeinschaftsrechts durch Bekanntmachung im Bundesanzeiger vor, auf welchem Vordruck die Einfuhrgenehmigung (vorherige Bewilligung) für Waren, auf die die Verordnung (EG) Nr. 3036/94 des Rates vom 8. Dezember 1994 zur Schaffung eines wirtschaftlichen passiven Veredelungsverkehrs für bestimmte Textil- und Bekleidungserzeugnisse, die nach Be- oder Verarbeitung in gewissen Drittländern wieder in die Gemeinschaft eingeführt werden (ABl. EG Nr. L 322 S. 1), in der jeweils geltenden Fassung angewendet wird, zu beantragen ist und erteilt wird.

---

1 – Verordnung (EG) Nr. 738/94 der Kommission vom 30. März 1994 zur Festlegung von Durchführungsvorschriften zu der Verordnung (EG) Nr. 520/94 des Rates zur Festlegung eines Verfahrens der gemeinschaftlichen Verwaltung mengenmäßiger Kontingente (ABl. EG Nr. L 87 S. 47)
– Verordnung (EG) Nr. 3168/94 der Kommission vom 21. Dezember 1994 zur Einführung einer Einfuhrgenehmigung im Geltungsbereich der Verordnung (EG) Nr. 517/94 des Rates über gemeinsame Regelung der Einfuhren von Textilwaren aus bestimmten Drittländern, die nicht unter bilaterale Abkommen, Protokolle, andere Vereinbarungen oder eine spezifische gemeinschaftliche Einfuhrregelung fallen, und zur Änderung dieser Verordnung (ABl. EG Nr. L 335 S. 23)
– Verordnung (EWG) Nr. 3030/93 des Rates vom 12. Oktober 1993 über die gemeinsame Einfuhrregelung für bestimmte Textilwaren mit Ursprung in Drittländern (ABl. EG Nr. L 275 S. 1)
– Beschluss der im Rat vereinigten Vertreter der Regierungen der Mitgliedstaaten vom 19. Dezember 2001 über bestimmte Maßnahmen, die im Warenverkehr mit bestimmten, unter den EGKS-Vertrag fallenden Stahlerzeugnissen auf die Ukraine anzuwenden sind (ABl. EG Nr. L 345 S. 75)
– Beschluss der im Rat vereinigten Vertreter der Regierungen der Mitgliedstaaten vom 19. Dezember 2001 über bestimmte Maßnahmen, die im Warenverkehr mit bestimmten, unter den EGKS-Vertrag fallenden Stahlerzeugnissen auf die Russische Föderation anzuwenden sind (ABl. EG Nr. L 345 S. 71)
– Beschluss der im Rat vereinigten Vertreter der Regierungen der Mitgliedstaaten vom 19. Dezem--ber 2001 über bestimmte Maßnahmen, die im Warenverkehr mit bestimmten, unter den EGKS-Vertrag fallenden Stahlerzeugnissen auf Kasachstan anzuwenden sind (ABl. EG Nr. L 345 S. 78).

2 – Verordnung (EG) Nr. 738/94 der Kommission vom 30. März 1994 zur Festlegung von Durchführungsvorschriften zu der Verordnung (EG) Nr. 520/94 des Rates zur Festlegung eines Verfahrens der gemeinschaftlichen Verwaltung mengenmäßiger Kontingente (ABl. EG Nr. L 87 S. 47)
– Verordnung (EG) Nr. 3168/94 der Kommission vom 21. Dezember 1994 zur Einführung einer Einfuhrgenehmigung im Geltungsbereich der Verordnung (EG) Nr. 517/94 des Rates über die gemeinsame Regelung der Einfuhren von Textilwaren aus bestimmten Drittländern, die nicht unter bilaterale Abkommen, Protokolle, andere Vereinbarungen oder eine spezifische gemeinschaftliche Einfuhrregelung fallen, und zur Änderung dieser Verordnung (ABl. EG Nr. L 335 S. 23)
– Verordnung (EWG) Nr. 3030/93 des Rates vom 12. Oktober 1993 über die gemeinsame Einfuhrregelung für bestimmte Textilwaren mit Ursprung in Drittländern (ABl. EG Nr. L 275 S. 1)
– Verordnung (EG) Nr. 1342/2007 des Rates vom 22. Oktober 2007 über die Verwaltung bestimmter Einfuhrbeschränkungen für bestimmte Eisen- und Stahlerzeugnisse aus der Russischen Förderation (ABl. EU Nr. L 300 S. 1)
– Verordnung (EG) Nr. 1340/2008 des Rates vom 8. Dezember 2008 über den Handel mit bestimmten Stahlerzeugnissen zwischen der Europäischen Gemeinschaft und der Republik Kasachstan (ABl. EU Nr. L 348 S. 1).

(4) Die Genehmigungsstellen können verlangen, daß für bestimmte Waren oder Warengruppen getrennte Anträge gestellt werden, soweit es zur Überwachung der Einfuhr, zur Beschleunigung des Genehmigungsverfahrens oder zur Wahrung sonstiger durch das Außenwirtschaftsgesetz oder durch das Gemeinschaftsrecht geschützter Belange erforderlich ist. Falls getrennte Anträge verlangt werden, soll darauf in der Ausschreibung hingewiesen werden.

(5) Die Genehmigungsstellen sollen Anträge, die innerhalb einer angemessenen Frist nach der Ausschreibung bei ihnen eingehen, als gleichzeitig gestellt behandeln. Die Frist soll in der Ausschreibung bekanntgegeben werden. Die Genehmigungsstellen machen Abweichungen, die sich aus der gemeinschaftlichen Regelung ergeben können, durch Veröffentlichung im Bundesanzeiger bekannt.

§ 31
Einfuhrabfertigung

(1) Für die genehmigungsbedürftige Einfuhr gelten die §§ 27, 27 a, § 28 Abs. 1 und § 29 Abs. 2 und 3 mit der Maßgabe, dass bei der Einfuhrabfertigung zusätzlich die Einfuhrgenehmigung sowie in den Fällen, in denen dies die Einfuhrliste oder die Einfuhrgenehmigung vorschreibt, ein Ursprungszeugnis oder eine Ursprungserklärung vorzulegen ist. Bei der elektronischen Einfuhrabfertigung dürfen die Zollstellen die Daten der Einfuhrgenehmigung im automatisierten Verfahren abrufen; die Vorlage der Einfuhrgenehmigung in Papierform bei der Einfuhrabfertigung ist nicht erforderlich. Der Einführer hat sicherzustellen, dass die Einfuhrgenehmigung sowie das Ursprungszeugnis oder die Ursprungserklärung im Zeitpunkt der Beantragung der Einfuhrabfertigung in seinem Unternehmen beziehungsweise bei ihm vorhanden und gültig sind.

(2) Die Zollstelle vermerkt auf der Einfuhrgenehmigung den Wert oder die Menge der abgefertigten Waren. Bei der elektronischen Einfuhrabfertigung werden Einfuhrgenehmigungen durch die Zollstellen grundsätzlich elektronisch abgeschrieben, wenn sie zur Verwendung im Wirtschaftsgebiet bestimmt sind. Zur Verwendung einer Einfuhrgenehmigung außerhalb des Wirtschaftsgebiets wird das Nähere durch eine Bekanntmachung des Bundesamtes für Wirtschaft und Ausfuhrkontrolle (BAFA) im Bundesanzeiger bestimmt. Außerhalb des Wirtschaftsgebiets erteilte Einfuhrgenehmigungen müssen in Papierform vorgelegt und abgeschrieben werden.

4. Untertitel
Sonderregelungen nach § 10 Abs. 4 und § 26 AWG

§ 31a
(weggefallen)

§ 32
Erleichtertes Verfahren

(1) Gemeinschaftsansässige und Gemeinschaftsfremde dürfen ohne Einfuhrgenehmigung einführen

1. (weggefallen)
2. belichtete und entwickelte kinematographische Filme und die dazugehörenden Tonträger;

3.
   a) Waren der gewerblichen Wirtschaft (Waren, für die das Bundesamt für Wirtschaft und Ausfuhrkontrolle [BAFA] in Spalte 3 der Einfuhrliste angegeben ist) bis zu einem Wert von 1000 Euro je Einfuhrsendung,
   b) Waren der Ernährung und Landwirtschaft (Waren, für die die Bundesanstalt für Landwirtschaft und Ernährung in Spalte 3 der Einfuhrliste angegeben ist), ausgenommen Saatgut, bis zu einem Wert von 125 Euro je Einfuhrsendung;
   c) das erleichterte Verfahren gilt nicht für die Einfuhr aus einer Freizone oder einem Nichterhebungsverfahren sowie für die Einfuhr von Waren, die zum Handel oder zu einer anderen gewerblichen Verwendung bestimmt sind;
4. Muster und Proben für einschlägige Handelsunternehmen oder Verarbeitungsbetriebe
   a) von Waren der gewerblichen Wirtschaft bis zu einem Wert von 250 Euro je Einfuhrsendung,
   b) von Erzeugnissen der Ernährung und Landwirtschaft bis zu einem Wert von 50 Euro je Einfuhrsendung, ausgenommen Saatgut;

   bei der Bemessung des Wertes unentgeltlich gelieferter Muster und Proben bleiben Vertriebskosten außer Betracht;
5. Geschenke bis zu einem Wert von 1000 Euro je Einfuhrsendung;
6. Briefmarken und Ganzsachen sowie die dazugehörenden Alben;
7. (weggefallen)
8. Kunstgegenstände, die von Gemeinschaftsansässigen während eines vorübergehenden Aufenthaltes in Drittländern geschaffen worden sind;

8a. Kunstgegenstände, Sammlungsstücke und Antiquitäten, die nicht zum Handel bestimmt sind;

9. Akten, Geschäftspapiere, Urkunden, Korrekturbogen, andere Schriftstücke sowie Manuskripte, die nicht als Handelsware eingeführt werden;
10. Fernsehbandaufzeichnungen;
11. (weggefallen)

11a. Teile zur Ausbesserung von in Drittländern zugelassenen Kraftfahrzeugen, die während der vorübergehenden Verwendung im Gemeinschaftsgebiet reparaturbedürftig geworden sind;

11b. Luftfahrzeuge und Luftfahrzeugteile, die zu ihrer Wartung oder Ausbesserung im Gemeinschaftsgebiet oder nach ihrer Wartung oder Ausbesserung in Drittländern im Rahmen von Wartungsverträgen eingeführt werden;

11c. Luftfahrzeuge, die vorübergehend für Vorführzwecke aus dem Gemeinschaftsgebiet ausgeführt worden sind;

12. Bunkerkohle und sonstige Betriebsstoffe für Schiffe und Luftfahrzeuge bei der Überführung in den zollrechtlich freien Verkehr zur besonderen Verwendung; Treibstoffe, die Landkraftfahrzeuge in den dafür eingebauten Behältern zum Eigenbetrieb mitführen;

12a. Waren, die von einem Gemeinschaftsfremden auf eigene Rechnung einem Gemeinschaftsansässigen zum Ausbessern von Schiffen zur Verfügung gestellt werden, wenn das Schiff in einer Freizone oder unter zollamtlicher Überwachung für Rechnung des Gemeinschaftsfremden ausgebessert wird;

12b. gebrauchte Kleidungsstücke, die nicht zum Handel bestimmt sind;

13. Waren, die Aussteller zum unmittelbaren Verzehr als Kostproben auf Messen oder Ausstellungen einführen, wenn der Wert der in einem Kapitel der Einfuhrliste zusammengefassten Waren 3000 Euro je Messe oder Ausstellung nicht übersteigt; hierbei ist der Wert der Waren mehrerer Aussteller, die sich durch dieselbe Person vertreten lassen, zusammenzurechnen;

14. Fische, Seetang, Seegras und andere Waren, die Gemeinschaftsansässige auf hoher See sowie im schweizerischen Teil des Untersees und des Rheins von Schiffen, welche die Flagge eines Mitgliedstaates der Europäischen Gemeinschaften führen, aus gewinnen und unmittelbar in das Gemeinschaftsgebiet verbringen; in diesen schweizerischen Gebieten erlegtes Wild;

15. Waren bis zu einem Wert von 5000 Euro, die von Schiffen, welche die Flagge eines Mitgliedstaates der Europäischen Gemeinschaften führen, aus einem an den Küsten des Gemeinschaftsgebiets gestrandeten Schiff geborgen oder aus einem auf hoher See beschädigten Schiff gerettet und unmittelbar in das Gemeinschaftsgebiet verbracht werden; von deutschen Schiffen aufgefischtes und an Land gebrachtes seetriftiges Gut;

16. Waren, welche die im Gemeinschaftsgebiet stationierten ausländischen Truppen, die ihnen gleichgestellten Organisationen, das zivile Gefolge sowie deren Mitglieder und Angehörige der Mitglieder zu ihrer eigenen Verwendung einführen;

17. Waren zur Lieferung an die im Gemeinschaftsgebiet stationierten ausländischen Truppen, die ihnen gleichgestellten Organisationen, das zivile Gefolge sowie an ihre Mitglieder und die Angehörigen der Mitglieder, wenn nach zwischenstaatlichen Verträgen der Bundesrepublik Deutschland oder den Vorschriften des Truppenzollgesetzes Zollfreiheit gewährt wird;

18. Waren aus dem Besitz der im Gemeinschaftsgebiet stationierten ausländischen Truppen, der ihnen gleichgestellten Organisationen, des zivilen Gefolges sowie der Mitglieder und der Angehörigen der Mitglieder;

19. Abfälle, die im Gemeinschaftsgebiet bei der Bearbeitung, Verarbeitung oder Ausbesserung von eingeführten und zur Wiederausfuhr bestimmten Waren anfallen, wenn für die Überlassung der Abfälle kein Entgelt gewährt wird;

20. Abfälle, Fegsel und zum ursprünglichen Zweck nicht mehr verwendbare Waren, die in Freizonen, Häfen, Zollagern oder in einem sonstigen Nichterhebungsverfahren im Gemeinschaftsgebiet anfallen;

21. Waren, die zum vorübergehenden Gebrauch in eine Freizone oder zur vorübergehenden Verwendung in das Gemeinschaftsgebiet verbracht worden sind und zum ursprünglichen Zweck nicht mehr verwendet werden können, oder Teile davon, die bei der Ausbesserung im Gemeinschaftsgebiet anfallen;

22. Ersatzlieferungen für eingeführte Waren, die in Drittländer zurückgesandt worden sind oder zurückgesandt werden sollen oder unter zollamtlicher Überwachung ver-

nichtet worden sind, und handels-übliche Nachlieferungen zu bereits eingeführten Waren;

22a. Waren mit Ursprung in den Europäischen Gemeinschaften oder in einem anderen Vertragsstaat des Abkommens über den Europä-ischen Wirtschaftsraum, die als Veredelungserzeugnisse nach -zollrechtlicher passiver Veredelung eingeführt werden; andere Veredelungserzeugnisse nach zollrechtlicher passiver Veredelung, die nach Ausbesserung, im Verfahren des Standardaustausches oder nach Durchführung ergänzender Veredelungsvorgänge gemäß Artikel 123 der VO (EWG) Nr. 2913/92 in der jeweils geltenden Fassung eingeführt werden;

23. Ballast, der nicht als Handelsware eingeführt wird;

23a. (weggefallen)

24. Brieftauben, die nicht als Handelsware eingeführt werden;

25. Waren zur Verwendung bei der Ersten Hilfe in Katastrophenfällen;

26. Eis zum Frischhalten von Waren bei der Einfuhr;

27. Reisegerät und Reisemitbringsel, wenn die Waren frei von Einfuhrabgaben im Sinne von Artikel 4 Nr. 10 der Verordnung (EWG) Nr. 2913/92 sind; nicht zum Handel bestimmte Waren bis zu einem Wert von 1500 Euro, die Reisende mitführen;

28. im Verkehr zwischen Personen, die in benachbarten, durch zwischenstaatliche Abkommen festgelegten Grenzzonen oder in benachbarten grenznahen Räumen mit Drittländern ansässig sind (Grenzverkehr),

    a) von diesen Personen mitgeführte Waren, die nicht zum Handel bestimmt sind und deren Wert 500 Euro täglich nicht übersteigt,

    b) Waren, die diesen Personen als Teil des Lohnes oder auf Grund von gesetzlichen Unterhalts- oder Altenteilsverpflichtungen gewährt werden;

29. Tiere, Saatgut, Düngemittel, Fahrzeuge, Maschinen und sonstige Waren, deren Einfuhr durch die örtlichen und wirtschaftlichen Verhältnisse in Grenzzonen oder grenznahen Räumen mit Drittländern bedingt ist und die nach zwischenstaatlichen Verträgen von Einfuhrbeschränkungen befreit sind;

29a. Klärschlamm und Rechengut, die beim Betrieb von grenzüberschreitenden Gemeinschaftsanlagen zur Abwässerreinigung in Grenzzonen oder grenznahen Räumen mit Drittländern anfallen;

30. Erzeugnisse des Ackerbaus, der Viehzucht, des Gartenbaus und der Forstwirtschaft solcher grenzdurchschnittener Betriebe, die vom Gemeinschaftsgebiet aus bewirtschaftet werden, wenn für diese Erzeugnisse außertarifliche Freiheit von Einfuhrabgaben im Sinne von Artikel 4 Nr. 10 der Verordnung (EWG) Nr. 2913/92 gewährt wird;

31. Deputatkohle;

32. Baubedarf, Instandsetzungs- und Betriebsmittel für Stauwerke, Kraftwerke, Brücken, Straßen und sonstige Bauten, die beiderseits der Grenze zu Drittländern errichtet, betrieben oder benutzt werden;

33. Waren, die nach

    a) den §§ 12 bis 19 der Zollverordnung vom 23. Dezember 1993 (BGBl. I S. 2449),

b) Kapitel I der Verordnung (EWG) Nr. 918/83 des Rates vom 28. März 1983 über das gemeinschaftliche System der Zollbefreiungen (ABl. EG Nr. L 105 S. 1) in der jeweils geltenden Fassung frei von Einfuhrabgaben im Sinne von Artikel 4 Nr. 10 der Verordnung (EWG) Nr. 2913/92 eingeführt werden können; die Regelung gilt entsprechend, wenn solche Waren aus einem anderen Grund zollfrei eingeführt werden können;

33a. Umschließungen und Verpackungsmittel, Behälter (Container) und sonstige Großraumbehältnisse, die wie diese verwendet werden, -Paletten, Druckbehälter für verdichtete oder flüssige Gase, Kabeltrommeln und Kettbäume, soweit diese nicht Gegenstand eines Handelsgeschäftes sind, sowie zum Frischhalten beigepacktes Eis;

34. Waren in Freizonen unter den Voraussetzungen und Bedingungen, unter denen sie nach den Nummern 27 und 33 im erleichterten Verfahren eingeführt werden können;

35. Waren, die der Bundesminister der Verteidigung, seine nachgeordneten Behörden und Dienststellen im Rahmen des Abkommens zwischen der Bundesrepublik Deutschland und den Vereinigten Staaten von Amerika über gegenseitige Verteidigungshilfe vom 30. Juni 1955 (BGBl. II S. 1049) oder nach Lagerung, Ausbesserung oder dienstlichem Gebrauch in Drittländern einführen;

36. Waren, für die außertarifliche Freiheit von Einfuhrabgaben im Sinne von Artikel 4 Nr. 10 der Verordnung (EWG) Nr. 2913/92 gewährt wird

a) nach den Beitrittsgesetzen der Bundesrepublik Deutschland zu zwischenstaatlichen Verträgen mit Drittländern,

b) nach Rechtsverordnungen der Bundesregierung auf Grund des Artikels 3 des Gesetzes vom 22. Juni 1954 über den Beitritt der Bundesrepublik Deutschland zum Abkommen über die Vorrechte und Befreiungen der Sonderorganisationen der Vereinten Nationen vom 21. November 1947 und über die Gewährung von Vorrechten und Befreiungen an andere zwischenstaatliche Organisationen (BGBl. 1954 II S. 639) in der Fassung von Artikel 4 Abs. 1 des Gesetzes vom 16. August 1980 (BGBl. II S. 941),

c) (weggefallen)

d) nach den Artikeln 137 bis 144 der Verordnung (EWG) -Nr. 2913/92 für Waren, die unter vollständiger oder teilweiser Befreiung von Einfuhrabgaben im Sinne von Artikel 4 Nr. 10 der Verordnung (EWG) Nr. 2913/92 vorübergehend im Gemeinschaftsgebiet verwendet werden,

e) nach den Artikeln 185 und 186 der Verordnung (EWG) -Nr. 2913/92 für Waren, die wieder in das Gemeinschaftsgebiet eingeführt werden.

(2) Die §§ 22, 27 bis 29, 30, 31 gelten nicht für die in Absatz 1 genannten -Einfuhren. Ein Ursprungszeugnis oder eine Ursprungserklärung nach Spalte 5 der Einfuhrliste ist nicht erforderlich. § 27 Abs. 2 Nr. 3 in Verbindung mit § 27 a ist jedoch entsprechend anzuwenden auf die Einfuhr von Betriebsstoffen für Schiffe und Luftfahrzeuge, ausgenommen Bunkerkohle, soweit die Betriebsstoffe nicht in dafür eingebauten Behältern zum Eigenbetrieb mitgeführt werden.

(3) (aufgehoben)

§ 32a
(weggefallen)

§ 32b
(weggefallen)

§ 33
(weggefallen)

§ 34
(weggefallen)

§ 35
(gestrichen)

§ 35a
Einfuhr von Gartenbauerzeugnissen

(1) Bei der Einfuhr von frischem Obst und Gemüse, für das von den Organen der Europäischen Gemeinschaften Vermarktungsnormen auf Grund der Verordnung (EG) Nr. 1234/2007 in der jeweils geltenden Fassung festgelegt worden sind, prüft die Bundesanstalt für Landwirtschaft und Ernährung vor der Abfertigung zum zollrechtlich freien Verkehr, ob die Waren diesen Vermarktungsnormen entsprechen.

(2) Bei der genehmigungsfreien Einfuhr von Obst und Gemüse, für das Vermarktungsnormen festgelegt sind, ist der Zollstelle bei der Einfuhrabfertigung gemäß Artikel 12 Absatz 1 der Verordnung (EG) Nr. 1580/2007 in der jeweils geltenden Fassung vorzulegen

1. eine gültige Konformitätsbescheinigung nach Artikel 12a Absatz 1 der Verordnung (EG) Nr. 1580/2007 in der jeweils geltenden Fassung oder
2. eine gültige Konformitätsbescheinigung eines anerkannten Drittlandkontrolldienstes gemäß Artikel 12a Absatz 1 der Verordnung (EG) Nr. 1580/2007 in der jeweils geltenden Fassung oder
3. eine Mitteilung der zuständigen Kontrollstelle, dass für die betreffenden Partien eine Konformitätsbescheinigung ausgestellt wurde, oder
4. eine Mitteilung der zuständigen Kontrollstelle, dass für die betreffenden Partien aufgrund einer Risikoanalyse auf eine Konformitätskontrolle verzichtet wurde (Verzichtserklärung).

(3) Bei der genehmigungsfreien Einfuhr von Verarbeitungserzeugnissen aus Obst und Gemüse, für die von den Organen der Europäischen Gemeinschaften auf Grund der Verordnung (EG) Nr. 1234/2007 in der jeweils geltenden Fassung Mindestanforderungen festgelegt worden sind, prüft die Bundesanstalt für Landwirtschaft und Ernährung vor der Einfuhrabfertigung stichprobenweise, ob die Waren diesen Mindestanforderungen entsprechen.

(4) Absatz 2 ist nicht anwendbar, soweit für die Einfuhr der Ware das erleichterte Verfahren nach §32 gilt.

§ 35b
(weggefallen)

§ 36
Zwangsvollstreckung

Soll eine Zwangsvollstreckung in Waren vorgenommen werden, die sich in einer Freizone oder einem Zollager befinden, so kann der Gläubiger ein Überwachungsdokument abgeben oder eine Einfuhrgenehmigung sowie die Einfuhrabfertigung beantragen. Im Antrag auf Überwachungsdokument oder im Antrag auf Einfuhrgenehmigung ist zu vermerken: „Zwangsvollstreckung".

§ 37
(weggefallen)

Kapitel IV
Sonstiger Warenverkehr

1. Titel
Warendurchfuhr

§ 38
Beschränkung nach § 7 Absatz 1 Nummer 1, 2 und 3 AWG

(1) Haben die zuständigen Zollstellen im Falle einer Durchfuhr nach Artikel 2 Nr. 7 der Verordnung (EG) Nr. 428/2009 von nichtgemeinschaftlichen Gütern Anhaltspunkte dafür, dass die Güter im Anhang I dieser Verordnung in der jeweils geltenden Fassung aufgeführt sind und ganz oder teilweise für einen der in Artikel 4 Abs. 1 dieser Verordnung genannten Verwendungszwecke bestimmt sind oder bestimmt sein können, können sie die Überlassung der Güter unbeschadet der ihnen im Rahmen und nach Maßgabe der Verordnung (EWG) Nr. 2913/92 des Rates vom 12. Oktober 1992 zur Festlegung des Zollkodex der Gemeinschaften (ABl. EG Nr. L 302 S. 1) übertragenen Befugnisse bis zur Mitteilung einer Entscheidung durch das Bundesamt für Wirtschaft und Ausfuhrkontrolle (BAFA) nach Absatz 4 aussetzen, um zu verhindern, dass die Güter das Wirtschaftsgebiet verlassen.

(2) Die zuständige Zollstelle unterrichtet unverzüglich das Bundesamt für Wirtschaft und Ausfuhrkontrolle (BAFA) über die nach Absatz 1 getroffenen Maßnahmen.

(3) Bevor das Bundesamt für Wirtschaft und Ausfuhrkontrolle (BAFA) nach Artikel 6 Abs. 1 der Verordnung (EG) Nr. 428/2009 über ein Durchfuhrverbot von nichtgemeinschaftlichen Gütern entscheidet, die in Anhang I dieser Verordnung in der jeweils geltenden Fassung aufgeführt sind, kann es im Einzelfall eine Genehmigungspflicht anordnen, wenn die Güter ganz oder teilweise für einen der Verwendungszwecke des Artikels 4 Abs. 1 der Verordnung (EG) Nr. 428/2009 bestimmt sind oder bestimmt sein können.

(4) Die Entscheidung nach Absatz 3 trifft das Bundesamt für Wirtschaft und Ausfuhrkontrolle (BAFA) unverzüglich. Über die getroffene Entscheidung unterrichtet das Bundesamt für Wirtschaft und Ausfuhrkontrolle (BAFA) die zuständige Zollbehörde unverzüglich.

(5) Anfallende Kosten im Zusammenhang mit der Lagerung der Güter während der Dauer einer Maßnahme nach Absatz 1 oder Absatz 3 tragen die in Artikel 182d Abs. 3 der Ver-

ordnung (EWG) Nr. 2913/92 genannten Personen; Artikel 56 der Verordnung (EWG) Nr. 2913/92 in Verbindung mit §13 des Zollverwaltungsgesetzes vom 21. Dezember 1992 (BGBl. I S. 2125; 1993, 2493), das zuletzt durch Artikel 17 Nr. 1 des Gesetzes vom 17. März 2009 (BGBl. I S. 550) geändert wurde, findet Anwendung.

§ 39
Durchfuhrverfahren

(1) Die Zulässigkeit der Durchfuhr wird beim Ausgang der Waren aus dem Wirtschaftsgebiet von der Ausgangszollstelle, beim Ausgang über eine Binnengrenze zu einem anderen Mitgliedstaat der Europäischen Ge-meinschaften von jeder beteiligten Zollstelle geprüft. Die Zollstelle kann zu diesem Zweck von dem Warenführer oder von den Verfügungsberechtigten weitere Angaben und Beweismittel, insbesondere auch die Vorlage der Verladescheine verlangen.

(2) (weggefallen)

(3) (weggefallen)

(4) (weggefallen)

2. Titel
Handels- und Vermittlungsgeschäfte

§ 40
Beschränkung nach § 5 AWG

(1) Wer ein Handels- und Vermittlungsgeschäft über in Teil I Abschnitt A der Ausfuhrliste (Anlage AL) erfasste Güter vornehmen will, die sich in einem Drittland befinden, oder sich im Wirtschaftsgebiet befinden und noch nicht einfuhrrechtlich abgefertigt sind, und die in ein anderes Drittland ausgeführt werden sollen, bedarf der Genehmigung.

(2) Eine Genehmigung nach Absatz 1 ist nicht erforderlich, wenn das Handels- und Vermittlungsgeschäft nach § 4a des Gesetzes über die Kontrolle von Kriegswaffen genehmigungspflichtig ist.

§ 41
Beschränkung nach § 7 Absatz 1 Nummer 1, 2 und 3 AWG

(1) Wer ein Handels- und Vermittlungsgeschäft über die in Teil I Abschnitt C in den Kennungen 901 bis 999 der Ausfuhrliste (Anlage AL) genannten Güter vornehmen will, die sich in einem Drittland befinden oder sich im Wirtschaftsgebiet befinden und noch nicht einfuhrrechtlich abgefertigt sind, und die in ein anderes Drittland ausgeführt werden sollen, bedarf der Genehmigung, wenn er vom Bundesamt für Wirtschaft und Ausfuhrkontrolle (BAFA) unterrichtet worden ist, dass diese Güter ganz oder teilweise für einen der Verwendungszwecke des Artikels 4 Abs. 1 der Verordnung (EG) Nr. 428/2009 bestimmt sind oder bestimmt sein können und das Käufer oder Bestimmungsland in den Kennungen 901 bis 999 der Ausfuhrliste (Anlage AL) genannt ist.

(2) Wer ein Handels- und Vermittlungsgeschäft über die in Teil I Abschnitt C in den Kennungen 901 bis 999 der Ausfuhrliste (Anlage AL) genannten Güter vornehmen will, die sich in einem Drittland befinden oder sich im Wirtschaftsgebiet befinden und noch nicht einfuhrrechtlich abgefertigt sind, und die in ein anderes Drittland ausgeführt werden sol-

len, hat das Bundesamt für Wirtschaft und Ausfuhrkontrolle (BAFA) zu unterrichten, wenn ihm bekannt ist, dass die Güter ganz oder teilweise für einen der Verwendungszwecke des Artikels 4 Abs. 1 der Verordnung (EG) Nr. 428/2009 bestimmt sind und das Käufer- oder Bestimmungsland in den Kennungen 901 bis 999 der Ausfuhrliste (Anlage AL) genannt ist; das Bundesamt für Wirtschaft und Ausfuhrkontrolle (BAFA) entscheidet, ob das Handels- und Vermittlungsgeschäft genehmigungspflichtig ist. Das Handels- und Vermittlungsgeschäft darf erst vorgenommen werden, wenn das Bundesamt für Wirtschaft und Ausfuhrkontrolle (BAFA) das Handels- und Vermittlungsgeschäft genehmigt oder entschieden hat, dass es einer Genehmigung nicht bedarf.

(3) §5 Abs. 3 gilt entsprechend.

§ 41a
Weitere Beschränkung nach § 7 Absatz 1 Nummer 1, 2 und 3 AWG

(1) Wer ein Handels- und Vermittlungsgeschäft über in Anhang IV der Verordnung (EG) Nr. 428/2009 in der jeweils geltenden Fassung erfasste Güter vornehmen will, die sich in einem Drittland befinden oder sich im Wirtschaftsgebiet befinden und noch nicht einfuhrrechtlich abgefertigt sind, und die in ein anderes Drittland ausgeführt werden sollen, bedarf der Genehmigung, wenn er vom Bundesamt für Wirtschaft und Ausfuhrkontrolle (BAFA) unterrichtet worden ist, dass diese Güter ganz oder teilweise für einen der Verwendungszwecke und Bestimmungsländer des Artikels 4 Abs. 2 der Verordnung (EG) Nr. 428/2009 bestimmt sind oder bestimmt sein können.

(2) Wer ein Handels- und Vermittlungsgeschäft über in Anhang IV der Verordnung (EG) Nr. 428/2009 in der jeweils geltenden Fassung erfasste Güter vornehmen will, die sich in einem Drittland befinden oder sich im Wirtschaftsgebiet befinden und noch nicht einfuhrrechtlich abgefertigt sind, und die in ein anderes Drittland ausgeführt werden sollen, hat das Bundesamt für Wirtschaft und Ausfuhrkontrolle (BAFA) zu unterrichten, wenn ihm bekannt ist, dass die Güter ganz oder teilweise für einen der Verwendungszwecke und Bestimmungsländer des Artikels 4 Abs. 2 der Verordnung (EG) Nr. 428/2009 bestimmt sind; das Bundesamt für Wirtschaft und Ausfuhrkontrolle (BAFA) entscheidet, ob das Handels- und Vermittlungsgeschäft genehmigungspflichtig ist. Das Handels- und Vermittlungsgeschäft darf erst vorgenommen werden, wenn das Bundesamt für Wirtschaft und Ausfuhrkontrolle (BAFA) das Handels- und Vermittlungsgeschäft genehmigt oder entschieden hat, dass es einer Genehmigung nicht bedarf.

(3) §5 Abs. 3 gilt entsprechend.

§ 42
Beschränkungen nach § 7 Abs. 1 und 3 AWG

(1) §40 gilt auch für Handels- und Vermittlungsgeschäfte, die durch gebietsansässige Deutsche in einem Drittland vorgenommen werden, wenn

1. das Käufer- oder Bestimmungsland
   a) ein Embargoland im Sinne des Artikels 4 Abs. 2 der Verordnung (EG) Nr. 428/2009 ist und das Handels- und Vermittlungsgeschäft nicht nach den §§ 69f bis 69o verboten ist oder
   b) ein Land der Länderliste K (Anlage L) ist oder

2. sich das Handels- und Vermittlungsgeschäft auf folgende Kriegswaffen bezieht:
   a) Kriegswaffen nach Teil B I. Nr. 7 bis 11, V. Nr. 29, 30 oder 32, VI. Nr. 37, 38, VIII. Nr. 50, 51 der Anlage zu §1 Abs. 1 des Gesetzes über die Kontrolle von Kriegswaffen (Kriegswaffenliste),
   b) Rohre oder Verschlüsse für Kriegswaffen nach Teil B V. Nr. 29, 32 der Kriegswaffenliste,
   c) Munition oder Geschosse oder Treibladungen für Munition für Kriegswaffen nach Teil B V. Nr. 32 oder VI. Nr. 37 der Kriegswaffenliste,
   d) Mörser mit einem Kaliber von unter 100 mm oder
   e) Rohre, Verschlüsse, Munition oder Geschosse oder Treibladungen für Munition für Mörser mit einem Kaliber unter 100 mm.

(2) Ein Handels- und Vermittlungsgeschäft über die in Anhang I der Verordnung (EG) Nr. 428/2009 in der jeweils geltenden Fassung erfassten Güter, die sich in einem Drittland befinden oder sich im Wirtschaftsgebiet befinden und noch nicht einfuhrrechtlich abgefertigt sind, und in ein anderes Drittland ausgeführt werden sollen, bedarf der Genehmigung, wenn der gebietsansässige Deutsche, der das Handels- und Vermittlungsgeschäft in einem Drittland vornehmen will, vom Bundesamt für Wirtschaft und Ausfuhrkontrolle (BAFA) unterrichtet worden ist, dass diese Güter ganz oder teilweise für einen der Verwendungszwecke des Artikels 4 Abs. 1 der Verordnung (EG) Nr. 428/2009 bestimmt sind oder sein können.

(3) Ist dem gebietsansässigen Deutschen, der ein Handels- und Vermittlungsgeschäft in einem Drittland vornehmen will, bekannt, dass die in Anhang I der Verordnung (EG) Nr. 428/2009 in der jeweils geltenden Fassung erfassten Güter, die sich in einem Drittland befinden oder sich im Wirtschaftsgebiet befinden und noch nicht einfuhrrechtlich abgefertigt sind, und die von dort in ein anderes Drittland ausgeführt werden sollen, ganz oder teilweise für einen der Verwendungszwecke des Artikels 4 Abs. 1 der Verordnung (EG) Nr. 428/2009 bestimmt sind, so hat er das Bundesamt für Wirtschaft und Ausfuhrkontrolle (BAFA) zu unterrichten; dieses entscheidet, ob das Handels- und Vermittlungsgeschäft genehmigungspflichtig ist. Das Handels- und Vermittlungsgeschäft darf erst vorgenommen werden, wenn das Bundesamt für Wirtschaft und Ausfuhrkontrolle (BAFA) das Handels- und Vermittlungsgeschäft genehmigt oder entschieden hat, dass es einer Genehmigung nicht bedarf.

§ 43

(aufgehoben)

§ 43a Verfahrensvorschrift nach den §§ 7 und 26 AWG

Wer im Rahmen eines Handels- und Vermittlungsgeschäfts einer Internationalen Einfuhrbescheinigung (International Import Certificate) oder einer Wareneingangsbescheinigung (Delivery Verification Certificate) bedarf, hat diese beim Bundesausfuhramt zu beantragen. § 22 a gilt entsprechend mit der Maßgabe, dass die Einfuhr in das im Antrag bezeichnete Käufer- oder Bestimmungsland nachzuweisen ist.

3. Titel
(weggefallen)

§ 43b
(weggefallen)

Kapitel V
Dienstleistungsverkehr

1. Titel
Beschränkungen des aktiven Dienstleistungsverkehrs

§ 44
Beschränkung nach § 6 AWG

(1) (weggefallen)

(2) (aufgehoben)

§ 44a
(weggefallen)

§ 44b
(aufgehoben)

§ 45
Beschränkung nach § 5 AWG

(1) Technische Unterstützung außerhalb des Gemeinschaftsgebietes durch Gebietsansässige bedarf der Genehmigung, wenn der Gebietsansässige vom Bundesamt für Wirtschaft und Ausfuhrkontrolle (BAFA) unterrichtet worden ist, dass die technische Unterstützung zur Verwendung im Zusammenhang mit der Entwicklung, der Herstellung, der Handhabung, dem Betrieb, der Wartung, der Lagerung, der Ortung, der Identifizierung oder der Verbreitung von chemischen oder biologischen Waffen, von Kernwaffen oder sonstigen Kernsprengkörpern oder im Zusammenhang mit der Entwicklung, Herstellung, Wartung oder Lagerung von für die Ausbringung derartiger Waffen geeigneten Flugkörpern bestimmt ist.

(2) Ist einem Gebietsansässigen bekannt, dass eine technische Unterstützung, die er erbringen möchte, für einen in Absatz 1 genannten Zweck bestimmt ist, so hat er das Bundesamt für Wirtschaft und Ausfuhrkontrolle (BAFA) zu unterrichten; dieses entscheidet, ob die technische Unterstützung genehmigungspflichtig ist. Die technische Unterstützung darf erst erbracht werden, wenn das Bundesamt für Wirtschaft und Ausfuhrkontrolle (BAFA) die technische Unterstützung genehmigt oder entschieden hat, dass es einer Genehmigung nicht bedarf.

(3) Die Absätze 1 und 2 gelten nicht, wenn die technische Unterstützung

1. in einem Land erbracht wird, das in Anhang II Teil 3 der Verordnung (EG) Nr. 428/2009 aufgeführt ist,

2. durch die Weitergabe von Informationen erfolgt, die im Sinne des Teils I der Ausfuhrliste (Anlage AL) allgemein zugänglich oder ein Teil der Grundlagenforschung sind, oder
3. mündlich erfolgt und nicht Technologie betrifft, die in Teil I Ab--schnitt A Nummer 0022 oder Abschnitt C Nummern der Gattung E der Ausfuhrliste (Anlage AL) genannt ist.

§ 45a
Beschränkung nach § 7 Abs. 1 AWG

(1) Technische Unterstützung außerhalb des Gemeinschaftsgebietes durch Gebietsansässige, die nicht von § 45 Abs. 1 erfasst ist, bedarf der Genehmigung, wenn der Gebietsansässige vom Bundesamt für Wirtschaft und Ausfuhrkontrolle (BAFA) unterrichtet worden ist, dass die technische Unterstützung im Zusammenhang mit einer militärischen Endverwendung steht und in einem Embargoland im Sinne des Artikels 4 Abs. 2 der Verordnung (EG) Nr. 428/2009 oder in einem Land der Länderliste K erbracht wird.

(2) Ist einem Gebietsansässigen bekannt, dass eine technische Unterstützung, die er erbringen möchte, für einen in Absatz 1 genannten Zweck bestimmt ist, so hat er das Bundesamt für Wirtschaft und Ausfuhrkontrolle (BAFA) zu unterrichten; dieses entscheidet, ob die technische Unterstützung genehmigungspflichtig ist. Die technische Unterstützung darf erst erbracht werden, wenn das Bundesamt für Wirtschaft und Ausfuhrkontrolle (BAFA) die technische Unterstützung genehmigt oder entschieden hat, dass es einer Genehmigung nicht bedarf.

Die Absätze 1 und 2 gelten nicht, wenn die technische Unterstützung

1. durch die Weitergabe von Informationen erfolgt, die im Sinne des Teils I der Ausfuhrliste (Anlage AL) allgemein zugänglich oder Teil der Grundlagenforschung sind, oder
2. mündlich erfolgt und nicht Technologie betrifft, die in Teil I Abschnitt A Nummer 0022 oder Abschnitt C Nummern der Gattung E der Ausfuhrliste (Anlage AL) genannt ist.

§ 45b
Beschränkung nach § 7 Abs. 1 AWG

(1) Technische Unterstützung in mündlicher, fernmündlicher, elektronischer oder schriftlicher Form innerhalb des Wirtschaftsgebietes durch Gebietsansässige bedarf der Genehmigung, wenn der Gebietsansässige vom Bundesamt für Wirtschaft und Ausfuhrkontrolle (BAFA) unterrichtet worden ist, dass die technische Unterstützung im Zusammenhang mit der Entwicklung, der Herstellung, der Handhabung, dem Betrieb, der Wartung, der Lagerung, der Ortung, der Identifizierung oder der Verbreitung von chemischen oder biologischen Waffen, von Kernwaffen oder sonstigen Kernsprengstoffkörpern oder im Zusammenhang mit der Entwicklung, Herstellung, Wartung oder Lagerung von für die Ausbringung derartiger Waffen geeigneten Flugkörpern bestimmt ist und gegenüber Gebietsfremden erbracht wird, die nicht in einem Land ansässig sind, das in Anhang II Teil 3 der Verordnung (EG) Nr. 428/2009 genannt oder Mitglied der -Europäischen Union ist.

(2) Technische Unterstützung in mündlicher, fernmündlicher, elektronischer oder schriftlicher Form innerhalb des Wirtschaftsgebietes durch Gebietsansässige bedarf der Geneh-

migung, wenn der Gebietsansässige vom Bundesamt für Wirtschaft und Ausfuhrkontrolle (BAFA) unterrichtet worden ist, dass die technische Unterstützung im Zusammenhang mit einer militärischen Endverwendung steht, die nicht von Absatz 1 erfasst ist und gegenüber Gebietsfremden erbracht wird, die in einem Embargoland im Sinne des Artikels 4 Abs. 2 der Verordnung (EG) Nr. 428/2009 oder in einem Land der Länderliste K ansässig sind.

(3) Ist einem Gebietsansässigen bekannt, dass eine technische Unterstützung, die er in mündlicher, fernmündlicher, elektronischer oder schriftlicher Form erbringen möchte, für einen in Absatz 1 oder Absatz 2 genannten Zweck bestimmt ist, so hat er das Bundesamt für Wirtschaft und Ausfuhrkontrolle (BAFA) zu unterrichten; dieses entscheidet, ob die technische Unterstützung genehmigungspflichtig ist. Die technische Unterstützung darf erst erbracht werden, wenn das Bundesamt für Wirtschaft und Ausfuhrkontrolle (BAFA) die technische Unterstützung genehmigt oder entschieden hat, dass es einer Genehmigung nicht bedarf.

(4) Die Absätze 1, 2 und 3 gelten nicht, wenn die technische Unterstützung

1. durch die Weitergabe von Informationen erfolgt, die im Sinne des Teils I der Ausfuhrliste (Anlage AL) allgemein zugänglich oder Teil der Grundlagenforschung sind, oder
2. nicht Technologie betrifft, die in Teil I Abschnitt A Nummer 0022 oder Abschnitt C Nummern der Gattung E der Ausfuhrliste (Anlage AL) genannt ist.

(5) Als Gebietsfremde im Sinne der Absätze 1 und 2 sind auch solche natürlichen Personen anzusehen, deren Wohnsitz oder gewöhnlicher Aufenthalt im Wirtschaftsgebiet auf höchstens fünf Jahre befristet ist.

§ 45c
Beschränkung nach § 7 Abs. 1 AWG

(1) Technische Unterstützung durch Gebietsansässige bedarf der Genehmigung, wenn der Gebietsansässige vom Bundesamt für Wirtschaft und Ausfuhrkontrolle (BAFA) unterrichtet worden ist, dass die technische Unterstützung im Zusammenhang mit der Errichtung oder dem Betrieb von Anlagen für kerntechnische Zwecke im Sinne von § 5 d Abs. 1 in Algerien, Indien, Irak, Iran, Israel, Jordanien, -Libyen, Nordkorea, Pakistan oder -Syrien steht.

(2) Ist einem Gebietsansässigen bekannt, dass eine technische Unterstützung, die er erbringen möchte, für einen in Absatz 1 genannten Zweck bestimmt ist, so hat er das Bundesamt für Wirtschaft und Ausfuhrkontrolle (BAFA) zu unterrichten; dieses entscheidet, ob die technische Unterstützung genehmigungspflichtig ist. Die technische Unterstützung darf erst erbracht werden, wenn das Bundesamt für Wirtschaft und Ausfuhrkontrolle (BAFA) die technische Unterstützung genehmigt oder entschieden hat, dass es einer Genehmigung nicht bedarf.

(3) Die Absätze 1 und 2 gelten nicht, wenn die technische Unterstützung

1. durch die Weitergabe von Informationen erfolgt, die im Sinne des Teils I der Ausfuhrliste (Anlage AL) allgemein zugänglich oder Teil der Grundlagenforschung sind, oder
2. nicht Technologie betrifft, die in Teil I Abschnitt C Nummern der Kategorie 0 der Ausfuhrliste (Anlage AL) genannt ist.

§ 45d
Beschränkung nach § 7 Abs. 3 AWG

Die §§ 45, 45 a, 45 b und 45 c gelten auch für technische Unterstützung, die durch nicht gebietsansässige Deutsche erbracht wird.

§ 45e
Befreiung von der Genehmigungsbedürftigkeit

Die §§ 45, 45 a, 45 b und 45 c gelten nicht für die Erbringung technischer Unterstützung in folgenden Fällen:

1. die technische Unterstützung durch Behörden und Dienststellen der Bundesrepublik Deutschland im Rahmen ihrer dienstlichen Aufgaben;
2. die technische Unterstützung durch Gebietsansässige, die für die Bundeswehr auf Grund von ihr erteilter Aufträge erbracht wird;
3. die technische Unterstützung, die zu einem Zweck erbracht wird, der in den Ausnahmen für Güter der MTCR-Technologie in Anhang IV der Verordnung (EG) Nr. 428/2009 genannt ist;
4. die erstmalige Herstellung der Betriebsbereitschaft von Gütern, deren Ausfuhr oder Verbringung genehmigt worden ist.

2. Titel
(weggefallen)

§ 46 bis 49
(weggefallen)

3. Titel
(weggefallen)

§ 50 bis 50b
(weggefallen)

Kapitel VI
Kapitalverkehr

1. Titel
Beschränkungen
§ 51
Beschränkung nach § 5 AWG zur Erfüllung des Abkommens über deutsche Auslandsschulden

(1) Einem Schuldner ist die Bewirkung von Zahlungen und sonstigen Leistungen verboten, wenn sie

1. die Erfüllung einer Schuld im Sinne des Abkommens vom 27. Februar 1953 über deutsche Auslandsschulden (BGBl. II S. 331) zum Gegenstand haben, die Schuld aber nicht geregelt ist;

2. die Erfüllung einer geregelten Schuld im Sinne des Abkommens zum Gegenstand haben, sich aber nicht innerhalb der Grenzen der festgesetzten Zahlungs- und sonstigen Bedingungen halten;
3. die Erfüllung von Verbindlichkeiten zum Gegenstand haben, die in nichtdeutscher Währung zahlbar sind oder waren und die zwar den Voraussetzungen des Artikels 4 Abs. 1 und 2 des Abkommens entsprechen, aber die Voraussetzungen des Artikels 4 Abs. 3 Buchstabe a oder b des Abkommens hinsichtlich der Person des Gläubigers nicht erfüllen, es sei denn, dass es sich um Verbindlichkeiten aus marktfähigen Wertpapieren handelt, die in einem Gläubigerland zahlbar sind.

(2) Die in Artikel 3 des Abkommens enthaltenen Begriffsbestimmungen gelten auch für Absatz 1.

§ 52
Beschränkung nach § 7 Abs. 1 und 2 Nr. 5 AWG

(1) Der Erwerb eines gebietsansässigen Unternehmens oder einer unmittelbaren oder mittelbaren Beteiligung an einem solchen Unternehmen, das

- Güter im Sinne von Teil B der Anlage zu § 1 Abs. 1 des Gesetzes über die Kontrolle von Kriegswaffen (Kriegswaffenliste) herstellt oder entwickelt,
- besonders konstruierte Motoren oder Getriebe zum Antrieb von Kampfpanzern oder anderen gepanzerten militärischen Kettenfahrzeugen herstellt oder entwickelt oder
- Kryptosysteme herstellt, die für eine Übertragung staatlicher Verschlusssachen von dem Bundesamt für Sicherheit in der Informationstechnik mit Zustimmung des Unternehmens zugelassen sind,
- durch einen Gebietsfremden oder ein gebietsansässiges Unternehmen, an dem ein Gebietsfremder mindestens 25 Prozent der Stimmrechte hält, ist vom Erwerber dem Bundesministerium für Wirtschaft und Technologie zu melden. Dies gilt nicht, wenn der unmittelbare oder mittelbare Stimmrechtsanteil des gebietsfremden Erwerbers an dem betreffenden Unternehmen nach dem Erwerb der Beteiligung 25 Prozent nicht erreicht. Bei der Berechnung des Stimmrechtsanteils des gebietsfremden Erwerbers sind diesem die Anteile anderer Unternehmen an dem zu erwerbenden Unternehmen zuzurechnen, wenn der Erwerber 25 Prozent oder mehr der Stimmrechte an dem anderen Unternehmen hält.

  Die Stimmrechte Dritter, mit denen der gebietsfremde Erwerber eine Vereinbarung über die gemeinsame Ausübung von Stimmrechten abgeschlossen hat, sind dem Erwerber ebenfalls zuzurechnen.

(2) Das Bundesministerium für Wirtschaft und Arbeit kann den Erwerb innerhalb eines Monats nach Eingang der vollständigen Unterlagen über den Erwerb untersagen oder Anordnungen erlassen, soweit dies erforderlich ist, um wesentliche Sicherheitsinteressen der Bundesrepublik Deutschland zu gewährleisten.

Die zu übermittelnden Unterlagen bestimmt das Bundesministerium für Wirtschaft und Technologie durch Bekanntmachung im Bundesanzeiger.

§ 53
Beschränkung nach § 7 Abs. 1 und 2 Nr. 6 AWG

(1) Das Bundesministerium für Wirtschaft und Technologie kann den Erwerb eines gebietsansässigen Unternehmens oder einer unmittelbaren oder mittelbaren Beteiligung an einem solchen Unternehmen durch einen Gemeinschaftsfremden innerhalb von drei Monaten seit dem Abschluss des schuldrechtlichen Vertrages über den Erwerb der Stimmrechte darauf prüfen, ob der Erwerb die öffentliche Ordnung oder Sicherheit der Bundesrepublik Deutschland gefährdet; im Fall eines öffentlichen Angebots beginnt die Frist mit der Veröffentlichung der Entscheidung zur Abgabe des Angebots oder der Veröffentlichung der Kontrollerlangung. Dies gilt nicht, wenn der unmittelbare oder mittelbare Stimmrechtsanteil des gemeinschaftsfremden Erwerbers an dem betreffenden Unternehmen nach dem Erwerb der Beteiligung 25 Prozent nicht erreicht. Bei der Berechnung des Stimmrechtsanteils des gemeinschaftsfremden Erwerbers sind diesem die Anteile anderer Unternehmen an dem zu erwerbenden Unternehmen zuzurechnen, wenn der Erwerber 25 Prozent oder mehr der Stimmrechte an dem anderen Unternehmen hält. Die Stimmrechte Dritter, mit denen der gemeinschaftsfremde Erwerber eine Vereinbarung über die gemeinsame Ausübung von Stimmrechten abgeschlossen hat, sind dem Erwerber ebenfalls zuzurechnen. Zweigniederlassungen und Betriebsstätten des Erwerbers gelten nicht als gemeinschaftsansässig. Das Bundesministerium für Wirtschaft und Technologie kann unter den Voraussetzungen von Satz 1 und 2 auch den Erwerb eines gebietsansässigen Unternehmens oder einer unmittelbaren oder mittelbaren Beteiligung an einem solchen Unternehmen durch ein gemeinschaftsansässiges Unternehmen prüfen, an dem ein Gemeinschaftsfremder mindestens 25 Prozent der Stimmrechte hält, wenn es Anzeichen dafür gibt, dass eine missbräuchliche Gestaltung oder ein Umgehungsgeschäft vorgenommen wurde, um eine Prüfung nach Satz 1 und 2 zu unterlaufen. Gemeinschaftsfremde Erwerber aus den Mitgliedstaaten der Europäischen Freihandelsassoziation (Island, Liechtenstein, Norwegen, Schweiz) stehen gemeinschaftsansässigen Erwerbern gleich. Das Bundesministerium für Wirtschaft und Technologie teilt dem Erwerber seine Entscheidung mit, eine Prüfung nach Satz 1 durchzuführen.

(2) Hat das Bundesministerium für Wirtschaft und Technologie den Erwerber über seine Entscheidung unterrichtet, eine Prüfung nach Absatz 1 Satz 1 durchzuführen, ist der Erwerber verpflichtet, dem Bundesministerium für Wirtschaft und Technologie die vollständigen Unterlagen über den Erwerb gemäß Satz 2 zu übermitteln. Die zu übermittelnden Unterlagen bestimmt das Bundesministerium für Wirtschaft und Technologie durch Bekanntmachung im Bundesanzeiger. Das Bundesministerium für Wirtschaft und Technologie unterrichtet die Bundesregierung über das Ergebnis seiner Prüfung. Das Bundesministerium für Wirtschaft und Technologie kann den Erwerb innerhalb von zwei Monaten nach Eingang der vollständigen Unterlagen untersagen oder Anordnungen erlassen, soweit dies erforderlich ist, um die öffentliche Ordnung oder Sicherheit der Bundesrepublik Deutschland zu gewährleisten. Für die Untersagung oder den Erlass von Anordnungen ist die Zustimmung der Bundesregierung erforderlich.

(3) Auf schriftlichen Antrag eines Erwerbers, in dem der geplante Erwerb, der Erwerber und dessen Geschäftsfeld in den Grundzügen darzustellen sind, erteilt das Bundesministerium für Wirtschaft und Technologie eine Bescheinigung über die Unbedenklichkeit des Erwerbs (Unbedenklichkeitsbescheinigung), wenn dem Erwerb keine Bedenken im Hinblick auf die öffentliche Ordnung oder Sicherheit der Bundesrepublik Deutschland entgegenstehen. Die Unbedenklichkeitsbescheinigung gilt als erteilt, wenn nicht das

Bundesministerium für Wirtschaft und Technologie innerhalb eines Monats nach Eingang des Antrags ein Prüfverfahren nach § 53 Abs. 1 Satz 1 eröffnet.

(4) Zur Durchsetzung einer Untersagung kann das Bundesministerium für Wirtschaft und Technologie die hierzu erforderlichen Maßnahmen anordnen. Insbesondere kann es

1. die Ausübung der Stimmrechte an dem erworbenen Unternehmen, die einem gemeinschaftsfremden Erwerber gehören oder ihm zuzurechnen sind, untersagen oder einschränken oder
2. einen Treuhänder bestellen, der die Rückabwicklung eines vollzogenen Erwerbs herbeiführt.

§ 54
(weggefallen)

2. Titel
Meldevorschriften nach § 26 AWG

§ 55
(aufgehoben)

§ 56
Anwendungsbereich

Für Zwecke der Meldung nach diesem Titel gelten die österreichischen Gebiete Jungholz und Mittelberg nicht als Teil des Wirtschaftsgebietes.

§ 56a
Vermögen Gebietsansässiger in fremden Wirtschaftsgebieten

(1) Der Stand und ausgewählte Positionen der Zusammensetzung folgenden Vermögens in fremden Wirtschaftsgebieten sind nach § 56 b zu melden:

1. des Vermögens eines gebietsfremden Unternehmens, wenn dem Gebietsansässigen zehn oder mehr vom Hundert der Anteile oder der Stimmrechte an dem Unternehmen zuzurechnen sind;
2. des Vermögens eines gebietsfremden Unternehmens, wenn mehr als fünfzig vom Hundert der Anteile oder der Stimmrechte an diesem Unternehmen einem oder mehreren von dem Gebietsansässigen abhängigen gebietsfremden Unternehmen allein oder gemeinsam mit dem Gebietsansässigen zuzurechnen sind;
3. des Vermögens Gebietsansässiger in ihren gebietsfremden Zweigniederlassungen und auf Dauer angelegten Betriebsstätten.

(2) Ein gebietsfremdes Unternehmen gilt im Sinne des Absatzes 1 Nr. 2 als von einem Gebietsansässigen abhängig, wenn dem Gebietsansässigen mehr als fünfzig vom Hundert der Anteile oder Stimmrechte an dem gebietsfremden Unternehmen zuzurechnen sind. Wenn einem oder mehreren von einem Gebietsansässigen abhängigen gebietsfremden Unternehmen oder diesem Unternehmen gemeinsam mit dem Gebietsansässigen mehr als fünfzig vom Hundert der Anteile oder Stimmrechte an einem anderen gebietsfremden Unternehmen zuzurechnen sind, so ist auch das andere gebietsfremde Unter-

nehmen und unter denselben Voraussetzungen jedes weitere Unternehmen im Sinne des Absatzes 1 Nr. 2 als von einem Gebietsansässigen abhängig anzusehen.

(3) Absatz 1 findet keine Anwendung, wenn die Bilanzsumme des gebietsfremden Unternehmens, an dem der Gebietsansässige oder ein anderes von ihm abhängiges gebietsfremdes Unternehmen beteiligt ist, oder das Betriebsvermögen der gebietsfremden Zweigniederlassung oder Betriebsstätte des Gebietsansässigen drei Millionen Euro nicht überschreitet. Absatz 1 findet ferner insoweit keine Anwendung, als dem Gebietsansässigen Unterlagen, die er zur Erfüllung seiner Meldepflicht benötigt, aus tatsächlichen oder rechtlichen Gründen nicht zugänglich sind.

§ 56b
Abgabe der Meldungen nach § 56a

(1) Die Meldungen sind einmal jährlich nach dem Stand des Bilanzstichtages des Meldepflichtigen oder, soweit der Meldepflichtige nicht bilanziert, nach dem Stand des 31. Dezember der Deutschen Bundesbank mit dem Vordruck „Vermögen Gebietsansässiger in fremden Wirtschaftsgebieten" (Anlage K 3) zu erstatten. Die Deutsche Bundesbank übermittelt die Angaben der Meldepflichtigen dem Bundesministerium für Wirtschaft und Technologie in geeigneter Form; sie kann dem Bundesministerium für Wirtschaft und Arbeit dazu auf dessen Verlangen eine Ausfertigung der Meldung übersenden.

(2) Stimmt der Bilanzstichtag eines gebietsfremden Unternehmens, an dem der Meldepflichtige oder ein anderes von ihm abhängiges gebietsfremdes Unternehmen beteiligt ist, nicht mit dem Bilanzstichtag des Meldepflichtigen oder, soweit der Meldepflichtige nicht bilanziert, nicht mit dem 31. Dezember überein, so kann bei der Berechnung des Vermögens von dem diesem Zeitpunkt unmittelbar vorangegangenen Bilanzstichtag des gebietsfremden Unternehmens ausgegangen werden.

(3) Die Meldungen sind jeweils spätestens bis zum letzten Werktag des sechsten auf den Bilanzstichtag des Meldepflichtigen oder, soweit der Meldepflichtige nicht bilanziert, des sechsten auf den 31. Dezember folgenden Kalendermonats bei der Deutschen Bundesbank abzugeben.

(4) Meldepflichtig ist der Gebietsansässige, dem das Vermögen unmittelbar oder über ein abhängiges gebietsfremdes Unternehmen am Bilanzstichtag des Gebietsansässigen oder, soweit er nicht bilanziert, am 31. Dezember jeweils zuzurechnen ist.

§ 57
(aufgehoben)

§ 58
(aufgehoben)

§ 58a
Vermögen Gebietsfremder im Wirtschaftsgebiet

(1) Der Stand und ausgewählte Positionen der Zusammensetzung folgenden Vermögens im Wirtschaftsgebiet sind nach § 58 b zu melden:

1. des Vermögens eines gebietsansässigen Unternehmens, wenn einem Gebietsfremden oder mehreren wirtschaftlich verbundenen Gebietsfremden zusammen zehn

oder mehr vom Hundert der Anteile oder Stimmrechte an dem gebietsansässigen Unternehmen zuzurechnen sind;

2. des Vermögens eines gebietsansässigen Unternehmens, wenn mehr als fünfzig vom Hundert der Anteile oder Stimmrechte an diesem Unternehmen einem von einem Gebietsfremden oder einem von mehreren wirtschaftlich verbundenen Gebietsfremden abhängigen gebietsansässigen Unternehmen zuzurechnen sind;
3. des Vermögens Gebietsfremder in ihren gebietsansässigen Zweigniederlassungen und auf Dauer angelegten Betriebsstätten.

(2) Gebietsfremde sind als wirtschaftlich verbunden im Sinne des Absatzes 1 Nr. 1 und 2 anzusehen, wenn sie gemeinsam wirtschaftliche Interessen verfolgen; dies gilt auch, wenn sie gemeinsam wirtschaftliche Interessen zusammen mit Gebietsansässigen verfolgen. Als solche wirtschaftlich verbundene Gebietsfremde gelten insbesondere:

1. natürliche und juristische gebietsfremde Personen, die sich zum Zwecke der Gründung oder des Erwerbs eines gebietsansässigen Unternehmens, des Erwerbs von Beteiligungen an einem solchen Unternehmen oder zur gemeinsamen Ausübung ihrer Anteilsrechte an -einem solchen Unternehmen zusammengeschlossen haben; ferner -natürliche und juristische gebietsfremde Personen, die gemeinsam wirtschaftliche Interessen verfolgen, indem sie an einem oder mehreren Unternehmen Beteiligungen halten;
2. natürliche gebietsfremde Personen, die miteinander verheiratet oder -in gerader Linie verwandt, verschwägert oder durch Adoption verbunden oder in der Seitenlinie bis zum dritten Grade verwandt oder bis zum zweiten Grade verschwägert sind, oder
3. juristische gebietsfremde Personen, die im Sinne des § 15 des Aktiengesetzes miteinander verbunden sind.

(3) Ein gebietsansässiges Unternehmen gilt im Sinne des Absatzes 1 Nr. 2 als von einem Gebietsfremden oder von mehreren wirtschaftlich verbundenen Gebietsfremden abhängig, wenn dem Gebietsfremden oder den wirtschaftlich verbundenen Gebietsfremden zusammen mehr als fünfzig vom Hundert der Anteile oder Stimmrechte an dem gebietsansässigen Unternehmen zuzurechnen sind. Wenn einem von einem Gebietsfremden oder von mehreren wirtschaftlich verbundenen Gebietsfremden abhängigen gebietsansässigen Unternehmen allein oder gemeinsam mit einem oder mehreren weiteren von diesem gebietsansässigen Unternehmen abhängigen gebietsansässigen Unternehmen mehr als fünfzig vom Hundert der Anteile oder Stimmrechte an einem anderen gebietsansässigen Unternehmen zuzurechnen sind, so ist auch das andere gebietsansässige Unternehmen und unter denselben Voraussetzungen jedes weitere Unternehmen im Sinne des Absatzes 1 Nr. 2 als von einem Gebietsfremden oder von mehreren wirtschaftlich verbundenen Gebietsfremden abhängig anzusehen.

(4) Absatz 1 findet keine Anwendung, wenn die Bilanzsumme des gebietsansässigen Unternehmens, an dem der Gebietsfremde, die wirtschaftlich verbundenen Gebietsfremden oder ein anderes von dem Gebietsfremden oder von den wirtschaftlich verbundenen Gebietsfremden abhängiges -gebietsansässiges Unternehmen beteiligt sind, oder das Betriebsvermögen der gebietsansässigen Zweigniederlassung oder Betriebsstätte des Gebietsfremden drei Millionen Euro nicht überschreitet. Absatz 1 findet ferner insoweit keine Anwendung, als dem Gebietsansässigen Unterlagen, die er zur Erfüllung seiner

Meldepflicht benötigt, aus tatsächlichen oder rechtlichen Gründen nicht zugänglich sind. Absatz 1 Nr. 1 und 2 findet keine Anwendung, wenn das gebietsansässige oder das abhängige gebietsansässige Unternehmen, an dem wirtschaftlich verbundene Gebietsfremde beteiligt sind, nicht erkennen kann, dass es sich bei den Gebietsfremden im Sinne des Absatzes 2 um wirtschaftlich verbundene Gebietsfremde handelt.

§ 58b
Abgabe der Meldungen nach § 58a

(1) Die Meldungen sind einmal jährlich nach dem Stand des Bilanzstichtages des Meldepflichtigen oder, soweit es sich bei dem Meldepflichtigen um eine nicht bilanzierende gebietsansässige Zweigniederlassung oder Betriebsstätte eines gebietsfremden Unternehmens handelt, nach dem Stand des Bilanzstichtages des gebietsfremden Unternehmens der Deutschen Bundesbank mit dem Vordruck „Vermögen Gebietsfremder im Wirtschaftsgebiet" (Anlage K 4) zu erstatten. Die Deutsche Bundesbank übermittelt die Angaben der Meldepflichtigen dem Bundesministerium für Wirtschaft und Technologie in geeigneter Form; sie kann dem Bundesministerium für Wirtschaft und Technologie dazu auf dessen Verlangen eine Ausfertigung der Meldung übersenden.

(2) Die Meldungen sind spätestens bis zum letzten Werktag des sechsten auf den Bilanzstichtag des Meldepflichtigen oder, soweit es sich bei dem Meldepflichtigen um eine nicht bilanzierende gebietsansässige Zweigniederlassung oder Betriebsstätte eines gebietsfremden Unternehmens handelt, des sechsten auf den Bilanzstichtag des gebietsfremden Unternehmens folgenden Monats bei der Deutschen Bundesbank abzugeben.

(3) Meldepflichtig ist

1. in den Fällen des § 58 a Abs. 1 Nr. 1 das gebietsansässige Unternehmen,
2. in den Fällen des § 58 a Abs. 1 Nr. 2 das abhängige gebietsansässige Unternehmen,
3. in den Fällen des § 58 a Abs. 1 Nr. 3 die gebietsansässige Zweigniederlassung oder Betriebsstätte.

§ 58c
Ausnahmen

(1) Die Deutsche Bundesbank kann für einzelne Meldepflichtige oder für Gruppen von Meldepflichtigen vereinfachte Meldungen oder Abweichungen von Meldefristen oder Vordrucken zulassen oder einzelne Meldepflichtige oder Gruppen von Meldepflichtigen befristet oder widerruflich von einer Meldepflicht freistellen, soweit dafür besondere Gründe vorliegen oder der Zweck der Meldevorschriften nicht beeinträchtigt wird.

(2) Meldungen können anstatt auf amtlichen Vordrucken auch in anderer Form abgegeben werden, sofern dies bei der Meldestelle beantragt wird und die von der Meldestelle erlassenen Formvorschriften beachtet werden.

Kapitel VII
Zahlungsverkehr

1. Titel
Beschränkungen
(weggefallen)

2. Titel
Meldevorschriften nach § 26 AWG

1. Untertitel
Allgemeine Vorschriften

§ 59
Meldung von Zahlungen

(1) Gebietsansässige haben Zahlungen, die sie

1. von Gebietsfremden oder für deren Rechnung von Gebietsansässigen entgegennehmen (eingehende Zahlungen) oder
2. an Gebietsfremde oder für deren Rechnung an Gebietsansässige leisten (ausgehende Zahlungen),

   zu melden.

(2) Absatz 1 findet keine Anwendung auf

1. Zahlungen, die den Betrag von 12 500 Euro oder den Gegenwert in anderer Währung nicht übersteigen,
2. Zahlungen für die Wareneinfuhr und die Warenausfuhr,
3. Zahlungen, die die Gewährung, Aufnahme oder Rückzahlung von Krediten (einschließlich der Begründung und Rückzahlung von Guthaben) mit einer ursprünglich vereinbarten Laufzeit oder Kündigungsfrist von nicht mehr als zwölf Monaten zum Gegenstand haben.
4. (aufgehoben)

(3) Zahlung im Sinne dieses Kapitels sind auch die Aufrechnung und die Verrechnung sowie Zahlungen, die mittels Lastschriftverfahren abgewickelt werden. Als Zahlung gilt ferner das Einbringen von Sachen und Rechten in Unternehmen, Zweigniederlassungen und Betriebsstätten.

§ 59a
Anwendungsbereich

Für Zwecke der Meldung nach diesem Titel gelten die österreichischen Gebiete Jungholz und Mittelberg nicht als Teil des Wirtschaftsgebietes.

§ 60
Form der Meldung

(1) Ausgehende Zahlungen, die über ein gebietsansässiges Geldinstitut geleistet werden, sind mit Vordruck „Zahlungsauftrag im Außenwirtschaftsverkehr" (Anlage Z 1) zu melden, soweit im Folgenden nichts anderes bestimmt ist.

(2) Ausgehende Zahlungen

1. zugunsten Gebietsfremder auf deren Konten bei gebietsansässigen Geldinstituten,
2. zugunsten Gebietsansässiger für Rechnung von Gebietsfremden können abweichend von Absatz 1 mit dem Vordruck „Zahlungen im -Außenwirtschaftsverkehr" (Anlage Z 4) gemeldet werden.

(2a) Ausgehende Zahlungen in Euro, die über ein gebietsansässiges Geldinstitut für einen gebietsfremden Zahlungsempfänger auf ein Geldinstitut oder dessen Zweigstelle in einem anderen Mitgliedstaat der Europäischen Union, Liechtenstein, Norwegen, Island oder Schweiz geleistet werden, sind mit dem Vordruck „Zahlungen im Außenwirtschaftsverkehr" (Anlage Z 4) zu melden.

(3) Eingehende Zahlungen, ausgehende Zahlungen, die nicht nach Absatz 1 gemeldet werden müssen, und Zahlungen im Transithandel sind mit dem Vordruck „Zahlungen im Außenwirtschaftsverkehr" (Anlage Z 4) zu melden.

(4) Ein- und ausgehende Zahlungen im Zusammenhang mit Wertpapiergeschäften und Finanzderivaten sind mit dem Vordruck „Wertpapiergeschäfte und Finanzderivate im Außenwirtschaftsverkehr" (Anlage Z 10) zu melden.

(5) In den Meldungen sind aussagefähige Angaben zu den zugrunde liegenden Leistungen oder zum Grundgeschäft zu machen und die entsprechenden Kennzahlen des Leistungsverzeichnisses (Anlage LV) anzugeben. Im Fall von Transaktionen mit Wertpapieren und Finanzderivaten sind anstelle der Angaben zum Grundgeschäft die Bezeichnungen der Wertpapiere, die internationale Wertpapierkennnummer (ISIN) sowie Nennbetrag oder Stückzahl anzugeben.

(6) Bei abgabenbegünstigten Lieferungen und Leistungen an im Wirtschaftsgebiet stationierte ausländische Truppen sowie an das zivile Gefolge -kann abweichend von Absatz 3 die Meldung auch durch Abgabe einer Durchschrift der Empfangsbestätigung der Truppen oder des zivilen Gefolges nach dem auf Grund der Abgabenvorschriften vorgeschriebenen Muster erstattet werden.

§ 61
Meldefrist

Die Meldungen sind abzugeben

1. bei Zahlungen nach § 60 Abs. 1
   mit der Erteilung des Auftrages an das Geldinstitut; der Auftraggeber kann die für die Deutsche Bundesbank bestimmte Ausfertigung des Zahlungsauftrages bei der Erteilung des Auftrages auch in verschlossenem Umschlag, auf dem sein Name und seine Anschrift als Absender angegeben sind, zur Weiterleitung an die Deutsche Bundesbank abgeben; in diesem Falle brauchen in der für das Geldinstitut bestimmten Ausfertigung die statistischen Angaben und in der für die Deutsche Bundesbank

bestimmten Ausfertigung die zahlungsverkehrstechnischen Angaben nicht ausgefüllt zu werden;

2. (gestrichen)
3. bei Zahlungen nach § 60 Abs. 2, 2 a und 3
bis zum siebenten Tage des auf die Leistung oder Entgegennahme der Zahlungen folgenden Monats; Sammelmeldungen sind zulässig;
4. bei Zahlungen nach § 60 Abs. 4 bis zum fünften Tage eines jeden Monats für den vorausgegangenen Monat; Sammelmeldungen sind zulässig.

§ 62
Meldung von Forderungen und Verbindlichkeiten

(1) Gebietsansässige, ausgenommen natürliche Personen, Monetäre Finanzinstitute (MFIs) und Investmentaktiengesellschaften sowie Kapitalanlagegesellschaften bezüglich der Forderungen und Verbindlichkeiten ihrer Investmentfonds, haben ihre Forderungen und Verbindlichkeiten gegenüber Gebietsfremden zu melden, wenn diese Forderungen oder Verbindlichkeiten bei Ablauf eines Monats jeweils zusammengerechnet mehr als fünf Millionen Euro betragen.

(2) Die Forderungen und Verbindlichkeiten gegenüber gebietsfremden Geldinstituten sind jeweils monatlich bis zum zehnten Tage des folgenden Monats nach dem Stand des letzten Werktages des Vormonats mit dem Vordruck „Forderungen und Verbindlichkeiten aus Finanzbeziehungen mit gebietsfremden Geldinstituten" (Anlage Z 5) zu melden.

(3) Forderungen und Verbindlichkeiten gegenüber sonstigen Gebietsfremden sind jeweils monatlich bis zum 20. Tage des folgenden Monats nach dem Stand des letzten Werktages des Vormonats mit den Vordrucken „Forderungen und Verbindlichkeiten aus Finanzbeziehungen mit gebietsfremden Nichtbanken" (Anlage Z 5 a Blatt 1) und „Forderungen und Verbindlichkeiten gegenüber Gebietsfremden aus dem Waren- und Dienstleistungsverkehr" (Anlage Z 5 a Blatt 2) zu melden.

(4) Gebietsansässige, die der Meldepflicht nach Absatz 1 unterliegen und deren Forderungen oder Verbindlichkeiten aus Finanzbeziehungen mit Gebietsfremden bei Ablauf eines Jahres mehr als 500 Millionen Euro betragen, haben ihre Forderungen und Verbindlichkeiten gegenüber Gebietsfremden aus derivativen Finanzinstrumenten nach dem Stand vom 31. Dezember zu melden (Anlage Z 5b). Die Bestände sind mit ihrem beizulegenden Zeitwert zu bewerten. Die Meldung ist bis zum 20. Februar des Folgejahres einzureichen. Eine Fehlanzeige ist nicht erforderlich.

(5) Entfällt für einen Gebietsansässigen, der für einen vorangegangenen -Meldestichtag meldepflichtig war, wegen Unterschreitens der in Absatz 1 genannten Betragsgrenze die Meldepflicht, so hat er dies bis zum 20. Tage des darauffolgenden Monats der Meldestelle schriftlich anzuzeigen.

§ 63
Meldestellen

(1) Die Meldungen sind der Deutschen Bundesbank zu erstatten.

(2) Die Meldung auf Vordruck Anlage Z 1 ist bei dem beauftragten Geldinstitut zur Weiterleitung an die Deutsche Bundesbank abzugeben.

§ 64
Ausnahmen

§ 58e gilt entsprechend.

2. Untertitel
Ergänzende Meldevorschriften

§ 65
(weggefallen)

§ 66
Zahlungen im Transithandel

(1) Wenn die Ware bei Abgabe der Meldung über Zahlungen im Transithandel gemäß § 60 Abs. 3 bereits an einen Gebietsfremden weiterveräußert ist, so ist der Zahlungseingang zusammen mit dem Zahlungsausgang zu melden. Ist die Zahlung des gebietsfremden Erwerbers im Zeitpunkt des Zahlungsausgangs noch nicht eingegangen, so ist der vereinbarte Betrag der Zahlung zu melden.

(2) Wer eine ausgehende Zahlung im Transithandel gemeldet hat und die Transithandelsware danach in das Wirtschaftsgebiet verbringt, hat dies mit Vordruck Anlage Z 4 unter Angabe des gemeldeten Betrages und des Zeitpunktes der Zahlung mit dem Zusatz „Stornierung im Transithandel" zu melden.

(3) In den Fällen der Absätze 1 und 2 sind ferner die Benennung der Ware, die zweistellige Kapitelnummer des Warenverzeichnisses für die Außenhandelsstatistik und das Einkaufsland im Sinne des § 21 b Abs. 2 anzugeben.

§ 67
Zahlungen der Seeschiffahrtsunternehmen

Gebietsansässige, die ein Seeschifffahrtsunternehmen betreiben, haben, abweichend von den §§ 59 bis 61, Zahlungen, die sie im Zusammenhang mit dem Betrieb der Seeschifffahrt entgegennehmen oder leisten, mit dem Vordruck „Einnahmen und Ausgaben der Seeschifffahrt" (Anlage Z 8) monatlich bis zum siebenten Tage des auf die Zahlung folgenden Monats der Deutschen Bundesbank zu melden.

§ 68
(weggefallen)

3. Untertitel
Meldevorschriften für Geldinstitute

§ 69
Meldungen der Geldinstitute

(1) Soweit Zahlungen nach Absatz 2 zu melden sind, finden die §§ 59 bis 63 keine Anwendung.

(2) Gebietsansässige Geldinstitute haben zu melden

1. Zahlungen für die Veräußerung oder den Erwerb von Wertpapieren und Finanzderivaten, die das Geldinstitut für eigene oder fremde Rechnung an Gebietsfremde verkauft oder von Gebietsfremden kauft, sowie Zahlungen, die das Geldinstitut im Zusammenhang mit der Einlösung inländischer Wertpapiere an Gebietsfremde leistet oder von diesen erhält, mit dem Vordruck „Wertpapiergeschäfte und Finanzderivate im Außenwirtschaftsverkehr" (Anlage Z 10);
2. Zins- und Dividendenzahlungen auf inländische Wertpapiere, die sie an Gebietsfremde leisten oder von diesen erhalten, mit dem Vordruck „Zahlungen für Wertpapier-Erträge im Außenwirtschaftsverkehr" (Anlage Z 11);
3. eingehende und ausgehende Zahlungen für Zinsen und zinsähnliche Erträge und Aufwendungen (ausgenommen Wertpapierzinsen), die sie für eigene Rechnung von Gebietsfremden entgegennehmen oder an Gebietsfremde leisten, mit den Vordrucken „Zinseinnahmen und zinsähnliche Erträge im Außenwirtschaftsverkehr (ohne Wertpapierzinsen" (Anlage Z 14) und „Zinsausgaben und zinsähnliche Aufwendungen im Außenwirtschaftsverkehr (ohne Wertpapierzinsen)" (Anlage Z 15);
4. im Zusammenhang mit dem Reiseverkehr
   a) ein- und ausgehende Zahlungen aus Kartenumsätzen mit dem Vordruck „Zahlungseingänge/Zahlungsausgänge im Reiseverkehr: Karten-Umsätze" (Anlage Z 12),
   b) ein- und ausgehende Zahlungen aus dem An- und Verkauf von Sorten sowie Umsätze aus dem Verkauf bzw. aus der Versendung von Fremdwährungsreiseschecks mit dem Vordruck „Zahlungseingänge/Zahlungsausgänge im Reiseverkehr: Sorten und Fremdwährungsreiseschecks" (Anlage Z 13).

(3) Absatz 2 Nr. 1 und 3 findet keine Anwendung auf Zahlungen, die den Betrag von 12500 Euro oder den Gegenwert in anderer Währung nicht übersteigen.

(4) Bei Meldungen nach Absatz 2 Nr. 1 sind die Kennzahlen des Leistungsverzeichnisses (Anlage LV) und die Bezeichnungen der Wertpapiere, die internationale Wertpapierkennnummer (ISIN) sowie Nennbetrag oder Stückzahl anzugeben.

(5) Es sind zu erstatten

1. Meldungen nach Absatz 2 Nr. 1, 2 und 4 monatlich bis zum fünften Tage des auf den meldepflichtigen Vorgang folgenden Monats,
2. Meldungen nach Absatz 2 Nr. 3 monatlich bis zum siebenten Tage des auf den meldepflichtigen Vorgang folgenden Monats. Zinsen und zinsähnliche Erträge und Aufwendungen im Kontokorrent- und Sparverkehr, einschließlich Zinsen auf Sparbriefe und Namens-Sparschuldverschreibungen, brauchen nur halbjährlich bis zum 30. Tage nach Ablauf eines Kalenderhalbjahres gemeldet zu werden.

(6) Die Meldungen sind der Deutschen Bundesbank zu erstatten.

Kapitel VIIa
Besondere Beschränkungen gegen Somalia

§ 69a
Beschränkungen aufgrund der Resolutionen 733 (1992) vom 23. Januar 1992, 1356 (2001) vom 19. Juni 2001, 1725 (2006) vom 6. Dezember 2006, 1744 (2007), 1846 (2008) vom 2. Dezember 2008 und 1851 (2008) vom 16. Dezember 2008 des Sicherheitsrats der Vereinten Nationen (Kapitel VII der Charta)

(1) Der Verkauf und die Ausfuhr von in Teil I Abschnitt A der Ausfuhrliste (Anlage AL) erfassten Gütern nach Somalia vom Wirtschaftsgebiet aus ist verboten.

(2) Absatz 1 gilt nicht für den Verkauf und die Ausfuhr

1. von ausschließlich für humanitäre oder Schutzzwecke bestimmte nichtletale militärische Ausrüstung oder von Ausstattungen für Programme der Europäischen Union, der Europäischen Gemeinschaften oder ihrer Mitgliedstaaten im Rahmen des Friedens- und Aussöhnungsprozesses oder
2. von Gütern, die ausschließlich zur Unterstützung der oder die ausschließlich zur Nutzung durch Staaten und regionale Organisationen bestimmt sind, die Maßnahmen zur Bekämpfung der Piraterie nach Ziffer 10 der Resolution 1846 (2008) und Ziffer 6 der Resolution 1851 (2008) durchführen, oder zur Nutzung durch die Friedensmission der Afrikanischen Union in Somalia gemäß Ziffer 4 der Resolution 1744 (2007) bestimmt sind oder
3. von Gütern, die ausschließlich zum Aufbau der Institutionen des Sicherheitssektors bestimmt sind.

   Der Verkauf und die Ausfuhr bedürfen in diesen Fällen der Genehmigung durch das Bundesamt für Wirtschaft und Ausfuhrkontrolle (BAFA).

(3) Absatz 1 gilt nicht für Schutzkleidung, die vom Personal der Vereinten Nationen, von Medienvertretern, humanitären Helfern, Entwicklungshelfern oder von diese Personen beigeordnetem Personal ausschließlich zur eigenen Verwendung vorübergehend nach Somalia ausgeführt wird.

(4) Die Absätze 1 bis 3 gelten auch für Deutsche in fremden Wirtschaftsgebieten, die in Teil I Abschnitt A der Ausfuhrliste (Anlage AL) erfasste Güter nach Somalia verkaufen, ausführen oder ausführen lassen.

Kapitel VIIb
(aufgehoben)

Kapitel VIIc
Besondere Beschränkungen gegen Sierra Leone

§ 69c
Beschränkungen auf Grund der Resolutionen 1132 (1997) vom 8. Oktober 1997 und 1171 (1998) vom 4. Juni 1998 des Sicherheitsrats der Vereinten Nationen (Kapitel VII der Charta)

(1) Der Verkauf und die Ausfuhr von in Teil I Abschnitt A der Ausfuhrliste (Anlage AL) erfassten Gütern nach Sierra Leone vom Wirtschaftsgebiet aus oder unter Benutzung

eines Schiffes oder Luftfahrzeugs, das berechtigt ist, die Bundesflagge oder das Staatszugehörigkeitszeichen der Bundesrepublik Deutschland zu führen, ist verboten.

(2) Absatz 1 gilt nicht für den Verkauf und die Ausfuhr an die Regierung von Sierra Leone und für Ausfuhren, die ausschließlich für den Einsatz der Militärbeobachtergruppe der Wirtschaftsgemeinschaft westafrikanischer Staaten oder der Vereinten Nationen in Sierra Leone bestimmt sind. Der Verkauf und die Ausfuhr bedürfen in diesen Fällen der Genehmigung durch das Bundesamt für Wirtschaft und Ausfuhrkontrolle (BAFA).

(3) Die Absätze 1 und 2 gelten auch für deutsche Staatsangehörige in fremden Wirtschaftsgebieten, die die genannten Güter nach Sierra Leone verkaufen, ausführen oder ausführen lassen.

Kapitel VIId
Besondere Beschränkungen gegen Osama bin Laden, -Mitglieder der Al-Qaida-Organisation und die Taliban -sowie andere mit ihnen verbündete Personen, Gruppen, Unternehmen und Einrichtungen sowie zur Bekämpfung des Terrorismus

§ 69d
Beschränkungen aufgrund der Resolutionen 1373 (2001) vom 28. September 2001 und 1390 (2002) vom 16. Januar 2002 des Sicherheitsrats der Vereinten Nationen (Kapitel VII der Charta)

(1) Der Verkauf und die Ausfuhr von in Teil I Abschnitt A der Ausfuhrliste (Anlage AL) erfassten Gütern an die in Anhang I der Verordnung (EG) Nr. 881/2002 des Rates vom 27. Mai 2002 (ABl. EG Nr. L 139 S. 9), die zuletzt durch die Verordnung (EG) Nr. 1102/2009 der Kommission vom 16. November 2009 (ABl. L 303 vom 18.11.2009, S. 39) geändert worden ist, oder in der Liste nach Artikel 2 Abs. 3 der Verordnung (EG) Nr. 2580/2001 der natürlichen oder juristischen Personen, Vereinigungen oder Körperschaften in der Fassung der Verordnung (EG) Nr. 501/2009 des Rates vom 15. Juni 2009 zur Durchführung von Artikel 2 Absatz 3 der Verordnung (EG) Nr. 2580/2001 über spezifische, gegen bestimmte Personen und Organisationen gerichtete restriktive Maßnahmen zur Bekämpfung des Terrorismus und zur Aufhebung des Beschlusses 2009/62/EG (ABl. L 151 vom 16.6.2009, S. 14), aufgeführten natürlichen oder juristischen Personen, Gruppen oder Organisationen vom Wirtschaftsgebiet aus oder unter Benutzung eines Schiffes oder Luftfahrzeugs, das berechtigt ist, die Bundesflagge oder das Staatszugehörigkeitszeichen der Bundesrepublik Deutschland zu führen, ist verboten.

(2) Das Verbot gilt auch für Deutsche in fremden Wirtschaftsgebieten, die die genannten Güter zu in Absatz 1 genannten natürlichen oder juristischen Personen, Gruppen oder Organisationen verkaufen, ausführen oder ausführen lassen.

Kapitel VIIe
Besondere Beschränkungen gegen Irak

§ 69e
Beschränkungen aufgrund der Resolutionen 1483 (2003) vom 7. Juli 2003 und 1546 (2004) vom 8. Juni 2004 des Sicherheitsrats der Vereinten Nationen (Kapitel VII der Charta)

(1) Der Verkauf und die Ausfuhr von in Teil I Abschnitt A der Ausfuhrliste (Anlage AL) erfassten Gütern nach Irak vom Wirtschaftsgebiet aus oder unter Benutzung eines Schiffes oder Luftfahrzeugs, das berechtigt ist, die Bundesflagge oder das Staatszugehörigkeitszeichen der Bundesrepublik Deutschland zu führen, ist verboten.

(2) Absatz 1 gilt nicht für Güter, die von der Regierung Iraks oder der durch die Resolution 1511 (2003) des Sicherheitsrats eingesetzten multinationalen Truppe für die Zwecke der Resolution 1546 (2004) des Sicherheitsrats benötigt werden. Der Verkauf und die Ausfuhr bedürfen in diesem Fall der Genehmigung durch das Bundesamt für Wirtschaft und Ausfuhrkontrolle (BAFA).

(3) Die Absätze 1 und 2 gelten auch für Deutsche in fremden Wirtschaftsgebieten, die die genannten Güter nach Irak verkaufen, ausführen oder ausführen lassen.

(4) (aufgehoben)

(5) (aufgehoben)

Kapitel VIIf
Besondere Beschränkungen gegen die Demokratische Republik Kongo

§ 69f
Beschränkungen aufgrund der Resolution 1493 (2003) des Sicherheitsrats der Vereinten Nationen vom 28. Juli 2003 (Kapitel VII der Charta)

(1) Der Verkauf und die Ausfuhr von in Teil I Abschnitt A der Ausfuhrliste (Anlage AL) erfassten Gütern in die Demokratische Republik Kongo vom Wirtschaftsgebiet aus oder unter Benutzung eines Schiffes oder Luftfahrzeugs, das berechtigt ist, die Bundesflagge oder das Staatszugehörigkeitszeichen der Bundesrepublik Deutschland zu führen, ist verboten.

(2) Handels- und Vermittlungsgeschäfte in Bezug auf in Teil I Abschnitt A der Ausfuhrliste (Anlage AL) erfasste Güter, welche unmittelbar oder mittelbar für Personen, Organisationen oder Einrichtungen in der Demokratischen Republik Kongo oder zur Verwendung in der Demokratischen Republik Kongo bestimmt sind, sind untersagt.

(3) Absätze 1 und 2 gelten nicht für

1. Güter, die ausschließlich dazu bestimmt sind, Armee- und Polizeieinheiten der Demokratischen Republik Kongo zu unterstützen oder von diesen verwendet zu werden, wenn diese Einheiten:
    a) ihre Eingliederung in die Armee- und Polizeieinheiten der Demokratischen Republik Kongo abgeschlossen haben oder

b) unter dem Kommando des integrierten Stabs der Streitkräfte („état-major intégré") oder der Nationalen Polizei der Demokratischen Republik Kongo stehen oder

c) im Hoheitsgebiet der Demokratischen Republik Kongo außerhalb der Provinzen Nord- und Südkivu und des Distrikts Ituri in Armee- und Polizeieinheiten der Demokratischen Republik Kongo eingegliedert werden,

2. Güter für den ausschließlichen Zweck der Unterstützung oder Verwendung durch die Mission der Organisation der Vereinten Nationen in der Demokratischen Republik Kongo („MONUC") oder

3. nichtletale militärische Ausrüstung, die ausschließlich für humanitäre oder Schutzzwecke bestimmt ist.
   Der Verkauf, die Ausfuhr und das Handels- und Vermittlungsgeschäft bedürfen in diesen Fällen der Genehmigung durch das Bundesamt für Wirtschaft und Ausfuhrkontrolle (BAFA).

(4) Die Absätze 1 bis 3 gelten auch für Deutsche in fremden Wirtschaftsgebieten, die die genannten Güter in die Demokratische Republik Kongo verkaufen, ausführen oder ausführen lassen oder Handels- und Vermittlungsgeschäfte in Bezug auf die genannten Güter vornehmen.

Kapitel VIIg
Besondere Beschränkungen gegen Liberia

§ 69g
Beschränkungen aufgrund der Resolutionen 1521 (2003) vom 22. Dezember 2003, 1683 (2006) vom 13. Juni 2006 und 1731 (2006) vom 20. Dezember 2006 des Sicherheitsrats der Vereinten Nationen (Kapitel VII der Charta)

(1) Der Verkauf und die Ausfuhr von in Teil I Abschnitt A der Ausfuhrliste (Anlage AL) erfassten Gütern nach Liberia vom Wirtschaftsgebiet aus oder unter Benutzung eines Schiffes oder Luftfahrzeugs, das berechtigt ist, die Bundesflagge oder das Staatszugehörigkeitszeichen der Bundesrepublik Deutschland zu führen, ist verboten.

(2) Handels- und Vermittlungsgeschäfte in Bezug auf in Teil I Abschnitt A der Ausfuhrliste (Anlage AL) erfasste Güter, welche unmittelbar oder mittelbar für Personen, Organisationen oder Einrichtungen in Liberia oder zur Verwendung in Liberia bestimmt sind, sind untersagt.

(3) Die Absätze 1 und 2 gelten nicht für

1. Güter, die ausschließlich zur Unterstützung der Mission der Vereinten Nationen in Liberia oder zur Nutzung durch sie bestimmt sind,

2. Güter, die ausschließlich zur Unterstützung eines internationalen Ausbildungs- und Reformprogramms für die liberianischen Streitkräfte und die liberianische Polizei oder zur Nutzung im Rahmen eines solchen Programms bestimmt sind,

3. nichtletale militärische Ausrüstung, die ausschließlich für humanitäre Zwecke oder Schutzzwecke bestimmt ist,

4. nichtletale militärische Ausrüstung, Waffen und Munition, die zur Verwendung durch Mitglieder der Polizei- und Sicherheitskräfte der Regierung Liberias bestimmt

sind, die seit der Einrichtung der Mission der Vereinten Nationen in Liberia überprüft und ausgebildet wurden.

Der Verkauf, die Ausfuhr und das Handels- und Vermittlungsgeschäft bedürfen in diesen Fällen der Genehmigung durch das Bundesamt für Wirtschaft und Ausfuhrkontrolle (BAFA).

(4) Die Absätze 1 und 2 gelten nicht für Schutzkleidung, die vom Personal der Vereinten Nationen, Medienvertretern, humanitären Helfern, Entwicklungshelfern oder von diesen Personen beigeordnetem Personal ausschließlich zur eigenen Verwendung vorübergehend nach Liberia ausgeführt wird.

(5) Die Absätze 1 bis 4 gelten auch für Deutsche in fremden Wirtschaftsgebieten, die die genannten Güter nach Liberia verkaufen, ausführen oder ausführen lassen oder Handels- und Vermittlungsgeschäfte in Bezug auf die genannten Güter vornehmen.

Kapitel VIIh
Besondere Beschränkungen gegen Simbabwe

§ 69h
Beschränkungen aufgrund des Gemeinsamen Standpunkts 2004/161/GASP vom 9. Februar 2004 mit restriktiven Maß-nahmen gegen Simbabwe

(1) Der Verkauf und die Ausfuhr von in Teil I Abschnitt A der Ausfuhrliste (Anlage AL) erfassten Gütern nach Simbabwe vom Wirtschaftsgebiet aus oder unter Benutzung eines Schiffes oder Luftfahrzeugs, das berechtigt ist, die Bundesflagge oder das Staatszugehörigkeitszeichen der Bundesrepublik Deutschland zu führen, ist verboten.

(2) Handels- und Vermittlungsgeschäfte in Bezug auf in Teil I Abschnitt A der Ausfuhrliste (Anlage AL) erfasste Güter, welche unmittelbar oder mittelbar für Personen, Organisationen oder Einrichtungen in Simbabwe oder zur Verwendung in Simbabwe bestimmt sind, sind untersagt.

(3) Die Absätze 1 und 2 gelten nicht für ausschließlich für humanitäre oder Schutzzwecke bestimmte nichtletale militärische Ausrüstung für die Programme der Vereinten Nationen, der Europäischen Union und der Europäischen Gemeinschaft zum Aufbau von Institutionen oder für Material, das für Krisenbewältigungsoperationen der Vereinten Nationen und der Europäischen Union bestimmt ist. Der Verkauf, die Ausfuhr und das Handels- und Vermittlungsgeschäft bedürfen in diesen Fällen der Genehmigung durch das Bundesamt für Wirtschaft und Ausfuhrkontrolle (BAFA).

(4) Die Absätze 1 und 2 gelten nicht für Schutzkleidung, die vom Personal der Vereinten Nationen, der Europäischen Union, der Europäischen Gemeinschaft oder ihrer Mitgliedstaaten, von Medienvertretern, humanitären Helfern, Entwicklungshelfern oder von diesen Personen beigeordnetem Personal ausschließlich zur eigenen Verwendung vorübergehend nach Simbabwe ausgeführt wird.

(5) Die Absätze 1 bis 4 gelten auch für Deutsche in fremden Wirtschaftsgebieten, die die genannten Güter nach Simbabwe verkaufen, ausführen oder ausführen lassen oder Handels- und Vermittlungsgeschäfte in Bezug auf die genannten Güter vornehmen.

Kapitel VIIi
Besondere Beschränkungen gegen Birma/Myanmar

§ 69i
Beschränkungen auf Grund des Gemeinsamen Standpunkts 2006/318/GASP des Rates vom 27. April 2006 zur Verlängerung der restriktiven Maßnahmen gegen Birma/Myanmar

(1) Der Verkauf und die Ausfuhr von in Teil I Abschnitt A der Ausfuhrliste (Anlage AL) erfassten Gütern nach Birma/Myanmar vom Wirtschaftsgebiet aus oder unter Benutzung eines Schiffes oder Luftfahrzeugs, das berechtigt ist, die Bundesflagge oder das Staatszugehörigkeitszeichen der Bundesrepublik Deutschland zu führen, ist verboten.

(2) Handels- und Vermittlungsgeschäfte in Bezug auf in Teil I Abschnitt A der Ausfuhrliste (Anlage AL) erfasste Güter, welche unmittelbar oder mittelbar für Personen, Organisationen oder Einrichtungen in Birma/Myanmar bestimmt sind, sind untersagt.

(3) Die Absätze 1 und 2 gelten nicht für nichtletale militärische Ausrüstung, die ausschließlich für humanitäre oder Schutzzwecke oder für die Programme der Vereinten Nationen, der Europäischen Union oder der Europäischen Gemeinschaft zum Aufbau von Institutionen bestimmt ist, oder für Güter, die für Krisenbewältigungsoperationen der Vereinten Nationen oder der Europäischen Union bestimmt sind. Der Verkauf, die Ausfuhr und das Handels- und Vermittlungsgeschäft bedürfen in diesen Fällen der Genehmigung durch das Bundesamt für Wirtschaft und Ausfuhrkontrolle (BAFA).

(4) Die Absätze 1 und 2 gelten nicht für Schutzkleidung, die vom Personal der Vereinten Nationen, der Europäischen Union, der Europäischen Gemeinschaft oder ihrer Mitgliedstaaten, von Medienvertretern, humanitären Helfern, Entwicklungshelfern oder von diesen Personen beigeordnetem Personal ausschließlich zur eigenen Verwendung vorübergehend nach Birma/Myanmar ausgeführt wird.

(5) (aufgehoben)

(6) Die Verbringung von Gütern im Sinne von Anhang III der Verordnung (EG) Nr. 194/2008 des Rates bedarf der Genehmigung, wenn dem Verbringer bekannt ist, dass das endgültige Bestimmungsziel der Güter Birma/Myanmar ist. Die Genehmigung erteilt das Bundesamt für Wirtschaft und Ausfuhrkontrolle (BAFA).

(7) Die Absätze 1 bis 4 und 6 gelten auch für Deutsche in fremden Wirtschaftsgebieten, die die genannten Güter nach Birma/Myanmar verkaufen, ausführen oder ausführen lassen, durchführen oder durchführen lassen, in einen Mitgliedstaat der Europäischen Union mit dem Ziel der Ausfuhr nach Birma/Myanmar verbringen oder verbringen lassen oder Handels- und Vermittlungsgeschäfte in Bezug auf die genannten Güter vornehmen.

(8) (aufgehoben)

Kapitel VIIj
Besondere Beschränkungen gegen Côte d'Ivoire

§ 69j
Beschränkungen auf Grund der Resolution 1572 (2004) vom 15. November 2004 des Sicherheitsrats der Vereinten Nationen (Kapitel VII der Charta)

(1) Der Verkauf und die Ausfuhr von in Teil I Abschnitt A der Ausfuhrliste (Anlage AL) erfassten Gütern nach Côte d'Ivoire vom Wirtschaftsgebiet aus oder unter Benutzung eines Schiffes oder Luftfahrzeugs, das berechtigt ist, die Bundesflagge oder das Staatszugehörigkeitszeichen der Bundesrepublik Deutschland zu führen, ist verboten.

(2) Handels- und Vermittlungsgeschäfte in Bezug auf in Teil I Abschnitt A der Ausfuhrliste (Anlage AL) erfasste Güter, welche unmittelbar oder mittelbar für Personen, Organisationen oder Einrichtungen in Côte d'Ivoire bestimmt sind, sind untersagt.

(3) Die Absätze 1 und 2 gelten nicht für

1. Ausfuhren, die ausschließlich zur Unterstützung der Operation der Vereinten Nationen in Côte d'Ivoire (UNOCI) und der sie unterstützenden französischen Streitkräfte oder zur Nutzung durch diese bestimmt sind,
2. nichtletale militärische Ausrüstung, die ausschließlich für humanitäre oder Schutzzwecke bestimmt ist, einschließlich des entsprechenden Geräts, das für Krisenbewältigungsoperationen der Europäischen Union, der Vereinten Nationen, der Afrikanischen Union und der Ecowas bestimmt ist oder
3. Güter, die ausschließlich zur Unterstützung des Prozesses der Neugliederung der Sicherheits- und Verteidigungsstreitkräfte oder zur Nutzung bei diesem Prozess bestimmt sind.

   Der Verkauf, die Ausfuhr und das Handels- und Vermittlungsgeschäft -bedürfen in diesen Fällen der Genehmigung durch das Bundesamt für Wirtschaft und Ausfuhrkontrolle (BAFA).

(4) Die Absätze 1 und 2 gelten nicht für Schutzkleidung, die vom Personal der Vereinten Nationen, der Europäischen Union, der Europäischen Gemeinschaft oder ihrer Mitgliedstaaten, von Medienvertretern, humanitären Helfern, Entwicklungshelfern oder von diesen Personen beigeordnetem Personal ausschließlich zur eigenen Verwendung vorübergehend nach Côte d'Ivoire ausgeführt wird.

(5) Die Absätze 1 und 2 gelten nicht für Güter, die vorübergehend nach Côte d'Ivoire weitergegeben oder ausgeführt werden und für die Truppen eines Staates bestimmt sind, der im Einklang mit dem Völkerrecht ausschließlich und unmittelbar zu dem Zweck tätig wird, die Evakuierung seiner Staatsangehörigen sowie von Personen, für die er konsularische Verantwortung in Côte d'Ivoire hat, zu erleichtern. Der Verkauf, die Ausfuhr und das Handels- und Vermittlungsgeschäft müssen in diesen Fällen dem Bundesamt für Wirtschaft und Ausfuhrkontrolle (BAFA) schriftlich im Voraus mitgeteilt werden.

(6) Die Absätze 1 bis 5 gelten auch für Deutsche in fremden Wirtschaftsgebieten, die die genannten Güter nach Côte d'Ivoire verkaufen, ausführen oder ausführen lassen oder Handels- und Vermittlungsgeschäfte in Bezug auf die genannten Güter vornehmen.

Kapitel VIIk
Besondere Beschränkungen gegen Sudan

§ 69k
Beschränkungen aufgrund der Resolution 1591 (2005) des -Sicherheitsrats der Vereinten Nationen vom 29. März 2005 (-Kapitel VII der Charta) und des Gemeinsamen Standpunkts 2005/411/GASP des Rates vom 30. Mai 2005 über restriktive Maßnahmen gegen Sudan und zur Aufhebung des Gemein-samen Standpunkts 2004/31/GASP

(1) Der Verkauf und die Ausfuhr von in Teil I Abschnitt A der Ausfuhrliste (Anlage AL) erfassten Gütern nach Sudan vom Wirtschaftsgebiet aus oder unter Benutzung eines Schiffes oder Luftfahrzeugs, das berechtigt ist, die Bundesflagge oder das Staatszugehörigkeitszeichen der Bundesrepublik Deutschland zu führen, ist verboten.

(2) Handels- und Vermittlungsgeschäfte in Bezug auf in Teil I Abschnitt A der Ausfuhrliste (Anlage AL) erfasste Güter, welche unmittelbar oder mittelbar für Personen, Organisationen oder Einrichtungen in Sudan oder zur Verwendung in Sudan bestimmt sind, sind untersagt.

(3) Die Absätze 1 und 2 gelten nicht für nichtletale militärische Ausrüstung, die ausschließlich bestimmt ist für humanitäre oder Schutzzwecke, für die Überwachung der Menschenrechtslage, oder für die Programme der Vereinten Nationen, der Afrikanischen Union, der Europäischen Union und der Europäischen Gemeinschaft zum Aufbau von Institutionen, oder für Material, das für Krisenbewältigungsoperationen der Vereinten Nationen, der Afrikanischen Union oder der Europäischen Union bestimmt ist, oder für Minenräumgeräte und Material zur Verwendung bei Minenräumaktionen. Der Verkauf, die Ausfuhr und das Handels- und Vermittlungsgeschäft bedürfen in diesen Fällen der Genehmigung durch das Bundesamt für Wirtschaft und Ausfuhrkontrolle (BAFA).

(4) Die Absätze 1 und 2 gelten nicht für Schutzkleidung, die vom Personal der Vereinten Nationen, der Europäischen Union, der Europäischen Gemeinschaft oder ihrer Mitgliedstaaten, von Medienvertretern, humanitären Helfern, Entwicklungshelfern oder von diesen Personen beigeordnetem Personal ausschließlich zur eigenen Verwendung vorübergehend nach -Sudan ausgeführt wird.

(5) Die Absätze 1 bis 4 gelten auch für Deutsche in fremden Wirtschaftsgebieten, die die genannten Güter nach Sudan verkaufen, ausführen oder ausführen lassen oder Handels- und Vermittlungsgeschäfte in Bezug auf die genannten Güter vornehmen.

Kapitel VIII
(aufgehoben)

§ 69l
(aufgehoben)

Kapitel VIIm
Besondere Beschränkungen gegen Libanon

§ 69m
Beschränkungen auf Grund des Gemeinsamen Standpunkts 2006/625/GASP des Rates vom 15. September 2006, betreffend das Verbot des Verkaufs oder der Lieferung von Rüstungsgütern und zugehörigen Gütern und die Erbringung damit zusammenhängender Dienstleistungen an Einrichtungen oder Einzelpersonen im Libanon im Sinne der Resolution 1701 (2006) des Sicherheitsrats der Vereinten Nationen

(1) Der Verkauf und die Ausfuhr von in Teil I Abschnitt A der Ausfuhrliste (Anlage AL) erfassten Gütern nach dem Libanon vom Wirtschaftsgebiet aus oder unter Benutzung eines Schiffs oder Luftfahrzeugs, das berechtigt ist, die Bundesflagge oder das Staatszugehörigkeitszeichen der Bundesrepublik Deutschland zu führen, ist verboten.

(2) Handels- und Vermittlungsgeschäfte in Bezug auf in Teil I Abschnitt A der Ausfuhrliste (Anlage AL) erfasste Güter, welche unmittelbar oder mittelbar für Personen, Organisationen oder Einrichtungen im Libanon oder zur Verwendung im Libanon bestimmt sind, sind untersagt.

(3) Die Absätze 1 und 2 gelten nicht

1. für Güter, die nicht unmittelbar oder mittelbar an Kampfgruppen geliefert werden, deren Entwaffnung der Sicherheitsrat der Vereinten Nationen in seinen Resolutionen 1559 (2004) und 1680 (2006) gefordert hat, und deren Lieferung von der Regierung Libanons oder der Interimstruppe der Vereinten Nationen im Libanon (UNIFIL) genehmigt wurde, oder
2. für Güter, die zur Nutzung durch die UNIFIL im Rahmen ihrer Mission oder durch die libanesischen Streitkräfte bestimmt sind.

Der Verkauf, die Ausfuhr und das Handels- und Vermittlungsgeschäft bedürfen in diesen Fällen der Genehmigung durch das Bundesamt für Wirtschaft und Ausfuhrkontrolle (BAFA).

(4) Die Absätze 1 und 2 gelten nicht für Schutzkleidung, die vom Personal der Vereinten Nationen, der Europäischen Union, der Europäischen Gemeinschaft oder ihrer Mitgliedstaaten vorübergehend in den Libanon ausgeführt wird.

(5) Die Absätze 1 bis 4 gelten auch für Deutsche in fremden Wirtschaftsgebieten, die die genannten Güter nach Libanon verkaufen, ausführen oder ausführen lassen oder Handels- und Vermittlungsgeschäfte in Bezug auf die genannten Güter vornehmen.

Kapitel VIIn
Besondere Beschränkungen gegen Nordkorea

§ 69n
Beschränkungen auf Grund der Resolution 1718 (2006) des -Sicherheitsrats der Vereinten Nationen vom 14. Oktober 2006 (Kapitel VII der Charta) und auf Grund von § 7 Abs. 1 in -Verbindung mit § 2 Abs. 1 und 4 AWG

(1) Der Verkauf, die Ausfuhr und die Durchfuhr von in Teil I Abschnitt A der Ausfuhrliste (Anlage AL) erfassten Güter nach Nordkorea vom Wirtschaftsgebiet aus oder über das

Wirtschaftsgebiet oder unter Benutzung eines Schiffes oder Luftfahrzeuges, das berechtigt ist, die Bundesflagge oder das Staatsangehörigkeitszeichen der Bundesrepublik Deutschland zu führen, ist verboten.

(2) Handels- und Vermittlungsgeschäfte in Bezug auf in Teil I Abschnitt A der Ausfuhrliste (Anlage AL) erfasste Güter, welche unmittelbar oder mittelbar für Personen, Organisationen oder Einrichtungen in Nordkorea oder zur Verwendung in Nordkorea bestimmt sind, sind untersagt.

(3) Die Absätze 1 und 2 gelten nicht für Fahrzeuge, die nicht für den Kampfeinsatz bestimmt sind, die bei der Herstellung oder nachträglich mit einer Kugelsicherung ausgerüstet wurden und nur zum Schutz des Personals der EU und ihrer Mitgliedstaaten in Nordkorea bestimmt sind. Der Verkauf, die Ausfuhr, die Durchfuhr und das Handels- und Vermittlungsgeschäft bedürfen in diesen Fällen der Genehmigung durch das Bundesamt für Wirtschaft und Ausfuhrkontrolle (BAFA).

(4) Die Einfuhr von in Teil I Abschnitt A der Ausfuhrliste (Anlage AL) erfassten Gütern aus Nordkorea in das Wirtschaftsgebiet, der Erwerb dieser Güter aus Nordkorea und die Beförderung dieser Güter, auch unter Benutzung eines Schiffes oder Luftfahrzeuges, das berechtigt ist, die Bundesflagge oder das Staatsangehörigkeitszeichen der Bundesrepublik Deutschland zu führen, sind verboten, unabhängig davon, ob die Güter ihren Ursprung in Nordkorea haben.

(5) Die Absätze 1 bis 4 gelten auch für Deutsche in fremden Wirtschaftsgebieten, die die genannten Güter nach Nordkorea verkaufen, ausführen oder ausführen lassen, durchführen oder durchführen lassen, aus Nordkorea einführen oder einführen lassen, erwerben oder erwerben lassen, befördern oder befördern lassen oder Handels- und Vermittlungsgeschäfte in Bezug auf die genannten Güter vornehmen.

(6) Die Ausfuhr von Ausrüstung für die Herstellung von Banknoten, Wertzeichen, Banknoten- oder Wertzeichenspezialpapieren bedarf der Genehmigung durch das Bundesamt für Wirtschaft und Ausfuhrkontrolle (BAFA), wenn Käufer- oder Bestimmungsland Nordkorea ist.

Kapitel VIIo
Besondere Beschränkungen gegen Iran

§ 69o
Beschränkungen auf Grund der Resolutionen 1737 (2006) vom 23. Dezember 2006 und 1747 (2007) vom 24. März 2007 des -Sicherheitsrats der Vereinten Nationen (Kapitel VII der Charta) sowie auf Grund der Gemeinsamen Standpunkte 2007/140/GASP des Rates vom 27. Februar 2007 über restriktive Maßnahmen gegen Iran und 2008/652/GASP des Rates vom 7. August 2008 zur Änderung des Gemeinsamen Standpunkts 2007/140/GASP über restriktive Maßnahmen gegen Iran

(1) Der Verkauf, die Ausfuhr und die Durchfuhr von in Teil I Abschnitt A der Ausfuhrliste (Anlage AL) erfassten Güter nach Iran vom Wirtschaftsgebiet aus oder über das Wirtschaftsgebiet oder unter Benutzung eines Schiffes oder Luftfahrzeuges, das berechtigt ist, die Bundesflagge oder das Staatsangehörigkeitszeichen der Bundesrepublik Deutschland zu führen, ist verboten.

(2) Handels- und Vermittlungsgeschäfte in Bezug auf in Teil I Abschnitt A der Ausfuhrliste (Anlage AL) erfasste Güter, welche unmittelbar oder mittelbar für Personen, Organisationen oder Einrichtungen in Iran oder zur Verwendung im Iran bestimmt sind, sind untersagt.

(3) Die Absätze 1 und 2 gelten nicht für Fahrzeuge, die nicht für den Kampfeinsatz bestimmt sind, die bei der Herstellung oder nachträglich mit einer Kugelsicherung ausgerüstet wurden und nur zum Schutz des Personals der Europäischen Union und ihrer Mitgliedstaaten in Iran bestimmt sind. Der Verkauf, die Ausfuhr, die Durchfuhr und das Handels- und Vermittlungsgeschäft bedürfen in diesen Fällen der Genehmigung durch das Bundesamt für Wirtschaft und Ausfuhrkontrolle (BAFA).

(4) Die Einfuhr von in Teil I Abschnitt A der Ausfuhrliste (Anlage AL) erfassten Gütern aus dem Iran in das Wirtschaftsgebiet, der Erwerb dieser Güter aus dem Iran und die Beförderung dieser Güter, auch unter Benutzung eines Schiffes oder Luftfahrzeuges, das berechtigt ist, die Bundesflagge oder das Staatsangehörigkeitszeichen der Bundesrepublik Deutschland zu führen, sind verboten, unabhängig davon, ob die Güter ihren Ursprung im Iran haben.

(5) Die Verbringung von Gütern im Sinne der Anhänge I und IA der Verordnung (EG) Nr. 423/2007 des Rates ist verboten, wenn dem Verbringer bekannt ist, dass das endgültige Bestimmungsziel der Güter Iran ist.

(6) (aufgehoben)

(7) Die Verbringung von Gütern des Anhangs II der Verordnung (EG) Nr. 423/2007 bedarf der Genehmigung, wenn dem Verbringer bekannt ist, dass das endgültige Bestimmungsziel der Güter Iran ist. Die Genehmigung erteilt das Bundesamt für Wirtschaft und Ausfuhrkontrolle (BAFA). § 7 Abs. 5 Nr. 2 gilt entsprechend.

(8) Die Absätze 1 bis 7 gelten auch für Deutsche in fremden Wirtschaftsgebieten, die die genannten Güter nach Iran verkaufen, ausführen oder ausführen lassen, durchführen oder durchführen lassen, aus dem Iran einführen oder einführen lassen, erwerben oder erwerben lassen, befördern oder befördern lassen in einen Mitgliedstaat der Europäischen Union mit dem Ziel der Ausfuhr nach Iran verbringen oder verbringen lassen oder Handels- und Vermittlungsgeschäfte in Bezug auf die genannten Güter vornehmen.

(9) (aufgehoben)

Kapitel VIIp
Besondere Beschränkungen gegen die Republik Guinea

§ 69p
Beschränkungen auf Grund des Gemeinsamen Standpunkts 2009/788/GASP des Rates vom 27. Oktober 2009 über restriktive Maßnahmen gegen die Republik Guinea

(1) Der Verkauf und die Ausfuhr von in Teil I Abschnitt A der Ausfuhrliste (Anlage AL) erfassten Gütern in die Republik Guinea vom Wirtschaftsgebiet aus oder unter Benutzung eines Schiffes oder Luftfahrzeuges, das berechtigt ist, die Bundesflagge oder das Staatsangehörigkeitszeichen der Bundesrepublik Deutschland zu führen, ist verboten.

(2) Absatz 1 gilt nicht für

1. nichtletale militärische Ausrüstung, die ausschließlich für humanitäre oder Schutzzwecke, für die Programme der Vereinten Nationen, der Europäischen Union oder der Gemeinschaft zum Aufbau von Institutionen oder für Krisenbewältigungsprogramme der Europäischen Union und der Vereinten Nationen bestimmt ist, oder
2. Fahrzeuge, die nicht für den Kampfeinsatz bestimmt sind, die bei der Herstellung oder nachträglich mit einer Kugelsicherung ausgerüstet wurden und nur zum Schutz des Personals der Europäischen Union und ihrer Mitgliedstaaten in der Republik Guinea bestimmt sind.

Der Verkauf und die Ausfuhr bedürfen in diesen Fällen der Genehmigung durch das Bundesamt für Wirtschaft und Ausfuhrkontrolle (BAFA).

(3) Absatz 1 gilt nicht für Schutzkleidung, einschließlich Körperschutzwesten und Militärhelmen, die vom Personal der Vereinten Nationen, der Europäischen Union, der Gemeinschaft oder ihrer Mitgliedstaaten, von Medienvertretern, humanitären Helfern, Entwicklungshelfern oder von diesen Personen beigeordnetem Personal ausschließlich zur eigenen Verwendung vorübergehend in die Republik Guinea ausgeführt wird.

(4) Die Absätze 1 bis 3 gelten auch für Deutsche in fremden Wirtschaftsgebieten, die die genannten Güter in die Republik Guinea verkaufen, ausführen oder ausführen lassen.

Kapitel VIIq
Besondere Kostenregelungen

§ 69q
Gebührenregelungen für die Ausstellung und Nachprüfung von Zertifikaten für Diamanten

Für die Ausstellung und Nachprüfung von Zertifikaten nach der Verordnung (EG) Nr. 2368/2002 des Rates vom 20. Dezember 2002 zur Umsetzung des Zertifikationssystems des Kimberley-Prozesses für den internationalen Handel mit Rohdiamanten (ABl. EG Nr. L 358 S. 28, 2004 Nr. L 27 S. 57), zuletzt geändert durch Verordnung (EG) Nr. 2026/2006 der Kommission vom 22. Dezember 2006 (ABl. EU Nr. L 384 S.85), werden Gebühren erhoben. Die Gebühr beträgt:

1. für die Ausstellung von Gemeinschaftszertifikaten 30,44 Euro,
2. für die Nachprüfung von Zertifikaten 10,53 Euro.

Kapitel VIII
Ordnungswidrigkeiten und Straftaten

§ 70
Ordnungswidrigkeiten

(1) Ordnungswidrig im Sinne des § 33 Abs. 1 und 7 des Außenwirtschaftsgesetzes handelt, wer vorsätzlich oder fahrlässig

1. entgegen § 4 a eine Boykott-Erklärung abgibt,
2. ohne Genehmigung nach § 5 Abs. 2, § 5 c Abs. 1 Satz 1 oder § 5 d Abs. 1 Satz 1 Güter ausführt oder
3. entgegen § 5 c Abs. 2 Satz 2 oder § 5 d Abs. 2 Satz 2 Güter ausführt,

3a ohne Genehmigung nach § 6a Abs. 1 Satz 1 oder Abs. 2 Satz 1 eine dort genannte Ware ausführt,

4. ohne Genehmigung nach § 7, Abs. 2 Satz 1, Abs. 3 Satz 1 oder Abs. 4 Satz 1 Güter verbringt,

5. entgegen § 7 Abs. 3 Satz 3 oder Abs. 4 Satz 3 Güter verbringt,

5a. einer vollziehbaren Anordnung nach §38 Absatz 3 zuwiderhandelt,

6. ohne Genehmigung nach §40 Abs. 1, auch in Verbindung mit § 42 Abs. 1, ein Handels- und Vermittlungsgeschäft vornimmt,

6a. ohne Genehmigung nach §41 Abs.1, §41a Abs.1 oder §42 Abs. 2 ein Handels- und Vermittlungsgeschäft vornimmt,

6b. entgegen § 41 Abs. 2 Satz 2, § 41a Abs. 2 Satz 2 oder §42 Abs. 3 Satz 2 ein Handels- und Vermittlungsgeschäft vornimmt,

6c. ohne Genehmigung nach § 45 Abs. 1, auch in Verbindung mit § 45d, technische Unterstützung erbringt,

6d. entgegen § 45 Abs. 2 Satz 2, auch in Verbindung mit § 45d, technische Unterstützung erbringt,

7. ohne Genehmigung nach § 45 a Abs. 1, § 45 b Abs. 1 oder 2 oder § 45 c Abs. 1, jeweils auch in Verbindung mit § 45d, technische Unterstützung erbringt,

8. entgegen § 45 a Abs. 2 Satz 2, § 45 b Abs. 3 Satz 2, § 45 c Abs. 2 Satz 2, jeweils auch in Verbindung mit § 45d, technische Unterstützung erbringt,

9. entgegen § 51 Abs. 1 Zahlungen oder sonstige Leistungen bewirkt,

10. entgegen § 52 Abs. 1 Satz 1 eine Meldung nicht, nicht richtig, nicht vollständig oder nicht rechtzeitig macht,

11. einer vollziehbaren Anordnung nach § 52 Abs. 2 oder § 53 Abs. 2 Satz 4 zuwiderhandelt,

11a. entgegen § 53 Abs. 2 Satz 1 eine Unterlage nicht richtig oder nicht vollständig übermittelt oder

12. entgegen § 69j Abs. 5 Satz 2, auch in Verbindung mit Abs. 6, eine Mitteilung nicht, nicht richtig, nicht vollständig oder nicht rechtzeitig macht.

(2) (aufgehoben)

(3) (aufgehoben)

(4) Ordnungswidrig im Sinne des § 33 Abs. 4 Satz 1 des Außenwirtschaftsgesetzes handelt, wer als Ausführer oder Anmelder der Verordnung (EWG) Nr. 2913/92 des Rates vom 12. Oktober 1992 zur Festlegung des Zollkodex der Gemeinschaften (ABl. EG Nr. L 302 S. 1) zuwiderhandelt, indem er vorsätzlich oder fahrlässig

1. entgegen Artikel 161 Abs. 5 Satz 1 eine Ausfuhranmeldung nicht oder nicht richtig abgibt oder

2. entgegen Artikel 182 Abs. 3 Satz 3, auch in Verbindung mit § 16 b Satz 2, eine Zollanmeldung nicht oder nicht richtig abgibt.

(5) Ordnungswidrig im Sinne des § 33 Abs. 4 Satz 1 Nr. 2 des Außenwirtschaftsgesetzes handelt, wer der Verordnung (EWG) Nr. 2454/93 der Kommission vom 2. Juli 1993 mit

Durchführungsvorschriften zu der Verordnung (EWG) Nr. 2913/92 des Rates zur Festlegung des Zollkodex der Gemeinschaften (ABl. EG Nr. L 253 S. 1), zuletzt geändert durch Verordnung (EG) Nr. 214/2007 der Kommission vom 28. Februar 2007 (ABl. EU Nr. L 62 S. 6), auch in Verbindung mit § 16 b Satz 2, zuwiderhandelt, indem er vorsätzlich oder fahrlässig

1. eine unvollständige Ausfuhranmeldung nach Artikel 280 Abs. 1, auch in Verbindung mit Artikel 278 Abs. 1 oder 3, nicht richtig abgibt oder entgegen Artikel 280 Abs. 4 in Verbindung mit Artikel 259 Satz 1, auch in Verbindung mit Artikel 278 Abs. 1 oder 3, eine unvollständige Anmeldung nicht oder nicht richtig vervollständigt oder nicht durch eine ordnungsgemäß erstellte Anmeldung ersetzt,
2. einer vollziehbaren Anordnung nach Artikel 282 Abs. 1 in Verbindung mit Artikel 262 Abs. 1 Satz 1 zweiter Anstrich über Form oder Inhalt der vereinfachten Anmeldung, nach Artikel 282 Abs. 1 in Verbindung mit Artikel 262 Abs. 1 Satz 2 über Form, Inhalt oder Frist der ergänzenden Anmeldung, nach Artikel 283 in Verbindung mit Artikel 287 Abs. 1 Satz 1 Buchstabe d über den Inhalt des Exemplars Nr. 3 oder des Ausfuhrbegleitdokuments oder nach Artikel 283 in Verbindung mit Artikel 287 Abs. 1 Buchstabe e über die Vorlage der ergänzenden Zollanmeldung oder die Frist für ihre Abgabe, jeweils auch in Verbindung mit Artikel 278 Abs. 1 oder 3, zuwiderhandelt,
3. entgegen Artikel 285 Abs. 1 Buchstabe a die Ausfuhrzollstelle nicht, nicht richtig, nicht vollständig, nicht in der vorgeschriebenen Weise oder nicht rechtzeitig benachrichtigt,
4. als Anmelder entgegen Artikel 285 Abs. 1 Satz 2 Buchstabe a den zuständigen Zollstellen den Abgang der Waren vor Abgang der Waren aus den in Artikel 253 Abs. 3 oder Artikel 283 genannten Orten nicht mitteilt oder einer vollziehbaren Anordnung nach Artikel 285 Abs. 1 Satz 2 Buchstabe a des Anschreibeverfahrens über Form und Modalitäten der Mitteilung, jeweils auch in Verbindung mit Artikel 278 Abs. 1 oder 3, zuwiderhandelt,
5. als Anmelder entgegen Artikel 285a Abs. 1 Satz 2 Buchstabe c die Waren vor Abgang aus den in Artikel 253 Abs. 3 oder Artikel 283 genannten Orten, jeweils auch in Verbindung mit Artikel 278 Abs. 1 oder 3, in seiner Buchführung nicht oder nicht richtig anschreibt,
6. als Anmelder entgegen Artikel 793 Abs. 1, auch in Verbindung mit Artikel 841 Abs. 1, ausgenommen in den Fällen des Artikels 792 Abs. 3 oder des Artikels 796c Unterabsatz 1 Satz 2, das Exemplar Nr. 3 des Einheitspapiers oder das Ausfuhrbegleitdokument der Ausgangszollstelle nicht vorlegt oder die zur Ausfuhr überlassenen Waren dieser Zollstelle nicht oder nicht richtig gestellt,
7. entgegen Artikel 843 Abs. 3 ein Kontrollexemplar T 5 der Ausgangszollstelle nicht vorlegt,
8. entgegen Artikel 792a Abs. 1 Satz 1 die Ausfuhrzollstelle nicht, nicht richtig oder nicht rechtzeitig unterrichtet oder
9. ohne Zustimmung nach Artikel 792a Abs. 2 Satz 1 den geänderten Beförderungsvertrag erfüllt.
10. (aufgehoben)

(5a) Ordnungswidrig im Sinne des § 33 Abs. 4 Satz 1 des Außenwirtschaftsgesetzes handelt, wer gegen die Verordnung (EG) Nr. 428/2009 des Rates vom 5. Mai 2009 über eine Gemeinschaftsregelung für die Kontrolle der Ausfuhr, der Verbringung, der Vermittlung und der Durchfuhr von Gütern mit doppeltem Verwendungszweck (ABl. L 134 vom 29.5.2009, S. 1) verstößt, indem er vorsätzlich oder fahrlässig

1. ohne Genehmigung nach Artikel 3 Abs. 1 Güter mit doppeltem Verwendungszweck ausführt,
2. ohne Genehmigung nach Artikel 4 Abs. 1 oder Abs. 2 Satz 1 oder Abs. 3 Güter mit doppeltem Verwendungszweck ausführt, obwohl er von der zuständigen Behörde entsprechend unterrichtet worden ist,
3. entgegen Artikel 4 Abs. 4 zweiter Halbsatz Güter mit doppeltem Verwendungszweck ohne Entscheidung der zuständigen Behörden über die Genehmigungsbedürftigkeit oder ohne Genehmigung der zuständigen Behörden ausführt,
4. ohne Genehmigung nach Artikel 5 Abs. 1 Satz 1 eine Vermittlungstätigkeit erbringt, obwohl er von der zuständigen Behörde entsprechend unterrichtet worden ist,
5. entgegen Artikel 5 Abs. 1 Satz 2 zweiter Halbsatz eine Vermittlungstätigkeit ohne Entscheidung der zuständigen Behörde über die Genehmigungsbedürftigkeit oder ohne Genehmigung der zuständigen Behörde erbringt,
6. einem vollziehbaren Durchfuhrverbot nach Artikel 6 Abs. 1 Satz 1 zuwiderhandelt oder
7. ohne Genehmigung nach Artikel 22 Abs. 1 Satz 1 Güter mit doppeltem Verwendungszweck verbringt.

Soweit die in Satz 1 Nr. 1 und Nr. 4 bis 7 genannten Vorschriften auf Anhang I und IV der Verordnung (EG) Nr. 428/2009 verweisen, finden diese Anhänge in der jeweils geltenden Fassung Anwendung.

(5b) Ordnungswidrig im Sinne des § 33 Abs. 4 Satz 1 des Außenwirtschaftsgesetzes handelt, wer vorsätzlich oder fahrlässig entgegen Artikel 2 Abs. 1 der Verordnung (EWG) Nr. 3541/92 des Rates vom 7. Dezember 1992 zum Verbot der Erfüllung irakischer Ansprüche in Bezug auf Verträge und Geschäfte, deren Durchführung durch die Resolution 661 (1990) des Sicherheitsrates der Vereinten Nationen und mit ihr in Verbindung stehende Resolutionen berührt wurde (ABl. EG Nr. L 361 S. 1), einen dort genannten Anspruch erfüllt oder eine Maßnahme im Hinblick auf dessen Erfüllung trifft.

(5c) Ordnungswidrig im Sinne des § 33 Abs. 4 Satz 1 des Außenwirtschaftsgesetzes handelt, wer vorsätzlich oder fahrlässig entgegen Artikel 2 Abs. 1 der Verordnung (EG) Nr. 3275/93 des Rates vom 29. November 1993 zum Verbot der Erfüllung von Ansprüchen im Zusammenhang mit Verträgen und Geschäften, deren Durchführung durch die Resolution 883 (1993) des Sicherheitsrates der Vereinten Nationen und mit ihr in Verbindung stehende Resolutionen berührt wurde (ABl. EG Nr. L 295 S. 4), einen dort genannten Anspruch erfüllt oder eine Maßnahme zu dessen Erfüllung trifft.

(5d) Ordnungswidrig im Sinne des § 33 Abs. 4 Satz 1 des Außenwirtschaftsgesetzes handelt, wer vorsätzlich oder fahrlässig entgegen Artikel 2 Abs. 1 der Verordnung (EG) Nr. 1264/94 des Rates vom 30. Mai 1994 über das Verbot der Erfüllung von Ansprüchen der haitischen Behörden im Zusammenhang mit Verträgen und Geschäften, deren Durchführung durch die Maßnahmen aufgrund der Resolutionen 917 (1994), 841 (1993), 873

(1993) und 875 (1993) des Sicherheitsrates der Vereinten Nationen berührt wurde (ABl. EG Nr. L 139 S. 4), einen dort genannten Anspruch erfüllt oder eine Maßnahme zu dessen Erfüllung trifft.

(5e) Ordnungswidrig im Sinne des § 33 Abs. 4 Satz 1 des Außenwirtschaftsgesetzes handelt, wer vorsätzlich oder fahrlässig entgegen Artikel 2 Abs. 1 der Verordnung (EG) Nr. 1733/94 des Rates vom 11. Juli 1994 zum Verbot der Erfüllung von Ansprüchen im Zusammenhang mit Verträgen und Geschäften, deren Durchführung durch die Resolution 757 (1992) des Sicherheitsrates der Vereinten Nationen und mit ihr in Verbindung stehende Resolutionen berührt wurde (ABl. EG Nr. L 182 S. 1), einen dort genannten Anspruch erfüllt oder eine Vorkehrung zu dessen Erfüllung trifft.

(5f) Ordnungswidrig im Sinne des § 33 Abs. 4 Satz 1 des Außenwirtschaftsgesetzes handelt, wer vorsätzlich oder fahrlässig entgegen Artikel 5 Abs. 1 der Verordnung (EG) Nr. 2271/96 des Rates vom 22. November 1996 zum Schutz vor den Auswirkungen der extraterritorialen Anwendung von einem Drittland erlassener Rechtsakte sowie von darauf beruhenden oder sich daraus ergebenden Maßnahmen (ABl. EG Nr. L 309 S. 1, 1997 Nr. L 179 S. 10), geändert durch Verordnung (EG) Nr. 807/2003 des Rates vom 14. April 2003 (ABl. EU Nr. L 122 S. 36), einer dort genannten Forderung oder einem dort genannten Verbot nachkommt.

(5g) Ordnungswidrig im Sinne des § 33 Abs. 4 Satz 1 des Außenwirtschaftsgesetzes handelt, wer vorsätzlich oder fahrlässig entgegen Artikel 3 Abs. 1 Buchstabe a der Verordnung (EG) Nr. 2488/2000 des Rates vom 10. November 2000 über die Aufrechterhaltung des Einfrierens von Geldern betreffend Herrn Milosevic und Personen seines Umfelds und die Aufhebung der Verordnungen (EG) Nr. 1294/1999 und (EG) Nr. 607/2000 sowie des Artikels 2 der Verordnung (EG) Nr. 926/98 (ABl. EG Nr. L 287 S. 19), zuletzt geändert durch Verordnung (EG) Nr. 68/2006 der Kommission vom 16. Januar 2006 (ABl. EU Nr. L 11 S. 11), eine Information nicht, nicht richtig, nicht vollständig oder nicht rechtzeitig übermittelt.

(5h) Ordnungswidrig im Sinne des § 33 Abs. 4 Satz 1 des Außenwirtschaftsgesetzes handelt, wer vorsätzlich oder fahrlässig entgegen Artikel 4 Abs. 1 Spiegelstrich 1 der Verordnung (EG) Nr. 2580/2001 des Rates vom 27. Dezember 2001 über spezifische, gegen bestimmte Personen und Organisationen gerichtete restriktive Maßnahmen zur Bekämpfung des Terrorismus (ABl. EG Nr. L 344 S. 70), zuletzt geändert durch die Verordnung (EG) Nr. 501/2009 vom 15. Juni 2009 (ABl. L 151 vom 16.6.2009, S. 14), eine Angabe nicht, nicht richtig, nicht vollständig oder nicht rechtzeitig übermittelt.

(5i) Ordnungswidrig im Sinne des § 33 Abs. 4 Satz 1 des Außenwirtschaftsgesetzes handelt, wer vorsätzlich oder fahrlässig entgegen Artikel 5 Abs. 1 Buchstabe a der Verordnung (EG) Nr. 881/2002 des Rates vom 27. Mai 2002 über die Anwendung bestimmter spezifischer restriktiver Maßnahmen gegen bestimmte Personen und Organisationen, die mit Osama bin Laden, dem Al-Qaida-Netzwerk und den Taliban in Verbindung stehen, und zur Aufhebung der Verordnung (EG) Nr. 467/2001 des Rates über das Verbot der Ausfuhr bestimmter Waren und Dienstleistungen nach Afghanistan, über die Ausweitung des Flugverbots und des Einfrierens von Geldern und anderen Finanzmitteln betreffend die Taliban von Afghanistan (ABl. EG Nr. L 139 S. 9), die zuletzt durch die Verordnung (EG) Nr. 1102/2009 vom 16. November 2009 (ABl. L 303 vom 18.11.2009, S. 39) geändert worden ist, eine Information nicht, nicht richtig, nicht vollständig oder nicht rechtzeitig übermittelt.

(5j) Ordnungswidrig im Sinne des § 33 Abs. 4 Satz 1 des Außenwirtschaftsgesetzes handelt, wer gegen die Verordnung (EG) Nr. 2368/2002 des Rates vom 20. Dezember 2002 zur Umsetzung des Zertifikationssystems des Kimberley-Prozesses für den internationalen Handel mit Rohdiamanten (ABl. EG Nr. L 358 S. 28, ABl. EU 2004 Nr. L 27 S. 57), zuletzt geändert durch Verordnung (EG) Nr. 1268/2008 der Kommission vom 12. Dezember 2008 (ABl. EU Nr. L 338 S. 39), verstößt, indem er

1. entgegen Artikel 3 vorsätzlich oder fahrlässig Rohdiamanten aus einem Drittland einführt,
2. entgegen Artikel 4 Abs. 1 vorsätzlich oder fahrlässig die Behältnisse und die dazugehörigen Zertifikate nicht oder nicht rechtzeitig einer Gemeinschaftsbehörde zur Prüfung vorlegt,
3. entgegen Artikel 11 vorsätzlich oder fahrlässig Rohdiamanten in ein Drittland ausführt oder
4. entgegen Artikel 24 Abs. 2 absichtlich oder wissentlich an einer Aktivität teilnimmt, deren Ziel oder Auswirkung unmittelbar oder mittelbar die Umgehung der Bestimmungen der Verordnung (EG) Nr. 2368/2002 ist.

(5k) Ordnungswidrig im Sinne des § 33 Abs. 4 Satz 1 des Außenwirtschaftsgesetzes handelt, wer vorsätzlich oder fahrlässig entgegen Artikel 8 Abs. 1 Buchstabe a der Verordnung (EG) Nr. 1210/2003 des Rates vom 7. Juli 2003 über bestimmte spezifische Beschränkungen in den wirtschaftlichen und finanziellen Beziehungen zu Irak und zur Aufhebung der Verordnung (EG) Nr. 2465/1996 (ABl. EU Nr. L 169 S. 6, Nr. L 173 S. 44), zuletzt geändert durch die Verordnung (EG) Nr. 175/2009 vom 5. März 2009 (ABl. L 62 vom 6.3.2009, S. 1), eine Information nicht, nicht richtig, nicht vollständig oder nicht rechtzeitig übermittelt.

(5l) Ordnungswidrig im Sinne des § 33 Abs. 4 Satz 1 des Außenwirtschaftsgesetzes handelt, wer vorsätzlich oder fahrlässig entgegen Artikel 8 Abs. 1 Buchstabe a der Verordnung (EG) Nr. 314/2004 des Rates vom 19. Februar 2004 über bestimmte restriktive Maßnahmen gegenüber Simbabwe (ABl. EU Nr. L 55 S. 1), zuletzt geändert durch Verordnung (EG) Nr. 77/2009 der Kommission vom 26. Januar 2009 (ABl. L 23 vom 27.1.2009, S. 5, L 46 vom 17.2.2009, S. 79, L 75 vom 21.3.2009, S. 28) eine Information nicht, nicht richtig, nicht vollständig oder nicht rechtzeitig liefert oder nicht, nicht richtig, nicht vollständig oder nicht rechtzeitig übermittelt.

(5m) Ordnungswidrig im Sinne des §33 Abs. 4 Satz 1 des Außenwirtschaftsgesetzes handelt, wer vorsätzlich oder fahrlässig entgegen Artikel 16 Abs. 1 Buchstabe a der Verordnung (EG) Nr.194/2008 des Rates vom 25. Februar 2008 zur Verlängerung und Ausweitung der restriktiven Maßnahmen gegen Birma/Myanmar und zur Aufhebung der Verordnung (EG) Nr. 817/2006 (ABl. EU Nr. L 66 S. 1), zuletzt geändert durch die Verordnung (EG) Nr. 747/2009 vom 14. August 2009 (ABl. L 212 vom 15.8.2009, S. 10), eine Information nicht, nicht richtig, nicht vollständig oder nicht rechtzeitig liefert oder nicht, nicht richtig, nicht vollständig oder nicht rechtzeitig übermittelt.

(5n) Ordnungswidrig im Sinne des § 33 Abs. 4 Satz 1 des Außenwirtschaftsgesetzes handelt, wer vorsätzlich oder fahrlässig entgegen Artikel 8 Abs. 1 Buchstabe a der Verordnung (EG) Nr. 872/2004 des Rates vom 29. April 2004 über weitere restriktive Maßnahmen gegen Liberia (ABl. EU Nr. L 162 S. 32), zuletzt geändert durch die Verordnung (EG) Nr. 835/2009 vom 11. September 2009 (ABl. L 241 vom 12.9.2009, S. 5), eine Information nicht, nicht richtig, nicht vollständig oder nicht rechtzeitig übermittelt.

(5o) Ordnungswidrig im Sinne des § 33 Abs. 4 Satz 1 des Außenwirtschaftsgesetzes handelt, wer vorsätzlich oder fahrlässig entgegen Artikel 7 Abs. 1 Buchstabe a der Verordnung (EG) Nr. 1763/2004 des Rates vom 11. Oktober 2004 über die Anwendung bestimmter restriktiver Maßnahmen zur Unterstützung der wirksamen Ausführung des Mandats des Internationalen Strafgerichtshofs für das ehemalige Jugoslawien (ICTY) (ABl. EU Nr. L 315 S. 14), zuletzt geändert durch Verordnung (EG) Nr. 895/2008 der Kommission vom 12. September 2008 (ABl. EU Nr. L 247 S. 19), eine Information nicht, nicht richtig, nicht vollständig oder nicht rechtzeitig übermittelt.

(5p) Ordnungswidrig im Sinne des § 33 Abs. 4 Satz 1 des Außenwirtschaftsgesetzes handelt, wer vorsätzlich oder fahrlässig entgegen Artikel 6 Abs. 1 Buchstabe a der Verordnung (EG) Nr. 1183/2005 des Rates vom 18. Juli 2005 über die Anwendung spezifischer restriktiver Maßnahmen gegen Personen, die gegen das Waffenembargo betreffend die Demokratische Republik Kongo verstoßen (ABl. EU Nr. L 193 S. 1), zuletzt geändert durch die Verordnung (EG) Nr. 242/2009 vom 20. März 2009 (ABl. L 75 vom 21.3.2009, S. 8), eine Angabe nicht, nicht richtig, nicht vollständig oder nicht rechtzeitig übermittelt.

(5q) Ordnungswidrig im Sinne des § 33 Abs. 4 Satz 1 des Außenwirtschaftsgesetzes handelt, wer gegen die Verordnung (EG) Nr. 1236/2005 des Rates vom 27. Juni 2005 betreffend den Handel mit bestimmten Gütern, die zur Vollstreckung der Todesstrafe, zu Folter oder zu anderer grausamer, unmenschlicher oder erniedrigender Behandlung oder Strafe verwendet werden könnten (ABl. EU Nr. L 200 S. 1, 2006 Nr. L 79 S. 32), zuletzt geändert durch Verordnung (EG) Nr. 675/2008 der Kommission vom 16. Juli 2008 (ABl. EU Nr. L 189 S. 14), verstößt, indem er vorsätzlich oder fahrlässig

1. entgegen Artikel 3 Abs. 1 Satz 1 dort genannte Güter ausführt,
2. entgegen Artikel 3 Abs. 1 Satz 2 technische Hilfe im Zusammenhang mit dort genannten Gütern leistet,
3. entgegen Artikel 4 Abs. 1 Satz 1 dort genannte Güter einführt,
4. entgegen Artikel 4 Abs. 1 Satz 2 technische Hilfe im Zusammenhang mit dort genannten Gütern annimmt oder
5. ohne Genehmigung nach Artikel 5 Abs. 1 Satz 1 dort genannte Güter ausführt.

(5r) Ordnungswidrig im Sinne des § 33 Abs. 4 Satz 1 des Außenwirtschaftsgesetzes handelt, wer vorsätzlich oder fahrlässig entgegen Artikel 8 Abs. 1 Buchstabe a der Verordnung (EG) Nr. 560/2005 des Rates vom 12. April 2005 über die Anwendung spezifischer restriktiver Maßnahmen gegen bestimmte Personen und Organisationen angesichts der Lage in der Republik Côte d'Ivoire (ABl. EU Nr. L 95 S. 1), zuletzt geändert durch Verordnung (EG) Nr. 1240/2008 der Kommission vom 10. Dezember 2008 (ABl. EU Nr. L 334 S. 60), eine Information nicht, nicht richtig, nicht vollständig oder nicht rechtzeitig übermittelt.

(5s) Ordnungswidrig im Sinne des § 33 Abs. 4 Satz 1 des Außenwirtschaftsgesetzes handelt, wer vorsätzlich oder fahrlässig entgegen Artikel 5 Abs. 1 Buchstabe a der Verordnung (EG) Nr. 765/2006 des Rates vom 18. Mai 2006 über restriktive Maßnahmen gegen Präsident Lukaschenko und verschiedene belarussische Amtsträger (ABl. EU Nr. L 134 S. 1), zuletzt geändert durch Verordnung (EG) Nr. 646/2008 des Rates vom 8. Juli 2008

(ABl. EU Nr. L 180 S. 5) eine Information nicht, nicht richtig, nicht vollständig oder nicht rechtzeitig übermittelt.

(5t) Ordnungswidrig im Sinne des § 33 Abs. 4 Satz 1 des Außenwirtschaftsgesetzes handelt, wer vorsätzlich oder fahrlässig entgegen Artikel 10 Abs. 1 Buchstabe a der Verordnung (EG) Nr. 329/2007 des Rates vom 27. März 2007 über restriktive Maßnahmen gegen die Demokratische Volksrepublik Korea (ABl. EU Nr. L 88 S. 1), zuletzt geändert durch die Verordnung (EG) Nr. 689/2009 vom 29. Juni 2009 (ABl. L 199 vom 31.7.2009, S. 3), eine Information nicht, nicht richtig, nicht vollständig oder nicht rechtzeitig übermittelt.

(5u) Ordnungswidrig im Sinne des § 33 Abs. 4 Satz 1 des Außenwirtschaftsgesetzes handelt, wer gegen die Verordnung (EG) Nr. 423/2007 des Rates vom 19. April 2007 über restriktive Maßnahmen gegen Iran (ABl. EU Nr. L 103 S. 1), die zuletzt durch die Verordnung (EG) Nr. 1100/2009 vom 17. November 2009 (ABl. Nr. L 303 vom 18.11.2009, S. 31)geändert worden ist, verstößt, indem er vorsätzlich oder fahrlässig

1. ohne Vorabanmeldung nach Artikel 4a Satz 1 Güter in die Gemeinschaft oder aus der Gemeinschaft verbringt,
2. entgegen Artikel 4a Satz 2 in Verbindung mit
   a) Artikel 36a Abs. 2 Unterabsatz 1, Artikel 36b Abs. 3, Artikel 182c Abs. 1 oder Artikel 182d Abs. 3 der Verordnung (EWG) Nr. 2913/92 des Rates vom 12. Oktober 1992 zur Festlegung des Zollkodex der Gemeinschaften (ABl. EG Nr. L 302 S. 1), zuletzt geändert durch Verordnung (EG) Nr. 648/2005 des Europäischen Parlaments und des Rates vom 13. April 2005 (ABl. EU Nr. L 117 S. 13), oder
   b) Artikel 183 Abs. 1 Unterabsatz 1 oder 2, Artikel 184a Abs. 1, 2, 5 oder 6, Artikel 184c Abs. 1, Artikel 842b Abs. 1 oder 3, Artikel 842c oder Artikel 842d Abs. 1 oder Abs. 3 Unterabsatz 1 der Verordnung (EWG) Nr. 2454/93 der Kommission vom 2. Juli 1993 mit Durchführungsvorschriften zu der Verordnung (EWG) Nr. 2913/92 des Rates zur Festlegung des Zollkodex der Gemeinschaften (ABl. EG Nr. L 253, S. 1), zuletzt geändert durch Verordnung (EG) Nr. 1875/2006 der Kommission vom 18. Dezember 2006 (ABl. EU Nr. L 360 S. 64),

   die Vorabanmeldung nicht richtig, nicht vollständig, nicht in der vorgeschriebenen Weise oder nicht rechtzeitig abgibt,
3. entgegen Artikel 11a Abs. 1 Buchstabe b trotz Fehlen der dort genannten Angaben eine Transaktion nicht ablehnt,
4. entgegen Artikel 11a Abs. 1 Buchstabe c eine Aufzeichnung von Transaktionen nicht oder nicht mindestens fünf Jahre aufbewahrt oder nicht oder nicht rechtzeitig zur Verfügung stellt,
5. entgegen Artikel 11a Abs. 1 Buchstabe d Satz 1 oder Artikel 11b Abs. 1 eine dort genannte Stelle oder Behörde nicht oder nicht rechtzeitig unterrichtet,
6. entgegen Artikel 12a Abs. 1 eine dort genannte Forderung erfüllt oder
7. entgegen Artikel 13 Abs. 1 Buchstabe a eine Information nicht, nicht richtig, nicht vollständig oder nicht rechtzeitig übermittelt.

(5v) Ordnungswidrig im Sinne des § 33 Abs. 4 Satz 1 des Außenwirtschaftsgesetzes handelt, wer vorsätzlich oder fahrlässig entgegen Artikel 6 Abs. 1 Buchstabe a der Verordnung (EG) Nr. 1184/2005 des Rates vom 18. Juli 2005 über die Verhängung bestimmter spezifischer restriktiver Maßnahmen gegen bestimmte Personen, die im Konflikt in der Region Darfur in Sudan den Friedensprozess behindern und gegen das Völkerrecht verstoßen (ABl. EU Nr. L 193 S. 9, 2006 Nr. 163 S. 19), zuletzt geändert durch Verordnung (EG) Nr. 970/2007 der Kommission vom 17. August 2007 (ABl. EU Nr. L 215 S. 16), eine Angabe nicht, nicht richtig, nicht vollständig oder nicht rechtzeitig übermittelt.

(6) Ordnungswidrig im Sinne des § 33 Abs. 5 Nr. 2 des Außenwirtschaftsgesetzes handelt, wer vorsätzlich oder fahrlässig

1. entgegen § 3 einen Genehmigungsbescheid der Genehmigungsstelle nicht oder nicht rechtzeitig zurückgibt oder entgegen § 3a einen Genehmigungsbescheid nicht oder nicht für die vorgeschriebene Dauer aufbewahrt,
2. als Anmelder entgegen § 9 Abs. 1 Satz 1, auch in Verbindung mit § 16b, eine Ausfuhrsendung bei der Ausfuhrzollstelle nicht oder nicht in der vorgeschriebenen Weise gestellt,
3. als Verfrachter, Frachtführer oder Besitzer der Ladung entgegen § 9 Abs. 6 Satz 1 bis 3 oder 5 ein Ladungsverzeichnis nicht, nicht richtig oder nicht rechtzeitig einreicht,
4. als Schiffsführer entgegen § 9 Abs. 6 Satz 4 die Erklärung nicht abgibt,
5. als Anmelder entgegen § 10 Abs. 3, auch in Verbindung mit § 16b, eine Ausfuhrsendung von dem angegebenen Ort entfernt,

5a. entgegen § 10 Abs. 4 Waren vor Abschluss der Prüfung durch die Ausgangszollstelle vom Ort der Gestellung oder vom zugelassenen Ort entfernt oder verlädt, oder entfernen oder verladen lässt,

6. als Ausführer eine Ausfuhrkontrollmeldung nach § 13 Abs. 1 Satz 2, jeweils auch in Verbindung mit § 16b, oder § 18 Abs. 4 Satz 1 nicht richtig abgibt,
7. entgegen § 13 Abs. 6 Satz 1 bis 4, auch in Verbindung mit § 18 Abs. 4 Satz 2, §§ 55 bis 63 oder 66 bis 69 eine Meldung nicht, nicht richtig oder nicht rechtzeitig erstattet,
8. (aufgehoben)
9. als Anmelder entgegen § 9 Abs. 8 die vorgeschriebene schriftliche Erklärung nicht abgibt,
10. entgegen § 18 Absatz 2 Satz 3 nicht sicherstellt, dass die Ausfuhrgenehmigung vorhanden und gültig ist,

10a. entgegen § 18 Absatz 2 Satz 4 oder Satz 6 eine Angabe nicht, nicht richtig oder nicht vollständig macht,

10b. entgegen § 18 Absatz 2 Satz 8 oder Absatz 4 die Ausfuhrgenehmigung nicht oder nicht rechtzeitig vorlegt,

10c. entgegen § 18 Absatz 3 Satz 1 die Ausfuhrgenehmigung oder ein dort genanntes Dokument nicht, nicht richtig, nicht vollständig oder nicht rechtzeitig vorlegt,

11. entgegen § 18 Absatz 5 Satz 1 ein Register oder eine Aufzeichnung nicht, nicht richtig oder nicht vollständig führt,
12. entgegen § 18 Absatz 7 die Ausfuhrgenehmigung nicht oder nicht rechtzeitig übermittelt,

13. als Einführer oder Transithändler
    a) entgegen § 22a Abs. 2 Satz 1, auch in Verbindung mit § 43a Satz 2, Angaben nicht oder nicht richtig macht oder
    b) entgegen § 22a Abs. 3, auch in Verbindung mit § 43a Satz 2, eine Einfuhr nicht oder nicht rechtzeitig nachweist, eine Anzeige nicht oder nicht rechtzeitig erstattet, eine Bescheinigung nicht oder nicht rechtzeitig zurückgibt, eine Mitteilung nicht oder nicht rechtzeitig macht oder eine neue Bescheinigung nicht oder nicht rechtzeitig erwirkt,
14. als Einführer entgegen § 27 Abs. 2 Satz 1 Nr. 2 oder Satz 3, jeweils auch in Verbindung mit § 31 Abs. 1 Satz 1, ein Ursprungszeugnis oder eine Ursprungserklärung nicht, nicht rechtzeitig oder mit nicht richtigem Inhalt vorlegt,

14a. entgegen § 27 Abs. 2 Satz 2 Halbsatz 1, auch in Verbindung mit § 31 Abs. 1 Satz 1, nicht sicherstellt, dass ein dort genanntes Dokument vorhanden und gültig ist,

15. als Einführer entgegen § 27 Abs. 2 Satz 1 Nr. 3 in Verbindung mit § 27a Abs. 1, 3 oder 4 eine Einfuhrkontrollmeldung nicht, nicht richtig oder nicht rechtzeitig vorlegt oder entgegen § 27a Abs. 5 eine Meldung nicht, nicht richtig oder nicht rechtzeitig abgibt,
16. als Einführer
    a) entgegen § 28a Abs. 1 und 3, auch in Verbindung mit Absatz 7, ein Überwachungsdokument nicht, nicht richtig oder nicht rechtzeitig abgibt oder entgegen § 28a Abs. 8 eine Unterlage nicht vorlegt oder eine zusätzliche Angabe nicht macht oder
    b) entgegen § 28a Abs. 5 Satz 1, auch in Verbindung mit Absatz 7, das Überwachungsdokument nicht oder nicht rechtzeitig vorlegt,

16a. entgegen § 28a Abs. 5 Satz 4, auch in Verbindung mit Abs. 7, nicht sicherstellt, dass das Überwachungsdokument vorhanden und gültig ist,

17. als Einführer entgegen § 31 Abs. 1 Satz 1 die Einfuhrgenehmigung nicht oder nicht rechtzeitig vorlegt,
18. entgegen § 31 Abs. 1 Satz 3 nicht sicherstellt, dass die Einfuhrgenehmigung vorhanden und gültig ist, oder
19. entgegen § 56a Absatz 1 in Verbindung mit § 56b Absatz 1 Satz 1, Absatz 3 oder Absatz 4, entgegen § 58a Absatz 1 in Verbindung mit § 58b Absatz 1 Satz 1, Absatz 2 oder Absatz 3, entgegen § 59 Absatz 1 in Verbindung mit § 61 oder § 63, entgegen § 62 Absatz 1, 2 oder Absatz 3, jeweils in Verbindung mit § 63 Absatz 1, entgegen § 66 Absatz 1 oder Absatz 2, § 67 oder § 69 Absatz 2, 5 oder Absatz 6 eine Meldung nicht, nicht richtig, nicht vollständig oder nicht rechtzeitig macht.

§ 70a
Straftaten

(1) Nach § 34 Abs. 4 Nr. 1, Abs. 5 bis 6 des Außenwirtschaftsgesetzes wird bestraft, wer

1. ohne Genehmigung nach § 69i Abs. 6 Satz 1, auch in Verbindung mit Abs. 7, dort genannte Güter verbringt oder verbringen lässt,

2. entgegen § 69o Abs. 5, auch in Verbindung mit Abs. 8, dort genannte Güter verbringt oder verbringen lässt oder
3. ohne Genehmigung nach § 69o Abs. 7 Satz 1, auch in Verbindung mit Abs. 8, dort genannte Güter verbringt oder verbringen lässt.

(2) Nach § 34 Abs. 4 Nr. 1, Abs. 5 bis 7 des Außenwirtschaftsgesetzes wird bestraft, wer vorsätzlich oder fahrlässig

1. entgegen § 69a Abs. 1, auch in Verbindung mit Abs. 4, entgegen § 69c Abs. 1, auch in Verbindung mit Abs. 3, entgegen § 69d Abs. 1, auch in Verbindung mit Abs. 2, entgegen § 69e Abs. 1, auch in Verbindung mit Abs. 3, entgegen § 69f Abs. 1, auch in Verbindung mit Abs. 4, entgegen § 69g Abs. 1, auch in Verbindung mit Abs. 5, entgegen § 69h Abs. 1, auch in Verbindung mit Abs. 5, entgegen § 69i Abs. 1, auch in Verbindung mit Abs. 7, entgegen § 69j Abs. 1, auch in Verbindung mit Abs. 6, entgegen § 69k Abs. 1, auch in Verbindung mit Abs. 5, oder entgegen § 69m Abs. 1, auch in Verbindung mit Abs. 5, oder entgegen § 69n Abs. 1, auch in Verbindung mit Abs. 5, entgegen § 69o Abs. 1, auch in Verbindung mit Abs. 8, oder entgegen § 69p Absatz 1, auch in Verbindung mit Abs. 4, dort genannte Güter verkauft, ausführt oder ausführen lässt,
2. ohne Genehmigung nach § 69a Abs. 2 Satz 2, auch in Verbindung mit Abs. 4, nach § 69c Abs. 2 Satz 2, auch in Verbindung mit Abs. 3, nach § 69e Abs. 2 Satz 2, auch in Verbindung mit Abs. 3, nach § 69f Abs. 3 Satz 2, auch in Verbindung mit Abs. 4, nach § 69g Abs. 3 Satz 2, auch in Verbindung mit Abs. 5, nach § 69h Abs. 3 Satz 2, auch in Verbindung mit Abs. 5, nach § 69i Abs. 3 Satz 2, auch in Verbindung mit Abs. 7, nach § 69j Abs. 3 Satz 2, auch in Verbindung mit Abs. 6, nach § 69k Abs. 3 Satz 2, auch in Verbindung mit Abs. 5, nach § 69m Abs. 3 Satz 2, auch in Verbindung mit Abs. 5, nach § 69n Abs. 3 Satz 2, auch in Verbindung mit Abs. 5, § 69n Abs. 6 nach § 69o Abs. 3 Satz 2, auch in Verbindung mit Abs. 8, oder § 69p Abs. 1, auch in Verbindung mit Abs. 4, dort genannte Güter verkauft, ausführt oder ausführen lässt,

2a. (aufgehoben)

3. entgegen § 69f Abs. 2, auch in Verbindung mit Abs. 4, entgegen § 69g Abs. 2, auch in Verbindung mit Abs. 5, entgegen § 69h Abs. 2, auch in Verbindung mit Abs. 5, entgegen § 69i Abs. 2, auch in Verbindung mit Abs. 7, entgegen § 69j Abs. 2, auch in Verbindung mit Abs. 6, entgegen § 69k Abs. 2, auch in Verbindung mit Abs. 5, entgegen § 69m Abs. 2, auch in Verbindung mit Abs. 5, entgegen § 69n Abs. 2, auch in Verbindung mit Abs. 5, oder entgegen § 69n Abs. 2, auch in Verbindung mit Abs. 5, oder entgegen § 69o Abs. 2, auch in Verbindung mit Abs. 8, ein Handels- oder Vermittlungsgeschäft vornimmt,
4. ohne Genehmigung nach § 69f Abs. 3 Satz 2, auch in Verbindung mit Abs. 4, nach § 69g Abs. 3 Satz 2, auch in Verbindung mit Abs. 5, nach § 69h Abs. 3 Satz 2, auch in Verbindung mit Abs. 5, nach § 69i Abs. 3 Satz 2, auch in Verbindung mit Abs. 7, nach § 69j Abs. 3 Satz 2, auch in Verbindung mit Abs. 6, nach § 69k Abs. 3 Satz 2, auch in Verbindung mit Abs. 5, nach § 69m Abs. 3 Satz 2, auch in Verbindung mit Abs. 05, nach § 69n Abs. 3 Satz 2, auch in Verbindung mit Abs. 5, oder nach § 69o Abs. 3 Satz 2, auch in Verbindung mit Abs. 8, ein Handels- oder Vermittlungsgeschäft vornimmt,

5. (siehe 2a)
6. (aufgehoben)
7. (siehe 10a)
8. (aufgehoben)
9. (aufgehoben)
10. (aufgehoben)

10a. entgegen § 69n Abs. 1, auch in Verbindung mit Abs. 5 oder § 69o Abs. 1, auch in Verbindung mit Abs. 8 dort genannte Güter durchführt oder durchführen lässt oder

11. entgegen § 69n Absatz 4, auch in Verbindung mit Absatz 5, oder §69o Absatz 4, auch in Verbindung mit Absatz 8, dort genannte Güter einführt oder einführen lässt, erwirbt oder erwerben lässt oder befördert oder befördern lässt.

Kapitel IX
Übergangs- und Schlussvorschriften

§ 71
(weggefallen)

§ 72
Inkrafttreten, Außerkrafttreten

Diese Verordnung tritt am 1. Januar 1987 in Kraft.

Gleichzeitig tritt die Außenwirtschaftsverordnung in der Fassung der Bekanntmachung vom 3. August 1981 (BGBl. I S. 853), zuletzt geändert durch die Verordnung vom 10. September 1986 (BGBl. I S. 1494), außer Kraft.

3. Ausführungsgesetz zu Artikel 26 Abs. 2 des Grundgesetzes (Gesetz über die Kontrolle von Kriegswaffen) in der Fassung der Bekanntmachung vom 22. November 1990

[BGBl. I S. 2506], zuletzt geändert durch Artikel 2 des Gesetzes vom 06. 06. 2009, [BGBl. II S. 502].

Inhaltsübersicht

ERSTER ABSCHNITT
Genehmigungsvorschriften

ZWEITER ABSCHNITT
Überwachungs und Ausnahmevorschriften

DRITTER ABSCHNITT
Besondere Vorschriften für Atomwaffen

VIERTER ABSCHNITT
Besondere Vorschriften für biologische und chemische Waffen sowie für Antipersonenminen und Streumunition

Erster Abschnitt
Genehmigungsvorschriften

§ 1
Begriffsbestimmung

(1) Zur Kriegsführung bestimmte Waffen im Sinne dieses Gesetzes (Kriegswaffen) sind die in der Anlage zu diesem Gesetz (Kriegswaffenliste) aufgeführten Gegenstände, Stoffe und Organismen.

(2) Die Bundesregierung wird ermächtigt, durch Rechtsverordnung mit Zustimmung des Bundesrates die Kriegswaffenliste entsprechend dem Stand der wissenschaftlichen, technischen und militärischen Erkenntnisse derart zu ändern und zu ergänzen, daß sie alle Gegenstände, Stoffe und Organismen enthält, die geeignet sind, allein, in Verbindung miteinander oder mit anderen Gegenständen, Stoffen oder Organismen Zerstörungen oder Schäden an Personen oder Sachen zu verursachen und als Mittel der Gewaltanwendung bei bewaffneten Auseinandersetzungen zwischen Staaten zu dienen.

(3) Für Atomwaffen im Sinne des § 17 Abs. 2 sowie für biologische und chemische Waffen im Sinne der Kriegswaffenliste sowie für Antipersonenminen und Streumunition im Sinne von § 18 a Abs. 2 gelten die besonderen Vorschriften des Dritten und Vierten Abschnitts sowie die Strafvorschriften der §§ 19 bis 21.

§ 2
Herstellung und Inverkehrbringen

(1) Wer Kriegswaffen herstellen will, bedarf der Genehmigung.

(2) Wer die tatsächliche Gewalt über Kriegswaffen von einem anderen erwerben oder einem anderen überlassen will, bedarf der Genehmigung.

§ 3
Beförderung innerhalb des Bundesgebietes

(1) Wer Kriegswaffen im Bundesgebiet außerhalb eines abgeschlossenen Geländes befördern lassen will, bedarf der Genehmigung.

(2) Der Genehmigung bedarf ferner, wer Kriegswaffen, die er hergestellt oder über die er die tatsächliche Gewalt erworben hat, im Bundesgebiet außerhalb eines abgeschlossenen Geländes selbst befördern will.

(3) Kriegswaffen dürfen nur eingeführt, ausgeführt, durch das Bundesgebiet durchgeführt oder sonst in das Bundesgebiet oder aus dem Bundesgebiet verbracht werden, wenn die hierzu erforderliche Beförderung im Sinne des Absatzes 1 oder 2 genehmigt ist.

(4) Für die Beförderung von Kriegswaffen, die außerhalb des Bundesgebietes ein- und ausgeladen werden und unter Zollüberwachung ohne Wechsel des Frachtführers oder im Schiffsverkehr über Freihäfen ohne Lagerung durch das Bundesgebiet durchgeführt werden, kann auch – unbeschadet der Regelung des § 27 – eine Allgemeine Genehmigung erteilt werden.

§ 4
Beförderung außerhalb des Bundesgebietes

(1) Wer Kriegswaffen, die außerhalb des Bundesgebietes ein- und ausgeladen und durch das Bundesgebiet nicht durchgeführt werden, mit Seeschiffen, die die Bundesflagge führen, oder mit Luftfahrzeugen, die in die Luftfahrzeugrolle der Bundesrepublik eingetragen sind, befördern will, bedarf der Genehmigung.

(2) Für die Beförderung von Kriegswaffen im Sinne des Absatzes 1 in und nach bestimmten Gebieten kann auch eine Allgemeine Genehmigung erteilt werden.

§ 4a
Auslandsgeschäfte

(1) Wer einen Vertrag über den Erwerb oder das Überlassen von Kriegswaffen, die sich außerhalb des Bundesgebietes befinden, vermitteln oder die Gelegenheit zum Abschluß eines solchen Vertrags nachweisen will, bedarf der Genehmigung.

(2) Einer Genehmigung bedarf auch, wer einen Vertrag über das Überlassen von Kriegswaffen, die sich außerhalb des Bundesgebietes befinden, abschließen will.

(3) Die Absätze 1 und 2 sind nicht anzuwenden, wenn die Kriegswaffen in Ausführung des Vertrags in das Bundesgebiet eingeführt oder durchgeführt werden sollen.

§ 5
Befreiungen

(1) Einer Genehmigung nach den §§ 2 bis 4 a bedarf nicht, wer unter der Aufsicht oder als Beschäftigter eines anderen tätig wird. In diesen Fällen bedarf nur der andere der Genehmigung nach den §§ 2 bis 4 a.

(2) Wer Kriegswaffen auf Grund einer Genehmigung nach § 3 Abs. 1 befördert, bedarf für den Erwerb der tatsächlichen Gewalt über diese Kriegswaffen von dem Absender und die Überlassung der tatsächlichen Gewalt an den in der Genehmigungsurkunde genannten Empfänger keiner Genehmigung nach § 2 Abs. 2.

(3) Einer Genehmigung nach § 2 Abs. 2 bedarf ferner nicht, wer die tatsächliche Gewalt über Kriegswaffen

1. demjenigen, der Kriegswaffen auf Grund einer Genehmigung nach § 3 Abs. 1 befördert, überlassen oder von ihm erwerben will, sofern der Absender und der Empfänger in der Genehmigungsurkunde genannt sind,
2. der Bundeswehr, dem Beschaffungsamt des Bundesministeriums des Innern, der Zollverwaltung, einer für die Aufrechterhaltung der öffentlichen Sicherheit zuständigen Behörde oder Dienststelle oder einer Behörde des Strafvollzugs überlassen oder von diesen zur Instandsetzung oder zur Beförderung erwerben will.

§ 6
Versagung der Genehmigung

(1) Auf die Erteilung einer Genehmigung besteht kein Anspruch.

(2) Die Genehmigung kann insbesondere versagt werden, wenn

1. Grund zu der Annahme besteht, daß ihre Erteilung dem Interesse der Bundesrepublik an der Aufrechterhaltung guter Beziehungen zu anderen Ländern zuwiderlaufen würde,
2. a) der Antragsteller, sein gesetzlicher Vertreter, bei juristischen Personen das vertretungsberechtigte Organ oder ein Mitglied eines solchen Organs, bei Personenhandelsgesellschaften ein vertretungsberechtigter Gesellschafter, sowie der Leiter eines Betriebes oder eines Betriebsteiles des Antragstellers,
   b) derjenige, der Kriegswaffen befördert,
   c) derjenige, der die tatsächliche Gewalt über Kriegswaffen dem Beförderer überläßt oder von ihm erwirbt,

   nicht Deutscher im Sinne des Artikels 116 des Grundgesetzes ist oder den Wohnsitz oder gewöhnlichen Aufenthalt außerhalb des Bundesgebietes hat,
3. eine im Zusammenhang mit der genehmigungsbedürftigen Handlung nach anderen Vorschriften erforderliche Genehmigung nicht nachgewiesen wird.

(3) Die Genehmigung ist zu versagen, wenn

1. die Gefahr besteht, daß die Kriegswaffen bei einer friedenstörenden Handlung, insbesondere bei einem Angriffskrieg, verwendet werden,
2. Grund zu der Annahme besteht, daß die Erteilung der Genehmigung völkerrechtliche Verpflichtungen der Bundesrepublik verletzen oder deren Erfüllung gefährden würde,

3. Grund zu der Annahme besteht, daß eine der in Absatz 2 Nr. 2 genannten Personen die für die beabsichtigte Handlung erforderliche Zuverlässigkeit nicht besitzt.

(4) Andere Vorschriften, nach denen für die in den §§ 2 bis 4 a genannten Handlungen eine Genehmigung erforderlich ist, bleiben unberührt.

§ 7
Widerruf der Genehmigung

(1) Die Genehmigung kann jederzeit widerrufen werden.

(2) Die Genehmigung ist zu widerrufen, wenn einer der in § 6 Abs. 3 genannten Versagungsgründe nachträglich offenbar geworden oder eingetreten ist, es sei denn, daß der Grund innerhalb einer zu bestimmenden Frist beseitigt wird.

(3) Wird die Genehmigung widerrufen, so trifft die Genehmigungsbehörde Anordnungen über den Verbleib oder die Verwertung der Kriegswaffen. Sie kann insbesondere anordnen, die Kriegswaffen innerhalb angemessener Frist unbrauchbar zu machen oder einem zu ihrem Erwerb Berechtigten zu überlassen und dies der Überwachungsbehörde nachzuweisen. Nach fruchtlosem Ablauf der Frist können die Kriegswaffen sichergestellt und eingezogen werden. § 13 Abs. 3 gilt entsprechend.

§ 8
Erteilung und Widerruf der Allgemeinen Genehmigung

(1) Die Allgemeine Genehmigung im Sinne des § 3 Abs. 4 und des § 4 Abs. 2 wird durch Rechtsverordnung erteilt.

(2) Die Allgemeine Genehmigung kann durch Rechtsverordnung ganz oder teilweise widerrufen werden, insbesondere wenn Grund zu der Annahme besteht, daß die allgemein genehmigten Beförderungen dem Interesse der Bundesrepublik an der Aufrechterhaltung guter Beziehungen zu anderen Ländern zuwiderlaufen würden.

(3) Die Allgemeine Genehmigung ist durch Rechtsverordnung ganz oder teilweise zu widerrufen, wenn

1. die Gefahr besteht, daß die auf Grund der Allgemeinen Genehmigung beförderten Kriegswaffen bei einer friedenstörenden Handlung, insbesondere bei einem Angriffskrieg, verwendet werden,
2. Grund zu der Annahme besteht, daß durch die allgemein genehmigten Beförderungen völkerrechtliche Verpflichtungen der Bundesrepublik verletzt würden oder deren Erfüllung gefährdet würde.

(4) Rechtsverordnungen nach den Absätzen 1 bis 3 werden von der Bundesregierung erlassen; sie bedürfen nicht der Zustimmung des Bundesrates.

§ 9
Entschädigung im Falle des Widerrufs

(1) Wird eine Genehmigung nach den §§ 2, 3 Abs. 1 oder 2, § 4 Abs. 1 oder § 4 a ganz oder teilweise widerrufen, so ist ihr Inhaber vom Bund angemessen in Geld zu entschädigen. Die Entschädigung bemißt sich nach den vom Genehmigungsinhaber nachgewiesenen zweckentsprechenden Aufwendungen. Anderweitige, den Grundsätzen einer ordnungsmäßigen Wirtschaftsführung entsprechende Verwertungsmöglichkeiten sind zu

berücksichtigen. Wegen der Höhe der Entschädigung steht im Streitfalle der Rechtsweg vor den ordentlichen Gerichten offen.

(2) Der Anspruch auf eine Geldentschädigung entfällt, wenn der Inhaber der Genehmigung oder die für ihn auf Grund der Genehmigung tätigen Personen durch ihr schuldhaftes Verhalten Anlaß zum Widerruf der Genehmigung gegeben haben, insbesondere wenn

1. diese Personen gegen die Vorschriften dieses Gesetzes, gegen die auf Grund dieses Gesetzes ergangenen Rechtsverordnungen oder gegen Anordnungen der Genehmigungs- oder Überwachungsbehörde erheblich oder wiederholt verstoßen haben,
2. die Genehmigung auf Grund des § 7 Abs. 2 in Verbindung mit § 6 Abs. 3 Nr. 3 widerrufen worden ist.

§ 10
Inhalt und Form der Genehmigung

(1) Die Genehmigung kann inhaltlich beschränkt, befristet und mit Auflagen verbunden werden.

(2) Nachträgliche Befristungen und Auflagen sind jederzeit zulässig. § 9 gilt entsprechend.

(3) Die Genehmigung bedarf der Schriftform; sie muß Angaben über Art und Menge der Kriegswaffen enthalten. Die Genehmigung zur Herstellung der in Teil B der Kriegswaffenliste genannten Kriegswaffen kann ohne Beschränkung auf eine bestimmte Menge, die Genehmigung zur Beförderung von Kriegswaffen kann ohne Beschränkung auf eine bestimmte Art und Menge erteilt werden.

§ 11
Genehmigungsbehörden

(1) Für die Erteilung und den Widerruf einer Genehmigung ist die Bundesregierung zuständig.

(2) Die Bundesregierung wird ermächtigt, durch Rechtsverordnung, die der Zustimmung des Bundesrates nicht bedarf, die Befugnis zur Erteilung und zum Widerruf der Genehmigung in den Fällen der §§ 2, 3 Abs. 1 und 2 und des § 4 a

1. für den Bereich der Bundeswehr auf das Bundesministerium für Verteidigung,
2. für den Bereich der Zollverwaltung auf das Bundesministerium der Finanzen,
3. für den Bereich der für die Aufrechterhaltung der öffentlichen Sicherheit zuständigen Behörden oder Dienststellen sowie der Behörden des Strafvollzugs auf das Bundesministerium des Innern,
4. für alle übrigen Bereiche auf das Bundesministerium für Wirtschaft und Technologie zu übertragen.

(3) Die Befugnis zur Erteilung und zum Widerruf der Genehmigung in den Fällen des § 4 Abs. 1 kann durch Rechtsverordnung, die der Zustimmung des Bundesrates nicht bedarf, auf das Bundesministerium für Verkehr, Bau- und Stadtentwicklung übertragen werden, das diese Befugnis im Einvernehmen mit dem Auswärtigen Amt ausübt.

(4) Die Bundesregierung wird ferner ermächtigt, durch Rechtsverordnung mit Zustimmung des Bundesrates die erforderlichen Vorschriften zur näheren Regelung des Genehmigungsverfahrens zu erlassen.

(5) Das Bundesamt für Verfassungsschutz kann bei der Prüfung der Zuverlässigkeit gemäß § 6 Abs. 3 Nr. 3 herangezogen werden.

Zweiter Abschnitt
Überwachungs- und Ausnahmevorschriften

§ 12
Pflichten im Verkehr mit Kriegswaffen

(1) Wer eine nach diesem Gesetz genehmigungsbedürftige Handlung vornimmt, hat die erforderlichen Maßnahmen zu treffen,

1. um zu verhindern, daß die Kriegswaffen abhanden kommen oder unbefugt verwendet werden,
2. um zu gewährleisten, daß die gesetzlichen Vorschriften und behördlichen Anordnungen zum Schutze von geheimhaltungsbedürftigen Gegenständen, Tatsachen, Erkenntnissen oder Mitteilungen beachtet werden.

(2) Wer Kriegswaffen herstellt, befördern läßt oder selbst befördert oder die tatsächliche Gewalt über Kriegswaffen von einem anderen erwirbt oder einem anderen überläßt, hat ein Kriegswaffenbuch zu führen, um den Verbleib der Kriegswaffen nachzuweisen. Dies gilt nicht in den Fällen des § 5 Abs. l und 2 sowie für Beförderungen in den Fällen des § 5 Abs. 3 Nr. 2.

(3) Wer Kriegswaffen befördern lassen will, hat bei der Übergabe zur Beförderung eine Ausfertigung der Genehmigungsurkunde zu übergeben.

(4) Wer eine Beförderung von Kriegswaffen ausführt, hat eine Ausfertigung der Genehmigungsurkunde mitzuführen, den zuständigen Behörden oder Dienststellen, insbesondere den Eingangs- und Ausgangszollstellen, unaufgefordert vorzuzeigen und auf Verlangen zur Prüfung auszuhändigen.

(5) Wer berechtigt ist, über Kriegswaffen zu verfügen, hat der zuständigen Überwachungsbehörde den Bestand an Kriegswaffen sowie dessen Veränderungen unter Angabe der dazu erteilten Genehmigungen innerhalb der durch Rechtsvorschrift oder durch Anordnung der zuständigen Überwachungsbehörde bestimmten Fristen zu melden.

(6) Wer

1. als Erwerber von Todes wegen, Finder oder in ähnlicher Weise die tatsächliche Gewalt über Kriegswaffen erlangt,
2. als Insolvenzverwalter, Zwangsverwalter oder in ähnlicher Weise die tatsächliche Gewalt über Kriegswaffen erlangt,
3. die tatsächliche Gewalt über Kriegswaffen verliert,
4. Kenntnis vom Verbleib einer Kriegswaffe erlangt, über die niemand die tatsächliche Gewalt ausübt,

hat dies der zuständigen Überwachungsbehörde oder einer für die Aufrechterhaltung der öffentlichen Sicherheit zuständigen Behörde oder Dienststelle unverzüglich anzuzeigen.

Im Falle der Nummer 1 hat der Erwerber der tatsächlichen Gewalt über die Kriegswaffen innerhalb einer von der Überwachungsbehörde zu bestimmenden Frist die Kriegswaffen unbrauchbar zu machen oder einem zu ihrem Erwerb Berechtigten zu überlassen und dies der Überwachungsbehörde nachzuweisen. Die Überwachungsbehörde kann auf Antrag Ausnahmen von Satz 2 zulassen, wenn ein öffentliches Interesse besteht. Die Ausnahmen können befristet und mit Bedingungen und Auflagen verbunden werden. Nachträgliche Befristungen und Auflagen sind jederzeit zulässig.

(7) Die Bundesregierung wird ermächtigt, durch Rechtsverordnung mit Zustimmung des Bundesrates

1. die erforderlichen Vorschriften zur Durchführung der Absätze 1 bis 6 zu erlassen,
2. geringe Mengen an Kriegswaffen und geringfügige Bestandsveränderungen von der Buchführungs-, Melde- und Anzeigepflicht (Absatz 2, 5 und 6) auszunehmen, soweit hierdurch öffentliche Interessen nicht gefährdet werden,
3. eine Kennzeichnung für Kriegswaffen vorzuschreiben, die den Hersteller oder Einführer ersichtlich macht.

§ 12a
Besondere Meldepflichten

(1) Die Bundesregierung wird ermächtigt, durch Rechtsverordnung, mit Zustimmung des Bundesrates, anzuordnen, daß dem Bundesamt für Wirtschaft und Ausfuhrkontrolle (BAFA) die Einfuhr und Ausfuhr von Kriegswaffen des Teils B der Kriegswaffenliste zu melden ist, soweit die Bundesregierung diese Daten benötigt, um internationale Vereinbarungen über die Übermittlung von Angaben über die Einfuhr und Ausfuhr von Kriegswaffen zu erfüllen. Das Bundesamt für Wirtschaft und Ausfuhrkontrolle (BAFA) darf die auf Grund einer Rechtsverordnung nach Satz 1 erhobenen Daten zu den in Satz 1 genannten Zwecken mit anderen bei ihm gespeicherten Daten abgleichen.

(2) Die auf Grund einer Rechtsverordnung nach Absatz 1 erhobenen Daten können zusammengefaßt ohne Nennung von Empfängern und Lieferanten zu den in Absatz 1 genannten Zwecken an internationale Organisationen oder zur Unterrichtung des Deutschen Bundestages übermittelt oder veröffentlicht werden. Das gilt auch dann, wenn die Daten in Einzelfällen den betroffenen Unternehmen zugeordnet werden können, sofern das Interesse des betroffenen Unternehmens an der Geheimhaltung erheblich überwiegt.

(3) Art und Umfang der Meldepflicht sind auf das Maß zu begrenzen, das notwendig ist, um den in Absatz 1 angegebenen Zweck zu erreichen.

§ 13
Sicherstellung und Einziehung

(1) Die Überwachungsbehörden und die für die Aufrechterhaltung der öffentlichen Sicherheit zuständigen Behörden oder Dienststellen können Kriegswaffen sicherstellen,

1. wenn Tatsachen die Annahme rechtfertigen, daß der Inhaber der tatsächlichen Gewalt nicht die erforderliche Zuverlässigkeit besitzt, insbesondere die Kriegswaffen an einen Nichtberechtigten weitergeben oder sie unbefugt verwenden wird, oder
2. wenn dies erforderlich ist, um Staatsgeheimnisse zu schützen.

(2) Die Überwachungsbehörden können die sichergestellten Kriegswaffen einziehen, wenn dies zur Abwehr einer Gefahr für die öffentliche Sicherheit oder Ordnung erforderlich ist und weniger einschneidende Maßnahmen nicht ausreichen.

(3) Werden Kriegswaffen eingezogen, so geht mit der Unanfechtbarkeit der Einziehungsverfügung das Eigentum an ihnen auf den Staat über. Rechte Dritter an den Kriegswaffen erlöschen. Der Eigentümer oder ein dinglich Berechtigter wird vom Bund unter Berücksichtigung des Verkehrswerts angemessen in Geld entschädigt. Eine Entschädigung wird nicht gewährt, wenn der Eigentümer oder dinglich Berechtigte wenigstens leichtfertig dazu beigetragen hat, daß die Gefahr für die öffentliche Sicherheit oder Ordnung entstanden ist. In diesem Falle kann eine Entschädigung gewährt werden, soweit es eine unbillige Härte wäre, sie zu versagen.

(4) Bei Gefahr im Verzuge kann auch die Bundeswehr unter den in Absatz 1 genannten Voraussetzungen Kriegswaffen sicherstellen.

§ 13a
Umgang mit unbrauchbar gemachten Kriegswaffen

Der Umgang mit unbrauchbar gemachten Kriegswaffen kann durch Rechtsverordnung des Bundesministeriums für Wirtschaft und Technologie, die der Zustimmung des Bundesrates nicht bedarf, beschränkt werden; insbesondere kann der Umgang verboten oder unter Genehmigungsvorbehalt gestellt werden. Unbrauchbar gemachte Kriegswaffen sind Kriegswaffen, die durch technische Veränderungen endgültig die Fähigkeit zum bestimmungsgemäßen Einsatz verloren haben und nicht mit allgemein gebräuchlichen Werkzeugen wieder funktionsfähig gemacht werden können. Einzelheiten können in der in Satz 1 genannten Rechtsverordnung geregelt werden.

§ 14
Überwachungsbehörden

(1) Für die Überwachung der nach diesem Gesetz genehmigungsbedürftigen Handlungen und der Einhaltung der in § 12 genannten Pflichten ist

1. in den Fällen der §§ 2 und 3 Abs. 1 und 2 sowie des § 4 a das Bundesministerium für Wirtschaft und Technologie und
2. in den Fällen des § 4 das Bundesministerium für Verkehr, Bau- und Stadtentwicklung

zuständig.

(2) Für die Überwachung der Einfuhr, Ausfuhr und Durchfuhr sowie des sonstigen Verbringens von Kriegswaffen in das Bundesgebiet oder aus dem Bundesgebiet (§ 3 Abs. 3 und 4) sind das Bundesministerium der Finanzen und die von ihm bestimmten Zolldienststellen zuständig.

(3) Die Überwachungsbehörden (Absatz 1 und 2) können zur Erfüllung ihrer Aufgaben, insbesondere zur Überwachung der Bestände an Kriegswaffen und deren Veränderungen,

1. die erforderlichen Auskünfte verlangen,
2. Betriebsaufzeichnungen und sonstige Unterlagen einsehen und prüfen,
3. Besichtigungen vornehmen.

(4) Die von den Überwachungsbehörden beauftragten Personen dürfen Räume und Grundstücke betreten, soweit es ihr Auftrag erfordert. Das Grundrecht des Artikels 13 auf Unverletzlichkeit der Wohnung wird insoweit eingeschränkt.

(5) Wer einer Genehmigung nach den §§ 2 bis 4 a bedarf, ist verpflichtet, die erforderlichen Auskünfte zu erteilen, die Betriebsaufzeichnungen und sonstige Unterlagen zur Einsicht und Prüfung vorzulegen und das Betreten von Räumen und Grundstücken zu dulden. Das gleiche gilt für Personen, denen die in § 12 genannten Pflichten obliegen.

(6) Der zur Erteilung einer Auskunft Verpflichtete kann die Auskunft auf solche Fragen verweigern, deren Beantwortung ihn selbst oder einen der in § 383 Abs. 1 Nr. 1 bis 3 der Zivilprozeßordnung bezeichneten Angehörigen der Gefahr strafgerichtlicher Verfolgung oder eines Verfahrens nach dem Gesetz über Ordnungswidrigkeiten aussetzen würde.

(7) Die Bundesregierung wird ermächtigt, durch Rechtsverordnung mit Zustimmung des Bundesrates die erforderlichen Vorschriften zur Durchführung der nach Absatz 3 zulässigen Überwachungsmaßnahmen zu erlassen und das Verfahren der Überwachungsbehörden zu regeln.

(8) Das Bundesministerium für Wirtschaft und Technologie wird ermächtigt, durch Rechtsverordnung, die der Zustimmung des Bundesrates nicht bedarf, die ihm nach Absatz 1 zustehenden Überwachungsbefugnisse auf das Bundesamt für Wirtschaft und Ausfuhrkontrolle (BAFA) zu übertragen.

§ 15
Bundeswehr und andere Organe

(1) Die §§ 2 bis 4 a und 12 gelten nicht für die Bundeswehr, die Polizeien des Bundes und die Zollverwaltung.

(2) Die übrigen für die Aufrechterhaltung der öffentlichen Sicherheit zuständigen Behörden oder Dienststellen, das Beschaffungsamt des Bundesministeriums des Innern, die Beschussämter sowie die Behörden des Strafvollzugs bedürfen keiner Genehmigung

1. für den Erwerb der tatsächlichen Gewalt über Kriegswaffen,
2. für die Überlassung der tatsächlichen Gewalt über Kriegswaffen an einen anderen zur Instandsetzung oder zur Beförderung und
3. für die Beförderung von Kriegswaffen in den Fällen des § 3 Abs. 2.

§ 12 findet insoweit keine Anwendung.

(3) § 4 a gilt nicht für Behörden oder Dienststellen im Rahmen ihrer amtlichen Tätigkeit.

Dritter Abschnitt
Besondere Vorschriften für Atomwaffen

§ 16
Nukleare Aufgaben im Nordatlantischen Bündnis

Die Vorschriften dieses Abschnitts und die Strafvorschriften der §§ 19 und 21 gelten, um Vorbereitung und Durchführung der nuklearen Mitwirkung im Rahmen des Nordatlantikvertrages vom 4. April 1949 oder für einen Mitgliedstaat zu gewährleisten, nur für Atomwaffen, die nicht der Verfügungsgewalt von Mitgliedstaaten dieses Vertrages unterstehen oder die nicht im Auftrag solcher Staaten entwickelt oder hergestellt werden.

§ 17
Verbot von Atomwaffen

(1) Unbeschadet des § 16 ist es verboten,

1. Atomwaffen zu entwickeln, herzustellen, mit ihnen Handel zu treiben, von einem anderen zu erwerben oder einem anderen zu überlassen, einzuführen, auszuführen, durch das Bundesgebiet durchzuführen oder sonst in das Bundesgebiet oder aus dem Bundesgebiet zu verbringen oder sonst die tatsächliche Gewalt über sie auszuüben,

1a. einen anderen zu einer in Nummer 1 bezeichneten Handlung zu verleiten oder

2. eine in Nummer 1 bezeichnete Handlung zu fördern.

(2) Atomwaffen im Sinne des Absatzes 1 sind

1. Waffen aller Art, die Kernbrennstoffe oder radioaktive Isotope enthalten oder eigens dazu bestimmt sind, solche aufzunehmen oder zu verwenden, und Massenzerstörungen, Massenschäden oder Massenvergiftungen hervorrufen können,

2. Teile, Vorrichtungen, Baugruppen oder Substanzen, die eigens für eine in Nummer 1 genannte Waffe bestimmt sind.

Für die Begriffsbestimmung der Atomwaffen gelten außerdem Satz 2 der Einleitung und Abschnitt I Buchstabe c der Anlage II zum Protokoll Nr. III des revidierten Brüsseler Vertrages vom 23. Oktober 1954.

Vierter Abschnitt
Besondere Vorschriften für biologische und chemische Waffen sowie für Antipersonenminen und Streumunition

§ 18
Verbot von biologischen und chemischen Waffen

Es ist verboten,

1. biologische oder chemische Waffen zu entwickeln, herzustellen, mit ihnen Handel zu treiben, von einem anderen zu erwerben oder einem anderen zu überlassen, einzuführen, auszuführen, durch das Bundesgebiet durchzuführen oder sonst in das Bundesgebiet oder aus dem Bundesgebiet zu verbringen oder sonst die tatsächliche Gewalt über sie auszuüben oder

1a. einen anderen zu einer in Nummer 1 bezeichneten Handlung zu verleiten oder

2. eine in Nummer 1 bezeichnete Handlung zu fördern.

§ 18a
Verbot von Antipersonenminen und Streumunition

(1) Es ist verboten,

1. Antipersonenminen oder Streumunition einzusetzen, zu entwickeln, herzustellen, mit ihnen Handel zu treiben, von einem anderen zu erwerben oder einem anderen zu überlassen, einzuführen, auszuführen, durch das Bundesgebiet durchzuführen oder sonst in das Bundesgebiet oder aus dem Bundesgebiet zu verbringen oder

sonst die tatsächliche Gewalt über sie auszuüben, insbesondere sie zu transportieren, zu lagern oder zurückzubehalten,

2. einen anderen zu einer in Nummer 1 bezeichneten Handlung zu verleiten.

(2) Für Antipersonenminen gilt die Begriffsbestimmung des Artikels 2 des Übereinkommens über das Verbot des Einsatzes, der Lagerung, der Herstellung und der Weitergabe von Antipersonenminen und über deren Vernichtung vom 3. Dezember 1997. Für Streumunition gilt die Begriffsbestimmung des Artikels 2 Absatz 2 des Übereinkommens über Streumunition vom 3. Dezember 2008.

(3) Absatz 1 gilt nicht für Handlungen, die nach den Bestimmungen der in Absatz 2 genannten Übereinkommenen zulässig sind.

Fünfter Abschnitt
Straf- und Bußgeldvorschriften

§ 19
Strafvorschriften gegen Atomwaffen

(1) Mit Freiheitsstrafe von einem Jahr bis zu fünf Jahren wird bestraft, wer

1. Atomwaffen im Sinne des § 17 Abs. 2 entwickelt, herstellt, mit ihnen Handel treibt, von einem anderen erwirbt oder einem anderen überläßt, einführt, ausführt, durch das Bundesgebiet durchführt oder sonst in das Bundesgebiet oder aus dem Bundesgebiet verbringt oder sonst die tatsächliche Gewalt über sie ausübt,

1a. einen anderen zu einer in Nummer 1 bezeichneten Handlung verleitet oder

2. eine in Nummer 1 bezeichnete Handlung fördert.

(2) Mit Freiheitsstrafe nicht unter zwei Jahren wird bestraft, wer

1. eine in Absatz 1 bezeichnete Handlung gewerbsmäßig oder als Mitglied einer Bande, die sich zur fortgesetzten Begehung solcher Straftaten verbunden hat, unter Mitwirkung eines anderen Bandenmitglieds begeht oder

2. durch eine in Absatz 1 bezeichnete Handlung

   a) die Sicherheit der Bundesrepublik Deutschland,

   b) das friedliche Zusammenleben der Völker oder

   c) die auswärtigen Beziehungen der Bundesrepublik Deutschland erheblich gefährdet.

(3) In minder schweren Fällen

1. des Absatzes 1 ist die Strafe Freiheitsstrafe bis zu drei Jahren oder Geldstrafe und

2. des Absatzes 2 Freiheitsstrafe von drei Monaten bis zu fünf Jahren.

(4) Handelt der Täter in den Fällen des Absatzes 1 Nr. 1 fahrlässig oder in den Fällen des Absatzes 1 Nr. 1 a oder 2 leichtfertig, so ist die Strafe Freiheitsstrafe bis zu zwei Jahren oder Geldstrafe.

(5) Wer in den Fällen

1. des Absatzes 2 Nr. 2 die Gefahr fahrlässig verursacht oder

2. des Absatzes 2 Nr. 2 in Verbindung mit Absatz 1 Nr. 1 fahrlässig oder in Verbindung mit Absatz 1 Nr. 1 a oder 2 leichtfertig handelt und die Gefahr fahrlässig verursacht,

wird mit Freiheitsstrafe bis zu drei Jahren oder mit Geldstrafe bestraft.

(6) Die Absätze 1 bis 5 gelten nicht für eine Handlung, die

1. zur Vernichtung von Atomwaffen durch die dafür zuständigen Stellen oder
2. zum Schutz gegen Wirkungen von Atomwaffen oder zur Abwehr dieser Wirkungen

geeignet und bestimmt ist.

§ 20
Strafvorschriften gegen biologische und chemische Waffen

(1) Mit Freiheitsstrafe nicht unter zwei Jahren wird bestraft, wer

1. biologische oder chemische Waffen entwickelt, herstellt, mit ihnen Handel treibt, von einem anderen erwirbt oder einem anderen überläßt, einführt, ausführt, durch das Bundesgebiet durchführt oder sonst in das Bundesgebiet oder aus dem Bundesgebiet verbringt oder sonst die tatsächliche Gewalt über sie ausübt,

1a. einen anderen zu einer in Nummer 1 bezeichneten Handlung verleitet oder

2. eine in Nummer 1 bezeichnete Handlung fördert.

(2) In minder schweren Fällen ist die Strafe Freiheitsstrafe von drei Monaten bis zu fünf Jahren.

(3) Handelt der Täter in den Fällen des Absatzes 1 Nr. 1 fahrlässig oder in den Fällen des Absatzes 1 Nr. 1 a oder 2 leichtfertig, so ist die Strafe Freiheitsstrafe bis zu drei Jahren oder Geldstrafe.

(4) Die Absätze 1 bis 3 gelten nicht für eine Handlung, die

1. zur Vernichtung von chemischen Waffen durch die dafür zuständigen Stellen oder
2. zum Schutz gegen Wirkungen von biologischen oder chemischen Waffen oder zur Abwehr dieser Wirkungen

geeignet und bestimmt ist.

§ 20a
Strafvorschriften gegen Antipersonenminen und Streumunition

(1) Mit Freiheitsstrafe von einem Jahr bis zu fünf Jahren wird bestraft, wer

1. entgegen § 18 a Antipersonenminen oder Streumunition einsetzt, entwickelt, herstellt, mit ihnen Handel treibt, von einem anderen erwirbt oder einem anderen überläßt, einführt, ausführt, durch das Bundesgebiet durchführt oder sonst in das Bundesgebiet oder aus dem Bundesgebiet verbringt oder sonst die tatsächliche Gewalt über sie ausübt, insbesondere sie transportiert, lagert oder zurückbehält,
2. einen anderen zu einer in Nummer 1 bezeichneten Handlung verleitet oder
3. eine in Nummer 1 bezeichnete Handlung fördert.

(2) In besonders schweren Fällen ist die Strafe Freiheitsstrafe nicht unter einem Jahr. Ein besonders schwerer Fall liegt in der Regel vor, wenn

1. der Täter in den Fällen des Absatzes 1 gewerbsmäßig handelt oder

2. sich die Handlung nach Absatz 1 auf eine große Zahl von Antipersonenminen oder Streumunition bezieht.

(3) In minder schweren Fällen des Absatzes 1 ist die Strafe Freiheitsstrafe von drei Monaten bis zu drei Jahren.

(4) Handelt der Täter in den Fällen des Absatzes 1 Nr. 1 fahrlässig oder in den Fällen des Absatzes 1 Nr. 2 oder 3 leichtfertig, so ist die Strafe Freiheitsstrafe bis zu drei Jahren oder Geldstrafe.

§ 21
Taten außerhalb des Geltungsbereichs di eses Gesetzes

§ 19 Abs. 2 Nr. 2, Abs. 3 Nr. 2, Abs. 5 und 6, § 20 sowie § 20 a gelten, unabhängig vom Recht des Tatorts, auch für Taten, die außerhalb des Geltungsbereichs dieser Vorschriften begangen werden, wenn der Täter Deutscher ist.

§ 22
Ausnahmen

Die §§ 18, 20 und 21 gelten nicht für eine auf chemische Waffen bezogene dienstliche Handlung

1. des Mitglieds oder der zivilen Arbeitskraft einer Truppe oder eines zivilen Gefolges im Sinne des Abkommens zwischen den Parteien des Nordatlantikvertrages über die Rechtsstellung ihrer Truppen vom 19. Juni 1951 oder
2. eines Deutschen in Stäben oder Einrichtungen, die auf Grund des Nordatlantikvertrages vom 4. April 1949 gebildet worden sind.

§ 22a
Sonstige Strafvorschriften

(1) Mit Freiheitsstrafe von einem Jahr bis zu fünf Jahren wird bestraft, wer

1. Kriegswaffen ohne Genehmigung nach § 2 Abs. 1 herstellt,
2. die tatsächliche Gewalt über Kriegswaffen ohne Genehmigung nach § 2 Abs. 2 von einem anderen erwirbt oder einem anderen überläßt,
3. im Bundesgebiet außerhalb eines abgeschlossenen Geländes Kriegswaffen ohne Genehmigung nach § 3 Abs. 1 oder 2 befördern läßt oder selbst befördert,
4. Kriegswaffen einführt, ausführt, durch das Bundesgebiet durchführt oder sonst in das Bundesgebiet oder aus dem Bundesgebiet verbringt, ohne daß die hierzu erforderliche Beförderung genehmigt ist,
5. mit Seeschiffen, welche die Bundesflagge führen, oder mit Luftfahrzeugen, die in die Luftfahrzeugrolle der Bundesrepublik Deutschland eingetragen sind, absichtlich oder wissentlich Kriegswaffen ohne Genehmigung nach § 4 befördert, die außerhalb des Bundesgebietes ein- und ausgeladen und durch das Bundesgebiet nicht durchgeführt werden,
6. über Kriegswaffen sonst die tatsächliche Gewalt ausübt, ohne daß
   a) der Erwerb der tatsächlichen Gewalt auf einer Genehmigung nach diesem Gesetz beruht oder

b) eine Anzeige nach § 12 Abs. 6 Nr. 1 oder § 26 a erstattet worden ist,

7. einen Vertrag über den Erwerb oder das Überlassen ohne Genehmigung nach § 4 a Abs. 1 vermittelt oder eine Gelegenheit hierzu nachweist oder einen Vertrag ohne Genehmigung nach § 4 a Abs. 2 abschließt.

(2) In besonders schweren Fällen ist die Strafe Freiheitsstrafe von einem Jahr bis zu zehn Jahren. Ein besonders schwerer Fall liegt in der Regel vor, wenn der Täter in den Fällen des Absatzes 1 Nr. 1 bis 4, 6 oder 7 gewerbsmäßig oder als Mitglied einer Bande, die sich zur fortgesetzten Begehung solcher Straftaten verbunden hat, unter Mitwirkung eines anderen Bandenmitglieds handelt.

(3) In minder schweren Fällen ist die Strafe Freiheitsstrafe bis zu drei Jahren oder Geldstrafe.

(4) Wer fahrlässig eine in Absatz 1 Nr. 1 bis 4, 6 oder 7 bezeichnete Handlung begeht, wird mit Freiheitsstrafe bis zu zwei Jahren oder mit Geldstrafe bestraft.

(5) Nach Absatz 1 Nr. 3 oder 4 wird nicht bestraft, wer Kriegswaffen, die er in das Bundesgebiet eingeführt oder sonst verbracht hat, freiwillig und unverzüglich einer Überwachungsbehörde, der Bundeswehr oder einer für die Aufrechterhaltung der öffentlichen Sicherheit zuständigen Behörde oder Dienststelle abliefert. Gelangen die Kriegswaffen ohne Zutun desjenigen, der sie in das Bundesgebiet eingeführt oder sonst verbracht hat, in die tatsächliche Gewalt einer der in Satz 1 genannten Behörden oder Dienststellen, so genügt sein freiwilliges und ernsthaftes Bemühen, die Kriegswaffen abzuliefern.

§ 22b
Verletzung von Ordnungsvorschriften

(1) Ordnungswidrig handelt, wer vorsätzlich oder fahrlässig

1. eine Auflage nach § 10 Abs. 1 nicht, nicht vollständig oder nicht rechtzeitig erfüllt,
2. das Kriegswaffenbuch nach § 12 Abs. 2 nicht, unrichtig oder nicht vollständig führt,
3. Meldungen nach § 12 Abs. 5 oder Anzeigen nach § 12 Abs. 6 nicht, unrichtig, nicht vollständig oder nicht rechtzeitig erstattet oder eine Auflage nach § 12 Abs. 6 Satz 4 oder 5 nicht erfüllt,

3a. einer nach § 12 a Abs. 1 oder § 13 a erlassenen Rechtsverordnung zuwiderhandelt, soweit sie für einen bestimmten Tatbestand auf diese Bußgeldvorschrift verweist,

4. Auskünfte nach § 14 Abs. 5 nicht, unrichtig, nicht vollständig oder nicht rechtzeitig erteilt,
5. Betriebsaufzeichnungen und sonstige Unterlagen entgegen § 14 Abs. 5 nicht, nicht vollständig oder nicht rechtzeitig vorlegt,
6. der Pflicht nach § 14 Abs. 5 zur Duldung des Betretens von Räumen und Grundstücken zuwiderhandelt.

(2) Die Ordnungswidrigkeit kann mit einer Geldbuße bis zu fünftausend Euro geahndet werden.

(3) Ordnungswidrig handelt ferner, wer vorsätzlich oder fahrlässig entgegen § 12 Abs. 3 bei der Übergabe zur Beförderung von Kriegswaffen eine Ausfertigung der Genehmigungsurkunde nicht übergibt oder entgegen § 12 Abs. 4 bei der Beförderung eine Aus-

fertigung der Genehmigungsurkunde nicht mitführt. Die Ordnungswidrigkeit kann mit einer Geldbuße bis zu fünfhundert Euro geahndet werden.

§ 23
Verwaltungsbehörden

Das Bundesministerium für Wirtschaft und Technologie, das Bundesministerium für Verkehr, Bau- und Stadtentwicklung und das Bundesministerium der Finanzen sind, soweit sie nach § 14 Abs. 1 und 2 für die Überwachung zuständig sind, zugleich Verwaltungsbehörde im Sinne des § 36 Abs. 1 Nr. 1 des Gesetzes über Ordnungswidrigkeiten. § 36 Abs. 3 des Gesetzes über Ordnungswidrigkeiten gilt entsprechend.

§ 24
Einziehung und Erweiterter Verfall

(1) Kriegswaffen, auf die sich eine Straftat nach §§ 19, 20, 21 oder 22 a bezieht, können zugunsten des Bundes eingezogen werden; § 74 a des Strafgesetzbuches ist anzuwenden. Sie werden auch ohne die Voraussetzungen des § 74 Abs. 2 des Strafgesetzbuches eingezogen, wenn das Wohl der Bundesrepublik Deutschland es erfordert; dies gilt auch dann, wenn der Täter ohne Schuld gehandelt hat.

(2) Die Entschädigungspflicht nach § 74 f des Strafgesetzbuches trifft den Bund.

(3) In den Fällen des § 19 Abs. 1 und 2, Abs. 2 Nr. 2, auch in Verbindung mit § 21, des § 20 Abs. 1, auch in Verbindung mit § 21, und des § 22 a Abs. 1 ist § 73 d des Strafgesetzbuches anzuwenden, wenn der Täter gewerbsmäßig oder als Mitglied einer Bande handelt, die sich zur fortgesetzten Begehung solcher Straftaten verbunden hat.

§ 25
(aufgehoben)

Sechster Abschnitt
Übergangs- und Schlußvorschriften

§ 26
Vor Inkrafttreten des Gesetzes erteilte Genehmigungen

Genehmigungen, die im vorläufigen Genehmigungsverfahren auf Grund des Artikels 26 Abs. 2 des Grundgesetzes erteilt worden sind, gelten als nach diesem Gesetz erteilt.

§ 26a
Anzeige der Ausübung der tatsächlichen Gewalt

Wer am Tage des Wirksamwerdens des Beitritts in dem in Artikel 3 des Einigungsvertrages genannten Gebiet die tatsächliche Gewalt über Kriegswaffen ausübt, die er zuvor erlangt hat, hat dies dem Bundesamt für Wirtschaft und Ausfuhrkontrolle (BAFA) unter Angabe von Waffenart, Stückzahl, Waffennummer oder sonstiger Kennzeichnung binnen zwei Monaten nach dem Wirksamwerden des Beitritts anzuzeigen, sofern er nicht von dem Genehmigungserfordernis für den Erwerb der tatsächlichen Gewalt freigestellt oder nach § 26 b angewiesen ist. Nach Ablauf dieser Frist darf die tatsächliche Gewalt über anmeldepflichtige, jedoch nicht angemeldete Kriegswaffen nicht mehr ausgeübt werden.

§ 26b
Übergangsregelungen für das in Artikel 3 des Einigungsvertrages genannte Gebiet

(1) Eine vor dem Tage des Wirksamwerdens des Beitritts in dem in Artikel 3 des Einigungsvertrages genannten Gebiet begonnene oder in Aussicht genommene und nicht aufschiebbare Handlung, die nach diesem Gesetz der Genehmigung bedarf, kann vorläufig genehmigt werden. In diesen Fällen ist die erforderliche Genehmigung binnen eines Monats nach Erteilung der vorläufigen Genehmigung zu beantragen. Wird die Genehmigung versagt, so kann dem Antragsteller in entsprechender Anwendung des § 9 eine angemessene Entschädigung gewährt werden, wenn es auch im Hinblick auf ein schutzwürdiges Vertrauen auf die bisherige Rechtslage eine unbillige Härte wäre, die Entschädigung zu versagen.

(2) Für völkerrechtliche Vereinbarungen der Deutschen Demokratischen Republik, soweit sie die Lieferung oder die Instandhaltung von Kriegswaffen zum Gegenstand haben, gilt abweichend von § 27 folgendes:

1. Soweit vor dem Tage des Wirksamwerdens des Beitritts staatliche Aufträge zur Herstellung oder zur Ausfuhr in oder zur Einfuhr aus Mitgliedstaaten des Warschauer Vertrages für das Jahr 1990 angewiesen sind, gelten die zur Durchführung dieser Anweisungen erforderlichen, nach § 2 oder § 3 genehmigungsbedürftigen Handlungen als genehmigt.
2. Bei Anweisungen im Sinne der Nummer 1 in bezug auf Staaten, die nicht Mitgliedstaaten des Warschauer Vertrages sind, können genehmigungsbedürftige, aber unaufschiebbare Handlungen vorläufig genehmigt werden; Absatz 1 Satz 2 und 3 gilt entsprechend.

(3) Für den Fall, daß die Deutsche Demokratische Republik ein Gesetz zur Inkraftsetzung dieses Gesetzes erläßt, wird das Bundesministerium für Wirtschaft und Technologie ermächtigt, durch Rechtsverordnung ohne Zustimmung des Bundesrates die Maßgaben der Absätze 1 und 2 und des § 26 a so zu ändern, daß deren Ziele unter Berücksichtigung der neuen Rechtslage erreicht werden.

§ 27
Zwischenstaatliche Verträge

Verpflichtungen der Bundesrepublik auf Grund zwischenstaatlicher Verträge bleiben unberührt. Insoweit gelten die nach Artikel 26 Abs. 2 des Grundgesetzes und die nach diesem Gesetz erforderlichen Genehmigungen als erteilt.

§ 28
Berlin-Klausel

(gegenstandslos)

§ 29
(Inkrafttreten)

Anlage (zu § 1 Abs. 1) Kriegswaffenliste

Fundstelle des Originaltextes: BGBl. I 1990, 2515 – 2519;

bzgl. der einzelnen Änderungen vgl. Fußnote[1]

Teil A

Kriegswaffen, auf deren Herstellung die Bundesrepublik Deutschland verzichtet hat (Atomwaffen, biologische und chemische Waffen) Von der Begriffsbestimmung der Waffen ausgenommen sind alle Vorrichtungen, Teile, Geräte, Einrichtungen, Substanzen und Organismen, die zivilen Zwecken oder der wissenschaftlichen, medizinischen oder industriellen Forschung auf den Gebieten der

reinen und angewandten Wissenschaft dienen. Ausgenommen sind auch die Substanzen und Organismen der Nummern 3 und 5, soweit sie zu Vorbeugungs-, Schutz- oder Nachweiszwecken dienen.

I. Atomwaffen

1. Waffen aller Art, die Kernbrennstoffe oder radioaktive Isotope enthalten oder eigens dazu bestimmt sind, solche aufzunehmen oder zu verwenden, und Massenzerstörungen, Massenschäden oder Massenvergiftungen hervorrufen können

2. Teile, Vorrichtungen, Baugruppen oder Substanzen, die eigens für eine in Nummer 1 genannte Waffe bestimmt sind oder die für sie wesentlich sind, soweit keine atomrechtlichen Genehmigungen erteilt sind Begriffsbestimmung:

   Als Kernbrennstoff gilt Plutonium, Uran 233, Uran 235 (einschließlich Uran 235, welches in Uran enthalten ist, das mit mehr als 2,1 Gewichtsprozent Uran 235 angereichert wurde) sowie jede andere Substanz, welche geeignet ist, beträchtliche Mengen Atomenergie durch Kernspaltung oder -vereinigung oder eine andere Kernreaktion der Substanz freizumachen. Die vorstehenden Substanzen werden als Kernbrennstoff angesehen, einerlei in welchem chemischen oder physikalischen Zustand sie sich befinden.

II. Biologische Waffen

3. Biologische Kampfmittel

   a) schädliche Insekten und deren toxische Produkte;

   b) biologische Agenzien (Mikroorganismen, Viren, Pilze sowie Toxine); insbesondere:

1 Für die unter Nummer 3 Buchstabe b genannten biologischen Agenzien sind im Falle ihrer zivilen Verwendung die Ausfuhrbeschränkungen auf Grund - der Verordnung (EG) Nr. 3381/94 des Rates vom 19. Dezember 1994 über eine Gemeinschaftsregelung der Ausfuhrkontrolle von Gütern mit doppeltem Verwendungszweck (ABl. EG Nr. L 367 S. 1) in Verbindung mit dem Beschluß des Rates vom 19. Dezember 1994 über die vom Rat gemäß Artikel J.3 des Vertrages über die Europäische Union angenommene gemeinsame Aktion zur Ausfuhrkontrolle von Gütern mit doppeltem Verwendungszweck (ABl. EG Nr. L 367 S. 8) sowie - der Regelungen der Außenwirtschaftsverordnung, insbesondere der §§ 5 und 7 Abs. 4, zu beachten.
Für Ricin und Saxitoxin (Nummer 3.1 Buchstabe d und Nummern 4 und 5) gelten zusätzlich die Beschränkungen, Meldepflichten und Inspektionsvorschriften des Ausführungsgesetzes zum Chemiewaffenübereinkommen vom 2. August 1994 (BGBl. I S. 1954) und der Ausführungsverordnung zum Chemiewaffenübereinkommen vom 20. November 1996 (BGBl. I S.1794).

3.1 human- und tierpathogene Erreger sowie Toxine

a) Viren wie folgt:

1. Chikungunya-Virus,
2. Haemorrhagisches Kongo-Krim-Fieber-Virus,
3. Dengue-Fiebervirus,
4. Eastern Equine Enzephalitis-Virus,
5. Ebola-Virus,
6. Hantaan-Virus,
7. Junin-Virus,
8. Lassa-Virus,
9. Lymphozytäre Choriomeningitis-Virus,
10. Machupo-Virus,
11. Marburg-Virus,
12. Affenpockenvirus,
13. Rift-Valley-Fieber-Virus,
14. Zeckenenzephalitis-Virus (Virus der russischen Frühjahr-/Sommerenzephalitis),
15. Variola-Virus,
16. Venezuelan Equine Enzephalitis-Virus,
17. Western Equine Enzephalitis-Virus,
18. Whitepox-Virus,
19. Gelbfieber-Virus,
20. Japan-B-Enzephalitis-Virus;

b) Rickettsiae wie folgt:

1. Coxiella burnetii,
2. Bartonella quintana (Rochalimaea quintana, Rickettsia quintana),
3. Rickettsia prowazekii,
4. Rickettsia rickettsii;

c) Bakterien wie folgt:

1. Bacillus anthracis,
2. Brucella abortus,
3. Brucella melitensis,
4. Brucella suis,
5. Chlamydia psittaci,
6. Clostridium botulinum,
7. Francisella tularensis,

8. Burkholderia mallei (Pseudomonas mallei),
9. Burkholderia pseudomallei (Pseudomonas pseudomallei),
10. Salmonella typhi,
11. Shigella dysenteriae,
12. Vibrio cholerae,
13. Yersinia pestis;

d) Toxine wie folgt:
1. Clostridium-botulinum-Toxine,
2. Clostridium-perfringens-Toxine,
3. Conotoxin,
4. Ricin,
5. Saxitoxin,
6. Shiga-Toxin,
7. Staphylococcus-aureus-Toxine,
8. Tetrodotoxin,
9. Verotoxin,
10. Microxystin (Cyanoginosin);

3.2 tierpathogene Erreger

a) Viren wie folgt:
1. Afrikanisches Schweinepest-Virus,
2. Aviäre Influenza Viren wie folgt:
   a) uncharakterisiert oder
   b) Viren mit hoher Pathogenität gemäß Richtlinie 92/40/EWG des Rates vom 19. Juni 1992 mit Gemeinschaftsmaßnahmen zur Bekämpfung der Geflügelpest (ABl. EG Nr. L 167 S. 1) wie folgt:
      aa) Typ-A-Viren mit einem IVPI (intravenöser Pathogenitätsindex) in 6 Wochen alten Hühnern größer als 1,2 oder
      bb) Typ-A-Viren vom Subtyp H5 oder H7, für welche die Nukleotid-Sequenzierung an der Spaltstelle für Hämagglutinin multiple basische Aminosäuren aufweist,
3. Bluetongue-Virus,
4. Maul- und Klauenseuche-Virus,
5. Ziegenpockenvirus,
6. Aujeszky-Virus,
7. Schweinepest-Virus (Hog cholera-Virus),
8. Lyssa-Virus,
9. Newcastle-Virus,

10. Virus der Pest der kleinen Wiederkäuer,
11. Schweine-Entero-Virus vom Typ 9 (Virus der vesikulären Schweinekrankheit),
12. Rinderpest-Virus,
13. Schafpocken-Virus,
14. Teschen-Virus,
15. Vesikuläre Stomatitis-Virus;

b) Bakterien wie folgt:

Mycoplasma mycoides;

3.3 pflanzenpathogene Erreger

a) Bakterien wie folgt:

1. Xanthomonas albilineans,
2. Xanthomonas campestris pv. citri einschließlich darauf zurückzuführender Stämme wie Xanthomonas campestris pv. citri Typen A, B, C, D, E oder anders klassifizierte wie Xanthomonas citri, Xanthomonas campestris pv. aurantifolia oder Xanthomonas pv. campestris pv. citromelo;

b) Pilze wie folgt:

1. Colletotrichum coffeanum var. virulans (Colletotrichum kahawae),
2. Cochliobolus miyabeanus (Helminthosporium oryzae),
3. Micricyclus ulei (syn. Dothidella ulei),
4. Puccina graminis (syn. Puccina graminis f. sp. tritici),
5. Puccina striiformis (syn. Puccina glumarum),
6 Magnaporthe grisea (Pyricularia grisea/Pyricularia oryzae);

3.4 genetisch modifizierte Mikroorganismen wie folgt:

a) genetisch modifizierte Mikroorganismen oder genetische Elemente, die Nukleinsäuresequenzen enthalten, welche mit der Pathogenität der in Unternummer 3.1 Buchstabe a, b oder c oder Unternummer 3.2 oder 3.3 genannten Organismen assoziiert sind,

b) genetisch modifizierte Mikroorganismen oder genetische Elemente, die eine Nukleinsäuresequenz-Kodierung für eines der in Unternummer 3.1 Buchstabe d genannten Toxine enthalten.

4. Einrichtungen oder Geräte, die eigens dazu bestimmt sind, die in Nummer 3 genannten biologischen Kampfmittel für militärische Zwecke zu verwenden, sowie Teile oder Baugruppen, die eigens zur Verwendung in einer solchen Waffe bestimmt sind.

III. Chemische Waffen

5. A. Toxische Chemikalien (Registriernummer nach Chemical Abstracts Service; CAS-Nummer)

a) O-Alkyl(<=C(tief)10 einschließlich Cycloalkyl)-alkyl-(Me, Et, n-Pr oder I-Pr)-phosphonofluoride, zum Beispiel:

Sarin:

O-Isopropylmethyl-phosphonofluorid (107-44-8),

Soman:

O-Pinakolylmethyl-phosphonofluorid (96-64-0),

b) O-Alkyl(<=C(tief)10 einschließlich Cycloalkyl)-N,N-dialkyl (Me, Et, n-Pr oder i-Pr)-phosphoramidocyanide, zum Beispiel:

Tabun:

O-Ethyl-N,N-dimethyl-phosphoramidocyanid (77-81-6),

c) O-Alkyl(H oder <=C(tief)10 einschließlich

Cycloalkyl)-S-2-dialkyl(Me, Et, n-Pr oder i-Pr)-aminoethylalkyl (Me, Et, n-Pr oder i-Pr)-phosphonothiolate sowie entsprechende alkylierte und protonierte Salze, zum Beispiel:

VX:

O-Ethyl-S-2-diisopropylaminoethylmethylphosphonothiolat (50782-69-9),

d) Schwefelloste:

2-Chlorethylchlormethylsulfid (2625-76-5), Senfgas:

Bis-(2-chlorethyl)-sulfid (505-60-2),

Bis-(2-chlorethylthio)-methan (63869-13-6),

Sesqui-Yperit (Q):

1,2-Bis-(2-chlorethylthio)-ethan (3563-36-8),

1,3-Bis-(2-chlorethylthio)-n-propan (63905-10-2),

1,4-Bis-(2-chlorethylthio)-n-butan (142868-93-7),

1,5-Bis-(2-chlorethylthio)-n-pentan (142868-94-8),

Bis-(2-chlorethylthiomethyl)-ether (63918-90-1),

O-Lost:

Bis-(2-chlorethylthioethyl)-ether (63918-89-8),

e) Lewisite:

Lewisit 1: 2-Chlorvinyldichlorarsin (541-25-3),

Lewisit 2: Bis-(2-chlorvinyl)-chlorarsin (40334-69-8),

Lewisit 3: Tris-(2-chlorvinyl)-arsin (40334-70-1),

f) Stickstoffloste:

HN1: Bis-(2-chlorethyl)-ethylamin (538-07-8),

HN2: Bis-(2-chlorethyl)-methylamin (51-75-2),

HN3: Tris-(2-chlorethyl)-amin (555-77-1),

g) BZ: 3-Chinuclidinylbenzilat (6581-06-2).

B. Ausgangsstoffe

a) Alkyl(Me, Et, n-Pr oder i-Pr)-phosphonsäuredifluoride, zum Beispiel:

DF: Methylphosphonsäuredifluorid (676-99-3),

b) O-Alkyl(H oder <=C(tief)10 einschließlich Cycloalkyl)-O-2-Dialkyl (Me, Et, n-Pr oder i-Pr)-aminoethylalkyl (Me, Et, n-Pr oder i-Pr)-phosphonite und entsprechende alkylierte und protonierte Salze, zum Beispiel:

QL: O-Ethyl-O-2-diisopropylaminoethylmethylphosphonit (57856-11-8),

c) Chlor-Sarin: O-Isopropylmethylphosphonochlorid (1445-76-7),

d) Chlor-Soman: O-Pinakolylmethylphosphonochlorid (7040-57-5).

6. Einrichtungen oder Geräte, die eigens dazu bestimmt sind, die in Nummer 5 genannten chemischen Kampfstoffe für militärische Zwecke zu verwenden, sowie Teile oder Baugruppen, die eigens zur Verwendung in einer solchen Waffe bestimmt sind.

Teil B Sonstige Kriegswaffen

I. Flugkörper

7. Lenkflugkörper

8. ungelenkte Flugkörper (Raketen)

9. sonstige Flugkörper

10. Abfeuereinrichtungen (Startanlagen und Startgeräte) für die Waffen der Nummern 7 und 9 einschließlich der tragbaren Abfeuereinrichtungen für Lenkflugkörper zur Panzer- und Fliegerabwehr

11. Abfeuereinrichtungen für die Waffen der Nummer 8 einschließlich der tragbaren Abfeuereinrichtungen sowie der Raketenwerfer

12. Triebwerke für die Waffen der Nummern 7 bis 9

II. Kampfflugzeuge und -hubschrauber

13. Kampfflugzeuge, wenn sie mindestens eines der folgenden Merkmale besitzen:

    1. integriertes Waffensystem, das insbesondere über Zielauffassung, Feuerleitung und entsprechende Schnittstellen zur Avionik verfügt,
    2. integrierte elektronische Kampfmittel,
    3. integriertes elektronisches Kampfführungssystem

14. Kampfhubschrauber, wenn sie mindestens eines der folgenden Merkmale besitzen:

    1. integriertes Waffensystem, das insbesondere über Zielauffassung, Feuerleitung und entsprechende Schnittstellen zur Avionik verfügt,
    2. integrierte elektronische Kampfmittel,
    3. ntegriertes elektronisches Kampfführungssystem

15. Zellen für die Waffen der Nummern 13 und 14
16. Strahl-, Propellerturbinen- und Raketentriebwerke für die Waffen der Nummer 13

III. Kriegsschiffe und schwimmende Unterstützungsfahrzeuge

17. Kriegsschiffe einschließlich solcher, die für die Ausbildung verwendet werden
18. Unterseeboote
19. kleine Wasserfahrzeuge mit einer Geschwindigkeit von mehr als 30 Knoten, die mit Angriffswaffen ausgerüstet sind
20. Minenräumboote, Minenjagdboote, Minenleger, Sperrbrecher sowie sonstige Minenkampfboote
21. Landungsboote, Landungsschiffe
22. Tender, Munitionstransporter
23. Rümpfe für die Waffen der Nummern 17 bis 22

IV. Kampffahrzeuge

24. Kampfpanzer
25. sonstige gepanzerte Kampffahrzeuge einschließlich der gepanzerten kampfunterstützenden Fahrzeuge
26. Spezialfahrzeuge aller Art, die ausschließlich für den Einsatz der Waffen der Nummern 1 bis 6 entwickelt sind
27. Fahrgestelle für die Waffen der Nummern 24 und 25
28. Türme für Kampfpanzer

V. Rohrwaffen

29. a) Maschinengewehre, ausgenommen solche mit Wasserkühlung,
    b) Maschinenpistolen, ausgenommen solche, die als Modell vor dem 2. September 1945 bei einer militärischen Streitkraft eingeführt worden sind,
    c) vollautomatische Gewehre, ausgenommen solche, die als Modell vor dem 2. September 1945 bei einer militärischen Streitkraft eingeführt worden sind,
    d) halbautomatische Gewehre mit Ausnahme derjenigen, die als Modell vor dem 2. September 1945 bei einer militärischen Streitkraft eingeführt worden sind, und der Jagd- und Sportgewehre
30. Granatmaschinenwaffen, Granatgewehre, Granatpistolen
31. Kanonen, Haubitzen, Mörser jeder Art
32. Maschinenkanonen
33. gepanzerte Selbstfahrlafetten für die Waffen der Nummern 31 und 32
34. Rohre für die Waffen der Nummern 29, 31 und 32
35. Verschlüsse für die Waffen der Nummern 29, 31 und 32
36. Trommeln für Maschinenkanonen

VI. Leichte Panzerabwehrwaffen, Flammenwerfer, Minenleg- und Minenwurfsysteme

37. rückstoßarme, ungelenkte, tragbare Panzerabwehrwaffen
38. Flammenwerfer
39. Minenleg- und Minenwurfsysteme für Landminen

VII. Torpedos, Minen, Bomben, eigenständige Munition

40. Torpedos
41. Torpedos ohne Gefechtskopf (Sprengstoffteil)
42. Rumpftorpedos (Torpedos ohne Gefechtskopf – Sprengstoffteil – und ohne Zielsuchkopf)
43. Minen aller Art
44. Bomben aller Art einschließlich der Wasserbomben
45. Handflammpatronen
46. Handgranaten
47. Pioniersprengkörper, Hohl- und Haftladungen sowie sprengtechnische Minenräummittel
48. Sprengladungen für die Waffen der Nummer 43

VIII. Sonstige Munition

49. Munition für die Waffen der Nummern 31 und 32
50. Munition für die Waffen der Nummer 29, ausgenommen Patronenmunition mit Vollmantelweichkerngeschoss, sofern
    1. das Geschoss keine Zusätze, insbesondere keinen Lichtspur-, Brand- oder Sprengsatz, enthält und
    2. Patronenmunition gleichen Kalibers für Jagd- oder Sportzwecke verwendet wird
51. Munition für die Waffen der Nummer 30
52. Munition für die Waffen der Nummern 37 und 39
53. Gewehrgranaten
54. Geschosse für die Waffen der Nummern 49 und 52
55. Treibladungen für die Waffen der Nummern 49 und 52

IX. Sonstige wesentliche Bestandteile

56. Gefechtsköpfe für die Waffen der Nummern 7 bis 9 und 40
57. Zünder für die Waffen der Nummern 7 bis 9, 40, 43, 44, 46, 47, 49, 51 bis 53 und
59. ausgenommen Treibladungsanzünder
58. Zielsuchköpfe für die Waffen der Nummern 7, 9, 40, 44, 49, 59 und 60
59. Submunition für die Waffen der Nummern 7 bis 9, 44, 49 und 61
60. Submunition ohne Zünder für die Waffen der Nummern 7 bis 9, 44, 49 und 61

X. Dispenser

61. Dispenser zur systematischen Verteilung von Submunition

XI. Laserwaffen

62. Laserwaffen, besonders dafür konstruiert, dauerhafte Erblindung zu verursachen.

4. Ausführungsgesetz zu dem Übereinkommen vom 13. Januar 1993 über das Verbot der Entwicklung, Herstellung, Lagerung und des Einsatzes chemischer Waffen und über die Vernichtung solcher Waffen (Ausführungsgesetz zum Chemiewaffenübereinkommen – CWÜAG)

Vom 2. August 1994 [BGBl. I S. 1954 ff.]

Zuletzt geändert durch Art. 18 V vom 31. Oktober 2006 [BGBl. I S. 2407]

§ 1
Begriffsbestimmungen

Im Sinne dieses Gesetzes bedeuten:

1. Übereinkommen: das Übereinkommen vom 13. Januar 1993 über das Verbot der Entwicklung, Herstellung, Lagerung und des Einsatzes chemischer Waffen und über die Vernichtung solcher Waffen einschließlich der gemäß Artikel 2 des Gesetzes zum Chemiewaffenübereinkommen durch Rechtsverordnung in Kraft gesetzten Modifikationen;
2. erlaubte Zwecke:
   a) die in Artikel II Nr. 9 Buchstabe a bis c des Übereinkommens genannten Zwecke,
   b) der Einsatz von Mitteln zur Bekämpfung von Unruhen im Sinne von Artikel II Nr. 7 des Übereinkommens zur Aufrechterhaltung der öffentlichen Sicherheit und Ordnung
      - durch die Polizeien des Bundes und der Länder,
      - durch die Bundeswehr bei der Anwendung von Maßnahmen nach dem Gesetz über die Anwendung unmittelbaren Zwanges und die Ausübung besonderer Befugnisse durch Soldaten der Bundeswehr und verbündeter Streitkräfte sowie zivile Wachpersonen oder
      - durch die Bundeswehr bei Einsätzen im Rahmen eines Systems gegenseitiger kollektiver Sicherheit (Artikel 24 Abs. 2 des Grundgesetzes)

      sowie die Ausbildung zu einem solchen Einsatz und
   c) die Erfüllung internationaler Verpflichtungen zur Abrüstung oder Rüstungskontrolle;
3. Organisation: die nach Artikel VIII des Übereinkommens errichtete Organisation für das Verbot chemischer Waffen;
4. Vertragsstaat: Staat, der dem Übereinkommen beigetreten und in dem vom Auswärtigen Amt im Bundesanzeiger veröffentlichten Verzeichnis der Vertragsstaaten in der jeweils gültigen Fassung genannt ist;
5. Produktion: die Bildung einer Chemikalie durch chemische Reaktion;

6. Verarbeitung: jeder physikalische Prozess, in dem eine Chemikalie nicht in eine andere umgewandelt wird, insbesondere Formulierung, Extraktion und Reinigung;
7. Verbrauch: die Umwandlung einer Chemikalie in eine andere Chemikalie mittels chemischer Reaktion;
8. Einfuhr: das Verbringen von Chemikalien aus dem Ausland in das Inland;
9. Ausfuhr: das Verbringen von Chemikalien aus dem Inland in das Ausland;
10. Durchfuhr: die Beförderung von Chemikalien aus dem Ausland durch das Inland, ohne dass die Chemikalien in den freien Verkehr im Inland gelangen;
11. Einrichtung: die in den Nummern 12 bis 14 genannten Werke, Betriebe oder Anlagen, einschließlich der einzigen Kleinanlage im Sinne des Teils VI Abs. 8 des Anhangs 2 zum Übereinkommen;
12. Werk: die örtlich zusammengefasste Gesamtheit von einem oder mehreren industriellen Betrieben mit allen ihren verschiedenen Verwaltungsebenen, die nur einer Leitung unterliegen und eine gemeinsame Infrastruktur haben;
13. Betrieb: ein weitgehend eigenständiger Bereich, ein entsprechender Bau oder ein entsprechendes Gebäude, in dem sich eine oder mehrere industrielle Anlagen mit Zusatz- und verbundenen Infrastruktureinrichtungen befinden;
14. Anlage: die für die industrielle Produktion, Verarbeitung oder den Verbrauch einer Chemikalie notwendigen Kombinationen von Ausrüstungen einschließlich der Behälter und der Behälterzusammenstellung;
15. Vereinbarung über Einrichtungen: Vereinbarung oder Regelung zwischen der Bundesregierung und der Organisation über Einzelheiten des Inspektionsverfahrens für bestimmte, der Verifikation nach Artikel VI des Übereinkommens unterliegende Einrichtungen;
16. Inspektionsgruppe: die von der Organisation mit der Durchführung einer bestimmten Inspektion beauftragte Gruppe von Inspektoren und Inspektionsassistenten;
17. Inspektionsauftrag: die der Inspektionsgruppe von der Organisation zur Durchführung einer bestimmten Inspektion erteilten Anordnungen;
18. Inspektionsstätte: jede Einrichtung oder jede Stätte, in der eine Inspektion nach Artikel VI oder IX des Übereinkommens oder eine Untersuchung nach Artikel X des Übereinkommens durchgeführt wird und die im endgültigen Inspektionsersuchen, im Inspektionsauftrag oder in einer Vereinbarung über die Einrichtung genau beschrieben ist;
19. Beobachter: Vertreter eines ersuchenden Vertragsstaates oder eines dritten Vertragsstaates des Übereinkommens, der beauftragt ist, an einer Inspektion nach Artikel IX des Übereinkommens teilzunehmen.

§ 2
Beschränkungen

(1) Die Bundesregierung regelt durch Rechtsverordnung ohne Zustimmung des Bundesrates die Beschränkungen, die zur Erfüllung der Verpflichtungen aus dem Übereinkommen erforderlich sind. Sie kann

1.
   a) die Einfuhr, Ausfuhr und Durchfuhr von im einzelnen zu bezeichnenden Chemikalien, soweit der Verkehr mit Nichtvertragsstaaten betroffen ist,
   b) die Wiederausfuhr solcher Chemikalien in einen dritten Vertragsstaat,
   c) die Errichtung von Einrichtungen, die zur Produktion solcher Chemikalien bestimmt sind, und
   d) die Produktion, Verarbeitung, Veräußerung, den Verbrauch, Erwerb, das Überlassen solcher Chemikalien, das Handeltreiben damit und die sonstige Ausübung der tatsächlichen Gewalt über sie, soweit diese Handlungen von Deutschen in Nichtvertragsstaaten vorgenommen werden,

   verbieten,
2. den Betrieb von in Nummer 1 Buchstabe c genannten Einrichtungen sowie die Produktion von im einzelnen zu bezeichnenden Chemikalien von einer Genehmigung abhängig machen, soweit die Errichtung oder Produktion nicht verboten worden ist, und
3. darüber hinaus die Einfuhr, Ausfuhr, Durchfuhr, Verarbeitung, Veräußerung, den Verbrauch, Erwerb und das Überlassen von im einzelnen zu bezeichnenden Chemikalien, das Handeltreiben damit, die sonstige Ausübung der tatsächlichen Gewalt über sie und die wesentliche Änderung genehmigter Einrichtungen von einer Genehmigung abhängig machen.

Die Verbote nach Satz 2 Nr. 1 Buchstabe a bis c können auch Handlungen Deutscher im Ausland erfassen. Beschränkungen, die sich aus anderen Vorschriften ergeben, bleiben unberührt.

(2) Die Genehmigung, die Ablehnung eines Antrags auf Erteilung einer Genehmigung, die Rücknahme und der Widerruf einer Genehmigung bedürfen der Schriftform.

(3) Durch Rechtsverordnung nach Absatz 1 können auch Vorschriften erlassen werden

1. über das Genehmigungsverfahren sowie
2. über Anmelde- und Vorführungspflichten für Chemikalien, deren Einfuhr, Ausfuhr oder Durchfuhr nach der auf Grund des Absatzes 1 erlassenen Rechtsverordnung einer Genehmigung bedarf.

§ 3
Meldepflichten

Die Bundesregierung regelt durch Rechtsverordnung ohne Zustimmung des Bundesrates Meldepflichten im Zusammenhang mit Tätigkeiten nach § 2 Abs. 1 Satz 2 sowie in bezug auf sonstige, in Artikel VI des Übereinkommens genannte Einrichtungen, soweit dies zur Erfüllung der Verpflichtungen aus dem Übereinkommen erforderlich ist. In der Rechtsverordnung können insbesondere Häufigkeit, Zeiträume, Inhalt und Form der Meldungen sowie die Art ihrer Übermittlung und die Fristen für die Übermittlung bestimmt werden.

§ 4
Sicherungspflichten

Wer eine Tätigkeit ausübt, die nach einer auf Grund der §§ 2 und 3 erlassenen Rechtsverordnung Beschränkungen unterworfen oder meldepflichtig ist, hat die erforderlichen Maßnahmen zu treffen, um zu verhindern, daß die dort bezeichneten Chemikalien abhanden kommen oder unbefugt verwendet werden.

§ 5
Zuständigkeiten

(1) Das Bundesamt für Wirtschaft und Ausfuhrkontrolle (BAFA) ist für die Erteilung von Genehmigungen nach der auf Grund des § 2 Abs. 1 Satz 2 Nr. 2 und 3 erlassenen Rechtsverordnung sowie für die Erhebung, Verarbeitung und Überprüfung von Daten auf Grund dieses Gesetzes und der nach § 3 erlassenen Rechtsverordnung zuständig.

(2) Das Bundesministerium der Finanzen und die von ihm bestimmten Zollstellen wirken bei der Überwachung der Einfuhr, Ausfuhr und Durchfuhr der nach § 2 Abs. 1 Satz 2 Nr. 1 und 3 zu bezeichnenden Chemikalien mit. Bestehen Anhaltspunkte für einen Verstoß gegen Beschränkungen, die sich aus diesem Gesetz ergeben oder auf Grund dieses Gesetzes erlassen worden sind, unterrichten sie das Bundesamt für Wirtschaft und Ausfuhrkontrolle (BAFA). Sie können die Chemikalien sowie deren Beförderungs- und Verpackungsmittel auf Kosten und Gefahr des Verfügungsberechtigten zurückweisen oder bis zur Behebung der festgestellten Mängel oder bis zur Entscheidung der zuständigen Behörde sicherstellen.

§ 6
Nutzung, Übermittlung und Geheimhaltung von Daten

(1) Das Bundesamt für Wirtschaft und Ausfuhrkontrolle (BAFA) darf die ihm bei der Erfüllung seiner Aufgaben auf Grund dieses Gesetzes und der zu diesem erlassenen Rechtsverordnungen bekanntgewordenen Daten, einschließlich personenbezogener Daten, mit anderen bei ihm gespeicherten Daten abgleichen, soweit dies zur Erfüllung der Verpflichtungen aus dem Übereinkommen erforderlich ist.

(2) Das Bundesamt für Wirtschaft und Ausfuhrkontrolle (BAFA) übermittelt dem Auswärtigen Amt über das Bundesministerium für Wirtschaft und Technologie die ihm bei der Erfüllung seiner Aufgaben auf Grund dieses Gesetzes und der zu diesem erlassenen Rechtsverordnungen bekanntgewordenen Daten, einschließlich personenbezogener Daten, in dem Umfang, wie dies zur Erfüllung der Verpflichtungen aus dem Übereinkommen erforderlich ist. Die in Satz 1 genannten Behörden dürfen diese Daten an andere Behörden übermitteln, soweit dies zu deren Überprüfung, zur Verfolgung der in den §§ 5 und 7 Abs. 1 des Außenwirtschaftsgesetzes angegebenen Zwecke oder zur Verfolgung von Straftaten nach diesem Gesetz, dem Außenwirtschaftsgesetz, dem Gesetz über die Kontrolle von Kriegswaffen oder von Straftaten von erheblicher Bedeutung erforderlich ist.

(3) Das Auswärtige Amt darf

1. die bei Anwendung dieses Gesetzes und der zu diesem erlassenen Rechtsverordnungen bekanntgewordenen Daten, einschließlich personenbezogener Daten, an die Organisation übermitteln, soweit dies zur Erfüllung der Verpflichtungen aus dem Übereinkommen erforderlich ist,

2. die von der Organisation mitgeteilten Daten, einschließlich personenbezogener Daten, an andere Behörden übermitteln, soweit dies erforderlich ist,
   a) um diesen im Rahmen ihrer Zuständigkeit die Bewertung der Einhaltung des Übereinkommens durch die Vertragsstaaten zu ermöglichen oder
   b) zur Verfolgung von Straftaten nach diesem Gesetz, dem Außenwirtschaftsgesetz, dem Gesetz über die Kontrolle von Kriegswaffen oder von Straftaten von erheblicher Bedeutung.

(4) Das Bundesamt für Wirtschaft und Ausfuhrkontrolle (BAFA) und die in den Absätzen 2 und 3 Nr. 2 genannten Behörden dürfen die übermittelten Daten nur für den Zweck verwenden, zu dem sie übermittelt worden sind. Eine Verwendung für andere Zwecke ist zulässig, soweit die Daten auch dafür hätten übermittelt werden dürfen. Die in Satz 1 genannten Behörden haben die im Übereinkommen enthaltenen Bestimmungen zum Schutz vertraulicher Daten einzuhalten.

§ 7
Auskunftspflichten

(1) Das Bundesamt für Wirtschaft und Ausfuhrkontrolle (BAFA) kann Auskünfte verlangen, soweit dies erforderlich ist, um die Einhaltung dieses Gesetzes und der auf Grund dieses Gesetzes erlassenen Rechtsverordnungen zu überwachen. Soweit es zu diesem Zweck erforderlich ist, kann es verlangen, daß ihm die geschäftlichen Unterlagen vorgelegt werden, und kann es Prüfungen bei den Auskunftspflichtigen vornehmen. Zur Vornahme der Prüfungen können Bedienstete des Bundesamtes für Wirtschaft und Ausfuhrkontrolle (BAFA) die Geschäftsräume und Betriebsanlagen der Auskunftspflichtigen während der üblichen Betriebs- und Geschäftszeiten betreten. Der Verpflichtete hat Prüfungen nach Satz 2 und das Betreten nach Satz 3 zu dulden.

(2) Auskunftspflichtig ist, wer einer Genehmigungs- oder Meldepflicht nach einer auf Grund der §§ 2 und 3 erlassenen Rechtsverordnung unterliegt.

(3) Der zur Erteilung einer Auskunft Verpflichtete kann die Auskunft auf solche Fragen verweigern, deren Beantwortung ihn selbst oder einen der in § 383 Abs. 1 Nr. 1 bis 3 der Zivilprozeßordnung bezeichneten Angehörigen der Gefahr strafgerichtlicher Verfolgung oder eines Verfahrens nach dem Gesetz über Ordnungswidrigkeiten aussetzen würde. Er ist über sein Recht zur Verweigerung der Auskunft zu belehren.

§ 8
Duldung und Unterstützung von Inspektionen

(1) Der Inhaber von Grundstücken oder Räumen, auf oder in denen sich nach einer auf Grund der §§ 2 und 3 erlassenen Rechtsverordnung genehmigungs- oder meldepflichtige Einrichtungen befinden (Verpflichteter), hat Inspektionen nach Artikel VI des Übereinkommens im Rahmen des Inspektionsauftrags nach Maßgabe des § 10 zu dulden und des § 11 zu unterstützen.

(2) Der Inhaber von Grundstücken oder Räumen jeder Art (Verpflichteter) hat Inspektionen nach Artikel IX des Übereinkommens und Untersuchungen nach Artikel X des Übereinkommens im Rahmen des Inspektionsauftrags nach Maßgabe des § 10 zu dulden und des § 11 zu unterstützen.

(3) Der Verpflichtete nach Absatz 1 oder 2 trägt die ihm aus der Durchführung der Inspektionen oder Untersuchungen entstehenden Koten selbst, wenn sie nicht von der Organisation nach den Bestimmungen des Übereinkommens erstattet werden. Anträge auf Kostenerstattung sind beim Bundesamt für Wirtschaft und Ausfuhrkontrolle (BAFA) einzureichen, das diese prüft und über das Auswärtige Amt an die Organisation weiterleitet.

§ 9
Begleitgruppe

(1) Inspektionen nach den Artikeln VI und IX des Übereinkommens sowie Untersuchungen nach Artikel X des Übereinkommens finden nur in Anwesenheit einer Begleitgruppe statt, soweit die auf Grund des § 12 erlassene Rechtsverordnung nichts anderes bestimmt. Bei Inspektionen oder Untersuchungen im Geschäftsbereich des Bundesministeriums der Verteidigung wird die Begleitgruppe vom Zentrum für Verifikationsaufgaben der Bundeswehr, im übrigen vom Bundesamt für Wirtschaft und Ausfuhrkontrolle (BAFA) gestellt. Der Begleitgruppe können Vertreter anderer Bundesbehörden angehören.

(2) Der Leiter der Begleitgruppe hat sich auszuweisen. Er trifft die zur Durchführung der Inspektion oder Untersuchung erforderlichen Anordnungen, insbesondere solche zur Durchsetzung der in den §§ 10 und 11 genannten sowie der in der auf Grund des § 12 erlassenen Rechtsverordnung näher bestimmten Befugnisse und Mitwirkungspflichten. Widerspruch und Anfechtungsklage gegen Anordnungen nach Satz 2 haben keine aufschiebende Wirkung. Dem Auswärtigen Amt wird vor der Entscheidung über den Widerspruch Gelegenheit zur Äußerung gegeben.

(3) Die Begleitgruppe hat die schutzwürdigen Interessen des Verpflichteten sowie der sonst betroffenen Personen zu berücksichtigen, soweit dies nach den Umständen möglich ist. Dies gilt insbesondere in bezug auf Maßnahmen zum Schutz sicherheitsempfindlicher Einrichtungen oder vertraulicher Daten gemäß den im Übereinkommen genannten Bestimmungen.

(4) Der Leiter der Begleitgruppe übermittelt dem Auswärtigen Amt alle der Begleitgruppe im Verlauf einer Inspektion oder Untersuchung bekanntgewordenen Daten in dem Umfang, wie dies zur Überprüfung der auf Grund dieses Gesetzes oder der zu diesem erlassenen Rechtsverordnungen bekanntgewordenen Daten erforderlich ist. § 6 Abs. 4 gilt entsprechend.

§ 10
Inspektionsbefugnisse

(1) Soweit es zur Durchführung der Inspektionen nach Artikel VI und IX des Übereinkommens sowie von Untersuchungen nach Artikel X des Übereinkommens erforderlich ist, ist die Inspektionsgruppe befugt,

1. Grundstücke und Räume während der üblichen Betriebs- und Geschäftszeiten zu betreten und zu besichtigen, sofern die betroffenen Räume nicht dem Wohnen dienen,
2. die nach dem Übereinkommen zugelassene Ausrüstung zu benutzen,
3. Personal des Verpflichteten zu befragen,
4. Unterlagen, Akten und Aufzeichnungen einzusehen,

5. bei Einwilligung des Verpflichteten oder des Leiters der Begleitgruppe Proben zu entnehmen,
6. Proben innerhalb der Inspektionsstätte mit der zugelassenen Ausrüstung zu analysieren oder Proben zur Analyse in von der Organisation festgelegte Laboratorien außerhalb der Inspektionsstätte weiterzugeben und
7. in den nach der auf Grund des § 2 Abs. 1 Satz 2 Nr. 2 erlassenen Rechtsverordnung genehmigungspflichtigen Einrichtungen Instrumente zur ständigen Überwachung dieser Einrichtungen zu betreiben sowie Behälter für Fotografien, Pläne und sonstige Informationen zu lagern.

(2) Soweit es zur Durchführung von Inspektionen nach Artikel IX des Übereinkommens und Untersuchungen nach Artikel X des Übereinkommens erforderlich ist, ist die Inspektionsgruppe über die in Absatz 1 genannten Rechte hinaus befugt,

1. Grundstücke und Räume auch außerhalb der üblichen Betriebs- und Geschäftszeiten sowie Wohnungen zur Verhütung dringender Gefahren für die öffentliche Sicherheit und Ordnung nach Anordnung des Leiters der Begleitgruppe zu betreten und zu besichtigen,
2. Grundstücke, Räume oder Wohnungen nach richterlicher Anordnung oder bei Gefahr im Verzug nach Anordnung des Leiters der Begleitgruppe zu durchsuchen, wenn Tatsachen die Annahme rechtfertigen, daß die Durchsuchung zur Auffindung von Beweismitteln für einen Verstoß gegen Artikel I, V oder VI des Übereinkommens führen wird,
3. von der Begleitgruppe Daten über alle Ausfahrbewegungen von der Inspektionsstätte zu erhalten und
4. die die Inspektionsstätte verlassenden Fahrzeuge zu überwachen und zu inspizieren, soweit es sich nicht um private Personenkraftwagen handelt.

Wird der Einsatz chemischer Waffen oder von Unruhebekämpfungsmitteln als Mittel der Kriegsführung behauptet, ist die Inspektionsgruppe ferner befugt,

1. Personen, die durch den behaupteten Einsatz betroffen sein können, auch ohne ihre Einwilligung nach Anordnung des Leiters der Begleitgruppe zu untersuchen, um festzustellen, ob sich Spuren eines Einsatzes chemischer Waffen an ihrem Körper befinden, sowie diese Personen und Augenzeugen des behaupteten Einsatzes zu befragen,
2. medizinisches Personal und andere Personen zu befragen, die die durch den behaupteten Einsatz betroffenen Personen behandelt haben oder sonst mit ihnen in Berührung gekommen sind,
3. Krankenblätter einzusehen und
4. bei der Autopsie von Leichen zugegen zu sein,

soweit dies zur Aufklärung des Sachverhalts erforderlich ist. Das Grundrecht der Unverletzlichkeit der Wohnung (Artikel 13 des Grundgesetzes) wird in den Fällen des Satzes 1 Nr. 1 und 2 eingeschränkt. Die richterliche Anordnung nach Satz 1 Nr. 2 ergeht durch das Landgericht, in dessen Bezirk die Durchsuchung erfolgen soll. Für das Verfahren gelten die Vorschriften des Gesetzes über die Angelegenheiten der freiwilligen Gerichtsbarkeit entsprechend.

(3) Eine Person, die nach Absatz 1 Nr. 3 oder Absatz 2 Satz 2 Nr. 1 oder 2 Fragen zu beantworten hat, kann die Auskunft auf solche Fragen verweigern, deren Beantwortung sie selbst oder einen der in § 383 Abs. 1 Nr. 1 bis 3 der Zivilprozeßordnung bezeichneten Angehörigen der Gefahr strafgerichtlicher Verfolgung oder eines Verfahrens nach dem Gesetz über Ordnungswidrigkeiten aussetzen würde. Sie ist über das Recht zur Verweigerung der Auskunft zu belehren.

(4) Der Beobachter hat das Recht, die Inspektionsgruppe während der Inspektion zu begleiten, soweit es der Leiter der Begleitgruppe gestattet.

(5) Die Inspektionsgruppe und der Beobachter können die ihnen bei der Durchführung von Inspektionen oder Untersuchungen bekanntgewordenen Daten, einschließlich personenbezogener Daten, speichern, soweit dies zur Erfüllung ihrer Aufgaben nach dem Übereinkommen erforderlich ist.

§ 11
Mitwirkungspflichten

Der Verpflichtete hat die Inspektionsgruppe und die Begleitgruppe bei der Durchführung der in § 8 genannten Inspektionen und Untersuchungen zu unterstützen, soweit dies nach den Artikeln VI, IX oder X des Übereinkommens erforderlich ist. Er hat

1. auf Verlangen der zuständigen Behörde oder des Leiters der Begleitgruppe einen Inspektionsbeauftragten zu benennen, der befugt ist, alle zur Durchführung der Inspektion erforderlichen betriebsinternen Anweisungen zu geben und Entscheidungen im Namen des Verpflichteten gegenüber dem Leiter der Begleitgruppe und der Inspektionsgruppe zu treffen, und der für die Erfüllung der Duldungs- und Mitwirkungspflichten nach diesem Gesetz Sorge zu tragen hat,
2. die Inspektionsgruppe in bezug auf die Inspektionsstätte, die dort durchgeführten Tätigkeiten, die für die Inspektion notwendigen Sicherheitsmaßnahmen und die dazugehörige Verwaltung und Logistik einzuweisen,
3. der Inspektionsgruppe und der Begleitgruppe Fernmeldeeinrichtungen, Arbeitsräume mit elektrischen Anschlüssen und die erforderlichen Transportmittel innerhalb der Einrichtung zur Verfügung zu stellen, soweit es sich um eine der Verifikation nach Artikel VI des Übereinkommens unterliegende Einrichtung handelt,
4. die zur Erfüllung des Inspektionsauftrags notwendigen Arbeitsgänge in der Einrichtung zu verrichten,
5. auf Verlangen der Inspektionsgruppe dieser die Benutzung seiner Ausrüstung zu gestatten, soweit dies zur Durchführung der Inspektion geboten ist und Sicherheitsbedenken dem nicht entgegenstehen,
6. auf Verlangen der Inspektionsgruppe Proben zu entnehmen, bei der Probenahme durch die Inspektionsgruppe Hilfe zu leisten und Fotografien von Gegenständen oder Gebäuden innerhalb der Inspektionsstätte anzufertigen, wenn in bezug auf diese Gegenstände und Gebäude Zweifelsfragen während der Inspektion nicht klargestellt werden können,
7. auf Verlangen des Leiters der Begleitgruppe bei Inspektionen nach Artikel IX des Übereinkommens Daten über alle Ausfahrbewegungen von der Inspektionsstätte zu sammeln oder die Begleitgruppe hierbei zu unterstützen,

8. der Inspektionsgruppe durch Vorlage geeigneter Unterlagen oder auf sonstige Weise darzulegen, daß Teile und Gegenstände der Inspektionsstätte, zu denen während der Inspektion oder Untersuchung kein Zugang gewährt wurde, nicht für nach dem Übereinkommen verbotene Zwecke verwendet wurden oder werden,
9. zur Überprüfung der vorläufigen Inspektionsermittlungen und Klärung von Zweifelsfragen beizutragen,
10. dem Bundesamt für Wirtschaft und Ausfuhrkontrolle (BAFA) unverzüglich mitzuteilen, wenn in § 10 Abs. 1 Nr. 7 genannte Instrumente oder Behälter beschädigt worden sind, und
11. dem Bundesamt für Wirtschaft und Ausfuhrkontrolle (BAFA) die für die Aushandlung, den Abschluß und die Einhaltung von Vereinbarungen über Einrichtungen erforderlichen Auskünfte zu erteilen.

In den Fällen des Satzes 2 Nr. 4 und 6 bis 11 kann er die Mitwirkung verweigern, wenn er sich hierdurch selbst oder einen der in § 383 Abs. 1 Nr. 1 bis 3 der Zivilprozeßordnung bezeichneten Angehörigen der Gefahr strafgerichtlicher Verfolgung oder eines Verfahrens nach dem Gesetz über Ordnungswidrigkeiten aussetzen würde. Er ist über sein Recht zur Verweigerung der Mitwirkung zu belehren.

§ 12
Durchführung von Inspektionen

Die Bundesregierung kann durch Rechtsverordnung ohne Zustimmung des Bundesrates Einzelheiten der Befugnisse und Mitwirkungspflichten nach den §§ 10 und 11 sowie des Verwaltungsverfahrens zur Durchführung der in § 8 genannten Inspektionen und Untersuchungen regeln.

§ 13
Vereinbarungen über Einrichtungen

(1) Das Bundesamt für Wirtschaft und Ausfuhrkontrolle (BAFA) wird ermächtigt, Vereinbarungen über Einrichtungen mit der Organisation auszuhandeln und im Einvernehmen mit dem Bundesministerium für Wirtschaft und Technologie und dem Auswärtigen Amt abzuschließen.

(2) Soweit die Bundesrepublik Deutschland nach dem Übereinkommen zum Abschluß einer Vereinbarung über eine Einrichtung verpflichtet ist, hört das Bundesamt für Wirtschaft und Ausfuhrkontrolle (BAFA) den Verpflichteten vor Aufnahme der Verhandlungen und Abschluß einer solchen Vereinbarung an. In allen übrigen Fällen holt es seine vorherige Zustimmung ein.

§ 14
Haftung

(1) Wird jemand durch ein Mitglied der Inspektionsgruppe geschädigt, haftet für diesen Schaden die Bundesrepublik Deutschland nach den Vorschriften und Grundsätzen des deutschen Rechts, die anwendbar wären, wenn der Schaden durch einen eigenen Bediensteten oder durch eine Handlung oder Unterlassung, für die die Bundesrepublik Deutschland verantwortlich ist, verursacht worden wäre. Satz 1 ist auf Schäden, die von einem Mitglied der Inspektionsgruppe außerhalb der Inspektionstätigkeit verursacht werden, sinngemäß anzuwenden.

(2) Ansprüche nach Absatz 1 sind in den Fällen des § 9 Abs. 1 Satz 2 erste Alternative bei den regional zuständigen Wehrbereichsverwaltungen, im übrigen beim Bundesamt für Wirtschaft und Ausfuhrkontrolle (BAFA) geltend zu machen. Zur Durchsetzung der Ansprüche ist der ordentliche Rechtsweg gegeben.

§ 15
Bußgeldvorschriften

(1) Ordnungswidrig handelt, wer vorsätzlich oder fahrlässig

1. einer Rechtsverordnung
   a) nach § 2 Abs. 3 Nr. 2 oder
   b) nach § 3

   zuwiderhandelt, soweit sie für einen bestimmten Tatbestand auf diese Bußgeldvorschrift verweist,
2. unrichtige oder unvollständige Angaben tatsächlicher Art macht oder benutzt, um für sich oder einen anderen eine Genehmigung zu erschleichen, die nach einer zur Durchführung dieses Gesetzes erlassenen Rechtsverordnung erforderlich ist,
3. entgegen § 7 Abs. 1 eine Auskunft nicht, nicht richtig, nicht vollständig oder nicht rechtzeitig erteilt, geschäftliche Unterlagen nicht, nicht vollständig oder nicht rechtzeitig vorlegt oder eine Prüfung oder das Betreten nicht duldet oder
4. bei einer Inspektion einer Duldungspflicht nach § 8 Abs. 1 oder 2 jeweils in Verbindung mit § 10 oder einer Mitwirkungspflicht nach § 11 Satz 2 zuwiderhandelt.

(2) Die Ordnungswidrigkeit kann in den Fällen des Absatzes 1 Nr. 2 mit einer Geldbuße bis zu einhunderttausend Deutsche Mark, in den übrigen Fällen mit einer Geldbuße bis zu fünfzigtausend Deutsche Mark geahndet werden.

(3) Verwaltungsbehörde im Sinne des § 36 Abs. 1 Nr. 1 des Gesetzes über Ordnungswidrigkeiten ist das Bundesamt für Wirtschaft und Ausfuhrkontrolle (BAFA).

§ 16
Strafvorschriften

(1) Mit Freiheitsstrafe bis zu fünf Jahren oder mit Geldstrafe wird bestraft, wer

1. eine in § 15 Abs. 1 Nr. 1 Buchstabe b, Nr. 3 oder 4 bezeichnete Handlung begeht, die geeignet ist, die auswärtigen Beziehungen der Bundesrepublik Deutschland erheblich zu gefährden,
2. einer Rechtsverordnung nach § 2 Abs. 1 Satz 2 Nr. 1 zuwiderhandelt, soweit sie für einen bestimmten Tatbestand auf diese Strafvorschrift verweist, oder
3. einer Rechtsverordnung nach § 2 Abs. 1 Satz 2 Nr. 2 zuwiderhandelt, soweit sie für einen bestimmten Tatbestand auf diese Strafvorschrift verweist,

wenn die Tat nicht nach § 20 des Gesetzes über die Kontrolle von Kriegswaffen mit Strafe bedroht ist.

(2) Mit Freiheitsstrafe bis zu drei Jahren oder mit Geldstrafe wird bestraft, wer einer Rechtsverordnung nach § 2 Abs. 1 Satz 2 Nr. 3 zuwiderhandelt, soweit sie für einen bestimmten Tatbestand auf diese Strafvorschrift verweist, wenn die Tat nicht nach § 20 des Gesetzes über die Kontrolle von Kriegswaffen mit Strafe bedroht ist.

(3) In besonders schweren Fällen des Absatzes 1 Nr. 2 und 3 ist die Strafe Freiheitsstrafe nicht unter zwei Jahren. Ein besonders schwerer Fall liegt in der Regel vor, wenn der Täter

1. die Gefahr eines schweren Nachteils für die auswärtigen Beziehungen der Bundesrepublik Deutschland herbeiführt oder
2. gewerbsmäßig oder als Mitglied einer Bande, die sich zur fortgesetzten Begehung solcher Straftaten verbunden hat, unter Mitwirkung eines anderen Bandenmitglieds handelt.

(4) Nach Absatz 1 Nr. 3 und Absatz 2 wird auch bestraft, wer auf Grund einer nach einer Rechtsverordnung nach § 2 Abs. 1 Satz 2 Nr. 2 oder 3 erforderlichen Genehmigung handelt, wenn die Genehmigung durch Drohung, Bestechung oder Kollusion erwirkt oder durch unrichtige oder unvollständige Angaben erschlichen wurde.

(5) Der Versuch ist strafbar.

(6) Handelt der Täter fahrlässig, so ist die Strafe in den Fällen des Absatzes 1 Freiheitsstrafe bis zu zwei Jahren oder Geldstrafe, im Falle des Absatzes 2 Freiheitsstrafe bis zu einem Jahr oder Geldstrafe.

§ 17
Strafvorschriften gegen den Mißbrauch als chemische Waffen

(1) Mit Freiheitsstrafe nicht unter zwei Jahren wird bestraft, wer

1. toxische Chemikalien, Munition, Geräte oder Ausrüstung im Sinne des Artikels II Nr. 1 Buchstabe b oder c oder Nr. 2 des Übereinkommens für andere als erlaubte Zwecke entwickelt, herstellt, mit ihnen Handel treibt, von einem anderen erwirbt oder einem anderen überläßt, einführt, ausführt, durchführt oder sonst die tatsächliche Gewalt über sie ausübt,
2. einen anderen zu einer in Nummer 1 bezeichneten Handlung verleitet oder
3. eine in Nummer 1 bezeichnete Handlung fördert,

wenn die Tat nicht nach § 20 des Gesetzes über die Kontrolle von Kriegswaffen mit Strafe bedroht ist.

(2) In minder schweren Fällen ist die Strafe Freiheitsstrafe von drei Monaten bis zu fünf Jahren.

(3) Handelt der Täter in den Fällen des Absatzes 1 leichtfertig, so ist die Strafe Freiheitsstrafe bis zu drei Jahren oder Geldstrafe.

§ 18
Auslandstaten Deutscher

§ 16 Abs. 1 Nr. 2, Abs. 5 und § 17 gelten, unabhängig vom Recht des Tatorts, auch für Taten, die im Ausland begangen werden, wenn der Täter Deutscher ist.

§ 19
Einziehung

(1) Ist eine Ordnungswidrigkeit nach § 15 oder eine Straftat nach den §§ 16 oder 17 begangen worden, so können

1. Gegenstände, auf die sich die Ordnungswidrigkeit oder die Straftat bezieht, und

2. Gegenstände, die zu ihrer Begehung oder Vorbereitung gebraucht worden oder bestimmt gewesen sind,

eingezogen werden.

(2) § 74a des Strafgesetzbuches und § 23 des Gesetzes über Ordnungswidrigkeiten sind anzuwenden.

(3) In Fällen des § 16 Abs. 1 und 5 und des § 17 Abs. 1, in den Fällen des § 16 Abs. 1 Nr. 2, Abs. 5 und § 17 Abs. 1 auch in Verbindung mit § 18, ist § 73d des Strafgesetzbuches anzuwenden, wenn der Täter gewerbsmäßig oder als Mitglied einer Bande handelt, die sich zur fortgesetzten Begehung solcher Straftaten verbunden hat.

§ 20
Befugnisse der Zollbehörden

(1) Die Staatsanwaltschaft und die Verwaltungsbehörde können bei Straftaten und Ordnungswidrigkeiten nach den §§ 15 bis 17 Ermittlungen (§ 161 Satz 1 der Strafprozeßordnung) auch durch die Hauptzollämter oder die Zollfahndungsämter vornehmen lassen.

(2) Die Hauptzollämter und die Zollfahndungsämter sowie deren Beamte haben auch ohne Ersuchen der Staatsanwaltschaft oder der Verwaltungsbehörde Straftaten und Ordnungswidrigkeiten der in Absatz 1 bezeichneten Art zu erforschen und zu verfolgen, wenn diese das Verbringen von Sachen betreffen. Dasselbe gilt, soweit Gefahr im Verzug ist. § 163 der Strafprozeßordnung und § 53 des Gesetzes über Ordnungswidrigkeiten bleiben unberührt.

(3) In den Fällen der Absätze 1 und 2 haben die Beamten der Hauptzollämter und der Zollfahndungsämter die Rechte und Pflichten der Polizeibeamten nach den Bestimmungen der Strafprozeßordnung und des Gesetzes über Ordnungswidrigkeiten. Sie sind insoweit Ermittlungspersonen der Staatsanwaltschaft.

(4) In diesen Fällen können die Hauptzollämter und Zollfahndungsämter sowie deren Beamte im Bußgeldverfahren Beschlagnahmen, Durchsuchungen, Untersuchungen und sonstige Maßnahmen nach den für Ermittlungspersonen der Staatsanwaltschaft geltenden Vorschriften der Strafprozeßordnung vornehmen; unter den Voraussetzungen des § 111l Abs. 2 Satz 2 der Strafprozeßordnung können auch die Hauptzollämter die Notveräußerung anordnen.

§ 21
Inkrafttreten

(1) Die §§ 1 bis 7, 12, 15 Abs. 1 Nr. 1 Buchstabe b und Nr. 3, Abs. 2 und 3, § 16 Abs. 1 Nr. 1, Abs. 5 und 6 und die §§ 19 und 20 treten einen Tag nach der gemäß Absatz 2 erfolgten Bekanntgabe in Kraft. Im übrigen tritt dieses Gesetz an dem Tage in Kraft, an dem das Übereinkommen nach seinem Artikel XXI in Kraft tritt.

(2) Der Tag des Inkrafttretens des Übereinkommens ist im Bundesgesetzblatt bekanntzugeben, sobald die Unterrichtung über den Zeitpunkt des Inkrafttretens durch den Generalsekretär der Vereinten Nationen nach Artikel XXIII des Übereinkommens erfolgt ist.

5a. Politische Grundsätze der Bundesregierung für den Export von Kriegswaffen und sonstigen Rüstungsgütern

Vom 19. Januar 2000

In dem Bestreben,

- ihre Rüstungsexportpolitik restriktiv zu gestalten,
- im Rahmen der internationalen und gesetzlichen Verpflichtungen der Bundesrepublik Deutschland den Export von Rüstungsgütern am Sicherheitsbedürfnis und außenpolitischen Interesse der Bundesrepublik Deutschland zu orientieren,
- durch seine Begrenzung und Kontrolle einen Beitrag zur Sicherung des Friedens, der Gewaltprävention, der Menschenrechte und einer nachhaltigen Entwicklung in der Welt zu leisten,
- dementsprechend auch die Beschlüsse internationaler Institutionen zu berücksichtigen, die eine Beschränkung des internationalen Waffenhandels unter Abrüstungsgesichtspunkten anstreben,
- darauf hinzuwirken, solchen Beschlüssen Rechtsverbindlichkeit auf internationaler Ebene, einschließlich auf europäischer Ebene, zu verleihen,

hat die Bundesregierung ihre Grundsätze für den Export von Kriegswaffen und sonstigen Rüstungsgütern wie folgt neu beschlossen:

I. Allgemeine Prinzipien

1. Die Bundesregierung trifft ihre Entscheidungen nach dem Gesetz über die Kontrolle von Kriegswaffen (KWKG) und dem Außenwirtschaftsgesetz (AWG) über Exporte von Kriegswaffen[1] und sonstigen Rüstungsgütern[2] in Übereinstimmung mit dem von dem Rat der Europäischen Union (EU) angenommenen „Verhaltenskodex der Europäischen Union für Waffenausfuhren" vom 8. Juni 1998[3] bzw. etwaigen Folgeregelungen sowie den von der Organisation für Sicherheit und Zusammenarbeit in Europa (OSZE) am 25. November 1993 verabschiedeten „Prinzipien zur Regelung des Transfers konventioneller Waffen". Die Kriterien des EU-Verhaltenskodex sind integraler Bestandteil dieser Politischen Grundsätze. Soweit die nachfolgenden Grundsätze im Verhältnis zum EU-Verhaltenskodex restriktivere Maßstäbe vorsehen, haben sie Vorrang.
2. Der Beachtung der Menschenrechte im Bestimmungs- und Endverbleibsland wird bei den Entscheidungen über Exporte von Kriegswaffen und sonstigen Rüstungsgütern besonderes Gewicht beigemessen.
3. Genehmigungen für Exporte von Kriegswaffen und sonstigen Rüstungsgütern werden grundsätzlich nicht erteilt, wenn hinreichender Verdacht besteht, dass diese zur internen Repression im Sinne des EU-Verhaltenskodex für Waffenausfuhren oder zu sonstigen fortdauernden und systematischen Menschenrechtsverletzungen miss-

1 In der Kriegswaffenliste (Anlage zum KWKG) aufgeführte Waffen (komplette Waffen sowie als Waffen gesondert erfasste Teile).
2 Waren des AbschnittsA in TeilI der Ausfuhrliste – Anlage zur AWV – mit Ausnahme der Kriegswaffen.
3 Als Anlage beigefügt.

braucht werden. Für diese Frage spielt die Menschenrechtssituation im Empfängerland eine wichtige Rolle.

4. In eine solche Prüfung der Menschenrechtsfrage werden Feststellungen der EU, des Europarates, der Vereinten Nationen (VN), der OSZE und anderer internationaler Gremien einbezogen. Berichte von internationalen Menschenrechtsorganisationen werden ebenfalls berücksichtigt.

5. Der Endverbleib der Kriegswaffen und sonstigen Rüstungsgüter ist in wirksamer Weise sicherzustellen.

II. NATO-Länder[1], EU-Mitgliedstaaten, NATO-gleichgestellte Länder[2]

1. Der Export von Kriegswaffen und sonstigen Rüstungsgütern in diese Länder hat sich an den Sicherheitsinteressen der Bundesrepublik Deutschland im Rahmen des Bündnisses und der EU zu orientieren.

   Er ist grundsätzlich nicht zu beschränken, es sei denn, dass aus besonderen politischen Gründen in Einzelfällen eine Beschränkung geboten ist.

2. Kooperationen sollen im bündnis- und/oder europapolitischen Interesse liegen.

   Bei Koproduktionen mit in Ziffer II. genannten Ländern, die Gegenstand von Regierungsvereinbarungen sind, werden diese rüstungsexportpolitischen Grundsätze soweit wie möglich verwirklicht. Dabei wird die Bundesregierung unter Beachtung ihres besonderen Interesses an Kooperationsfähigkeit auf Einwirkungsmöglichkeiten bei Exportvorhaben von Kooperationspartnern nicht verzichten (Ziffer II. 3).

3. Die exportpolitischen Konsequenzen einer Kooperation sind rechtzeitig vor Vereinbarung gemeinsam zu prüfen.

   In jedem Fall behält sich die Bundesregierung zur Durchsetzung ihrer rüstungsexportpolitischen Grundsätze vor, bestimmten Exportvorhaben des Kooperationspartners im Konsultationswege entgegenzutreten. Deshalb ist bei allen neu abzuschließenden Kooperationsvereinbarungen für den Fall des Exports durch das Partnerland grundsätzlich ein solches Konsultationsverfahren anzustreben, das der Bundesregierung die Möglichkeit gibt, Einwendungen wirksam geltend zu machen. Die Bundesregierung wird hierbei sorgfältig zwischen dem Kooperationsinteresse und dem Grundsatz einer restriktiven Rüstungsexportpolitik unter Berücksichtigung des Menschenrechtskriteriums abwägen.

4. Vor Exporten von Kriegswaffen und sonstigen Rüstungsgütern, bei denen deutsche Zulieferungen Verwendung finden, prüfen AA, BMWi und BMVg unter Beteiligung des Bundeskanzleramtes, ob im konkreten Einzelfall die Voraussetzungen für die Einleitung von Konsultationen vorliegen.

   Einwendungen der Bundesregierung gegen die Verwendung deutscher Zulieferungen werden – in der Regel nach Bundessicherheitsrats-Befassung – z. B. in folgenden Fällen geltend gemacht:

   – Exporte in Länder, die in bewaffnete Auseinandersetzungen verwikkelt sind, sofern nicht ein Fall des Artikels 51 der VN-Charta vorliegt,

1 Geltungsbereich des NATO-Vertrages, Artikel 6.
2 Australien, Japan, Neuseeland, Schweiz.

- Exporte in Länder, in denen ein Ausbruch bewaffneter Auseinandersetzungen droht oder bestehende Spannungen und Konflikte durch den Export ausgelöst, aufrechterhalten oder verschärft würden,
- Exporte, bei denen hinreichender Verdacht besteht, dass sie zur internen Repression im Sinne des EU-Verhaltenskodex für Waffenausfuhren oder zu sonstigen fortdauernden und systematischen Menschenrechtsverletzungen missbraucht werden,
- Exporte, durch die wesentliche Sicherheitsinteressen der Bundesrepublik Deutschland gefährdet werden,
- Exporte, welche die auswärtigen Beziehungen zu Drittländern so erheblich belasten würden, dass selbst das eigene Interesse an der Kooperation und an der Aufrechterhaltung guter Beziehungen zum Kooperationspartner zurückstehen muß.

Einwendungen werden nicht erhoben, wenn direkte Exporte im Hinblick auf die unter Ziffer III. 4–7 angestellten Erwägungen voraussichtlich genehmigt würden.

5. Für die Zusammenarbeit zwischen deutschen und Unternehmen der in Ziffer II. genannten Länder, die nicht Gegenstand von Regierungsvereinbarungen ist, sind Zulieferungen, entsprechend der Direktlieferung in diese Länder, unter Beachtung der allgemeinen Prinzipien grundsätzlich nicht zu beschränken. Die Bundesregierung wird jedoch in gleicher Weise wie bei Kooperationen, die Gegenstand von Regierungsvereinbarungen sind, auf Exporte aus industriellen Kooperationen Einfluss nehmen.

   Zu diesem Zweck wird sie verlangen, dass sich der deutsche Kooperationspartner bei Zulieferung von Teilen, die nach Umfang oder Bedeutung für eine Kriegswaffe wesentlich sind, vertraglich in die Lage versetzt, der Bundesregierung rechtzeitig die nötigen Informationen über Exportabsichten seiner Partner geben zu können und vertragliche Endverbleibsklauseln vorzusehen.

6. Für deutsche Zulieferungen von Teilen (Einzelteilen oder Baugruppen), die Kriegswaffen oder sonstige Rüstungsgüter sind, ist das Kooperationspartnerland ausfuhrrechtlich Käufer- und Verbrauchsland. Wenn diese Teile durch festen Einbau in das Waffensystem integriert werden, begründet die Verarbeitung im Partnerland ausfuhrrechtlich einen neuen Warenursprung.

III. Sonstige Länder

1. Der Export von Kriegswaffen und sonstigen Rüstungsgütern in andere als in Ziffer II. genannte Länder wird restriktiv gehandhabt. Er darf insbesondere nicht zum Aufbau zusätzlicher, exportspezifischer Kapazitäten führen. Die Bundesregierung wird von sich aus keine privilegierenden Differenzierungen nach einzelnen Ländern oder Regionen vornehmen.

2. Der Export von Kriegswaffen (nach KWKG und AWG genehmigungspflichtig) wird nicht genehmigt, es sei denn, dass im Einzelfall besondere außen- oder sicherheitspolitische Interessen der Bundesrepublik Deutschland unter Berücksichtigung der Bündnisinteressen für eine ausnahmsweise zu erteilende Genehmigung sprechen. Beschäftigungspolitische Gründe dürfen keine ausschlaggebende Rolle spielen.

3. Für den Export sonstiger Rüstungsgüter (nach AWG genehmigungspflichtig) werden Genehmigungen nur erteilt, soweit die im Rahmen der Vorschriften des Außenwirtschaftsrechts zu schützenden Belange der Sicherheit, des friedlichen Zusammenlebens der Völker oder der auswärtigen Beziehungen nicht gefährdet sind.

   In diesen Fällen überwiegen diese Schutzzwecke das volkswirtschaftliche Interesse im Sinne von § 3 Abs. 1 AWG.

4. Genehmigungen für Exporte nach KWKG und/oder AWG kommen nicht in Betracht, wenn die innere Lage des betreffenden Landes dem entgegensteht, z. B. bei bewaffneten internen Auseinandersetzungen und bei hinreichendem Verdacht des Missbrauchs zu innerer Repression oder zu fortdauernden und systematischen Menschenrechtsverletzungen. Für diese Frage spielt die Menschenrechtssituation im Empfängerland eine wichtige Rolle.

5. Die Lieferung von Kriegswaffen und kriegswaffennahen[1] sonstigen Rüstungsgütern wird nicht genehmigt in Länder,

   - die in bewaffnete Auseinandersetzungen verwickelt sind oder wo eine solche droht,
   - in denen ein Ausbruch bewaffneter Auseinandersetzungen droht oder bestehende Spannungen und Konflikte durch den Export ausgelöst, aufrechterhalten oder verschärft würden.

   Lieferungen an Länder, die sich in bewaffneten äußeren Konflikten befinden oder bei denen eine Gefahr für den Ausbruch solcher Konflikte besteht, scheiden deshalb grundsätzlich aus, sofern nicht ein Fall des Artikels 51 der VN-Charta vorliegt.

6. Bei der Entscheidung über die Genehmigung des Exports von Kriegswaffen und sonstigen Rüstungsgütern wird berücksichtigt, ob die nachhaltige Entwicklung des Empfängerlandes durch unverhältnismäßige Rüstungsausgaben ernsthaft beeinträchtigt wird.

7. Ferner wird das bisherige Verhalten des Empfängerlandes im Hinblick auf

   - die Unterstützung oder Förderung des Terrorismus und der internationalen organisierten Kriminalität,
   - die Einhaltung internationaler Verpflichtungen, insbesondere des Gewaltverzichts, einschließlich der Verpflichtungen aufgrund des für internationale und nicht-internationale Konflikte geltenden humanitären Völkerrechts,
   - die Übernahme von Verpflichtungen im Bereich der Nichtverbreitung sowie in anderen Bereichen der Rüstungskontrolle und der Abrüstung, insbesondere die Unterzeichnung, Ratifizierung und Durchführung der im EU-Verhaltenskodex für Waffenausfuhren aufgeführten Rüstungskontroll- und Abrüstungsvereinbarungen,
   - seine Unterstützung des VN-Waffenregisters,

   berücksichtigt.

1 Anlagen und Unterlagen zur Herstellung von Kriegswaffen.

IV. Sicherung des Endverbleibs

1. Genehmigungen für den Export von Kriegswaffen und sonstigen Rüstungsgütern werden nur erteilt, wenn zuvor der Endverbleib dieser Güter im Endempfängerland sichergestellt ist. Dies setzt in der Regel eine entsprechende schriftliche Zusicherung des Endempfängers sowie weitere geeignete Dokumente voraus.

2. Lieferungen von Kriegswaffen sowie sonstigen Rüstungsgütern, die nach Umfang oder Bedeutung für eine Kriegswaffe wesentlich sind, dürfen nur bei Vorliegen von amtlichen Endverbleibserklärungen, die ein Reexportverbot mit Erlaubnisvorbehalt enthalten, genehmigt werden. Dies gilt entsprechend für Exporte von kriegwaffennahen sonstigen Rüstungsgütern, die im Zusammenhang mit einer Lizenzvergabe stehen. Für die damit hergestellten Kriegswaffen sind wirksame Endverbleibsregelungen zur Voraussetzung zu machen.

   An die Fähigkeit des Empfängerlandes, wirksame Ausfuhrkontrollen durchzuführen, ist ein strenger Maßstab anzulegen.

3. Kriegswaffen und kriegswaffennahe sonstige Rüstungsgüter dürfen nur mit dem schriftlichen Einverständnis der Bundesregierung in dritte Länder reexportiert bzw. im Sinne des EU-Binnenmarktes verbracht werden.

4. Ein Empfängerland, das entgegen einer abgegebenen Endverbleibserklärung den Weiterexport von Kriegswaffen oder kriegswaffennahen sonstigen Rüstungsgütern genehmigt oder einen ungenehmigten derartigen Export wissentlich nicht verhindert hat oder nicht sanktioniert, wird bis zur Beseitigung dieser Umstände grundsätzlich von einer Belieferung mit weiteren Kriegswaffen und kriegswaffennahen sonstigen Rüstungsgütern ausgeschlossen.

V. Rüstungsexportbericht

Die Bundesregierung legt dem Deutschen Bundestag jährlich einen Rüstungsexportbericht vor, in dem die Umsetzung der Grundsätze der deutschen Rüstungsexportpolitik im abgelaufenen Kalenderjahr aufgezeigt sowie die von der Bundesregierung erteilten Exportgenehmigungen für Kriegswaffen und sonstige Rüstungsgüter im Rahmen der gesetzlichen Bestimmungen aufgeschlüsselt werden.

Anlage zu den „Politischen Grundsätzen der Bundesregierung für den Export von Kriegswaffen und sonstigen Rüstungsgütern" vom 19. Januar 2000

VERHALTENSKODEX DER EUROPÄISCHEN UNION FÜR WAFFENAUSFUHREN angenommen vom Rat der EU am 8. Juni 1998

DER RAT DER EUROPÄISCHEN UNION

UNTER ZUGRUNDELEGUNG der vom Europäischen Rat auf seinen Tagungen in Luxemburg und Lissabon in den Jahren 1991 und 1992 vereinbarten gemeinsamen Kriterien,

IN ANERKENNUNG der besonderen Verantwortung der rüstungsexportierenden Länder,

ENTSCHLOSSEN, hohe gemeinsame Maßstäbe zu setzen, die als Minimalstandards für die Verwaltungspraxis und die bei Exporten konventioneller Rüstungsgüter durch alle Mitgliedstaaten auszuübende Zurückhaltung anzusehen sind, und zur Verstärkung des Austausches relevanter Informationen mit dem Ziel, größere Transparenz zu erreichen,

ENTSCHLOSSEN, die Ausfuhr von Ausrüstung zu verhindern, die zu interner Repression oder internationaler Aggression eingesetzt werden oder zu regionaler Instabilität beitragen könnte,

IN DEM WUNSCH, im Rahmen der Gemeinsamen Außen- und Sicherheitspolitik (GASP) ihre Zusammenarbeit zu verstärken und ihre Konvergenz auf dem Gebiet der Ausfuhr konventioneller Rüstungsgüter zu fördern,

IN KENNTNIS ergänzender Maßnahmen gegen illegale Transfers, getroffen durch das EU-Programm zur Verhütung und Bekämpfung des illegalen Handels mit konventionellen Waffen,

IN ANERKENNUNG des Wunsches von Mitgliedstaaten, eine Rüstungsindustrie als Teil ihrer industriellen Basis wie auch ihrer Verteidigungsanstrengungen aufrecht zu erhalten,

IN ANERKENNUNG der Tatsache, dass Staaten ein Recht haben, im Einklang mit dem von der VN-Charta anerkannten Recht auf Selbstverteidigung, die Mittel zur Selbstverteidigung zu exportieren,

HAT folgenden Verhaltenskodex sowie folgende operative Bestimmungen ANGENOMMEN:

KRITERIUM EINS

Die Einhaltung der internationalen Verpflichtungen der Mitgliedstaaten, insbesondere der vom VN-Sicherheitsrat und der von der Gemeinschaft verhängten Sanktionen, der Übereinkünfte über Nichtverbreitung und andere Sachbereiche sowie sonstiger internationaler Verpflichtungen

Eine Ausfuhrgenehmigung sollte verweigert werden, wenn ihre Erteilung im Widerspruch stünde unter anderem zu:

a) den internationalen Verpflichtungen der Mitgliedstaaten sowie ihren Verpflichtungen zur Durchsetzung von VN-, OSZE- und EU-Waffenembargos;

b) den internationalen Verpflichtungen der Mitgliedstaaten aus dem Vertrag über die Nichtverbreitung von Kernwaffen, dem Übereinkommen über biologische und Toxinwaffen und dem Chemiewaffenübereinkommen;

c) den Verpflichtungen der Mitgliedstaaten im Rahmen der Australischen Gruppe, des Trägertechnologie-Kontrollregimes, der Gruppe der Kernmaterial-Lieferländer und des Wassenaar-Arrangements;

d) der Verpflichtung der Mitgliedstaaten, keinerlei Antipersonenminen auszuführen.

KRITERIUM ZWEI

Achtung der Menschenrechte im Endbestimmungsland

Die Mitgliedstaaten werden, nachdem sie eine Bewertung der Haltung des Empfängerlandes zu den einschlägigen Grundsätzen in den Menschenrechtsübereinkünften vorgenommen haben,

1. keine Ausfuhrgenehmigung erteilen, wenn eindeutig das Risiko besteht, daß das zur Ausfuhr bestimmte Gerät zur internen Repression benutzt werden könnte;
2. besondere Vorsicht und Wachsamkeit bei der von Fall zu Fall und unter Berücksichtigung der Art der Ausrüstung erfolgenden Erteilung von Ausfuhrgenehmigungen an Länder walten lassen, in denen von den zuständigen Gremien der VN, des Europarats oder der EU schwerwiegende Menschenrechtsverletzungen festgestellt wurden.

Für diese Zwecke wird Ausrüstung, die zu interner Repression benutzt werden könnte, unter anderem solche oder vergleichbare Ausrüstung umfassen, die vom angegebenen Endverwender nachweislich zu interner Repression benutzt worden ist oder bei der Grund zur Annahme besteht, dass sie an der angegebenen Endverwendung bzw. am angegebenen Endverwender vorbeigeleitet wird und zu interner Repression genutzt wird. Entsprechend dem operativen Paragraphen 1 dieses Verhaltenskodex wird die Art der Ausrüstung sorgfältig geprüft werden, insbesondere wenn ihre Verwendung für Zwecke der inneren Sicherheit beabsichtigt ist. Interne Repression umfasst unter anderem Folter sowie andere grausame, unmenschliche und erniedrigende Behandlung oder Bestrafung, summarische oder willkürliche Hinrichtungen, das Verschwindenlassen von Personen, willkürliche Verhaftungen und andere schwere Verletzungen der Menschenrechte und Grundfreiheiten, wie sie in den einschlägigen Menschenrechtsübereinkünften, einschließlich der Allgemeinen Erklärung der Menschenrechte und des Internationalen Pakts über bürgerliche und politische Rechte, niedergelegt sind.

KRITERIUM DREI

Die innere Lage im Endbestimmungsland, als Ergebnis von Spannungen oder bewaffneter Konflikte

Die Mitgliedstaaten werden keine Ausfuhren genehmigen, die im Endbestimmungsland bewaffnete Konflikte heraufbeschwören bzw. verlängern oder bestehende Spannungen oder Konflikte verschärfen würden.

KRITERIUM VIER

Erhalt von Frieden, Sicherheit und Stabilität in einer Region

Die Mitgliedstaaten werden keine Ausfuhrgenehmigung erteilen, wenn eindeutig das Risiko besteht, dass der angegebene Empfänger das zur Ausfuhr bestimmte Gerät zu aggressiven Zwecken gegen ein anderes Land oder zur gewaltsamen Durchsetzung eines Gebietsanspruchs benutzen würde.

Bei Abwägung dieser Risiken berücksichtigen die Mitgliedstaaten unter anderem

a) das Bestehen oder die Wahrscheinlichkeit eines bewaffneten Konfliktes zwischen dem Empfängerland und einem anderen Land;

b) Ansprüche auf das Hoheitsgebiet eines Nachbarlandes, deren gewaltsame Durchsetzung das Empfängerland in der Vergangenheit versucht bzw. angedroht hat;

c) ob die Wahrscheinlichkeit besteht, dass die Ausrüstung anders als für die legitime nationale Sicherheit und die Verteidigung des Empfängerlandes verwendet wird;

d) das Erfordernis, die regionale Stabilität nicht wesentlich zu beeinträchtigen.

KRITERIUM FÜNF

Die nationale Sicherheit der Mitgliedstaaten und der Gebiete, deren Außenbeziehungen in die Zuständigkeit eines Mitgliedstaates fallen, sowie die nationale Sicherheit von befreundeten und verbündeten Ländern

Die Mitgliedstaaten berücksichtigen

a) die möglichen Auswirkungen der geplanten Ausfuhr auf ihre Verteidigungs- und Sicherheitsinteressen sowie auf diejenigen von befreundeten Ländern, Verbündeten und anderen Mitgliedstaaten, wobei sie anerkennen, dass hierdurch die Berücksichtigung der Kriterien zur Achtung der Menschenrechte und über die Aufrechterhaltung von Frieden, Sicherheit und Stabilität in einer Region nicht beeinträchtigt werden darf;

b) die Gefahr der Verwendung der betreffenden Güter gegen ihre eigenen Streitkräfte oder die von befreundeten Ländern, Verbündeten oder anderen Mitgliedstaaten;

c) die Gefahr des „reverse engineering" oder eines unbeabsichtigten Technologietransfers.

KRITERIUM SECHS

Das Verhalten des Käuferlandes gegenüber der internationalen Gemeinschaft, insbesondere was seine Haltung zum Terrorismus, die Art der von ihm eingegangenen Bündnisse und die Einhaltung des Völkerrechts anbelangt

Die Mitgliedstaaten berücksichtigen unter anderem das bisherige Verhalten des Käuferlandes in bezug auf:

1. seine Unterstützung oder Förderung des Terrorismus und der internationalen organisierten Kriminalität;

2. seine Einhaltung internationaler Verpflichtungen, insbesondere hinsichtlich der Nichtanwendung von Gewalt, einschließlich der Verpflichtungen aufgrund des für internationale und nicht-internationale Konflikte geltenden humanitären Völkerrechts;

3. seine Verpflichtung zur Nichtverbreitung und andere Bereiche der Rüstungskontrolle und der Abrüstung, insbesondere die Unterzeichnung, Ratifizierung und Durchführung der in Kriterium Eins unter Buchstabe b aufgeführten einschlägigen Rüstungskontroll- und Abrüstungsvereinbarungen.

KRITERIUM SIEBEN

Das Risiko der Umleitung der Ausrüstung im Käuferland oder der Wiederausfuhr unter unerwünschten Bedingungen

Bei der Beurteilung der Auswirkung der beabsichtigten Ausfuhr auf das Einfuhrland und des Risikos, dass ausgeführte Güter auf Umwegen zu einem unerwünschten Endverwender gelangen könnten, wird folgendes berücksichtigt:

1. die legitimen Interessen der Verteidigung und der inneren Sicherheit des Empfängerlandes, einschließlich jede Beteiligung an VN- oder anderen friedenserhaltenden Maßnahmen;
2. die technische Fähigkeit des Empfängerlandes, die Ausrüstung zu benutzen;
3. die Fähigkeit des Empfängerlandes, wirksame Ausfuhrkontrollen durchzuführen;
4. das Risiko, daß die Waffen wiederausgeführt werden oder zu terroristischen Vereinigungen umgeleitet werden (in diesem Zusammenhang wäre bei Ausrüstung zur Terrorismusbekämpfung eine besonders sorgfältige Prüfung angebracht).

KRITERIUM ACHT

Die Vereinbarkeit der Rüstungsexporte mit der technischen und wirtschaftlichen Kapazität des Empfängerlandes, unter der Berücksichtigung, dass es wünschenswert ist, dass Staaten ihren legitimen Sicherheits- und Verteidigungsbedürfnissen mit dem geringstmöglichen Abzweigen von menschlichen und wirtschaftlichen Ressourcen für Rüstungszwecke entsprechen.

Die Mitgliedstaaten berücksichtigen, im Lichte von Informationen aus einschlägigen Quellen, wie Berichten von UNDP, Weltbank, IWF und OECD, ob der geplante Export die tragfähige Entwicklung des Empfängerlandes ernsthaft beeinträchtigen würde. Sie prüfen in diesem Zusammenhang die relative Bedeutung der Rüstungs- und der Sozialausgaben des Empfängerlandes und berücksichtigen dabei auch jedwede EU- oder bilaterale Hilfe.

OPERATIVE BESTIMMUNGEN

1. Jeder EU-Mitgliedstaat prüft die ihm vorgelegten Anträge auf Ausfuhrgenehmigung für militärische Ausrüstung in jedem Einzelfall anhand der Vorschriften des Verhaltenskodex.
2. Dieser Kodex lässt das Recht der Mitgliedstaaten, auf nationaler Ebene eine restriktivere Politik zu verfolgen, unberührt.
3. Die Mitgliedstaaten teilen auf diplomatischen Wege Einzelheiten zu den abgelehnten Ausfuhranträgen mit, die in Übereinstimmung mit dem Verhaltenskodex für militärische Ausrüstung verweigert werden, und fügen eine Begründung bei, warum die Genehmigung verweigert wurde. Die mitzuteilenden Einzelangaben sind in dem Mustervordruck in der Anlage enthalten. Bevor ein Mitgliedstaat eine Genehmigung erteilt, die von einem anderen Mitgliedstaat bzw. anderen Mitgliedstaaten innerhalb der letzten drei Jahre für eine im wesentlichen gleichartige Transaktion verweigert worden ist, konsultiert er zunächst den bzw. die Mitgliedstaaten, die die Genehmigung verweigert haben. Falls der betreffende Mitgliedstaat im Anschluß an die Konsultationen dennoch beschließt, die Genehmigung zu erteilen, teilt er dies dem bzw. den Mitgliedstaaten, die die Genehmigung ursprünglich verweigert haben, mit und erläutert ausführlich seine Gründe.

   Die Entscheidung über den Transfer bzw. die Verweigerung des Transfers von militärischer Ausrüstung bleibt im Ermessen eines jeden Mitgliedstaates. Als Ablehnung einer Genehmigung ist anzusehen, wenn der Mitgliedstaat die Genehmigung des tatsächlichen Verkaufs oder der konkreten Ausfuhr der betreffenden militärischen Ausrüstung abgelehnt hat und es andernfalls zu einem Verkauf oder Abschluß des betreffenden Vertrags gekommen wäre. Für diese Zwecke kann eine notifizierbare Ablehnung, im Einklang mit nationalen Verfahren, auch die Ablehnung einer Genehmigung für die Aufnahme von Verhandlungen oder ein abschlägiger Bescheid auf eine förmliche Voranfrage zu einem bestimmten Auftrag sein.

4. Die EU-Mitgliedstaaten behandeln derartige Ablehnungen und die entsprechenden Konsultationen vertraulich und ziehen daraus keine wirtschaftlichen Vorteile.

5. Die Mitgliedstaaten arbeiten auf die baldige Annahme einer gemeinsamen Liste der vom Verhaltenskodex erfassten militärischen Ausrüstung hin, die sich auf entsprechende nationale und internationale Listen stützt. Bis zur Annahme einer solchen gemeinsamen Liste erfolgt die Anwendung des Verhaltenskodex auf der Grundlage nationaler Kontrolllisten, in die soweit zweckmäßig, Bestandteile einschlägiger internationaler Listen einbezogen werden.

6. Die in diesem Kodex aufgeführten Kriterien und das unter Paragraph 3 der Operativen Bestimmungen vorgesehene Konsultationsverfahren gelten auch für die in Anhang 1 des Beschlusses 94/942/GASP des Rates[1] aufgeführten Güter mit doppeltem Verwendungszweck, wenn Grund zu der Annahme besteht, dass Endempfänger solcher Ausrüstung die Streitkräfte oder internen Sicherheitskräfte oder ähnliche Einheiten des Empfängerlandes sein werden.

7. Damit der Verhaltenskodex den größtmöglichen Nutzeffekt erhält, werden die Mitgliedstaaten im Rahmen der GASP tätig werden, um ihre Zusammenarbeit zu verstärken und ihre Konvergenz im Bereich der Ausfuhr konventioneller Waffen fördern.

8. Jeder Mitgliedstaat übermittelt den anderen Mitgliedstaaten jährlich vertraulich einen Bericht über seine Rüstungsexporte und seine Durchführung des Verhaltenskodex. Diese Berichte werden auf einer jährlichen Tagung im Rahmen der GASP erörtert. Auf dieser Tagung werden auch die Funktionsweise des Verhaltenskodex überprüft, etwa erforderliche Verbesserungen ermittelt und dem Rat ein konsolidierter Bericht übermittelt, der auf Beiträgen der Mitgliedstaaten aufbaut.

9. Die Mitgliedstaaten beurteilen, sofern geboten, gemeinsam im Rahmen der GASP anhand der Grundsätze und Kriterien des Verhaltenskodex die Lage potenzieller oder tatsächlicher Empfänger von Rüstungsausfuhren aus Mitgliedstaaten.

10. Es wird anerkannt, daß die Mitgliedstaaten, soweit geboten, die Auswirkungen geplanter Ausfuhren auf ihre wirtschaftlichen, sozialen, kommerziellen und industriellen Interessen berücksichtigen können, diese Faktoren jedoch die Anwendung der oben angeführten Kriterien nicht beeinträchtigen werden.

11. Die Mitgliedstaaten werden sich nach Kräften dafür einsetzen, andere rüstungsexportierende Staaten zu ermutigen, sich den Grundsätzen dieses Verhaltenskodex anzuschließen.

12. Der Verhaltenskodex und die Operativen Bestimmungen ersetzen alle bisherigen Ausführungen zu den gemeinsamen Kriterien von 1991 und 1992.

---

1 ABl. (EG) Nr. L 367 vom 31. 12. 1994, S. 8. Zuletzt geändert durch den Beschluß 98/232/CFSP (ABl. (EG) Nr. L 92 vom 25. 3. 1998, S. 1).

5b. Grundsätze der Bundesregierung zur Zuverlässigkeit von Exporteuren – Bekanntmachung der Grundsätze der Bundesregierung zur Prüfung der Zuverlässigkeit von Exporteuren von Kriegswaffen und rüstungsrelevanten Gütern vom 25. Juli 2001

In dem Bestreben,

- unzuverlässige Personen und Unternehmen vom Umgang mit Kriegswaffen und der Ausfuhr rüstungsrelevanter Güter (Waren im Sinne des § 4 Abs. 2 Nr. 2 des Außenwirtschaftsgesetzes einschließlich Datenverarbeitungsprogramme (Software und Technologie) fern zu halten,
- zu vermeiden, dass durch illegale Ausfuhren in diesem Bereich
  - die Sicherheit der Bundesrepublik Deutschland beeinträchtigt,
  - das friedliche Zusammenleben der Völker gestört oder
  - die auswärtigen Beziehungen der Bundesrepublik Deutschland belastet werden,
- die sich in den „Politischen Grundsätzen der Bundesregierung für den Export von Kriegswaffen und sonstigen Rüstungsgütern" vom 19. Januar 2000 (BAnz. S. 1299) widerspiegelnde restriktive Rüstungsexportpolitik der Bundesregierung und die entsprechende Genehmigungspraxis in diesem sensitiven Bereich zu verdeutlichen,
- eine wirksame Kontrolle der Ausfuhr von Gütern mit doppeltem Verwendungszweck aus der Gemeinschaft sicherzustellen,

hat die Bundesregierung folgende Grundsätze für die Prüfung der Zuverlässigkeit im Rahmen des § 6 Abs. 3 Nr. 3 des Gesetzes über die Kontrolle von Kriegswaffen (KWKG), des § 3 Abs. 2 des Außenwirtschaftsgesetzes (AWG) sowie § 7 Abs. 1 AWG und des Artikels 8 der Verordnung (EG) Nr. 1334/2000 des Rates vom 22. Juni 2000 über eine Gemeinschaftsregelung für die Kontrolle der Ausfuhr von Gütern und Technologien mit doppeltem Verwendungszweck (ABl. EG Nr. L 159 S. 1) in der jeweils geltenden Fassung beschlossen:

1. Die Grundsätze gelten für Anträge auf Erteilung von Genehmigungen
   a) zum Zwecke der Ausfuhr nach dem KWKG oder für Ausfuhren nach dem AWG und der Außenwirtschaftsverordnung (AWV) für Güter des Teils I Abschnitt A und B der Ausfuhrliste;
   b) für Ausfuhren nach der Verordnung (EG) Nr. 1334/2000 in der jeweils geltenden Fassung für Güter des Anhangs I der Verordnung mit Ausnahme von Ausfuhren in die in Anhang II Teil 3 der Verordnung genannten Bestimmungsländer;
   c) für Ausfuhren nach dem AWG und der AWV für Güter des Teils I C der Ausfuhrliste mit Ausnahme von Ausfuhren in die in Anhang II Teil 3 der Verordnung (EG) Nr. 1334/2000 in der jeweils geltenden Fassung genannten Bestimmungsländer sowie

d) zum Zwecke der Verbringung nach dem KWKG oder für Verbringungen nach dem AWG und der AWV für Güter des Teils I Abschnitt A der Ausfuhrliste.

2. In derartigen Anträgen muss je nach der Rechtsform des Antragstellers ein für die Durchführung der Ausfuhr verantwortliches Mitglied des Vorstands, ein Geschäftsführer oder ein vertretungsberechtigter Gesellschafter als „Ausfuhrverantwortlicher" benannt werden. Dem Ausfuhrverantwortlichen obliegt die Organisationspflicht, die Personalauswahl und -weiterbildungspflicht sowie die Überwachungspflicht.

   Genehmigungsanträge nach dem KWKG sind vom Ausfuhrverantwortlichen selbst zu zeichnen; zeichnet der Ausfuhrverantwortliche ausnahmsweise den Antrag nicht selbst, muss eine schriftliche Bestätigung, mit der der Ausfuhrverantwortliche die Verantwortung für den Antrag übernimmt, beigefügt werden.

   Bei Anträgen nach dem AWG, der AWV sowie der Verordnung (EG) Nr. 1334/2000 kann eine jährlich einmal gegenüber dem Bundesamt für Wirtschaft und Ausfuhrkontrolle schriftlich abgegebene Bestätigung als ausreichend angesehen werden, sofern im Antrag hierauf Bezug genommen wird.

3. Bestehen tatsächliche Anhaltspunkte dafür, dass der Ausfuhrverantwortliche oder – bei Kriegswaffen – eine der in § 6 Abs. 2 Nr. 2a KWKG genannten Personen

   - im Falle eines Antrags nach dem KWKG gegen Vorschriften des KWKG, des AWG, der AWV oder sonstige einschlägige Vorschriften, z. B. des Gewerbe-, Waffen- oder Strafrechts und
   - im Falle eines Antrags nach dem AWG, der AWV oder der Verordnung (EG) Nr. 1334/2000 gegen die Genehmigungsvorschriften der in Nummer 1 erfassten Ausfuhren

   verstoßen haben könnte, so ist grundsätzlich von der Entscheidung über den Antrag abzusehen, bis der Sachverhalt aufgeklärt ist. Dies gilt jedoch nur dann, wenn es sich nicht lediglich um einen Bagatellverstoß handelt und die vermutete Rechtsverletzung im Falle ihrer Bestätigung die Annahme begründen würde, der Antragsteller sei nicht willens oder in der Lage, den ihm obliegenden kriegswaffen- oder außenwirtschaftsrechtlichen Verpflichtungen nachzukommen. Von der Entscheidung ist unabhängig davon abzusehen, ob ein staatsanwaltschaftliches Ermittlungsverfahren eingeleitet ist oder nicht.

4. Ergibt bei einem Antrag nach dem KWKG die Ermittlung des Sachverhaltes, dass die gegen den Ausfuhrverantwortlichen oder eine andere der in § 6 Abs. 2 Nr. 2 a KWKG genannten Personen erhobenen Vorwürfe tatsächlich Grund zur Annahme der Unzuverlässigkeit bieten, so ist der Antrag wegen mangelnder Zuverlässigkeit des Antragstellers abzulehnen.

   Bei einem Antrag nach dem AWG, der AWV oder der Verordnung (EG) Nr. 1334/2000 soll die Genehmigung oder die Bescheinigung des Bundesamts für Wirtschaft und Ausfuhrkontrolle, wonach eine Ausfuhr keiner Genehmigung bedarf, in diesem Fall grundsätzlich versagt werden; bei der Entscheidung sind die Schwere des Verstoßes und die daraus zu ziehenden Rückschlüsse auf die Zuverlässigkeit bei künftigen Ausfuhren sowie Art und Menge der auszuführenden Güter und die Verhältnisse des Ausführers im Einzelfall zu berücksichtigen.

5. Von Maßnahmen nach den Nummern 3 und 4 kann abgesehen werden, wenn das betroffene Unternehmen Schritte ergreift, durch die die zukünftige Einhaltung der ausfuhrrechtlichen Bestimmungen sichergestellt erscheint.

   Der Austausch des Ausfuhrverantwortlichen – und bei Kriegswaffen der weiteren in § 6 KWKG genannten Personen – reicht nur aus, wenn

   - gegen die neuverantwortlichen Personen keine Zuverlässigkeitsbedenken bestehen und
   - durch organisatorische Maßnahmen sichergestellt ist, dass der ausgetauschte Personenkreis keinerlei Verbindungen zu genehmigungspflichtigen Ausfuhren im Sinne der Nummer 1 hat.

   Eine Umverteilung der Zuständigkeiten des Ausfuhrverantwortlichen im Vorstand oder in der Geschäftsführung reicht in Anbetracht der Gesamtverantwortlichkeit der geschäftsführenden Organe für grundsätzliche Fragen der Unternehmenspolitik in der Regel nicht aus, Zweifel an der Zuverlässigkeit auszuräumen.

6. Sind in den Fällen der Nummer 4 Genehmigungen bereits erteilt, so sind sie gemäß § 7 Abs. 2 KWKG zu widerrufen. Bei einer Genehmigung nach dem AWG, der AWV oder der Verordnung (EG) Nr. 1334/2000 kommt der Widerruf gemäß § 49 Abs. 2 Nr. 3 des Verwaltungsverfahrensgesetzes (VwVfG) oder die Rücknahme gemäß § 48 Abs. 1 VwVfG in Betracht; das Gleiche gilt für die Bescheinigung, dass die Ausfuhr der Güter keiner Genehmigung bedarf.

7. Hat ein Antragsteller in anderen als den in Nummer 1 genannten Fällen im Rahmen eines Antrags auf Erteilung einer Genehmigung oder einer Bescheinigung, wonach die Ausfuhr bzw. die Verbringung keiner Genehmigung bedarf, gegen Vorschriften des AWG, der AWV oder der Verordnung (EG) Nr. 1334/2000 oder sonstige einschlägige Vorschriften, z. B. das Gewerbe-, Waffen- oder Strafrecht verstoßen und besteht die Gefahr weiterer Verstöße, so sollen in der Regel die Genehmigungen mit besonderen Nebenbestimmungen nach § 30 AWG oder Artikel 6 der Verordnung (EG) Nr. 1334/2000 versehen werden, die den Nachweis des Endverbleibs und der Endnutzung in geeigneter Form sicherstellen. Im Übrigen kann auch hier die Erteilung der Genehmigung oder der Bescheinigung des Bundesamtes für Wirtschaft und Ausfuhrkontrolle, wonach die Ausfuhr bzw. die Verbringung keiner Genehmigung bedarf, von sachlichen und persönlichen Voraussetzungen abhängig gemacht werden.

Die Grundsätze treten am 1. Oktober 2001 in Kraft. Zum gleichen Zeitpunkt werden die Grundsätze der Bundesregierung zur Prüfung der Zuverlässigkeit von Exporteuren von Kriegswaffen und sonstigen rüstungsrelevanten Gütern vom 29. November 1990 (BAnz. S. 6406) aufgehoben.

5c. Zuverlässigkeit von Exporteuren – Bekanntmachung zu der Neufassung der „Grundsätze der Bundesregierung zur Prüfung der Zuverlässigkeit von Exporteuren von Kriegswaffen und rüstungsrelevanten Gütern" vom 1. August 2001

[BAnz. Nr. 149 vom 11. 08. 2001, S. 17281]

Zur Erläuterung der Neufassung der „Grundsätze der Bundesregierung zur Prüfung der Zuverlässigkeit von Exporteuren von Kriegswaffen und rüstungsrelevanten Gütern" vom 25. Juli 2001 (BAnz. S. 17 177) wird hiermit bekannts gemacht:

Die Bundesregierung hat am 25. Juli 2001 eine Neufassung der „Grundsätze der Bundesregierung zur Prüfung der Zuverlässigkeit von Exporteuren von Kriegswaffen und sonstigen rüstungsrelevanten Gütern" beschlossen. Die Neufassung tritt mit Wirkung vom 1. Oktober 2001 in Kraft; sie wurde im Bundesanzeiger am 10. August 2001, S. 17 177 veröffentlicht.

Die Neufassung dieser seit 1. März 1991 geltenden Grundsätze trägt zwischenzeitlich erfolgten Veränderungen in der Exportkontrolle auf internationaler und nationaler Ebene Rechnung. Die Grundsätze wurden angepasst an die am 28. September 2000 in Kraft getretene Verordnung (EG) Nr. 1334/2000 über eine Gemeinschaftsregelung für die Kontrolle der Ausfuhr von Gütern und Technologien mit doppeltem Verwendungszweck, an die damit verbundenen Änderungen der Außenwirtschaftsverordnung sowie an zahlreiche Änderungen der Ausfuhrliste für Militär- und Dual use-Güter. Auf die „Politischen Grundsätze der Bundesregierung für den Export von Kriegswaffen und sonstigen Rüstungsgütern" vom 19. Januar 2000 wird Bezug genommen.

Die neuen Grundsätze über die Zuverlässigkeit von Exporteuren konkretisieren die Anforderungen an die Zuverlässigkeit von Antragstellern. Von der Zuverlässigkeit wird die Erteilung oder Versagung von Genehmigungen nach § 3 Abs. 2 des Außenwirtschaftsgesetzes (AWG), § 6 des Kriegswaffenkontrollgesetzes (KWKG) oder nach Artikel 8 der EG-Dual use-Verordnung 1334/2000 abhängig gemacht. Die Grundsätze legen – als interne Richtlinie für die Verwaltung – die Anforderungen fest, die an die Zuverlässigkeit von Exporteuren zu stellen sind, und die Rechtsfolge, die eine Unzuverlässigkeit nach sich ziehen kann.

Die wesentlichen Änderungen sind:

Gemäß Nummer 1 gelten die Grundsätze nun für die Ausfuhr und Verbringung von Kriegswaffen und sonstigen Rüstungsgütern und für die Ausfuhr aller in Anhang I der EG-VO bzw. der AL erfassten rüstungsrelevanten Dual use-Güter. Die bisherige Begrenzung des Anwendungsbereichs bei Anträgen für Ausfuhrgenehmigungen von Dual use-Gütern auf 33 Länder (Länder der Länderliste H, die seit 1995 nicht mehr gilt) wird aufgegeben. Der Anwendungsbereich erstreckt sich nunmehr auf alle Länder. Ausgenommen von diesem erweiterten Länderkreis sind jedoch die Ausfuhren in die 10 in Anhang II Teil 3 der EG-VO genannten Länder mit vergleichbarem Exportkontrollrecht sowie die Verbringungen von Dual use-Gütern innerhalb der EU.

In Nummer 2 Abs. 1 werden die Pflichten des Ausfuhrverantwortlichen bestätigt und konkretisiert. Er ist danach verantwortlich für die Organisation bzw. die Überwachung der innerbetrieblichen Ausfuhrkontrolle, die Personalauswahl sowie die Weiterbildung des Personals.

Nummer 4 Abs. 2 sieht nunmehr vor, dass neben der Genehmigung auch die Bescheinigung des Bundesamts für Wirtschaft und Ausfuhrkontrolle, wonach die Ausfuhr keiner Genehmigung bedarf, versagt werden kann. Nummer 4 passt die Grundsätze damit an die 1996 erfolgte Änderung des § 3 Abs. 2 Satz 2 AWG an. Hiernach kann auch die Erteilung einer Bescheinigung, dass die Ausfuhr keiner Genehmigung bedarf, u. a. von der Zuverlässigkeit des Antragstellers abhängig gemacht werden.

Mit der Neufassung wird der Anwendungsbereich der Zuverlässigkeitsgrundsätze zwar weiter gefasst, sie bringt aber auch mehr Transparenz für die Unternehmen, für welche Ausfuhren sie einen Ausfuhrverantwortlichen benennen müssen. Eine wesentliche Mehrbelastung für die betroffenen Unternehmen ergibt sich aus den Änderungen der Grundsätze nicht, da die Pflicht zur ordnungsgemäßen Organisation der Exportkontrolle grundsätzlich umfassend ist und jedes am Export teilnehmende Unternehmen gleichermaßen trifft.

Berlin, den 1. August 2001
V B 4–500 917–

Bundesministerium
für Wirtschaft und Technologie

Im Auftrag
Hahn

5d. Zuverlässigkeit von Exporteuren – Bekanntmachung zu den Grundsätzen der Bundesregierung zur Prüfung der Zuverlässigkeit von Exporteuren von Kriegswaffen und rüstungsrelevanten Gütern vom 6. August 2001

[BAnz. Nr. 149 vom 11. 08. 2001, S. 17295]

Die neu gefassten „Grundsätze der Bundesregierung zur Prüfung der Zuverlässigkeit von Exporteuren von Kriegswaffen und rüstungsrelevanten Gütern" sind vom Bundesministerium für Wirtschaft und Technologie am 10. August 2001 veröffentlicht worden (Bekanntmachung vom 25. Juli 2001, BAnz. S. 17 177, siehe auch Bekanntmachung vom 1. August 2001, BAnz. S. 17 281).

Diese Grundsätze konkretisieren die Anforderungen, die im Genehmigungsverfahren an die Zuverlässigkeit von Exporteuren zu stellen sind. Sie regeln auch die Rechtsfolgen, mit denen Exporteure im Falle der Unzuverlässigkeit rechnen müssen.

1. Benennung einer/eines Ausfuhrverantwortlichen (AV) als Antragsvoraussetzung

   Der Anwendungsbereich der Grundsätze wurde auf die Ausfuhr aller in Anhang I der EG-Dual use-VO (im Folgenden EG-VO) sowie der Ausfuhrliste (AL) als Anhang zur Außenwirtschaftsverordnung (AWV) gelisteten Güter erweitert. Sie gelten nicht für nicht gelistete Güter sowie für Fälle der technischen Unterstützung oder des Transithandels. Verbringungen werden nur erfasst, wenn sie Güter des Teils I Abschnitt A der AL betreffen. Für Verbringungen von Dual use-Gütern innerhalb der Europäischen Union (EU) gelten die Grundsätze nicht.

   Im Einzelnen gilt Folgendes:

   a) Ausfuhren

      – Bei Ausfuhrgenehmigungsanträgen nach dem Außenwirtschaftsgesetz (AWG) und der AWV sind die Grundsätze der Bundesregierung ohne Einschränkung auf einen bestimmten Länderkreis anzuwenden, sofern es sich um Güter handelt, die von Teil I Abschnitt A und B der AL erfasst sind.

      – Soweit es sich um Güter des Anhangs I der EG-VO handelt, gelten die Grundsätze ebenfalls weltweit. Ausgenommen vom Anwendungsbereich sind in diesen Fällen lediglich Ausfuhren in die in Anhang II Teil 3 der EG-VO genannten 10 Bestimmungsländer, die über ein vergleichbares Exportkontrollrecht verfügen.

      Gleiches gilt bei Ausfuhrgenehmigungsanträgen für Güter des Teils I Abschnitt C der AL.

   b) Verbringungen

      Die Grundsätze sind darüber hinaus anzuwenden bei Anträgen zum Zwecke der Verbringung nach dem AWG und der AWV für Güter des Teils I Abschnitt A der AL innerhalb der EU.

c) Sonstige Fälle

Nummer 7 der Grundsätze stellt klar, dass künftige Genehmigungen mit Nebenbestimmungen versehen werden können, sofern ein Antragsteller bei der Beantragung einer Genehmigung für die Ausfuhr nicht gelisteter Güter, bei der Beantragung einer Transithandelsgenehmigung, einer Genehmigung für technische Unterstützung oder bei der Beantragung einer Bescheinigung, wonach die Ausfuhr bzw. die Verbringung keiner Genehmigung bedarf (sog. Nullbescheid), gegen außenwirtschaftsrechtliche oder sonstige einschlägige Vorschriften verstoßen hat. Im Übrigen kann auch in diesen Fällen die Erteilung der Genehmigung oder des Nullbescheides von sachlichen und persönlichen Voraussetzungen abhängig gemacht werden (§ 3 Abs. 2 AWG). Diese Regelung unterscheidet sich von der bisherigen Regelung nur durch die Erweiterung auf den Nullbescheid.

2. Stellung und Aufgaben der/des AV

Gemäß Nummer 2 der Grundsätze ist wie bisher je nach Rechtsform des Unternehmens ein für die Durchführung der Ausfuhr verantwortliches Mitglied des Vorstandes, ein Geschäftsführer oder ein vertretungsberechtigter Gesellschafter als AV zu bestellen und gegenüber dem Bundesamt für Wirtschaft und Ausfuhrkontrolle (BAFA) zu benennen. Nummer 2 Satz 2 konkretisiert die der/dem AV obliegenden Pflichten. Sie/Er ist verantwortlich für die Organisation und die Überwachung des innerbetrieblichen Exportkontrollsystems sowie für die Auswahl des Personals und dessen Weiterbildung.

3. Verfahrensregelungen

Die bisher gültigen Vordrucke zur Benennung der/des AV bzw. zur Verantwortungsübernahme, die als Anlagen 1 und 2 zur Bekanntmachung des Bundesamtes für Wirtschaft (BAW) zu den Grundsätzen vom 30. Januar 1991 (BAnz. S. 653) veröffentlicht worden sind, wurden an die neue Rechtslage angepasst. Sie werden durch die als Anlagen zu dieser Bekanntmachung veröffentlichten Vordrucke AV1 und AV2 ersetzt. Die Vordrucke AV1 und AV2 sind im Formularhandel erhältlich.

a) Benennung der/des AV

Die Benennung der/des AV muss unter Verwendung des Vordrucks AV1 erfolgen, der an das BAFA – Referat 212[1] – zu adressieren ist. Sie kann unabhängig von der Beantragung einer Ausfuhr-/Verbringungsgenehmigung vorgenommen werden.

Die Benennungserklärung ist von den vertretungsberechtigten Organen und von der/dem AV zu unterzeichnen. Sie bleibt bis zu ihrem schriftlichen Widerruf gegenüber dem BAFA gültig.

Ein Wechsel in der Person der/des AV ist dem BAFA unverzüglich von den vertretungsberechtigten Organen unter Benennung eines/einer neuen AV anzuzeigen.

b) Erklärung zur Verantwortungsübernahme

Unterzeichnet die/der AV Anträge nach dem AWG, der AWV bzw. der EG-VO nicht selbst, hat sie/er gegenüber dem BAFA einmal jährlich ihre/seine Verant-

1 Anm. des BAFA: Durch Organisationsänderung nunmehr zuständig Referat 221.

wortungsübernahme für die Richtigkeit aller von Dritten in ihrem/seinem Namen für das Unternehmen unterzeichneten Anträge auf Erteilung einer Ausfuhr-/Verbringungsgenehmigung zu erklären.

Die Erklärung muss unter Verwendung des Vordrucks AV2 erfolgen, der an das BAFA – Referat 212* – zu adressieren ist. Sie kann unabhängig von der Beantragung einer Ausfuhr-/Verbringungsgenehmigung abgegeben werden. Sie muss jedoch spätestens zusammen mit dem ersten Genehmigungsantrag erfolgen, der von dem/der AV nicht eigenhändig unterschrieben wird.

Die jährliche Erneuerung der Erklärung zur Verantwortungsübernahme ist dem BAFA unaufgefordert zuzusenden. Maßgeblicher Zeitpunkt für die Einhaltung der Vorlagefrist ist der Eingang beim BAFA.

4. Rechtsfolgen bei Unzuverlässigkeit des Antragstellers

   a) Aussetzung des Verfahrens

   Nach Nummer 3 der Grundsätze kann das BAFA die Antragsbescheidung aussetzen, sofern tatsächliche Anhaltspunkte für einen Rechtsverstoß vorliegen. Nummer 3 Satz 2 stellt nunmehr klar, dass dies nur dann gilt, wenn es sich nicht lediglich um einen Bagatellverstoß handelt und gibt damit die bisher gängige Praxis des BAFA wieder.

   b) Versagung der Genehmigung bzw. der Bescheinigung, wonach eine Ausfuhr keiner Genehmigung bedarf

   Ergeben Ermittlungen, dass Grund zur Annahme der Unzuverlässigkeit besteht, kann das BAFA gemäß Nummer 4 Abs. 2 der Grundsätze nunmehr nicht nur künftige Genehmigungen, sondern auch die Bescheinigung versagen, wonach die Ausfuhr keiner Genehmigung bedarf (sog. Nullbescheid). Diese Erweiterung bezieht sich nicht auf die so genannte Auskunft zur Güterliste (AzG), die keine Entscheidung über ein konkretes Ausfuhrgeschäft trifft, sondern lediglich bestätigt, dass ein bestimmtes Gut nicht von Anhang I der EG-VO bzw. der AL erfasst wird.

   c) Rücknahme von Genehmigungen bzw. Nullbescheiden

   Nummer 6 der Grundsätze enthält nunmehr den Hinweis auf die Möglichkeit der Rücknahme von Genehmigungen bzw. Nullbescheiden. Hiermit wird lediglich die nach dem Verwaltungsverfahrensgesetz (VwVfG) bestehende Rechtslage wiedergegeben.

5. Bisherige Regelungen

   Die Bekanntmachung des Bundesamtes für Wirtschaft (BAW) vom 30. Januar 1991 (BAnz. S. 653) ist hiermit gegenstandslos geworden.

Eschborn, den 6. August 2001

Bundesamt
für Wirtschaft und Ausfuhrkontrolle
Im Auftrag
Simonsen

Anlage AV1

Bundesamt für Wirtschaft und Ausfuhrkontrolle (BAFA)
Referat 212[1]
Frankfurter Str. 29–35
65760 Eschborn

Benennung der/des „Ausfuhrverantwortlichen" gemäß Nummer 2 der Grundsätze der Bundesregierung zur Prüfung der Zuverlässigkeit von Exporteuren von Kriegswaffen und rüstungsrelevanten Gütern vom 25.Juli 2001 (Banz. S. 17 177)

Unter Bezugnahme auf die o. g. Grundsätze der Bundesregierung erklärt das

....

Unternehmen

....

Zoll-Nr.

....

vertreten durch ihre Organe

....

hiermit, dass am

....

Herr/Frau in seiner/ihrer Funktion als
zur/zum „Ausfuhrverantwortlichen" bestimmt worden ist.

Die/Der Ausfuhrverantwortliche ist Mitglied der Unternehmensleitung. Sie/Er ist über die Pflichten des Exporteurs unterrichtet, die im Zusammenhang mit der Abwicklung von Ausfuhr-/Verbringungs-Geschäften, insbesondere bei genehmigungsbedürftigen Gütern, bestehen und ist sich der Bedeutung der o. g. Grundsätze der Bundesregierung bewusst. Die/der Benannte ist bestrebt, die einschlägigen Vorschriften des Außenwirtschaftsgesetzes (AWG), der Verordnung zur Durchführung des Außenwirtschaftsgesetzes (AWV), der Verordnung (EG) Nr. 1334/2000 über eine Gemeinschaftsregelung für die Kontrolle der Ausfuhr von Gütern und Technologien mit doppeltem Verwendungszweck, des Gesetzes über die Kontrolle von Kriegswaffen (KWKG) und des EG-Zollkodex (in den jeweils geltenden Fassungen) zu beachten. Sie/Er wird alle ggf. erforderlichen Vorkehrungen treffen, damit diese Bestimmungen im Unternehmen eingehalten werden.

Die Unterzeichner sind sich bewusst, dass es ihnen im Falle einer möglicherweise einzuleitenden Zuverlässigkeitsprüfung verwehrt ist, sich auf Nichtwissen oder Missverstehen der außenwirtschaftsrechtlichen Bestimmungen zu berufen.

Die Unterzeichner wissen, dass in Fällen, in denen die/der Ausfuhrverantwortliche den Antrag auf Ausfuhr-/Verbringungs-Genehmigung nicht selbst unterzeichnet, diesem Antrag eine schriftliche Bestätigung (Anlage AV2) beigefügt werden muss, in der die/der Ausfuhrverantwortliche die Verantwortung für den Antrag übernimmt. Hierbei ist bekannt, dass die Erklärung zur Verantwortungsübernahme bei Anträgen nach dem

1 Anm. des BAFA: Durch Organisationsänderung nunmehr zuständig Referat 221.

AWG, der AWV sowie der Verordnung (EG) Nr. 1334/2000 mindestens einmal jährlich gegenüber dem BAFA abgegeben und auf diese Erklärung Bezug genommen werden muss (in Feld 37 des Antrages auf Ausfuhr-/Verbringungs-Genehmigung). Die dadurch bestätigte Delegierung der Befugnis zur Zeichnung der Anträge auf Ausfuhr-/Verbringungs-Genehmigung berührt nicht die grundsätzliche Verantwortlichkeit der/des Ausfuhrverantwortlichen und schließt eine Exkulpation durch Verweisung auf die Person des Vertreters aus.

Den Unterzeichnern ist bekannt, dass ein Zweifel an der Zuverlässigkeit der/des Ausfuhrverantwortlichen zu den in den Nummern 3ff. der o. g. Grundsätze der Bundesregierung aufgezeigten Folgen führen kann. Insbesondere ist bekannt, dass das BAFA bei begründeten Anhaltspunkten für einen erheblichen Rechtsverstoß u. a. von der Bescheidung des Antrags auf Ausfuhr-/Verbringungs-Genehmigung absehen kann, es sei denn, dass durch personelle und organisatorische Maßnahmen Zweifel an der Zuverlässigkeit des Unternehmens ausgeräumt werden.

Diese Benennung bleibt bis zu ihrem schriftlichen Widerruf gegenüber dem BAFA gültig. Ist ein Wechsel in der Person des Ausfuhrverantwortlichen gegeben, sind die vertretungsberechtigten Organe verpflichtet, diesen Wechsel unverzüglich dem BAFA unter Benennung eines(r) neuen Ausfuhrverantwortlichen anzuzeigen.

. . . .

Datum

. . . .

. . . . Ausfuhrverantwortliche(r)

. . . .

(Vertretungsberechtigte Organe
des Unternehmens)

Anlage AV2

Bundesamt für Wirtschaft und Ausfuhrkontrolle (BAFA)
Referat 212[1]
Frankfurter Str. 29–35
65760 Eschborn

Erklärung der/des „Ausfuhrverantwortlichen" zur Verantwortungsübernahme

. . . .

Unternehmen

. . . .

Zoll-Nr.

. . . .

Ausfuhrverantwortliche(r)

. . . .

gemäß der Nennung gegenüber dem BAFA vom

1 Anm. des BAFA: Durch Organisationsänderung nunmehr zuständig Referat 221.

In Kenntnis der Grundsätze der Bundesregierung zur Zuverlässigkeit von Exporteuren von Kriegswaffen und rüstungsrelevanten Gütern vom 25. Juli 2001 (BAnz. S. 17 177) und unter Bezugnahme auf die Benennung als Ausfuhrverantwortliche(r) gemäß Nummer 2 der o. g. Grundsätze erklärt die/der Unterzeichner(in) die Übernahme der Verantwortung für die Richtigkeit aller in seinem/ihrem Namen für das o. g. Unternehmen unterzeichneten Anträge auf Ausfuhr-/Verbringungs-Genehmigung. In Feld 37 des Antrags auf Ausfuhr-/Verbringungs-Genehmigung muss hierauf Bezug genommen werden.

Die/Der Unterzeichner(in) ist sich bewusst, dass sie/er bei Verletzung der außenwirtschaftsrechtlichen Pflichten – insbesondere bei unrichtigen oder unvollständigen Angaben gegenüber dem BAFA – nicht mit dem Hinweis auf die Person des Antragsunterzeichners eine Verantwortung im Sinne der o. g. Grundsätze ablehnen kann.

Diese Delegierung der Zeichnungsberechtigung bezüglich der Anträge nach dem AWG, der AWV sowie der Verordnung (EG) Nr. 1334/2000 über eine Gemeinschaftsregelung für die Kontrolle der Ausfuhr von Gütern und Technologien mit doppeltem Verwendungszweck (in den jeweils geltenden Fassungen) wird nach Ablauf eines Jahres rechtsunwirksam, wenn sie nicht zuvor gegenüber dem BAFA schriftlich in gleicher Form erneuert wird.

....

Datum

....

Ausfuhrverantwortliche(r)

Erläuterung zur Anlage AV1 bzw. AV2

Die Erklärungen nach der Anlage AV1 bzw. AV2 sind unter Beachtung der nachfolgenden Erläuterungen vollständig und in Maschinenschrift auszufüllen.

Zu „Unternehmen":

Hier ist die vollständige Firmenbezeichnung in der Form anzugeben, wie sie im Handelsregister eingetragen ist.

Im Fall der „Benennung des AV" (Anlage AV1) ist eine unbeglaubigte Kopie des aktuellen Handelsregisterauszuges beizufügen.

Zu „Zoll-Nr.":

In Anlage AV1 bzw. AV2 Zollnummern (erforderlichenfalls auf einem Beiblatt)allesollten hier aufgeführt werden.

Zur „Erklärung des Ausfuhrverantwortlichen zur Verantwortungsübernahme":

Bei der nach Anlage AV2 jährlich gegenüber dem BAFA abzugebenden Erklärung über die Delegierung der Zeichnungsberechtigung ist zur Fristeinhaltung das Eingangsdatum beim BAFA ausschlaggebend.

Das Datum der Erklärung nach Anlage AV2 muss innerhalb der letzten 12 Monate vor Antragseingang beim BAFA liegen.